토목직

기출문제 정복하기

9급 공무원 토목직
기출문제 정복하기

| 개정3판 | 발행 | 2025년 01월 10일 |
| 개정4판 | 발행 | 2026년 01월 09일 |

편 저 자 | 주한종
발 행 처 | ㈜서원각
등록번호 | 1999-1A-107호
주   소 | 경기도 고양시 일산서구 덕산로 88-45(가좌동)
교재주문 | 031-923-2051
팩   스 | 031-923-3815
교재문의 | 카카오톡 플러스 친구[서원각]
홈페이지 | goseowon.com

▷ 이 책은 저작권법에 따라 보호받는 저작물로 무단 전재, 복제, 전송 행위를 금지합니다.
▷ 내용의 전부 또는 일부를 사용하려면 저작권자와 (주)서원각의 서면 동의를 반드시 받아야 합니다.
▷ ISBN과 가격은 표지 뒷면에 있습니다.
▷ 파본은 구입하신 곳에서 교환해드립니다.

PREFACE
이 책의 머리말

모든 시험에 앞서 가장 중요한 것은 출제되었던 문제를 풀어봄으로써 그 시험의 유형 및 출제 경향, 난도 등을 파악하는 데에 있다. 즉, 최단시간 내 최대의 학습효과를 거두기 위해서는 기출문제의 분석이 무엇보다도 중요하다는 것이다.

'9급 공무원 기출문제 정복하기 – 토목직'은 이를 주지하고 그동안 시행된 국가직, 지방직, 서울시 기출문제를 과목별로, 시행처와 시행연도별로 깔끔하게 정리하여 담고 문제마다 상세한 해설과 함께 관련 이론을 수록한 군더더기 없는 구성으로 기출문제집 본연의 의미를 살리고자 하였다.

> 9급 공무원 최근 기출문제 시리즈는 기출문제 완벽분석을 책임진다. 그동안 시행된 국가직·지방직 및 서울시 기출문제를 연도별로 수록하여 매년 빠지지 않고 출제되는 내용을 파악하고, 다양하게 변화하는 출제경향에 적응하여 단기간에 최대의 학습효과를 거둘 수 있도록 하였다. 또한 상세하고 꼼꼼한 해설로 기본서 없이도 효율적인 학습이 가능하도록 하였으며, 모의고사 방식으로 구성하여 최종적인 실력점검이 될 수 있도록 하였다.

9급 공무원 시험의 경쟁률이 해마다 점점 더 치열해지고 있다. 이럴 때일수록 기본적인 내용에 대한 탄탄한 학습이 빛을 발한다. 수험생 모두가 자신을 믿고 본서와 함께 끝까지 노력하여 합격의 결실을 맺기를 희망한다.

STRUCTURE
이 책의 특징 및 구성

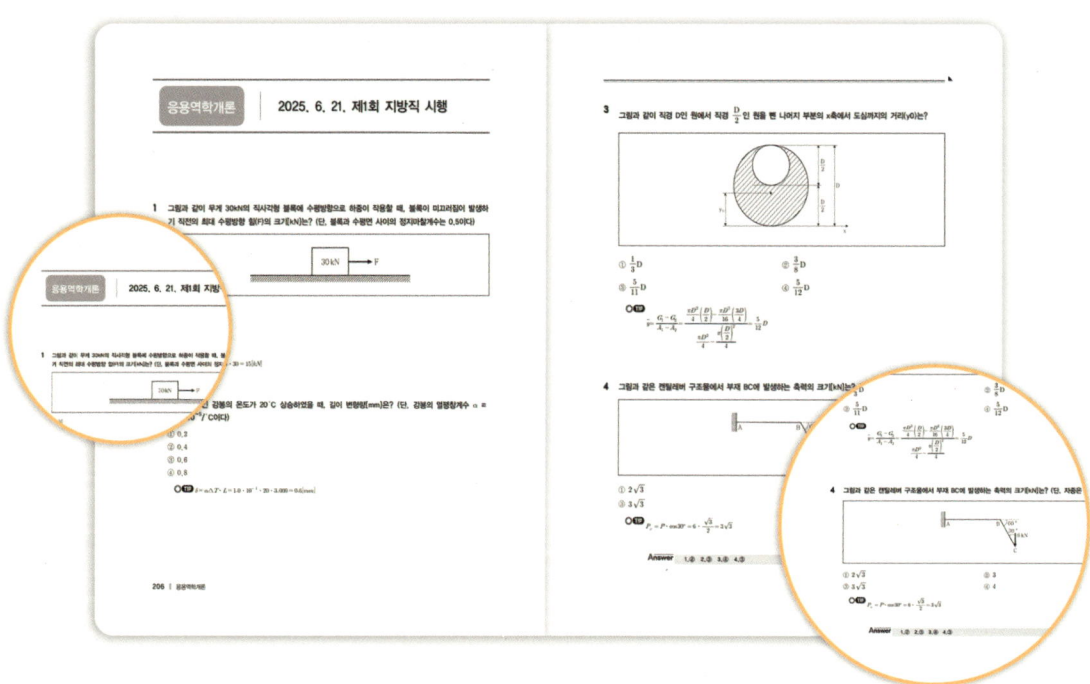

최신 기출문제분석

최신의 최다 기출문제를 수록하여 기출 동향을 파악하고, 학습한 이론을 정리할 수 있습니다. 기출문제들을 반복하여 풀어봄으로써 이전 학습에서 확실하게 깨닫지 못했던 세세한 부분까지 철저하게 파악, 대비하여 실전대비 최종 마무리를 완성하고, 스스로의 학습상태를 점검할 수 있습니다.

상세한 해설

상세한 해설을 통해 한 문제 한 문제에 대한 완전학습을 가능하도록 하였습니다. 정답을 맞힌 문제라도 꼼꼼한 해설을 통해 다시 한 번 내용을 확인할 수 있습니다. 틀린 문제를 체크하여 내가 취약한 부분을 파악할 수 있습니다.

CONTENT
이 책의 차례

01 응용역학개론

2019. 4. 6.	인사혁신처 시행	8
2019. 6. 15.	제1회 지방직 시행	24
2019. 6. 15.	제2회 서울특별시 시행	39
2020. 7. 11.	인사혁신처 시행	56
2020. 6. 13.	제1회 지방직 시행	71
2021. 4. 17.	인사혁신처 시행	82
2021. 6. 5.	제1회 지방직 시행	95
2022. 4. 2.	인사혁신처 시행	108
2022. 6. 18.	제1회 지방직 시행	122
2023. 4. 8.	인사혁신처 시행	134
2023. 6. 10.	제1회 지방직 시행	150
2024. 3. 23.	인사혁신처 시행	164
2024. 6. 22.	제1회 지방직 시행	176
2025. 4. 5.	국가직 시행	190
2025. 6. 21.	제1회 지방직 시행	206

02 토목설계

2019. 4. 6.	인사혁신처 시행	2
2019. 6. 15.	제1회 지방직 시행	15
2019. 6. 15.	제2회 서울특별시 시행	26
2020. 7. 11.	인사혁신처 시행	40
2020. 6. 13.	제1회 지방직 시행	52
2021. 4. 17.	인사혁신처 시행	66
2021. 6. 5.	제1회 지방직 시행	78
2022. 4. 2.	인사혁신처 시행	90
2022. 6. 18.	제1회 지방직 시행	100
2023. 4. 8.	인사혁신처 시행	109
2023. 6. 10.	제1회 지방직 시행	119
2024. 3. 23.	인사혁신처 시행	129
2024. 6. 22.	제1회 지방직 시행	139
2025. 4. 5.	국가직 시행	148
2025. 6. 21.	제1회 지방직 시행	157

응용역학개론 | 2019. 4. 6. 인사혁신처 시행

1 재료의 거동에 대한 설명으로 옳지 않은 것은?

① 탄성거동은 응력-변형률 관계가 보통 직선으로 나타나지만 직선이 아닌 경우도 있다.
② 크리프(creep)는 응력이 작용하고 이후 그 크기가 일정하게 유지되더라도 변형이 시간 경과에 따라 증가하는 현상이다.
③ 재료가 항복한 후 작용하중을 모두 제거한 후에도 남는 변형을 영구변형이라 한다.
④ 포아송비는 축하중이 작용하는 부재의 횡방향 변형률(ε_h)에 대한 축방향 변형률(ε_v)의 비($\varepsilon_v/\varepsilon_h$)이다.

  TIP 포아송비는 축하중이 작용하는 부재의 축방향 변형률(ε_v)에 대한 횡방향 변형률(ε_h)의 비($\varepsilon_h/\varepsilon_v$)이다.

2 그림과 같이 임의의 형상을 갖고 단면적이 A인 단면이 있다. 도심축(x_0-x_0)으로부터 d만큼 떨어진 축(x_1-x_1)에 대한 단면 2차 모멘트가 I_{X1}일 때, $2d$만큼 떨어진 축(x_2-x_2)에 대한 단면 2차 모멘트 값은?

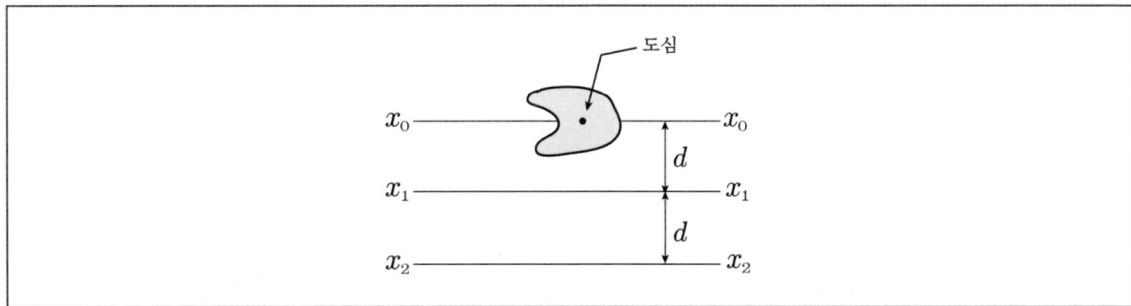

① $I_{x1}+Ad^2$
② $I_{x1}+2Ad^2$
③ $I_{x1}+3Ad^2$
④ $I_{x1}+4Ad^2$

  TIP $I_{x1}=I_{x0}+Ad^2$이며 $I_{x0}=I_{x1}-Ad^2$
  따라서
  $I_{x2}=I_{x0}+A(2d)^2=[I_{x1}-Ad^2]+A(2d)^2=I_{x1}+3Ad^2$

3 그림과 같이 보 구조물에 집중하중과 삼각형 분포하중이 작용할 때, 지점 A와 B에 발생하는 수직방향 반력 R_A[kN]와 R_B[kN]의 값은? (단, 구조물의 자중은 무시한다)

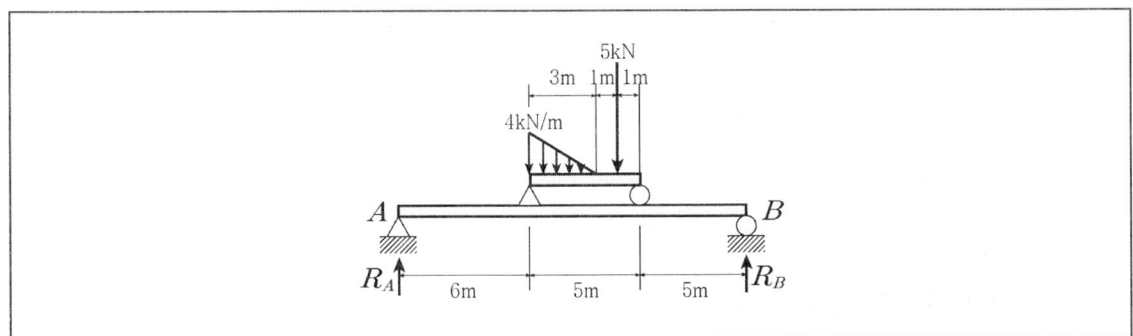

	R_A	R_B
①	$\frac{19}{4}$	$\frac{25}{4}$
②	$\frac{23}{4}$	$\frac{21}{4}$
③	$\frac{21}{4}$	$\frac{23}{4}$
④	$\frac{25}{4}$	$\frac{19}{4}$

> **TIP** 등변분포하중의 합력을 구한 후 수직반력을 구한다.
> 등변분포하중의 크기는 6[kN]이 되며 이는 위쪽에 위치한 보의 좌측단으로부터 1[m] 떨어진 곳에 작용하게 된다.
> 따라서 지점 A와 B의 반력은
> $R_A = \dfrac{6 \times (10-1) + 5 \times (5+1)}{16} = \dfrac{21}{4}$[kN]
> $R_B = (6+5) - \dfrac{21}{4} = \dfrac{23}{4}$[kN]

Answer 1.④ 2.③ 3.③

4 그림과 같이 모멘트 M, 분포하중 w, 집중하중 P가 작용하는 캔틸레버 보에 대해 작성한 전단력도 또는 휨 모멘트도의 대략적인 형태로 적절한 것은? (단, 구조물의 자중은 무시한다)

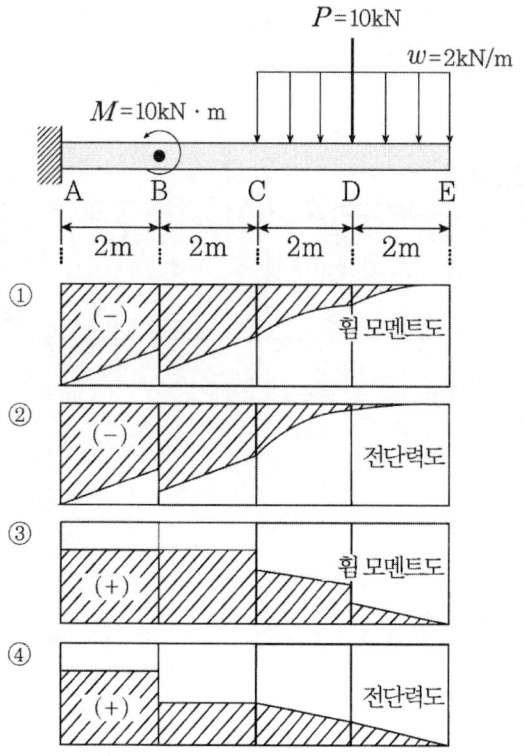

◎ TIP ② 전단력선도에서 (+)값이 있어야 함에도 없으므로 이는 잘못된 그래프이다.
③ CDE를 보면 부재가 위로 볼록한 형상을 하게 되어 (-)모멘트가 발생하는데 그래프에는 이것이 반영되어 있지 않다.
④ 전단력은 집중하중이 발생하는 곳인 D에서 급격히 변해야 하나 이것이 반영되어 있지 않다.

5 그림과 같이 양단에서 각각 x만큼 떨어져 있는 B점과 C점에 내부힌지를 갖는 보에 분포하중 w가 작용하고 있다. A점 고정단 모멘트의 크기와 중앙부 E점 모멘트의 크기가 같아지기 위한 x값은? (단, 구조물의 자중은 무시한다)

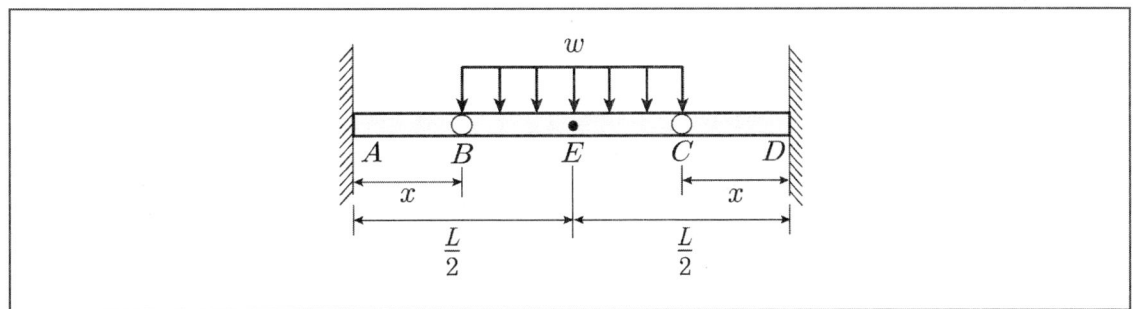

① $\dfrac{L}{6}$
② $\dfrac{L}{5}$
③ $\dfrac{L}{4}$
④ $\dfrac{L}{3}$

○TIP 주어진 그림에서 양단이 힌지인 부재 BC를 없애보면 양쪽부재는 AB, CD부재로서 캔틸레버의 구조이다.
또한 BC부재는 단순보(단 양쪽 지점이 핀지점임에 유의)로 볼 수 있다.

A점과 E점의 휨모멘트 값은 $M_A = -\left(\dfrac{wL}{2} - wx\right)x$, $M_E = \dfrac{w}{8}(L-2x)^2$

그러나 문제에서는 모멘트의 크기만을 묻고 있으므로 방향은 고려하지 않으므로 $\left(\dfrac{wL}{2} - wx\right)x = \dfrac{w}{8}(L-2x)^2$이다.

$(L-6x)(L-2x) = 0$이므로 $x = \dfrac{L}{6}$이 된다.

Answer 4.① 5.①

6 그림과 같이 수평으로 놓여 있는 보의 B점은 롤러로 지지되어 있고 이 롤러의 아래에 강체 블록이 놓여 있을 때, 블록이 움직이지 않도록 하기 위해 허용할 수 있는 힘 P[kN]의 최댓값은? (단, 블록, 보, 롤러의 자중은 무시하고 롤러와 블록 사이의 마찰은 없으며, 블록과 바닥 접촉면의 정지마찰계수는 0.3으로 가정한다)

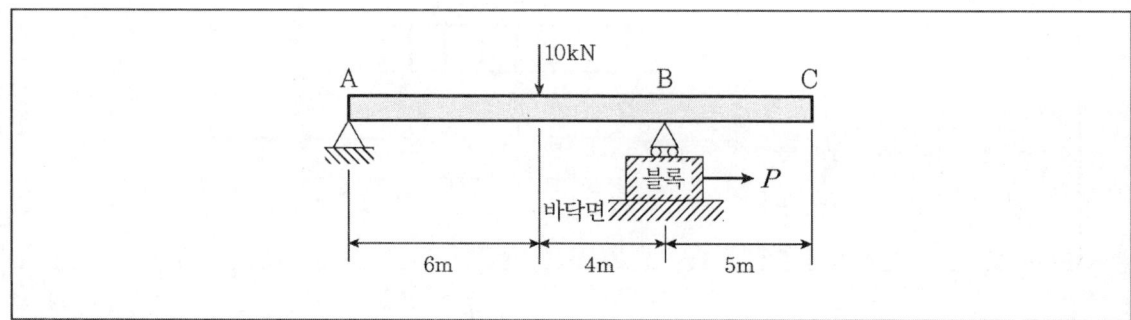

① 1.2
② 1.8
③ 2.4
④ 3.0

TIP B지점에 발생하는 반력의 크기를 구하면
$$R_B = \frac{10 \times 6}{10} = 6[\text{kN}]$$
이는 블록에 작용하는 수직항력이 되며 이 값에 마찰계수를 곱한 값이 마찰력이 된다.
$$F = \mu \times N = \mu \times R_B = 0.3 \times 6 = 1.8[\text{kN}]$$
이 마찰력이 작용하중 P 이상이어야만 블록이 움직이지 않는다.
따라서 작용하중 P의 최댓값은 1.8[kN]이 된다.

7 그림과 같은 하중이 작용하는 게르버 보에 대해 작성된 전단력도의 빗금 친 부분의 면적[kN·m]은? (단, 구조물의 자중은 무시한다)

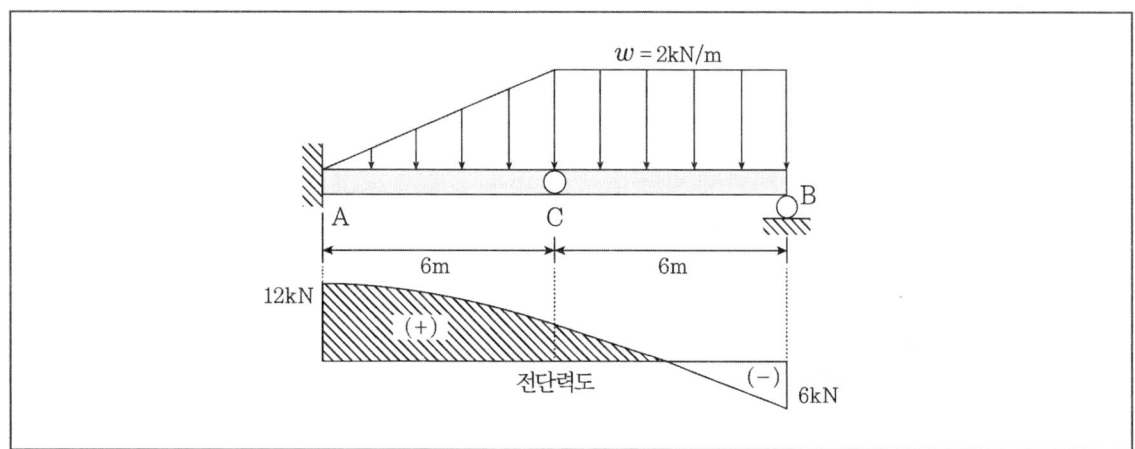

① 9
② 51
③ 60
④ 69

TIP 임의의 두 점 사이의 휨모멘트의 차이는 전단력도의 면적과 같다는 점에 착안하면 손쉽게 구할 수 있는 문제이다.

CB점의 중앙점까지가 전단력선도에서 양의 값이므로 전단력이 0이 되는 중앙점을 D로 하면 D점의 휨모멘트와 A점의 휨모멘트의 차이는 제시된 전단력선도에서 (+)부분의 면적이 된다.

따라서 전단력선도의 빗금친 부분의 면적은

$$M_D - M_A = \frac{2 \times 6^2}{8} - \left(-6 \times 6 - \frac{2 \times 6^2}{3}\right) = 69 [\text{kN} \cdot \text{m}]$$

CB 부재의 경우 단순보로 볼 수 있으므로 부재 중앙의 D점에 작용하는 휨모멘트는 $M_D = \frac{wL^2}{8} = \frac{2 \times 6^2}{8} = 9$ 가 된다.

A점에 작용하는 휨모멘트는 AC 부재상이 등변분포하중과 가상의 단순보 CD에서 C점에 작용하는 반력에 의한 것임에 착안하면

$$M_A = -\frac{2 \times L^2}{3} - R_C \times L = -\frac{2 \times 6^2}{3} - 6 \times 6 = -24 - 36 = -60$$

8 그림과 같이 절점 D에 내부힌지를 갖는 게르버 보의 A점에는 수평하중 P가 작용하고 F점에는 무게 W가 매달려 있을 때, 지점 C에서 수직 반력이 발생하지 않도록 하기 위한 하중 P와 무게 W의 비(P/W)는? (단, 구조물의 자중은 무시한다)

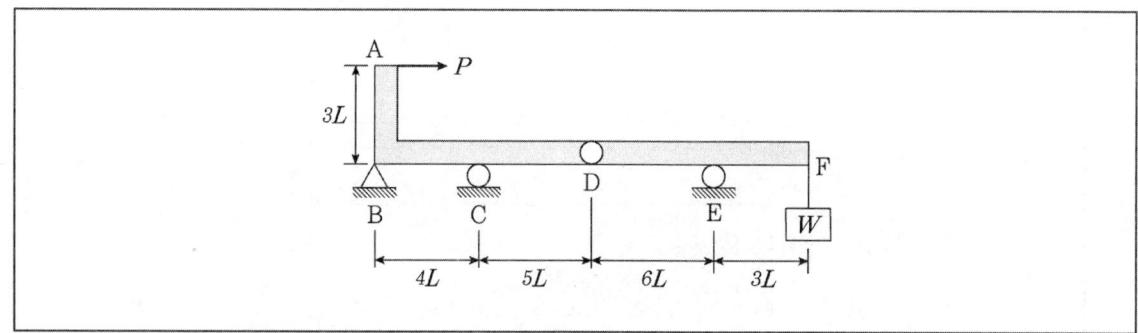

① $\dfrac{3}{2}$
② $\dfrac{5}{2}$
③ $\dfrac{2}{3}$
④ $\dfrac{5}{2}$

○TIP 힌지절점 D를 기준으로 좌측부재와 우측부재를 분리하여 자유물체도를 그리면 손쉽게 풀 수 있는 문제이다.

우측부재의 경우 E점에 대해서 모멘트평형을 이루어야 하므로 D에 작용하는 연직반력은 $R_D = \dfrac{3WL}{6L} = \dfrac{W}{2}$이 된다.

지점 C에서 반력이 0이라고 하고 B점에 대해 모멘트를 취하면 $\sum M_B = 0 : P \times 3L - \dfrac{W}{2} \times 9L = 0$

$\therefore \dfrac{W}{P} = \dfrac{2}{3}$

9 그림과 같이 축하중 P를 받고 있는 기둥 ABC의 중앙 B점에서는 x방향의 변위가 구속되어 있고 양끝단 A점과 C점에서는 x방향과 z방향의 변위가 구속되어 있을 때, 기둥 ABC의 탄성좌굴을 발생시키는 P의 최솟값은? (단, 탄성계수 $E = \dfrac{L^2}{\pi^2}$, 단면 2차 모멘트 $I_x = 20\pi$, $I_z = \pi$로 가정한다)

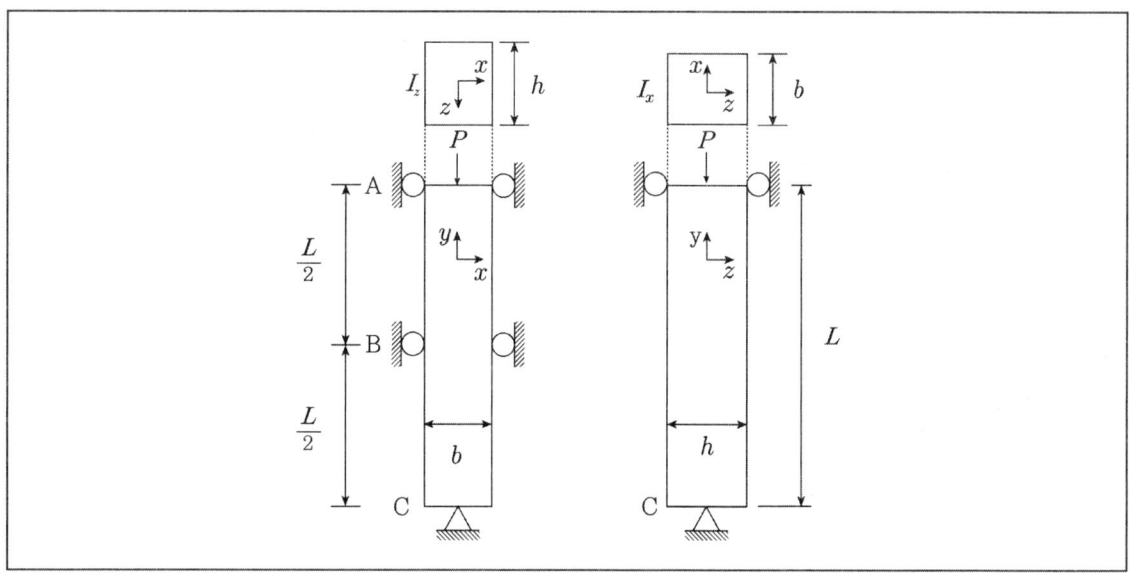

① 2π
② 4π
③ 5π
④ 20π

◯TIP 좌굴하중은 다음의 두 가지 경우 중 작은 값으로 정한다.
x축 방향으로 좌굴이 일어난다고 가정하면 좌굴하중은

$$P_{cr} = \dfrac{n^2\pi^2 E^2 \times I_z}{L^2} = \dfrac{2^2 \times \pi^2 \times \dfrac{L^2}{\pi^2} \times \pi}{L^2} = 4\pi$$

z축 방향으로 좌굴이 일어난다고 가정한다면 좌굴하중은

$$P_{cr} = \dfrac{n^2\pi^2 \times E \times I_x}{L^2} = \dfrac{1^2\pi^2 \times \dfrac{L^2}{\pi^2} \times 20\pi}{L^2} = 20\pi$$

Answer 8.① 9.②

10 그림과 같이 집중하중 P를 받는 캔틸레버 보에서 보의 높이 h가 폭 b와 같을 경우($h = b$) B점의 수직방향 처짐량이 8mm라면, 동일한 하중조건에서 B점의 수직방향 처짐량이 27mm가 되기 위한 보의 높이 h는? (단, 구조물의 자중은 무시하고 단면폭 b는 일정하게 유지한다)

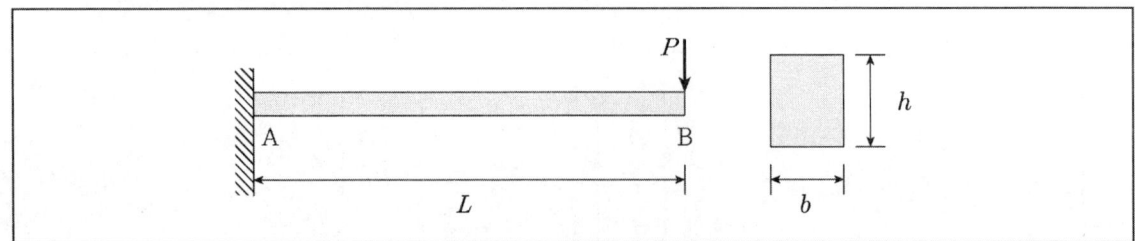

① $\frac{1}{3}b$
② $\frac{2}{3}b$
③ $\frac{3}{4}b$
④ $\frac{4}{5}b$

TIP $\delta = \frac{PL^3}{3EI} = \frac{PL^3}{3E \times \frac{bh^3}{12}}$ 이므로 $\delta \propto \frac{1}{h^3}$, $\frac{27}{8} = \frac{h^3}{y^3}$

따라서 $y = \frac{2}{3}h = \frac{2}{3}b$

11 그림과 같은 트러스에서 부재 BC의 부재력의 크기는? (단, 모든 부재의 자중은 무시하고, 모든 내부 절점은 힌지로 이루어져 있다)

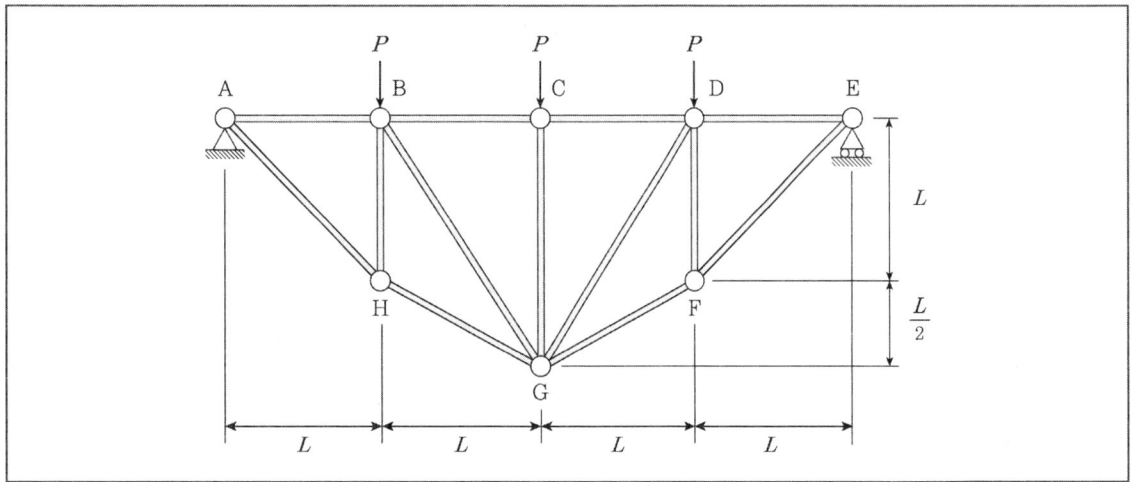

① $\dfrac{P}{3}$

② P

③ $2P$

④ $\dfrac{4}{3}P$

TIP 전형적인 절단법(단면법) 적용문제이다. 하중이 $3P$이고 좌우 대칭이므로 $R_A = R_B = \dfrac{3}{2}P$이며 BC의 부재력을 구해야 하므로 BC점을 자르는 절단선을 긋고 G점에 대하여 모멘트의 합이 0임을 이용하여 문제를 푼다.

$\sum M_G = 0 : R_A \times 2L - P \times L + F_{BC} \times \dfrac{3}{2}L = \dfrac{3}{2}P \times 2L - P \times L + F_{BC} \times \dfrac{3}{2}L = 0$

$F_{BC} = -\dfrac{4}{3}P$ (음의 부호는 압축을 의미한다.)

Answer 10.② 11.④

12 그림과 같이 천장에 수직으로 고정되어 있는 길이 L, 지름 d인 원형 강철봉에 무게가 W인 물체가 달려있을 때, 강철봉에 작용하는 최대응력은? (단, 원형 강철봉의 단위중량은 γ이다)

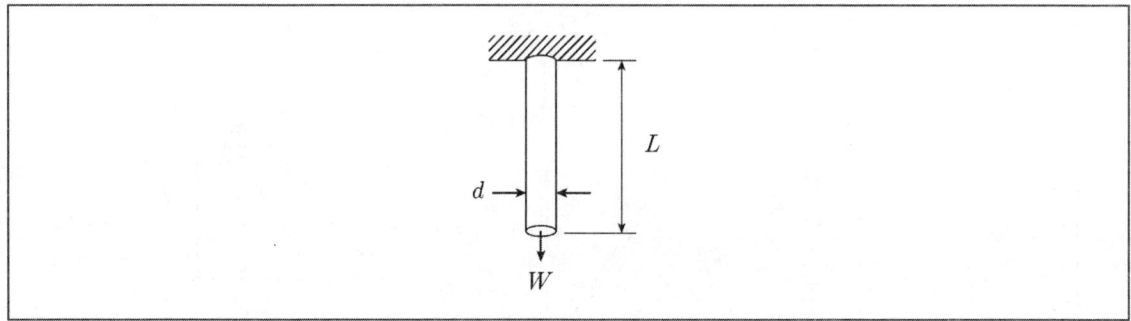

① $\dfrac{4W}{\pi d^2} + \gamma L$ ② $\dfrac{4W}{\pi d^2} + \dfrac{\pi d^2 \gamma L}{4}$

③ $\dfrac{2W}{\pi d^2} + \gamma L$ ④ $\dfrac{2W}{\pi d^2} + \dfrac{\pi d^2 \gamma L}{2}$

○TIP 최대수직응력은 고정단에서 발생하게 되며 이는 자중과 하중을 합한 값이다. 따라서
$$\sigma_{\max} = \dfrac{W}{A} + \dfrac{\gamma A L}{A} = \dfrac{4W}{\pi d^2} + \gamma L$$

13 그림과 같은 분포하중을 받는 보에서 B점의 수직반력(R_B)의 크기는? (단, 구조물의 자중은 무시한다)

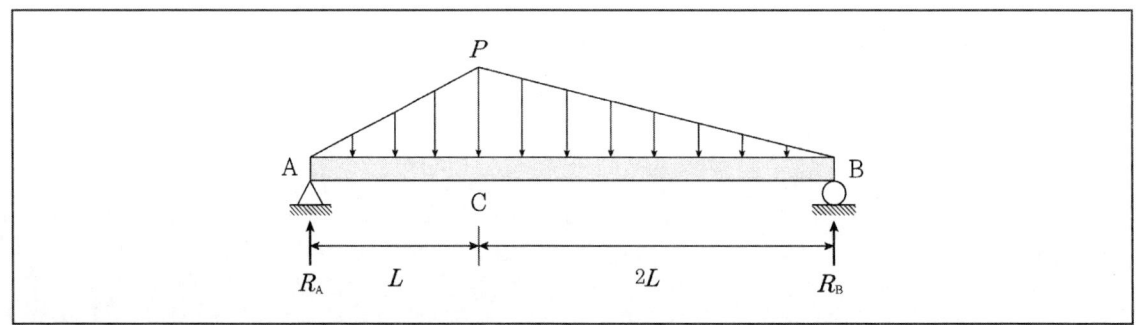

① $\dfrac{1}{6} PL$ ② $\dfrac{1}{3} PL$

③ $\dfrac{2}{3} PL$ ④ $\dfrac{5}{6} PL$

◉**TIP** 등변분포하중의 경우 집중하중으로 변환을 시켜야 한다.

합력의 크기는 $R = \frac{1}{2} \times 3L \times P = \frac{3PL}{2}$

합력의 작용위치는 $a = \frac{b+c}{3} = \frac{3L+L}{3} = \frac{4L}{3}$

따라서 $R_B = \frac{Ra}{3L} = \frac{\frac{3PL}{2} \times \frac{4L}{3}}{3L} = \frac{2PL}{3}$

14 그림과 같이 한 쪽 끝은 벽에 고정되어 있고 다른 한 쪽 끝은 벽과 1mm 떨어져 있는 수평부재가 있다. 부재의 온도가 20℃ 상승할 때, 부재 내에 발생하는 압축응력의 크기[kPa]는? (단, 보 부재의 탄성계수 E = 2GPa, 열팽창계수 α = 1.0 × 10⁻⁵/℃이며, 자중은 무시한다)

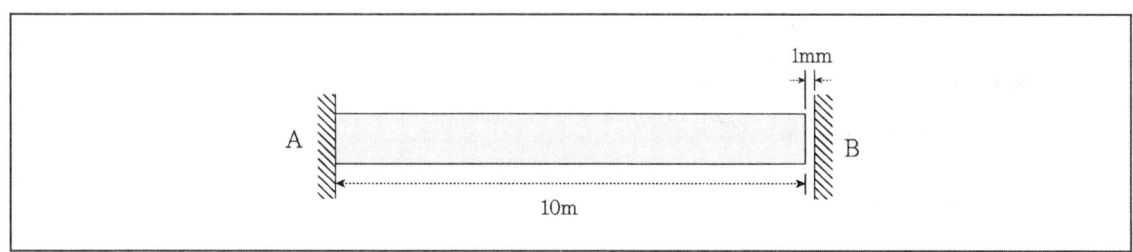

① 100 ② 200
③ 300 ④ 400

◉**TIP** $\sigma = \alpha \times \Delta T \times E - \frac{E}{L} \times \delta = 1 \times 10^{-5} \times 20 \times 2 \times 10^6 - \frac{2 \times 10^6}{10} \times 1 \times 10^{-3} = 400 - 200 = 200$

Answer 12.① 13.③ 14.②

15 그림과 같이 단위중량 γ, 길이 L인 캔틸레버 보에 자중에 의한 분포하중 w가 작용할 때, 보의 고정단 A점에 발생하는 휨 응력에 대한 설명으로 옳지 않은 것은? (단, 보의 단면은 사각형이고 전구간에서 동일하다)

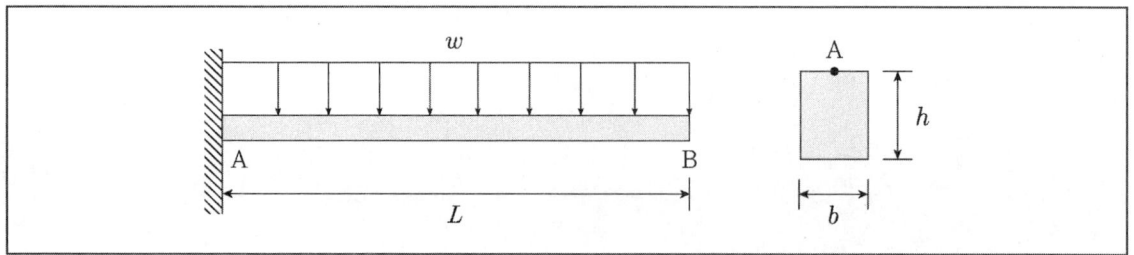

① 폭 b가 2배가 되면 휨 응력값은 2배가 된다.
② 높이 h가 2배가 되면 휨 응력값은 $\frac{1}{2}$배가 된다.
③ 단위중량 γ가 2배가 되면 휨 응력값은 2배가 된다.
④ 길이 L이 2배가 되면 휨 응력값은 4배가 된다.

> **TIP** 자중에 의한 등분포하중은 $w = \gamma bh$
> 고정단의 휨모멘트는 $M_A = \dfrac{wL^2}{2} = \dfrac{\gamma bhL^2}{2}$
> A점은 고정단의 상연으로서 휨 응력은 $\sigma_A = \dfrac{6M_A}{bh^2} = \dfrac{3\gamma L^2}{h}$
> 따라서 폭 b의 크기는 A점의 휨 응력에 영향을 주지 않는다.

16 그림과 같이 길이가 각각 1.505m, 1.500m이고 동일한 단면적을 갖는 부재 ⓐ와 ⓑ를 폭이 3.000m인 강체 벽체 A와 C 사이에 강제로 끼워 넣었다. 이 때 부재 ⓐ는 δ_1, 부재 ⓑ는 δ_2만큼 길이가 줄어들었다면, 줄어든 길이의 비($\delta_1 : \delta_2$)는? (단, 부재의 자중은 무시하고, ⓑ의 탄성계수 E_2가 부재 ⓐ의 탄성계수 E_1의 3배이다)

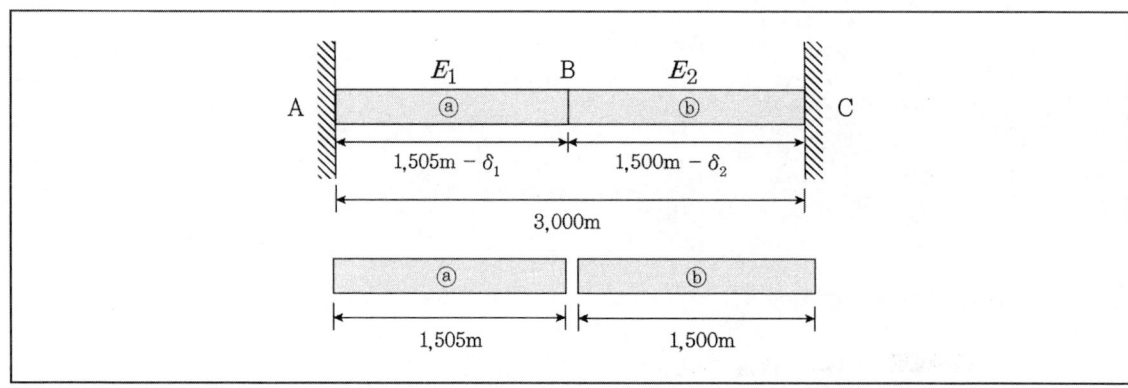

① 0.723 : 1.000   ② 1.505 : 1.000
③ 3.010 : 1.000   ④ 4.515 : 1.000

O**TIP** 같은 크기의 힘 P가 두 부재에 작용할 때 각각의 변위는

$$\delta_1 = \frac{PL_1}{E_1 A}, \ \delta_2 = \frac{PL_2}{3E_1 A}$$

$$\delta_1 : \delta_2 = L_1 : \frac{L_2}{3} = 3L_1 : L_2 = 3 \times 1.505 : 1.500 = 3.01 : 1$$

17 그림과 같은 부정정보에서 B점의 고정단 모멘트[kN · m]의 크기는? (단, 구조물의 자중은 무시한다)

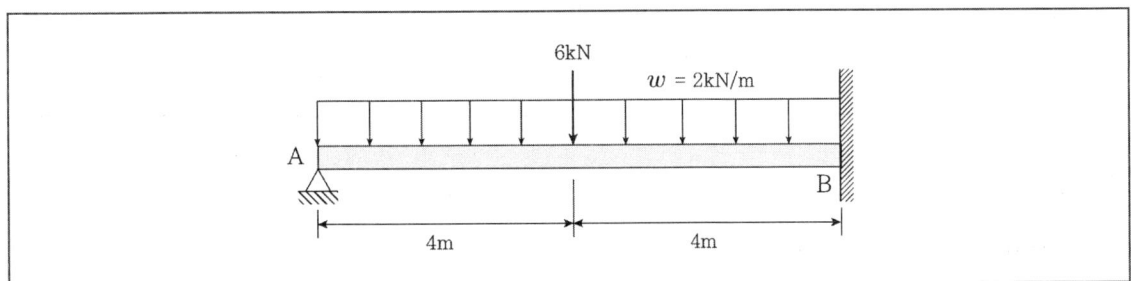

① 20   ② 25
③ 30   ④ 35

O**TIP** 중첩의 원리를 적용하여 손쉽게 풀 수 있는 문제이다.

$$M_A = -\frac{3PL}{16} - \frac{wL^2}{8} = -\frac{3 \times 6 \times 8}{16} - \frac{2 \times 8^2}{8} = -25[kN \cdot m]$$

18 그림과 같이 두 벽면 사이에 놓여있는 강체 구(질량 m =1kg)의 중심(O)에 수평방향 외력(P =20N)이 작용할 때, 반력 R_A의 크기[N]는? (단, 벽과 강체 구 사이의 마찰은 없으며, 중력가속도는 10m/s²로 가정한다)

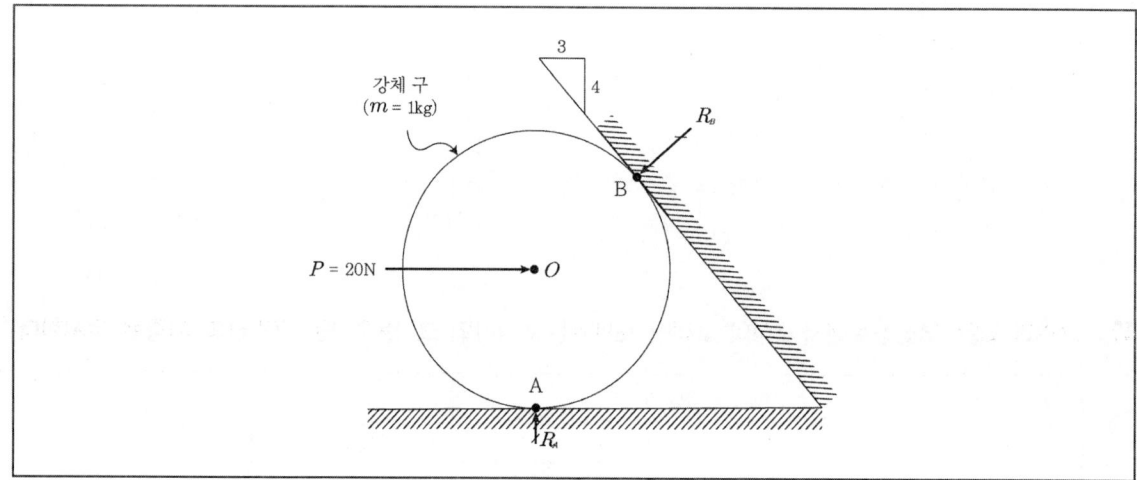

① 15
② 20
③ 25
④ 30

○TIP 힘의 평형에 관한 문제이다.
그림에 제시된 3개의 힘이 폐합삼각형을 이루어야 한다.
구의 무게는 $W = mg = 10[N]$이 된다.
힘이 평형을 이루기 위해서는 폐합삼각형이어야 하며,
이 때 $R_A - 10 = \frac{3}{4} \times 20 = 15$가 되므로 $R_A = 25[kN]$가 된다.

19 그림과 같이 재료와 길이가 동일하고 단면적이 각각 $A_1 = 1,000\text{mm}^2$, $A_2 = 500\text{mm}^2$인 부재가 있다. 부재의 양쪽 끝은 고정되어 있고 온도가 최초 대비 10℃ 올라갔을 때, 이로 인해 유발되는 A점에서의 반력 변화량[kN]은? (단, 부재의 자중은 무시하고 탄성계수 $E = 210\text{GPa}$, 열팽창계수 $\alpha = 1.0 \times 10^{-5}$/℃이다)

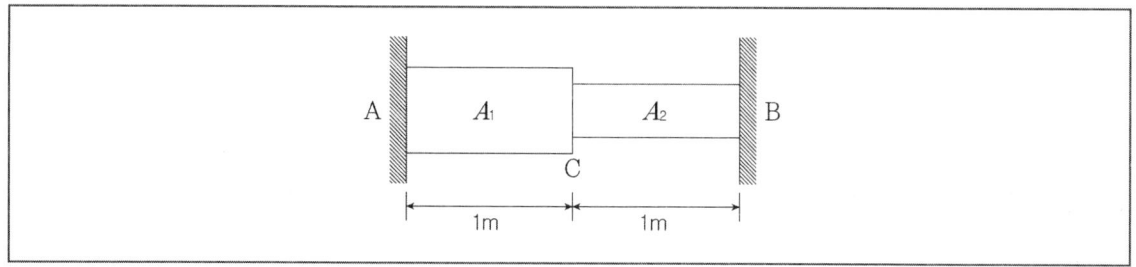

① 8.0
② 14.0
③ 24.0
④ 42.0

TIP $R_T = \dfrac{\alpha \times \triangle T \times (2L)}{\dfrac{L}{A_1 E} + \dfrac{L}{A_2 E}} = \dfrac{\alpha \times \triangle T \times (2L)}{\dfrac{L}{2A_2 E} + \dfrac{L}{A_2 E}} = \dfrac{4\alpha \times \triangle T \times EA_2}{3}$

$= \dfrac{4 \times 10^{-5} \times 10 \times 210 \times 10^6 \times 0.5}{3} = 14,000[\text{N}] = 14.0[\text{kN}]$

20 그림과 같은 평면응력상태에 있는 미소요소에서 발생할 수 있는 최대 전단응력의 크기[MPa]는? (단, $\sigma_x = 36\text{MPa}$, $\tau_{xy} = 24\text{MPa}$)

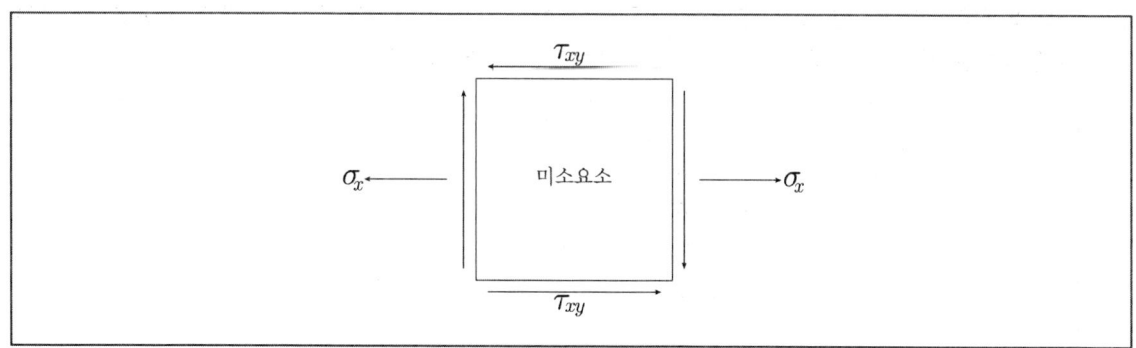

① 30
② 40
③ 50
④ 60

TIP $\tau_{\max} = \sqrt{\left(\dfrac{\sigma_x - \sigma_y}{2}\right)^2 + \tau_{xy}^2} = \sqrt{\left(\dfrac{36-0}{2}\right)^2 + 24^2} = 30$

Answer 18.③ 19.② 20.①

응용역학개론 | 2019. 6. 15. 제1회 지방직 시행

1 그림과 같이 $x-y$ 평면 상에 있는 단면 중 도심의 y좌표 값이 가장 작은 것은?

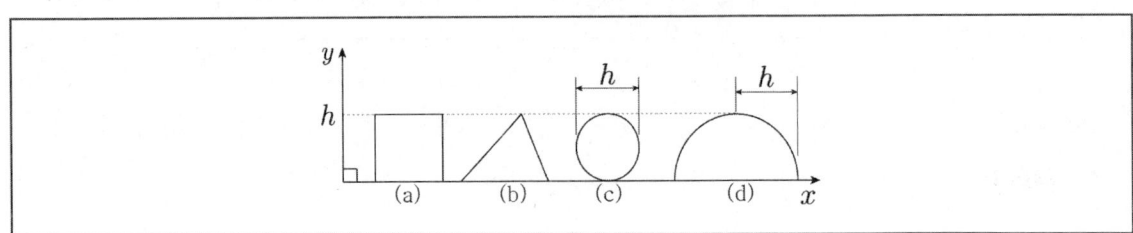

① (a)
② (b)
③ (c)
④ (d)

○**TIP** $\overline{y_{(a)}}=\dfrac{h}{2}$, $\overline{y_{(b)}}=\dfrac{h}{3}$, $\overline{y_{(c)}}=\dfrac{h}{2}$, $\overline{y_{(d)}}=\dfrac{4h}{3\pi}$

2 그림과 같이 강체로 된 보가 케이블로 B점에서 지지되고 있다. C점에 수직하중이 작용할 때, 부재 AB에 발생되는 축력의 크기[kN]는? (단, 모든 부재의 자중은 무시한다)

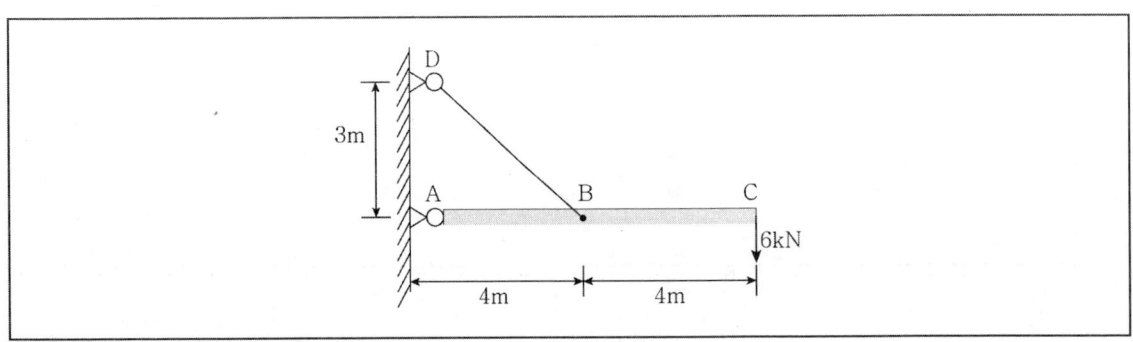

① 12 (압축)
② 12 (인장)
③ 16 (압축)
④ 16 (인장)

○**TIP** $\sum M_D=0 : -H_A\times 3+6\times 8=0$ 이므로 $H_A=16[\text{kN}]$

$\therefore F_{AB}=-H_A=-16[\text{kN}]$

3 그림과 같이 C점에 내부힌지가 있는 보의 지점 A와 B에서 수직반력의 비 R_A/R_B는? (단, 보의 휨강성 EI는 일정하고, 자중은 무시한다)

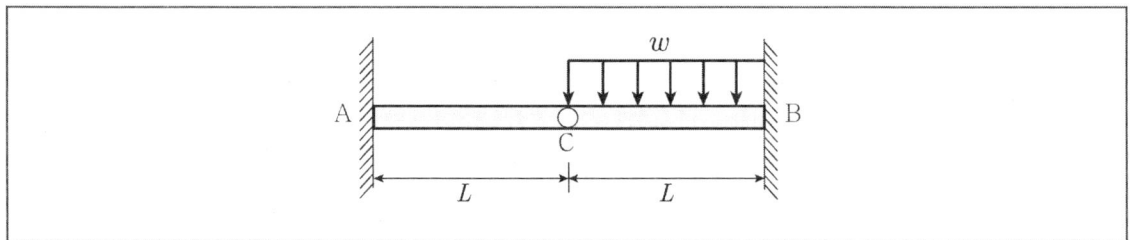

① $\dfrac{3}{16}$

② $\dfrac{3}{15}$

③ $\dfrac{3}{14}$

④ $\dfrac{3}{13}$

○TIP 변위일치법에 관한 문제이다.

$\dfrac{4wL^4}{8EI} - \dfrac{R_C L^3}{3EI} = \dfrac{R_C L^3}{3EI}$ 이어야 하므로 $R_C = \dfrac{3wL}{16}$

AB 부재에서 $\sum V = 0$ 이어야 하므로 $R_A = R_C = \dfrac{3wL}{16}$

BC 부재에서 $\sum V = 0 : R_B = (w \times L) - R_C = wL - \dfrac{3wL}{16} = \dfrac{13wL}{16}$

$\dfrac{R_A}{R_B} = \dfrac{3}{13}$

4 그림과 같은 분포하중과 집중하중을 받는 단순보에서 지점 A의 수직반력 크기[kN]는? (단, 보의 휨강성 EI는 일정하고, 자중은 무시한다)

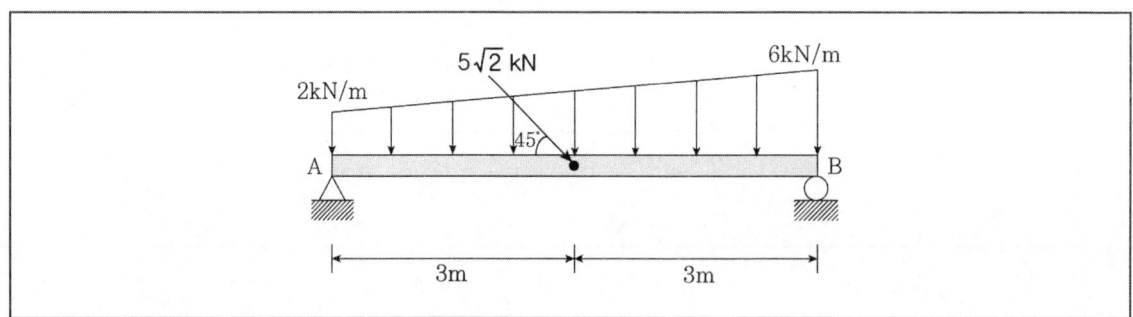

① 10.0 ② 12.5
③ 15.0 ④ 17.5

OTIP
$P_y = P(\sin 45°) = 5\sqrt{2} \times \dfrac{\sqrt{2}}{2} = 5[\text{kN}]$

$w_1 = 2[\text{kN/m}], \ w_2 = 6 - 2 = 4[\text{kN/m}]$

$R_A = \dfrac{P_y}{2} + \dfrac{w_1 L}{2} + \dfrac{w_2 L}{6} = \dfrac{5}{2} + \dfrac{2 \times 6}{2} + \dfrac{4 \times 6}{6} = 12.5[\text{kN}]$

5 그림과 같은 부정정보에서 지점 B에 발생하는 수직반력 R_B의 크기[kN]는? (단, 보의 휨강성 EI는 일정하며, 자중은 무시한다)

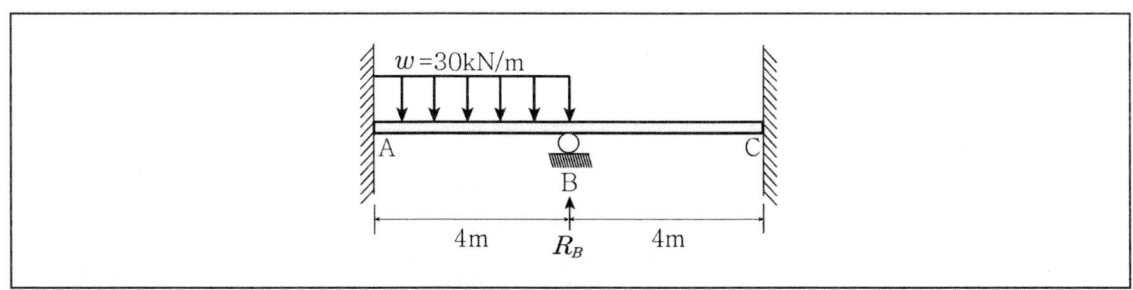

① 55 ② 60
③ 65 ④ 70

○**TIP** 전형적인 부정정구조물의 변위일치법 문제이다.
(자주 출제되는 정형화된 문제이므로 보자마자 답을 찾아내야 한다.)

중앙의 지지부가 없고, 등분포하중만이 작용하고 있는 경우의 처짐은 $\delta_1 = \dfrac{wL^4}{384EI} \times \dfrac{1}{2}$

등분포하중이 없고 부재 중앙에 반력이 발생할 때의 처짐은 $\delta_2 = \dfrac{R_B L^3}{192EI}$

따라서 $\delta_1 = \dfrac{wL^4}{384EI} \times \dfrac{1}{2} = \delta_2 = \dfrac{R_B L^3}{192EI}$ 가 성립해야 하므로

$R_B = \dfrac{30 \times 8}{4} = 60 [\text{kN}]$

6 그림과 같은 트러스 구조물에서 부재 BC의 부재력 크기[kN]는? (단, 모든 자중은 무시한다)

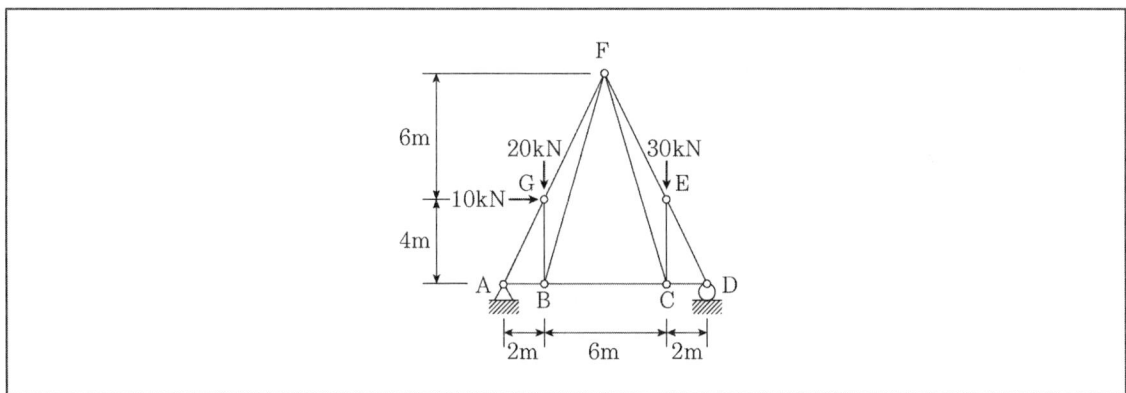

① 5(압축) ② 5(인장)
③ 7(압축) ④ 7(인장)

○**TIP** 지점의 반력을 구하면
$\sum M_A = 0 : 10 \times 4 + 20 \times 2 + 30 \times 8 - R_D \times 10 = 0$ 이므로
$R_D = 32 [\text{kN}] (\uparrow)$
BC 부재는 절단법을 적용하여 구한다.
F점에 대한 모멘트의 합이 0이 되어야 하므로
$\sum M_F = 0 : 30 \times 3 - 32 \times 5 + F_{BC} \times 10 = 0$
$F_{BC} = 7 [\text{kN}]$

Answer 4.② 5.② 6.④

7 그림과 같은 등분포하중이 작용하는 단순보에서 최대휨모멘트가 발생되는 거릿값(x)과 최대휨모멘트 값 (M)의 비 $\dfrac{x}{M}$는? (단, 보의 휨강성 EI는 일정하고, 자중은 무시하며, 최대휨모멘트의 발생지점은 지점 A로부터의 거리이다)

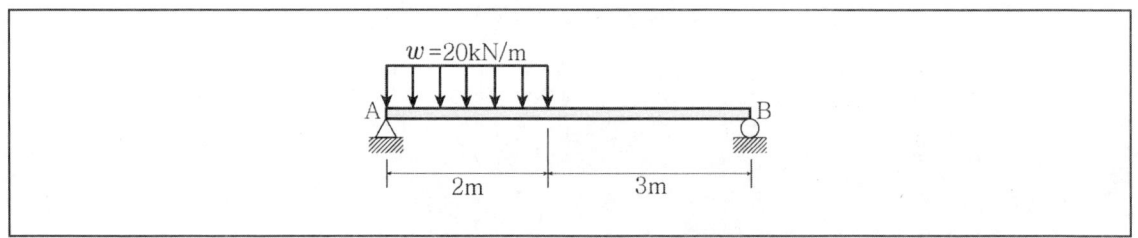

① $\dfrac{1}{8}$　　　　　　　　　　　　　　② 8

③ $\dfrac{1}{16}$　　　　　　　　　　　　　 ④ 16

TIP $\sum M_B = 0 : R_A \times 5 - 20 \times 2\left(\dfrac{2}{2}+3\right) = 0$ 이므로 $R_A = 32[\text{kN}]$

$x = \dfrac{R}{w}$ 이며 $M = \dfrac{R^2}{2w}$ 이므로 $\left|\dfrac{x}{M}\right| = \dfrac{\dfrac{R}{w}}{\dfrac{R^2}{2w}} = \dfrac{2}{R} = \dfrac{2}{32} = \dfrac{1}{16}$

8 그림과 같은 단순보에 하중이 작용할 때 지점 A, B에서 수직반력 R_A 및 R_B가 $2R_A = R_B$로 성립되기 위한 거리 x[m]는? (단, 보의 휨강성 EI는 일정하고, 자중은 무시한다)

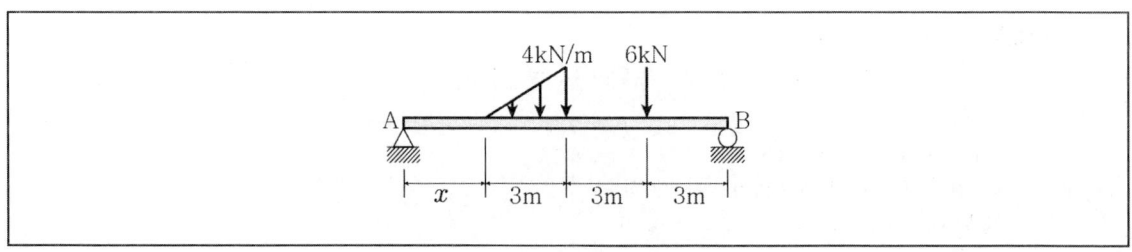

① 3　　　　　　　　　　　　　　② 4
③ 5　　　　　　　　　　　　　　④ 6

◯TIP
$$\sum V = 0 : (R_A + R_B) = \left(\frac{1}{2} \times 3 \times 4\right) + 6 = 12[kN]$$
$R_B = 2R_A$ 이므로 $R_A + 2R_A = 12[kN]$
$R_A = 4[kN]$, $R_B = 8[kN]$ 이므로
$$\sum M_C = 0 : 4 \times x + \left(\frac{1}{2} \times 3 \times 4\right)\left(3 \times \frac{2}{3}\right) + 6 \times 6 - 8 \times 9 = 0$$
$x = 6[m]$

9 그림과 같이 폭 300mm, 높이 400mm의 직사각형 단면을 갖는 단순보의 허용 휨응력이 6MPa이라면, 단순보에 작용시킬 수 있는 최대 등분포하중 w의 크기[kN/m]는? (단, 보의 휨강성 EI는 일정하고, 자중은 무시한다)

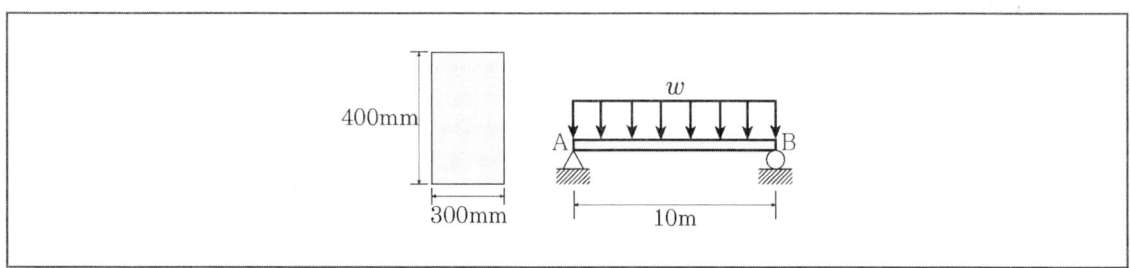

① 3.84　　　② 4.84
③ 5.84　　　④ 6.84

◯TIP
$$\sigma_{\max} = \frac{M_{\max}}{Z} = \frac{\frac{wL^2}{8}}{\frac{bh^2}{6}} = \frac{3wL^2}{4bh^2}$$

$\sigma_{\max} = \dfrac{3wL^2}{4bh^2} \le \sigma_a$ 이므로 $w_{\max} = \dfrac{4bh^2\sigma_a}{3L^2}$

따라서 $w_{\max} = \dfrac{4 \times 300 \times 400^2 \times 6}{3 \times (10 \times 10^3)^2} = 3.84[N/mm] = 3.84[kN/m]$

Answer 7.③　8.④　9.①

10 그림과 같이 내부힌지가 있는 보에서, 지점 B의 휨모멘트와 CD구간의 최대휨모멘트가 같게 되는 길이 a는? (단, 보의 휨강성 EI는 일정하고, 자중은 무시한다)

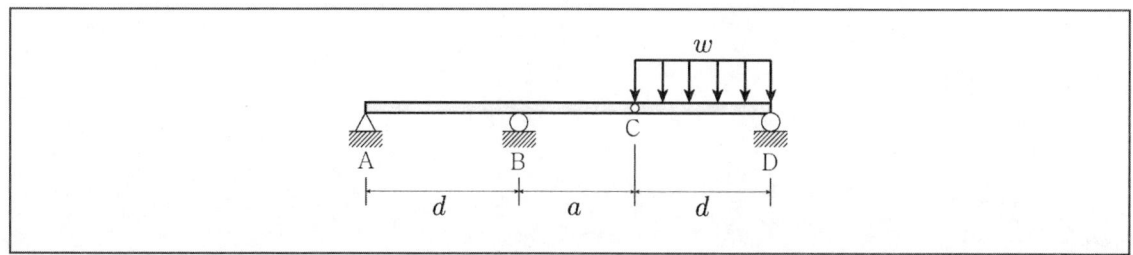

① $\frac{1}{6}d$　　　　　　　　　　　② $\frac{1}{5}d$

③ $\frac{1}{4}d$　　　　　　　　　　　④ $\frac{1}{3}d$

◎TIP　$M_{CD,\max} = \dfrac{wd^2}{8}$

$M_B = R_C \times a = \dfrac{wd}{2} \times a = \dfrac{wda}{2}$

$M_{CD,\max} = \dfrac{wd^2}{8} = M_B = \dfrac{wda}{2}$

$a = \dfrac{d}{4}$

11 그림과 같은 음영 부분 A단면에서 $x-x$축으로부터 도심까지의 거리 y는?

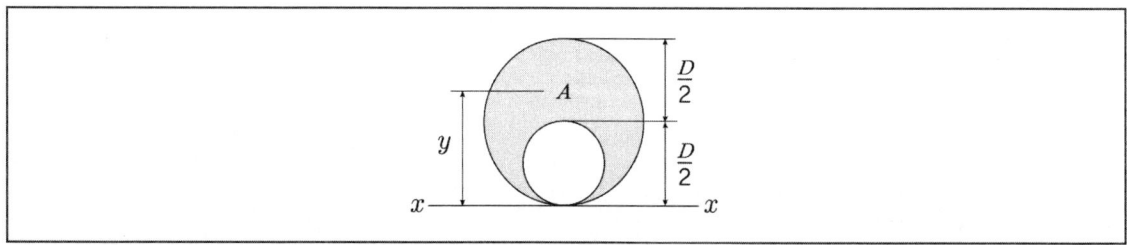

① $\dfrac{5D}{12}$　　　　　　　　　　② $\dfrac{6D}{12}$

③ $\dfrac{7D}{12}$　　　　　　　　　　④ $\dfrac{8D}{12}$

◎TIP　$A_1 : A_2 = \dfrac{\pi D^2}{4} : \dfrac{\pi \left(\dfrac{D}{2}\right)^2}{4} = 4 : 1$

$y = \dfrac{A_1 y_1 - A_2 y_2}{A_1 - A_2} = \dfrac{4 \times \dfrac{D}{2} - 1 \times \dfrac{D}{4}}{4 - 1} = \dfrac{7D}{12}$

12 다음 그림과 같이 재료와 길이가 동일하고 단면적이 다른 수직 부재가 축하중 P를 받고 있을 때, A점에서 발생하는 변위는 B점에 발생하는 변위의 몇 배인가? (단, 구간 AB와 BC의 축강성 각각 EA와 $2EA$이고, 부재의 자중은 무시한다)

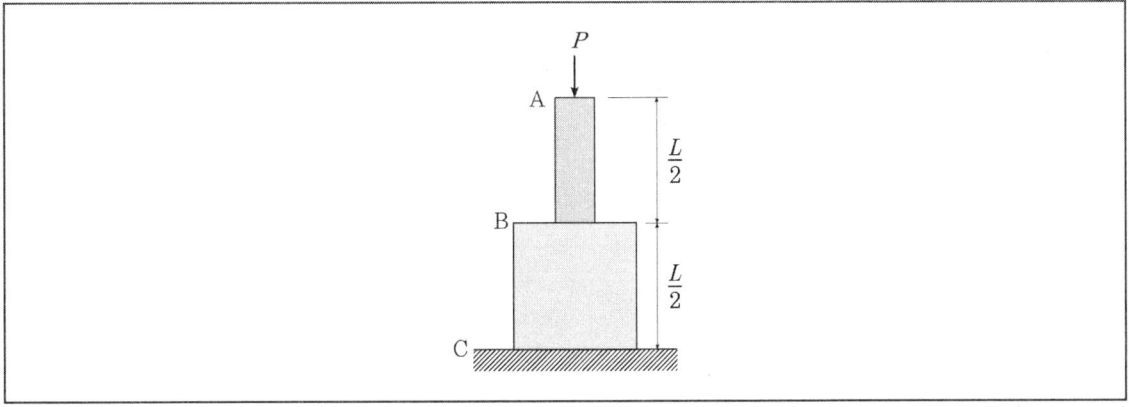

① 1.5　　　　　　　　　　　　　② 2.0
③ 2.5　　　　　　　　　　　　　④ 3.0

> **TIP** $\delta_B = \dfrac{P \times \dfrac{L}{2}}{2EA} = \dfrac{PL}{4EA}$, $\delta_A = \dfrac{P \times \dfrac{L}{2}}{2EA} + \dfrac{P \times \dfrac{L}{2}}{EA} = \dfrac{3PL}{4EA}$

Answer 10.③　11.③　12.④

13 그림과 같은 삼각형 단면의 $x-x$축에 대한 단면 2차 모멘트 $I_{x-x}[\text{mm}^4]$는?

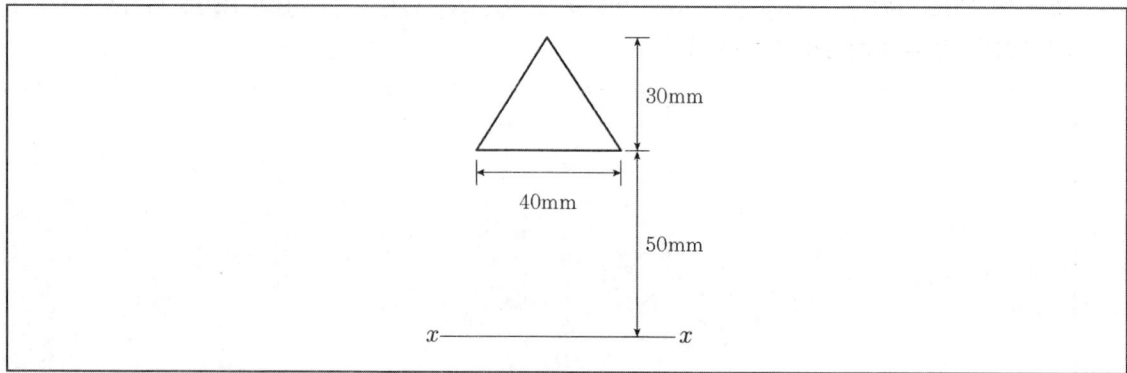

① 155×10^4
② 219×10^4
③ 345×10^4
④ 526×10^4

TIP $I_{x-x} = I_{X-X} + A \times e^2 = \dfrac{40 \times 30^3}{36} + \left(\dfrac{1}{2} \times 40 \times 30\right) \times 60^2 = 219 \times 10^4 [\text{mm}^4]$

$e = 50 + 30 \times \dfrac{1}{3} = 60 [\text{mm}]$

I_{X-X}는 단면의 도심에서 교차하는 축에 대한 단면2차모멘트이며 I_{x-x}는 x축에 대한 단면2차모멘트이다.

14 그림과 같이 캔틸레버보에 집중하중(P), 등분포하중(w), 모멘트하중(M)이 작용하고 있다. 자유단 A에 최대 수직처짐을 발생시키는 하중은 이 세 가지 중 어느 것이며, 보에 세 하중이 동시에 작용할 때 발생하는 수직처짐 δ의 크기[mm]는? (단, P=10[kN], w=10[kN/m], M=10[kN·m], 휨강성 EI=2×10^{10}[kN·mm^2]이 자중은 무시한다)

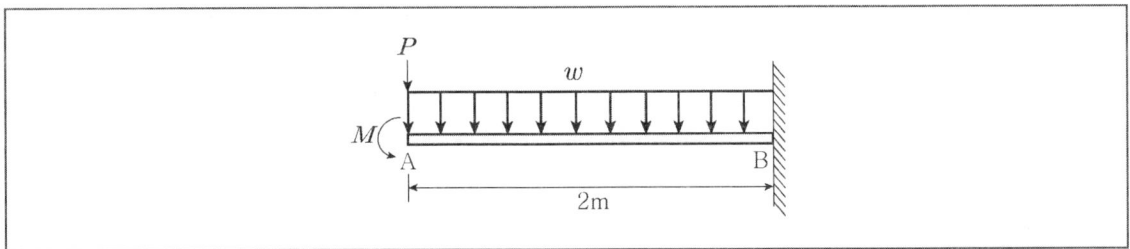

① w=10[kN/m], δ=1[mm]
② M=10[kN·m], δ=1[mm]
③ P=10[kN], δ=$\frac{10}{3}$[mm]
④ M=10[kN·m], δ=$\frac{10}{3}$[mm]

TIP 전형적인 중첩의 원리에 관한 문제이다.
모멘트하중에 의한 처짐은
$$\delta_M = \frac{ML^2}{2EI} = \frac{(10\times10^3)\times(2\times10^3)^2}{2(2\times10^{10})} = 1[mm]$$
하중 P에 의한 처짐은
$$\delta_P = \frac{PL^3}{3EI} = \frac{(10\times2\times10^3)^3}{3(2\times10^{10})} = \frac{4}{3}[mm]$$
등분포 하중 w에 의한 처짐은
$$\delta_w = \frac{wL^4}{8EI} = \frac{(10\times10^{-3})\times(2\times10^3)^4}{8(2\times10^{10})} = 1[mm]$$
따라서 하중 P가 작용할 때 가장 큰 처짐이 발생하게 된다.
또한 세 하중이 동시에 작용할 때 발생하는 수직처짐은 위의 세 값을 합한 값이므로 $\frac{10}{3}$[mm]가 된다.

Answer 13.② 14.③

15 그림과 같은 단순보에서 집중하중이 작용할 때, O점에서의 수직처짐 δ_o의 크기[mm]는? (단, 휨강성 EI =2×10^{12}N·mm²이며, 자중은 무시한다)

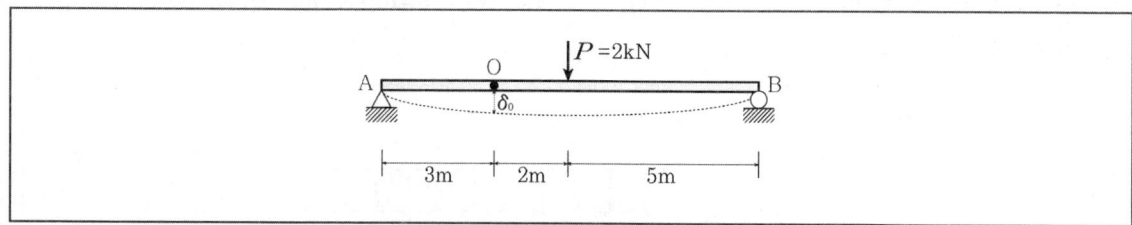

① 14.5
② 15.5
③ 16.5
④ 17.5

OTIP $EI = 2 \times 10^{12} [\text{N·mm}^2] = 2 \times 10^3 [\text{kN·m}^2]$

$$\delta_C = \frac{Pbx(L^2 - b^2 - x^2)}{6LEI} = \frac{2 \times 5 \times 3 \times (10^2 - 5^2 - 3^2)}{6 \times 10 \times (2 \times 10^3)} = 0.0165[\text{m}] = 16.5[\text{mm}]$$

16 그림과 같은 하중을 받는 트러스에 대한 설명으로 옳지 않은 것은? (단, 모든 부재의 자중은 무시한다)

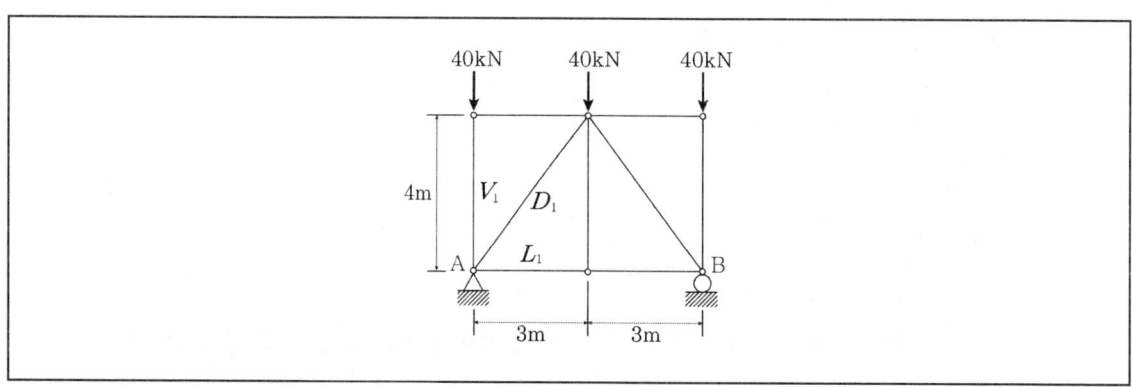

① V_1은 40kN의 압축을 받는다.
② L_1은 15kN의 인장을 받는다.
③ 내적안정이고 외적안정이면서 정정이다.
④ D_1은 16kN의 압축을 받는다.

○**TIP** ① C점을 기준으로 절점법을 적용하면 $V_1 = -40[\text{kN}]$

② D점을 기준으로 절단법을 적용하면 D점에 대한 모멘트합이 0이어야 하므로

$\sum M_D = 0 : 60 \times 3 - 40 \times 3 - L_1 \times 4 = 0$ 이므로 $L_1 = 15[\text{kN}]$

④ $\sum V = 0 : 60 - 40 + D_1 \times \dfrac{4}{5} = 0$ 이므로 $D_1 = -25[\text{kN}]$

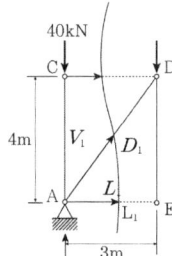

$R_A = \dfrac{40+40+40}{2} = 60\text{kN}$

17 그림과 같이 두 개의 재료로 이루어진 합성 단면이 있다. 단면 하단으로부터 중립축까지의 거리 $C[\text{mm}]$는? (단, 각각 재료의 탄성계수는 $E_1 = 0.8 \times 10^5 \text{MPa}$, $E_2 = 3.2 \times 10^5 \text{MPa}$이다)

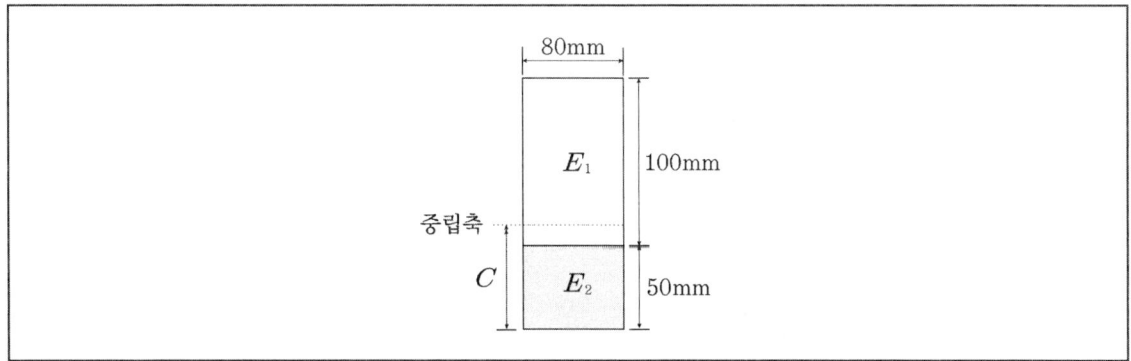

① 50
② 60
③ 70
④ 80

○**TIP** $E_2 A_2 : E_1 A_1 = (3.2 \times 10^5) \times 80 \times 50 : (0.8 \times 10^5) \times 80 \times 100 = 2 : 1$

$\bar{y} = \dfrac{E_2 A_2 \times y_2 + E_1 A_1 \times y_1}{E_2 A_2 + E_1 A_1} = \dfrac{2 \times 25 + 1\left(50 + \dfrac{100}{2}\right)}{2+1} = 50[\text{mm}]$

Answer 15.③ 16.④ 17.①

18 그림과 같은 부재에 2개의 축하중이 작용할 때 구간 D_1, D_2, D_3의 변위의 비($\delta_1 : \delta_2 : \delta_3$)는? (단, 모든 부재의 단면적은 A로 나타내며, 탄성계수 E는 일정하고, 자중은 무시한다)

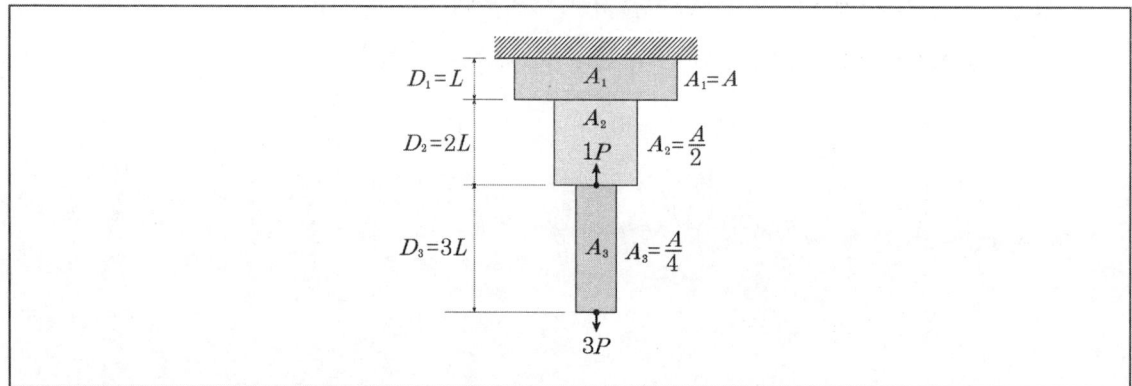

① 1 : 2 : 18
② 1 : 4 : 18
③ 1 : 2 : 24
④ 1 : 4 : 24

TIP $\delta_1 = \dfrac{F_1 L_1}{EA_1} = \dfrac{(3P-P) \times L}{EA} = \dfrac{2PL}{EA}$

$\delta_2 = \dfrac{F_2 L_2}{EA_2} = \dfrac{(3P-P) \times 2L}{E \times \dfrac{A}{2}} = \dfrac{8PL}{EA}$

$\delta_3 = \dfrac{F_3 L_3}{EA_3} = \dfrac{3P \times 3L}{E \times \dfrac{A}{4}} = \dfrac{36PL}{EA}$

$\delta_1 : \delta_2 : \delta_3 = 2 : 8 : 36 = 1 : 4 : 18$

19 그림과 같이 양단이 고정지지된 직사각형 단면을 갖는 기둥의 최소 임계하중의 크기[kN]는? (단, 기둥의 탄성계수 E = 210GPa, π^2은 10으로 계산하며, 자중은 무시한다)

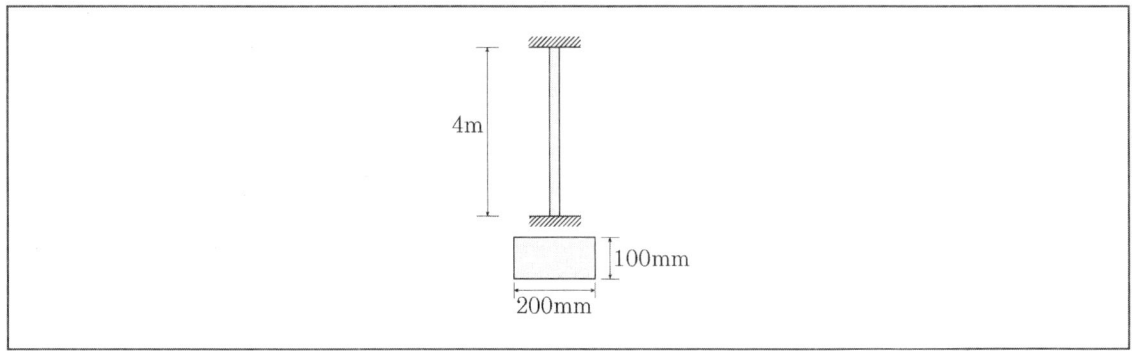

① 8,750
② 9,000
③ 9,250
④ 9,750

O TIP $L_e = kL = 0.5 \times 4,000 = 2,000 [\text{mm}]$
(양단고정 $k = 0.5$)
$P_{cr} = \dfrac{\pi^2 \times EI_{\min}}{L_e^2} = \dfrac{10 \times 210}{2,000^2} \left(\dfrac{200 \times 100^3}{12} \right) = 8,750 [\text{kN}]$

Answer 18.② 19.①

20 그림과 같은 변단면 캔틸레버보에서 A점의 수직처짐의 크기는? (단, 모든 부재의 탄성계수 E는 일정하고, 자중은 무시한다)

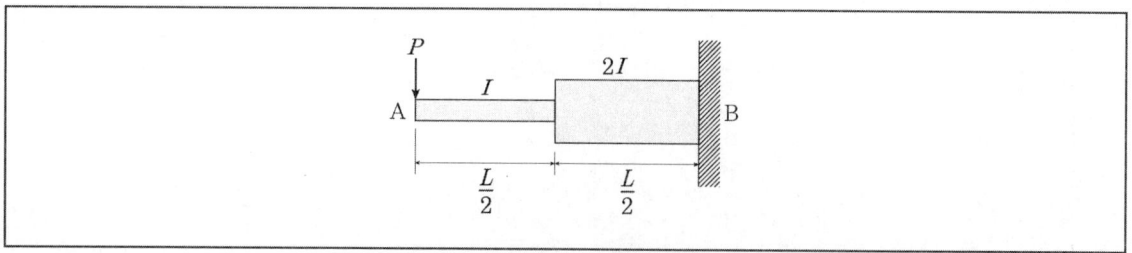

① $\dfrac{PL^3}{32EI}$

② $\dfrac{3PL^3}{32EI}$

③ $\dfrac{PL^3}{16EI}$

④ $\dfrac{3PL^3}{16EI}$

O TIP

$$\delta_A = \frac{PL^3}{3EI}\left(\frac{1}{2}\right) + \frac{P \times \left(\frac{L}{2}\right)^3}{3EI}\left(1 - \frac{1}{2}\right) = \frac{3PL^3}{16EI}$$

응용역학개론 | 2019. 6. 15. 제2회 서울특별시 시행

1 그림과 같이 외팔보에 등분포하중과 변분포하중이 작용하고 있다. 두 분포하중의 합력은 200kN이고 이 합력의 작용위치와 방향이 B점의 왼쪽 2m에서 하향이라면 거리 b는?

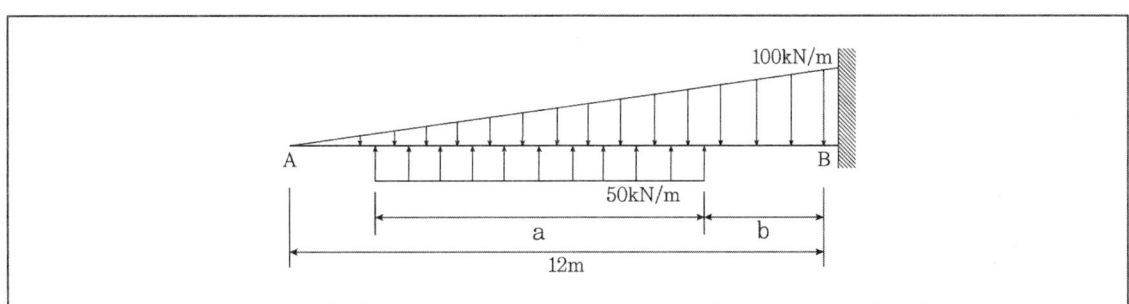

① 1m
② 2m
③ 3m
④ 4m

TIP 바리뇽의 정리에 관한 단순한 문제이다.

$R = R_1 - R_2 = 200 = \left(\dfrac{1}{2} \times 12 \times 100\right) - (50 \times a)$ 이므로 $a = 8[m]$

B점에 대하여 바리뇽의 정리를 적용하면

$200 \times 2 = \left(\dfrac{1}{2} \times 12 \times 100\right) \times \dfrac{12}{3} - (50 \times 8) \times \left(\dfrac{8}{2} + b\right)$ 이므로

이를 만족하는 $b = 1[m]$

Answer 20.④ / 1.①

2 그림과 같은 단순보의 전단력도(S.F.D)와 휨모멘트도(B.M.D)를 이용하여 C점에 작용하는 집중하중 P_1 의 크기는?

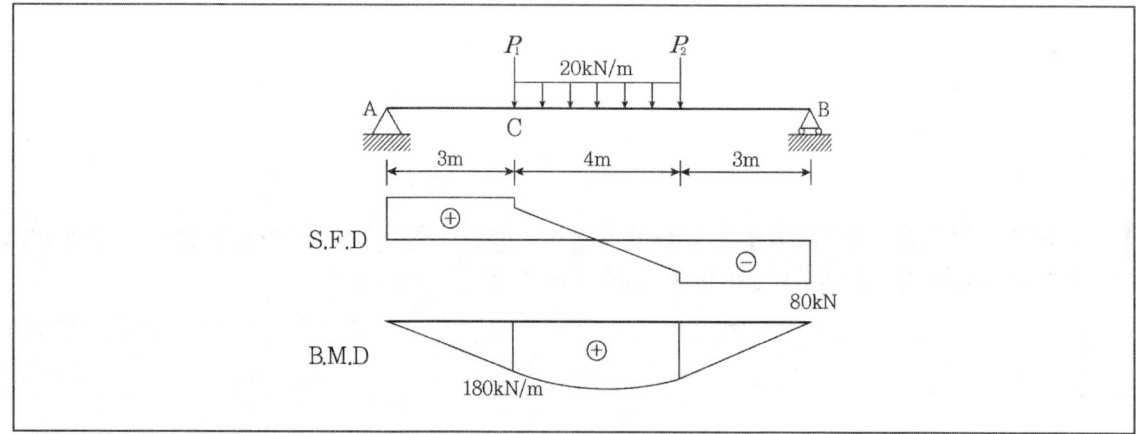

① 4kN ② 5kN
③ 6kN ④ 8kN

O TIP $M_C = 180[\text{kN} \cdot \text{m}] = R_A \times 3[\text{m}]$ 이므로 $R_A = 60[\text{kN}]$

$V_B = -80[kN] = -R_B$ 이므로 $R_B = 80[\text{kN}]$

$\sum M_D = 0 : 60(3+4) - P_1(4) - (20 \times 4) \times \frac{4}{2} - 80 \times 3 = 0$

$P_1 = 5[\text{kN}]$

3 그림과 같은 삼각함수로 둘러싸인 단면을 x축 중심으로 90° 회전시켰을 때 만들어지는 회전체의 부피는?

① $\frac{1}{4}\pi bh^2$ ② $\frac{1}{3}\pi bh^2$
③ $\frac{1}{2}\pi bh^2$ ④ πbh^2

○**TIP** 파푸스의 정리를 이용한다.

단면적 $A = (2b \cdot h) \cdot \dfrac{2}{\pi} = \dfrac{4bh}{\pi}$

도심의 위치 $y_c = \dfrac{\pi h}{8}$

회전체의 체적 $V = A \cdot y_c \cdot \theta = \dfrac{4bh}{\pi} \times \dfrac{\pi h}{8} \times \dfrac{\pi}{2} = \dfrac{1}{4}\pi bh^2$

4 그림과 같이 하중을 받고 있는 케이블에서 A지점의 수평반력의 크기는? (단, 구조물의 자중은 무시한다)

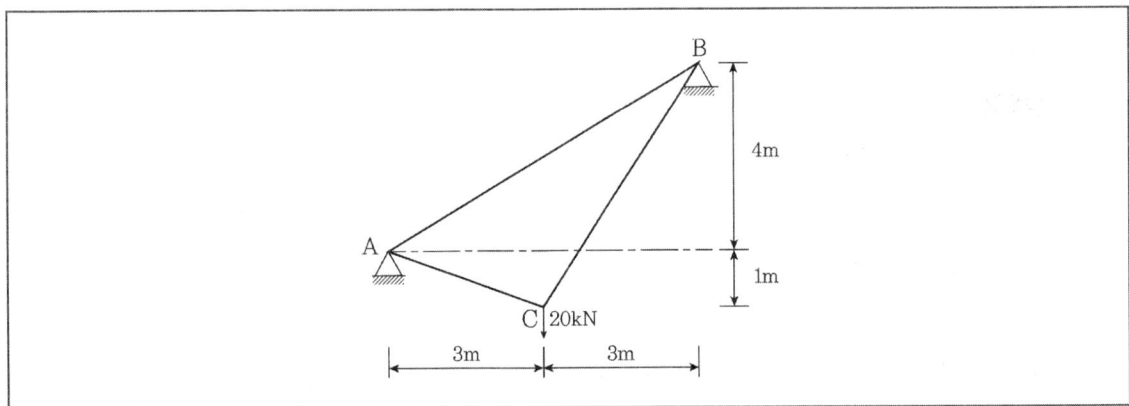

① 6kN ② 8kN
③ 10kN ④ 12kN

○**TIP** 케이블의 정리를 이용하는 문제이다.

케이블은 $y_c = \dfrac{4}{2} + 1 = 3[m]$

등가보 $M_e = \dfrac{PL}{4} = \dfrac{20 \times 6}{4} = 30[kN \cdot m]$

$H = \dfrac{M_e}{y_c} = \dfrac{30}{3} = 10[kN]$

[별해]

$H \cdot y_c = M_e$ 이므로 $H \times \left(1 + \dfrac{4}{6} \times 3\right) = \dfrac{20 \times 6}{4}$ 이므로 $H = 10[kN]$ 이 된다.

Answer 2.② 3.① 4.③

5 그림에 나타난 트러스에서 부재력이 0인 부재의 수는?

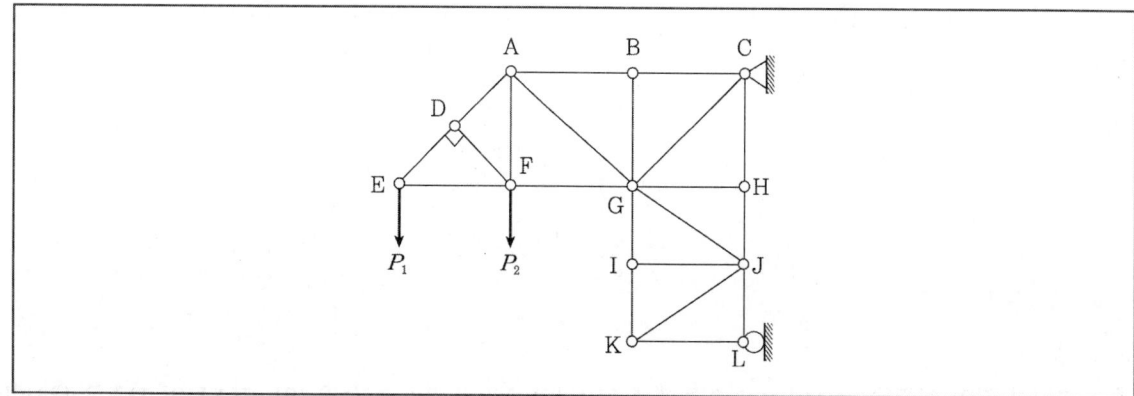

① 4개   ② 5개
③ 6개   ④ 7개

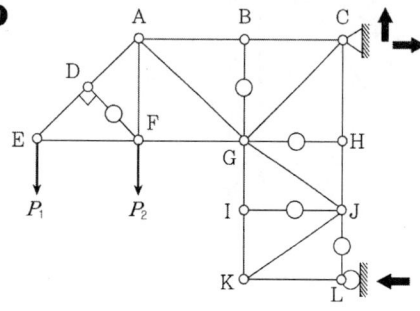

6 그림과 같은 게르버보에 임의의 길이 x를 갖는 등분포하중이 작용하고 있다. 이때 D점의 최대 수직부반력(↓)을 발생시키는 등분포하중의 길이 x와 D점의 최대수직부반력 R_D(↓)는?

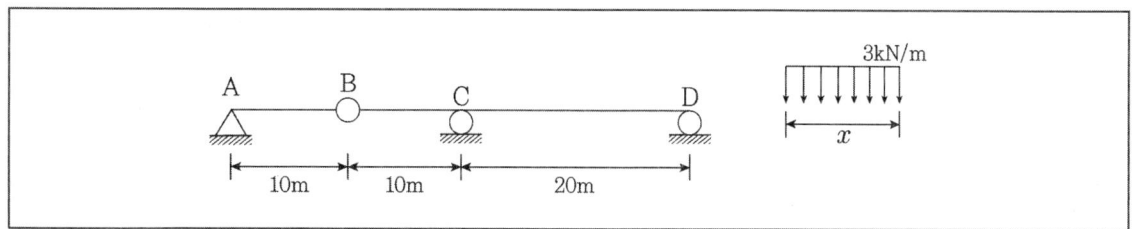

① $x=10$m, $R_D=30$kN(↓)
② $x=10$m, $R_D=15$kN(↓)
③ $x=20$m, $R_D=30$kN(↓)
④ $x=20$m, $R_D=15$kN(↓)

> **TIP** 전형적인 영향선 문제이다. 영향선을 작도하면 다음과 같이 그려진다.

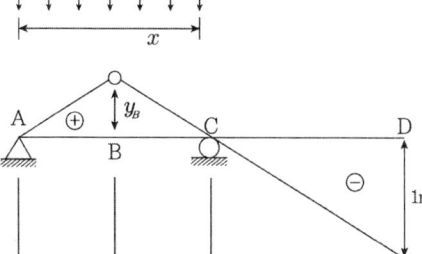

B점의 크기는 $y_B = y_D \times \dfrac{L_{BC}}{L_{CD}} = 1 \times \dfrac{10}{20} = 0.5$[m]

x는 영향선의 (+)인 폭이므로 20[m]가 된다.

따라서 $R_D = w \times A_{AC} = 3 \times \left(\dfrac{1}{2} \times 20 \times 0.5\right) = 15$[kN]

Answer 5.② 6.④

7 보 CD 위에 보 AB가 단순히 놓인 후에 등분포하중이 작용하였을 때, 보 AB에서 정모멘트가 최대가 되는 x는? (단, EI는 모든 부재에서 일정하며 $0 \leq x \leq \dfrac{L}{2}$ 이고, x는 A점으로부터의 거리이다)

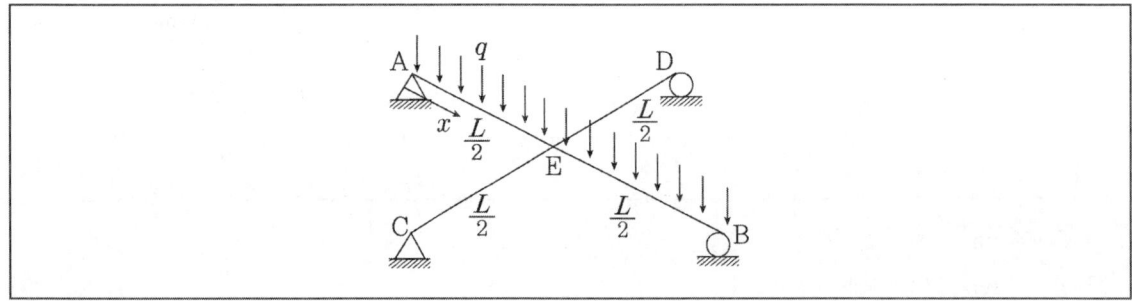

① $\dfrac{11}{16}L$
② $\dfrac{15}{32}L$
③ $\dfrac{11}{32}L$
④ $\dfrac{11}{48}L$

TIP 변위일치법에 대한 기본적인 문제이다.

B지점에 대한 모멘트합이 0이 되어야 하므로,

$R_A \times L + \dfrac{5qL}{16} \times \dfrac{L}{2} - q \times L \times \dfrac{L}{2} = 0$, $R_A = \dfrac{11qL}{32}$

최대정모멘트는 전단력이 0인 곳에서 발생하므로

$V_x = R_A - q \times x = 0$ 이므로 $x = \dfrac{R_A}{q} = \dfrac{11L}{32}$

[별해]

E점의 반력은 AB보와 BC보의 강성은 같고 등가하중은 $\dfrac{5q(L/2)}{4} = \dfrac{5qL}{8}$ 이므로

$R_E = k \cdot \dfrac{8}{k+k} = \dfrac{5qL}{16}$ 이다. 또한 $R_A = \dfrac{qL}{2} - \dfrac{R_E}{2} = \dfrac{11qL}{32}$

8 두께가 8mm인 보를 두께가 24mm인 보의 위와 아래에 접착시켜 제작한 단순보의 지간 중앙에 20kN의 하중이 작용할 때, 단순보의 접착면에서 전단파괴가 발생하였다면 접착면의 접착응력은? (단, 보의 자중은 무시하고, 전단 파괴 이전의 접착면에서는 미끄러짐이 발생하지 않는다)

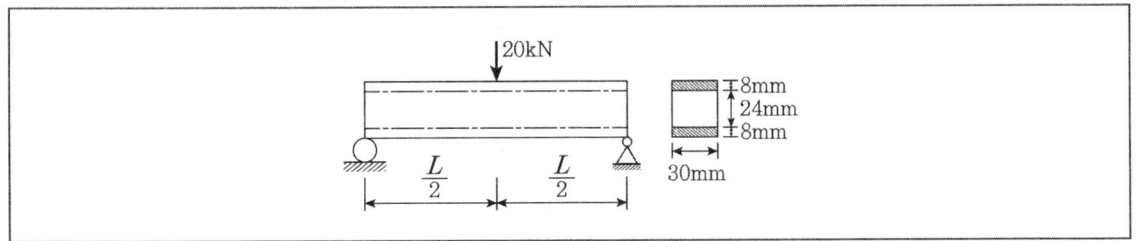

① 2MPa ② 4MPa
③ 6MPa ④ 8MPa

    ○TIP 접촉면의 전단응력은

$$\tau = \frac{6h_1 h_2}{h^2} \times \frac{V}{A} = \frac{6 \times 8 \times 32}{40^2} \times \frac{V}{A} = \frac{24}{25} \times \frac{V}{A}$$

$$V = \frac{P}{2} = 10[\text{kN}]$$

$$\tau = \frac{24}{25} \times \frac{10 \times 10^3}{30 \times 40} = 8[\text{MPa}]$$

[별해]

접착응력은 전단응력과 같은 개념으로 이해하면 되며, 접합면은 중립축으로부터 $\frac{3}{10}h$만큼 떨어진 단면이다.

전단응력은 $\tau = \tau_{\max}\left[1 - 4\left(\frac{y}{h}\right)^2\right]$가 되므로 접합면에서의 전단응력은 $y = \frac{3}{10}h$를 식에 대입한 값이므로

$$\tau = \frac{24S}{25A} = \frac{24 \times 10 \times 10^3}{25 \times 30 \times 40} = 8[\text{MPa}]$$

9 그림과 같은 스프링 시스템에 하중 $P=100N$이 작용할 때, 강체 CF의 변위는? (단, 모든 스프링의 강성은 $k=5,000N/m$이며, 강체는 수평을 이루면서 이동하고, 시스템의 자중은 무시한다)

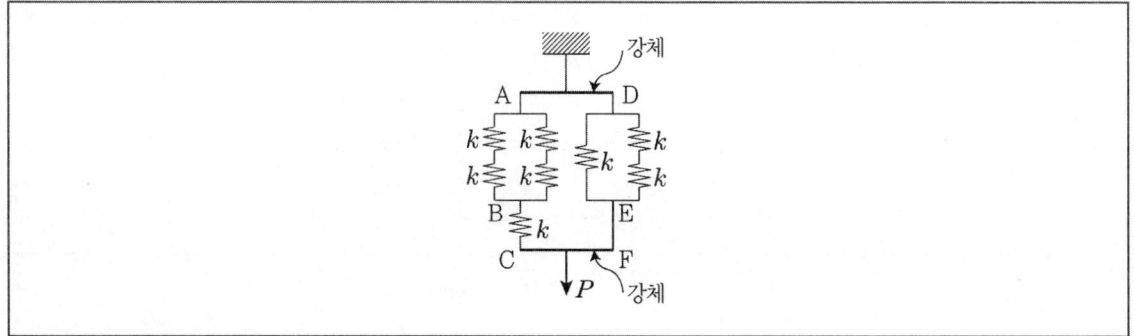

① 10mm
② 20mm
③ 30mm
④ 40mm

TIP

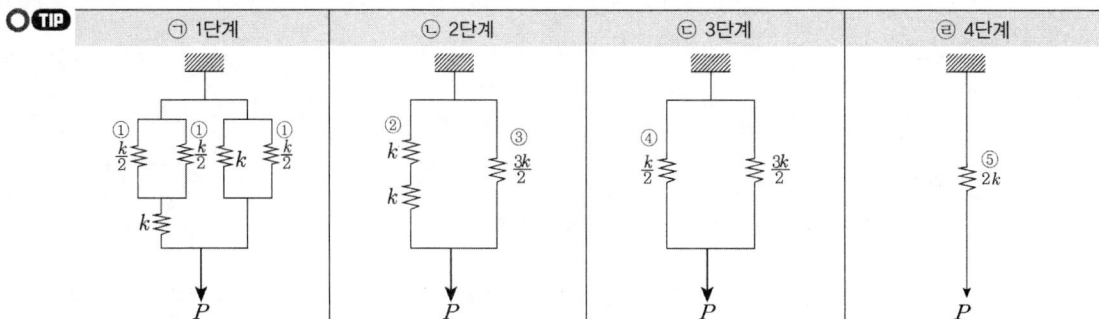

등가스프링에 관한 단순 문제이다.

① 직렬이므로 $k_{eq} = \dfrac{k \cdot k}{k+k} = \dfrac{k}{2}$

② 병렬이므로 $k_{eq} = \dfrac{k}{2} + \dfrac{k}{2} = k$

③ 병렬이므로 $k_{eq} = k + \dfrac{k}{2} = \dfrac{3}{2}k$

④ 직렬이므로 $k_4 = \dfrac{k \cdot k}{k+k} = \dfrac{k}{2}$

⑤ 병렬이므로 $k_{eq} = \dfrac{k}{2} + \dfrac{3k}{2} = 2k$

따라서 $\delta = \dfrac{P}{k_0} = \dfrac{P}{2k} = \dfrac{100}{2 \times 5,000} = 0.01[m] = 10[mm]$

10 그림과 같은 구조물에서 휨모멘트도의 면적의 합이 120kN·m일 때, M_1의 크기는? (단, $M_1 > 0$이다)

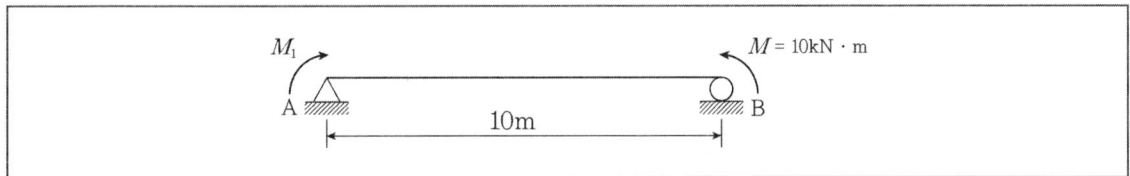

① 24kN·m
② 18kN·m
③ 14kN·m
④ 12kN·m

TIP 휨모멘트도의 면적의 합을 구하면
$$A_{AB} = 120 = \frac{(M_1 + 10) \times 10}{2} = 5M_1 + 50$$
$$M_1 = \frac{120 - 50}{5} = 14[kN \cdot m]$$

11 그림과 같은 구조물에서 발생하는 최대 휨응력과 최대 전단응력의 비 $\left(\dfrac{\sigma_{\max}}{\tau_{\max}}\right)$는 얼마인가?

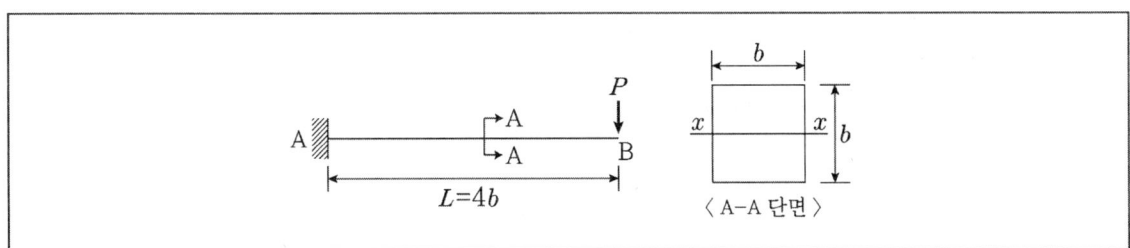

① 4
② 8
③ 12
④ 16

TIP $\sigma_{\max} = \dfrac{M_A}{Z} = \dfrac{P \times 4b}{\dfrac{b^3}{6}} = \dfrac{24P}{b^2}$

$\tau_{\max} = \dfrac{3V}{2A} = \dfrac{3P}{2b^2}$ 이므로 $\dfrac{\sigma_{\max}}{\tau_{\max}} = \dfrac{\dfrac{24P}{b^2}}{\dfrac{3P}{2b^2}} = 16$

고정단 A의 중앙부에서 휨응력이 최대가 된다. 부재 전 부위에서 전단력이 동일하며 최대전단응력은 단면의 중앙부이며 그 크기는 정사각형 단면인 경우, 평균전단응력의 1.5배이다.

Answer 9.① 10.③ 11.④

12 그림과 같은 보의 A지점에서 발생하는 반력모멘트 M_A는? (단, 탄성계수 E는 모든 부재에서 동일하며 AB 및 BC 부재의 단면 2차 모멘트는 각각 I와 $2I$이다)

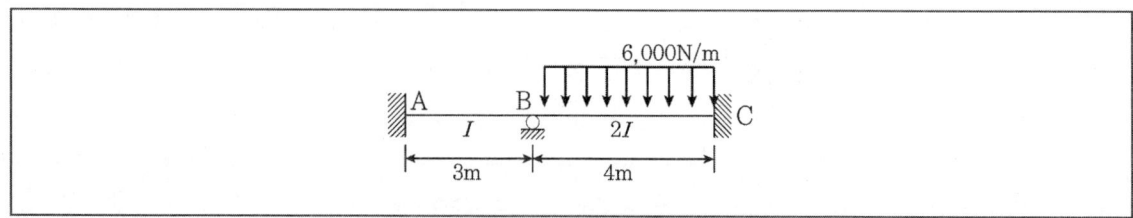

① 800N · m
② 1,600N · m
③ 3,200N · m
④ 10,400N · m

> **TIP** 모멘트분배법에 관한 문제이다.
> $K_{AB} = \dfrac{4EI}{L_{AB}} = \dfrac{4EI}{3}$ 이며 $K_{BC} = \dfrac{4E \times 2I}{L_{BC}} = \dfrac{4E \times 2I}{4} = 2EI$
> $DF_{AB} = \dfrac{K_{AB}}{K_{AB}+K_{BC}} = \dfrac{2}{5}$, $DF_{BC} = \dfrac{K_{BC}}{K_{AB}+K_{BC}} = \dfrac{3}{5}$
>
> $FEM_{BC} = \dfrac{-wL_{BC}^2}{12} = \dfrac{-6,000 \times 4^2}{12} = -8,000[\text{N} \cdot \text{m}]$
>
> $FEM_{CB} = \dfrac{wL_{BC}^2}{12} = 8,000[\text{N} \cdot \text{m}]$
>
> $F = 8,000[\text{N} \cdot \text{m}]$이므로
> $M_A = \dfrac{F}{5} = \dfrac{8,000}{5} = 1,600[\text{N} \cdot \text{m}]$

13 다음 그림 (가)와 같이 하중 P를 받고 힌지와 케이블로 지지된 강체봉이 있다. 케이블 재료의 응력-변형률 선도가 그림 (나)와 같을 때, 케이블이 견딜 수 있는 최대하중의 크기는 $B_1(f_y A_s)$이다. B_1은? (단, F_1과 F_2는 케이블의 장력, f_y는 케이블의 항복강도, A_s는 케이블의 단면적이며 자중은 무시한다)

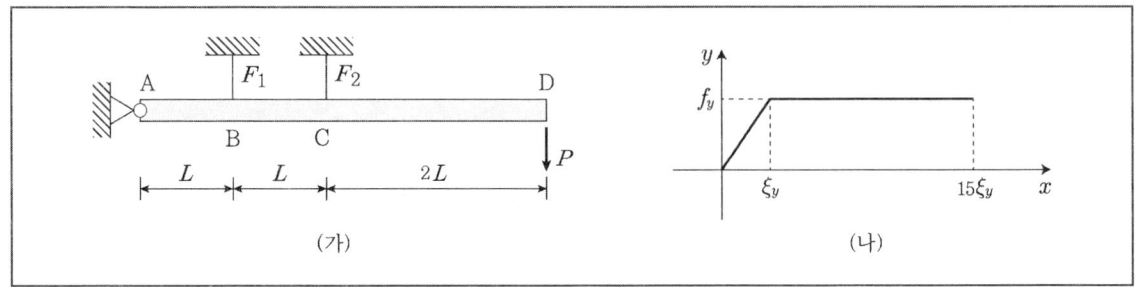

① $\frac{1}{4}$ ② $\frac{1}{2}$

③ $\frac{3}{4}$ ④ 1

○TIP $\sum M_A = 0 : -B_1 \times L - B_1 \times 2L + P_u \times 4L = 0$

$P_u = \frac{3}{4} B_1$

Answer 12.② 13.③

14 그림과 같이 하중을 받는 구조물에서 고정단 C의 반력 모멘트의 크기는? (단, 구조물 자중은 무시하고, 휨강성 EI는 일정하며, 축방향 변형은 무시한다)

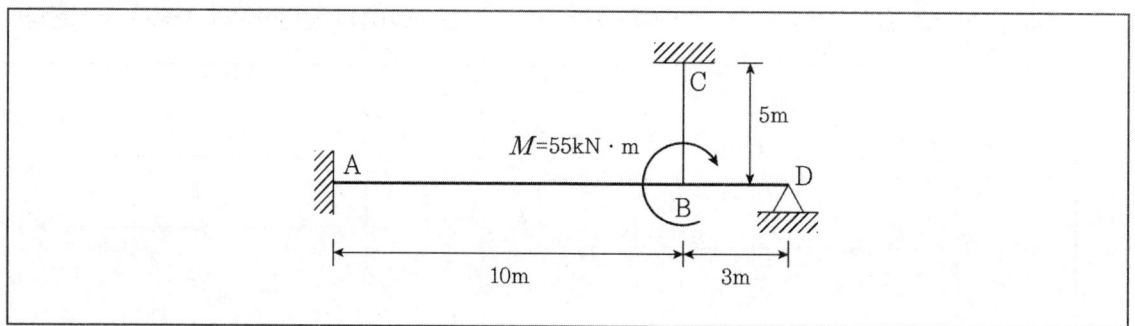

① 10kN·m
② 11kN·m
③ 12kN·m
④ 13kN·m

TIP $k_{BA} : k_{BC} : k_{BD} = \dfrac{4EI}{10} : \dfrac{4EI}{5} : \dfrac{3EI}{3} = 2 : 4 : 5$

(BD부재의 한쪽이 힌지단이므로 강성은 3/4배가 된다.)

$DF_{BC} = \dfrac{k_{BC}}{k_{BA} + k_{BC} + k_{BD}} = \dfrac{4}{2+4+5} = \dfrac{4}{11}$

$M_{BC} = M \times DF_{BC} = 55 \times \dfrac{4}{11} = 20 [\text{kN} \cdot \text{m}]$

$M_{CB} = M_{BC} \times COF = 20 \times \dfrac{1}{2} = 10 [\text{kN} \cdot \text{m}]$

(DF는 분배율, COF는 전달율이다.)

15 높이 h=400mm, 폭 b=500mm, 두께 t=5mm인 강판의 양면이 마찰이 없는 강체벽에 y방향으로 구속되어 있다. x방향의 변형량이 0.36mm라면 압력 p의 크기는? (단, 강판의 포아송비는 0.2이고, 탄성계수는 200GPa이며, 강판의 자중은 무시한다)

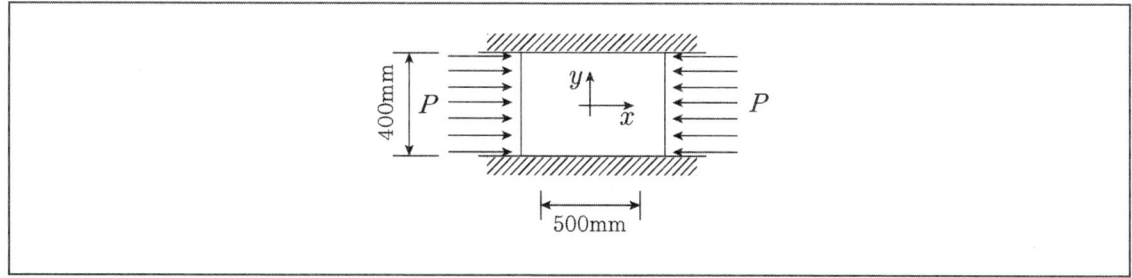

① 60MPa
② 90MPa
③ 120MPa
④ 150MPa

> **TIP** $\varepsilon_x = \dfrac{\delta_x}{L_x} = \dfrac{-0.36}{500} = -0.0072$ 이며
>
> 강체벽에 구속되어 있으므로 $\varepsilon_y = 0$
>
> $\sigma_x = \dfrac{E(\varepsilon_x + \nu \varepsilon_y)}{1-\nu^2} = \dfrac{(200 \times 10^3) \times (-0.00072 + 0.2 \times 0)}{1-0.2^2} = -150[\text{MPa}]$

16 그림과 같은 단순보에서 외측의 두께 t가 내측의 두께 h보다 매우 작은 경우($t \ll h$), C점에서 발생하는 평균 전단응력의 표현으로 옳은 것은?

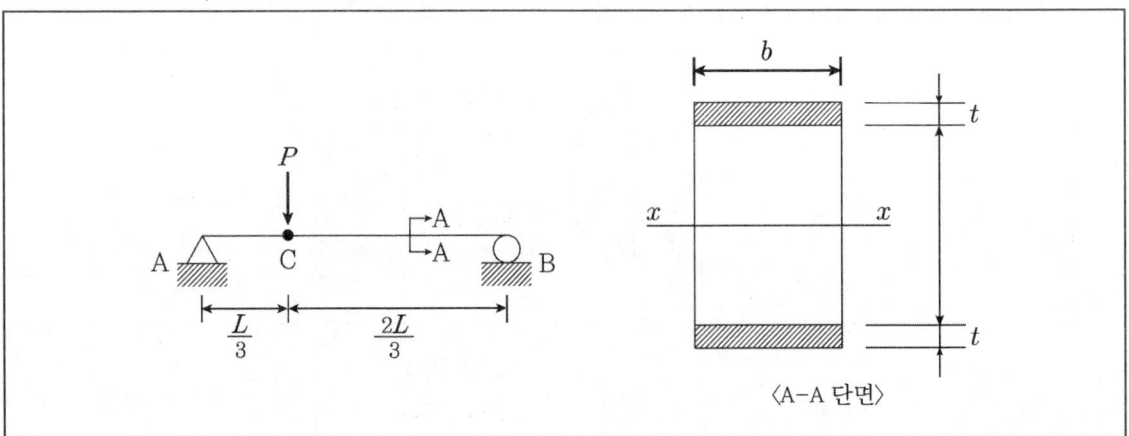

① $\dfrac{P}{3bh}$

② $\dfrac{2P}{3bh}$

③ $\dfrac{PL}{3bh}$

④ $\dfrac{2PL}{3bh}$

> **TIP** 논란의 여지가 있는 문제이다.
>
> 우선, 지점의 반력을 구하면 $R_A = \dfrac{2}{3}P$, $R_B = \dfrac{1}{3}P$이며
> 전단력선도는 다음과 같이 그려지게 된다.
>
>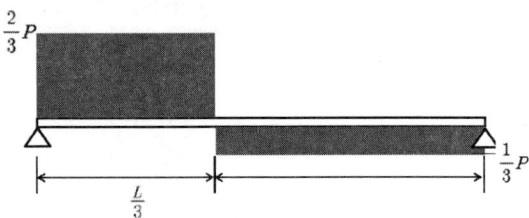
>
> 이 문제에서는 C지점에 작용하는 전단력을 $V_C = R_A = \dfrac{2}{3}P$로 보아야 답이 $\dfrac{2P}{3bh}$로 도출되는데
> C지점은 전단력의 부호가 바뀌는 불연속점이므로 문제 자체가 성립되기 어렵다.
>
> $\gamma_{aver} = \dfrac{V_c}{A} = \dfrac{V_c}{b \times (h+2t)} = \dfrac{V_c}{b \times h}$ ($\because t \ll h$)
>
> $= \dfrac{\left(\dfrac{2P}{3}\right)}{b \times h} = \dfrac{2P}{3bh}$

17 다음 그림과 같은 구조물에서 스프링이 힘을 받지 않은 상태에서 δ는 5mm이다. 봉 I과 봉 II의 온도가 증가하여 δ가 3mm로 되었다면, 온도의 증가량 $\triangle T$는?

(단, 열팽창계수 $\alpha = 10^{-5}/℃$, E=200GPa, L=1m, A=100mm^2, k=2,000N/mm)

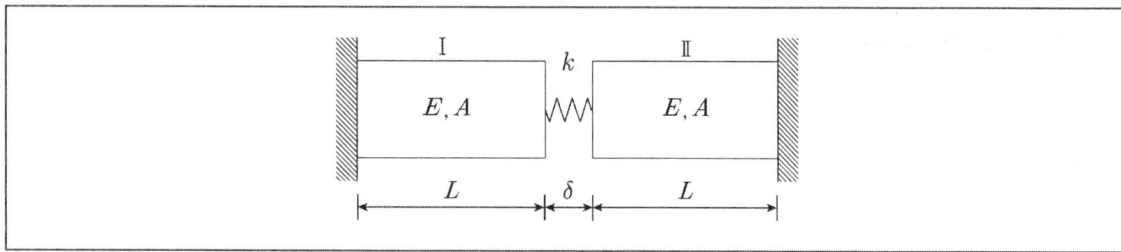

① 60℃
② 80℃
③ 100℃
④ 120℃

○**TIP** 변위일치법에 관한 문제이다.

$k_s = 2[\text{kN/mm}]$이며 $R = k_s \cdot \triangle\delta = 2 \times (5-3) = 4[\text{kN}]$

$k_b = \dfrac{EA}{L} = \dfrac{200 \times 100}{1,000} = 20[\text{kN/m}]$

$\alpha(\triangle T)L + \alpha(\triangle T)L = \dfrac{R}{k_b} + \dfrac{R}{k_b} + \dfrac{R}{k_s} = \dfrac{4}{20} + \dfrac{4}{20} + \dfrac{4}{2} = 2.4[\text{mm}]$

따라서 $\triangle T = \dfrac{2.4}{2\alpha L} = \dfrac{2.4}{2 \times 10^{-5} \times 1,000} = 120[℃]$

[별해]

$R_T = \dfrac{2\alpha \triangle TL}{\dfrac{2L}{EA} + \dfrac{1}{k}}$ 이므로 $4,000 = \dfrac{2 \times 10^{-5} \times \triangle T \times 1,000}{\dfrac{2 \times 1,000}{200 \times 10^3 \times 100} + \dfrac{1}{2,000}}$ 를 만족하는

$\triangle T = 120[℃]$

18 그림 ㈎에서 외부하중 P에 의하여 B점에 발생한 처짐이 $\dfrac{PL^3}{8EI}$이고, 그림 ㈏에서 받침 B점에 발생한 침하가 $\dfrac{PL^3}{24EI}$일 때, B점에 작용하는 반력(R_B)의 크기는? (단, 그림 ㈎와 ㈏는 동일한 구조물로 B점의 경계조건만 다름)

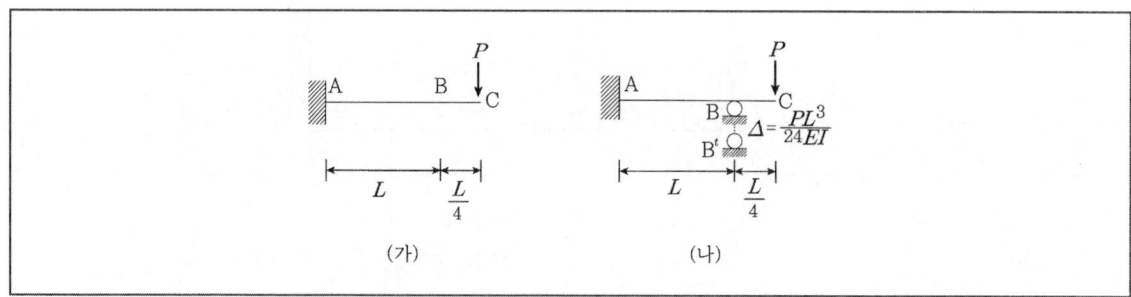

① $\dfrac{P}{4}$ ② $\dfrac{1}{2}P$

③ P ④ $2P$

○**TIP** B점에서 변위일치법을 적용하면

$\Delta = \dfrac{PL^3}{8EI} - \dfrac{R_B L^3}{3EI} = \dfrac{PL^3}{24EI}$ 이므로 $R_B = \dfrac{P}{4}$

19 그림과 같은 외팔보의 자유단 C점에서의 처짐은? (단, 보의 자중은 무시하며 휨강성 EI는 일정하다)

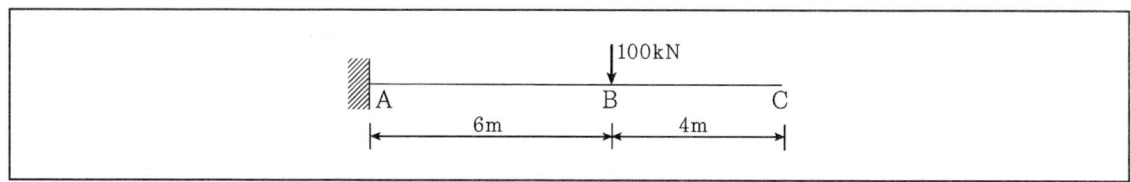

① $\dfrac{10,800}{EI}[\text{kN}\cdot\text{m}^3]$(하향)   ② $\dfrac{12,000}{EI}[\text{kN}\cdot\text{m}^3]$(하향)

③ $\dfrac{13,200}{EI}[\text{kN}\cdot\text{m}^3]$(하향)   ④ $\dfrac{14,400}{EI}[\text{kN}\cdot\text{m}^3]$(하향)

○**TIP** 중첩의 원리를 적용해서 푼다.

$\delta_C = \delta_B + \theta_B \times b = \dfrac{100\times 6^3}{3EI} + \dfrac{100\times 6^2}{2EI}\times 4 = \dfrac{14,400}{EI}(\downarrow)$

$\delta_C = \delta_B \times \dfrac{2a+3b}{2a} = \delta_B \times \dfrac{2\times 6 + 3\times 4}{2\times 6} = 2\delta_B$

$\delta_C = 2\delta_B = 2\times \dfrac{PL_{AB}^3}{3EI} = 2\times \dfrac{100\cdot 6^3}{3EI} = \dfrac{14,400}{EI}[\text{kN}\cdot\text{m}^3]$

20 그림과 같이 수평하중을 받는 트러스 구조물의 B점에서 발생하는 최대 수평변위 $\delta_{\max} = 3\delta$일 때, 허용 가능한 최대 수평하중(P)은? (단, 모든 부재의 단면적 A와 탄성계수 E는 동일하다)

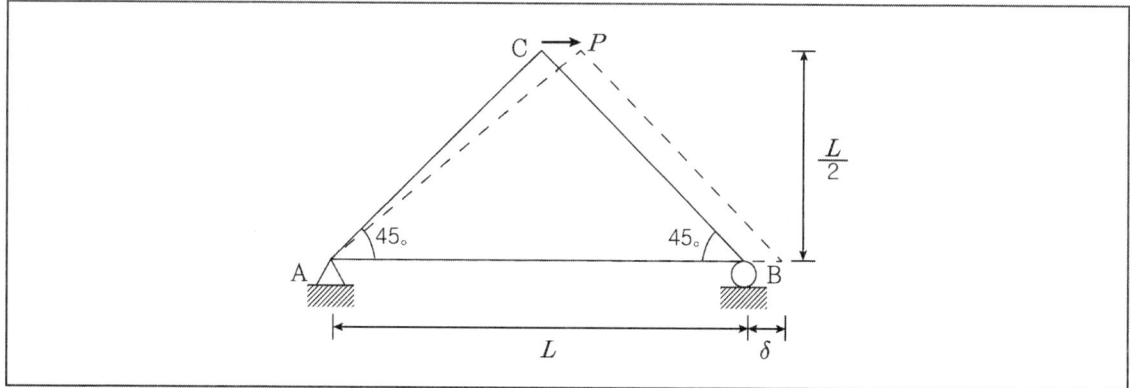

① $\dfrac{2AE}{L}\delta$

② $\dfrac{4AE}{L}\delta$

③ $\dfrac{6AE}{L}\delta$

④ $\dfrac{8AE}{L}\delta$

> **TIP** A지점에 대한 모멘트의 합이 0이어야 하므로,
>
> $\sum M_A = 0 : P \times \dfrac{L}{2} - R_B \times L = 0$ 을 만족하는 $R_B = \dfrac{P}{2}$
>
> B점에 대해 힘의 평형을 이루어야 하므로,
>
> AB 부재에는 $F_{AB} = R_B \times \dfrac{1}{1} = \dfrac{P}{2}$ 가 작용하게 된다.
>
> B점에 발생하게 되는 수평변위는
>
> $\delta_B = \sum \dfrac{F_{AB} \times L}{EA} = \dfrac{\dfrac{P}{2} \times L}{EA} = \dfrac{PL}{2EA}$
>
> $\delta_{Bh}\left(=\dfrac{PL}{2EA}\right) \leq \delta_{\max}(=3\delta)$ 이므로
>
> $P_{\max} = \dfrac{6EA}{L}\delta$

Answer 18.① 19.④ 20.③

응용역학개론 | 2020. 7. 11. 인사혁신처 시행

1 그림과 같은 단순보에서 다음 항목 중 0의 값을 갖지 않는 것은? (단, 단면은 균일한 직사각형이다)

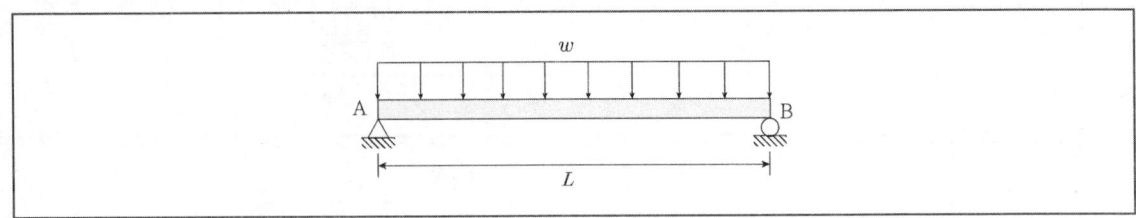

① 중립축에서의 휨응력(수직응력)
② 단면의 상단과 하단에서의 전단응력
③ 양단지점에서의 휨응력(수직응력)
④ 양단지점의 중립축에서의 전단응력

> **TIP** 등분포하중이 작용하는 단면적이 일정한 단순보에서는 양단지점에서 가장 큰 전단력이 발생되므로 양단지점의 중립축에서 전단응력이 최댓값이 된다.

2 그림과 같은 단순보에서 다음 설명 중 옳은 것은? (단, 단면은 균일한 직사각형이고, 재료는 균질하다)

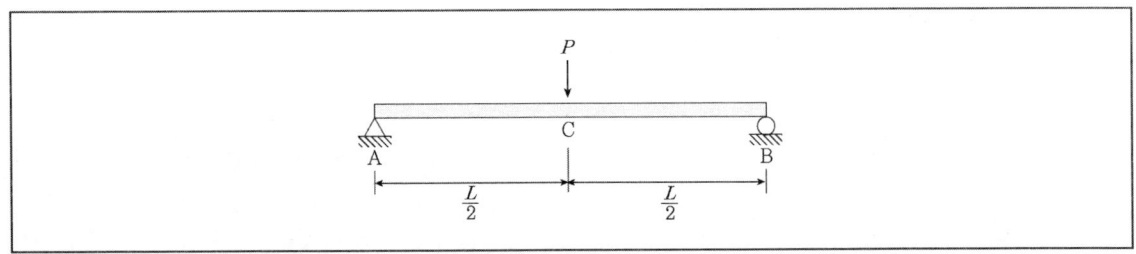

① 탄성계수 값이 증가하면 지점 처짐각의 크기는 증가한다.
② 지점 간 거리가 증가하면 지점 처짐각의 크기는 증가한다.
③ 휨강성이 증가하면 C점의 처짐량은 증가한다.
④ 지점 간 거리가 증가하면 C점의 처짐량은 감소한다.

> **TIP** ① 탄성계수 값이 증가하면 지점 처짐각의 크기는 감소한다.
> ③ 휨강성이 증가하면 C점의 처짐량은 감소한다.
> ④ 지점 간 거리가 증가하면 C점의 처짐량은 증가한다.

3 그림과 같은 게르버보에 하중이 작용하고 있다. A점의 수직반력 R_A가 B점의 수직반력 R_B의 2배($R_A = 2R_B$)가 되려면, 등분포하중 w[kN/m]의 크기는? (단, 보의 자중은 무시한다)

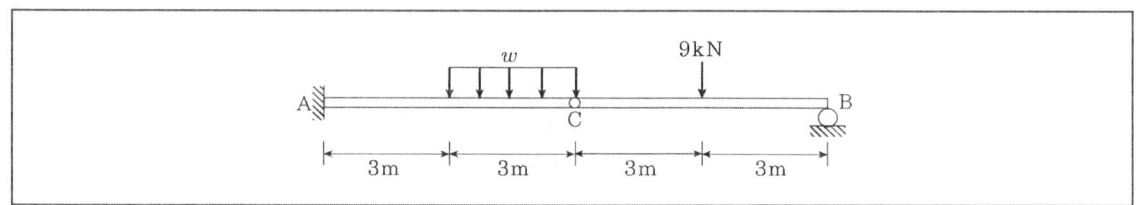

① 0.5
② 1.0
③ 1.5
④ 2.0

TIP BC부재의 경우 $R_B = R_C = \dfrac{9}{2} = 4.5[\text{kN}]$

AC부재의 경우
$\sum V = 0 : 9 - (w \times 3) - 4.5 = 0$ 이므로 $w = 1.5[\text{kN/m}]$

4 그림과 같이 등분포 고정하중이 작용하는 단순보에서 이동하중이 작용할 때 절대 최대 전단력의 크기 [kN]는? (단, 보의 자중은 무시한다)

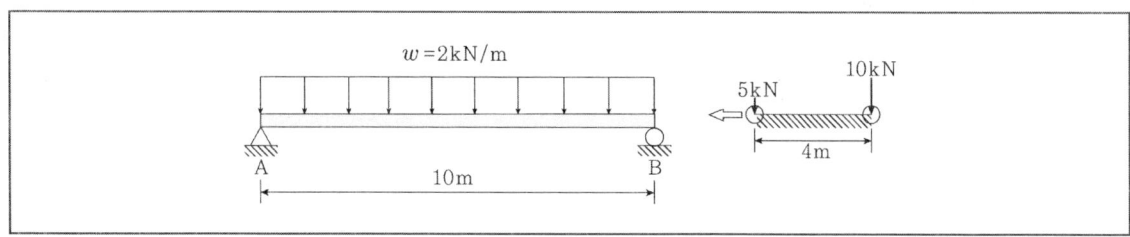

① 20
② 21
③ 22
④ 23

TIP 절대 최대 전단력은 이동하중 10[kN]이 B점 바로 왼쪽을 지날 때 10[kN]과 B점 사이에서 발생한다.

따라서 $\sum M_A = 0 : 5 \times 6 + 10 \times 10 + (2 \times 10) \times \dfrac{10}{2} - R_B \times 10 = 0$

$R_B = 23[\text{kN}]$이며 절대 최대 전단력은 이와 같은 값이 된다.

[별해]
후륜하중이 더 크므로 절대 최대 전단력은 B점에서 발생하게 되며 B점의 전단력은 지점반력과 같다.
따라서 B점의 전단력 영향선도를 이용하여 절대 최대 전단력을 구하면
$S_B = -\left(\dfrac{1}{2} \times 10 \times 1\right) \times 2 - 0.6 \times 5 - 1 \times 10 = -23[\text{kN}]$

Answer 1.④ 2.② 3.③ 4.④

5 그림과 같이 폭이 b이고 높이가 h인 직사각형 단면의 x축에 대한 단면 2차 모멘트 I_{x1}과 빗금친 직사각형 단면의 x축에 대한 단면 2차 모멘트 I_{x2}의 크기의 비 $\left(\dfrac{I_{x2}}{I_{x1}}\right)$는?

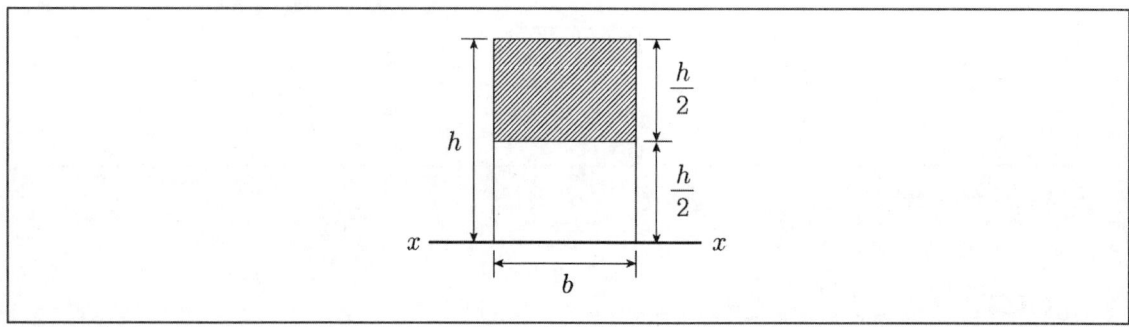

① $\dfrac{1}{2}$ ② $\dfrac{2}{3}$

③ $\dfrac{7}{8}$ ④ 1

> **TIP**
> $$\dfrac{I_{x2}}{I_{x1}} = \dfrac{\dfrac{bh^3}{12} - \dfrac{b\left(\dfrac{h}{2}\right)^3}{12}}{\dfrac{bh^3}{12}} = \dfrac{\dfrac{7bh^3}{96}}{\dfrac{bh^3}{12}} = \dfrac{7}{8}$$

6 그림과 같이 하중을 받는 구조물에서 고정단 C점의 모멘트 반력의 크기[kN·m]는? (단, 구조물의 자중은 무시하고, 휨강성 EI는 일정, M_B = 84kN·m이다)

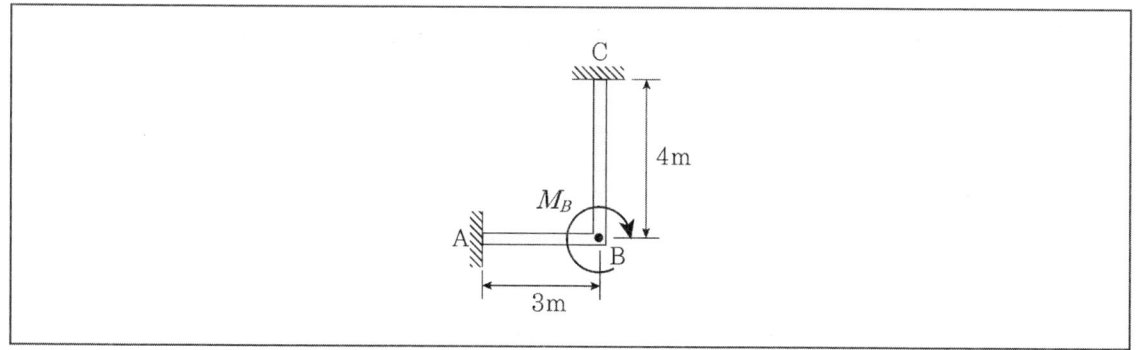

① 9
② 18
③ 27
④ 36

○TIP 모멘트분배법에 관한 문제이다.

우선 부재의 강비를 구하면 $k_{BA} : k_{BC} = \dfrac{4EI}{3} : \dfrac{4EI}{4} = 4 : 3$

BC부재의 분배율은 $DF_{BC} = \dfrac{k_{BC}}{k_{BA} + k_{BC}} = \dfrac{3}{4+3} = \dfrac{3}{7}$

BC부재에 분배되는 모멘트는

$M_{BC} = M_B \times DF_{BC} = 84 \times \dfrac{3}{7} = 36 [\text{kN} \cdot \text{m}]$

고정단인 경우 도달모멘트는 분배모멘트의 1/2가 되므로

$M_{CB} = M_{BC} \times COF = 36 \times \dfrac{1}{2} = 18 [\text{kN} \cdot \text{m}]$

Answer 5.③ 6.②

7 그림과 같이 두 개의 우력모멘트를 받는 단순보 AE에서 A 지점 처짐각의 크기($a\dfrac{PL^2}{EI}$)와 C점 처짐의 크기($b\dfrac{PL^3}{EI}$)를 구하였다. 상수 a와 b의 값은? (단, 보 AE의 휨강성 EI는 일정하고, 보의 자중은 무시한다)

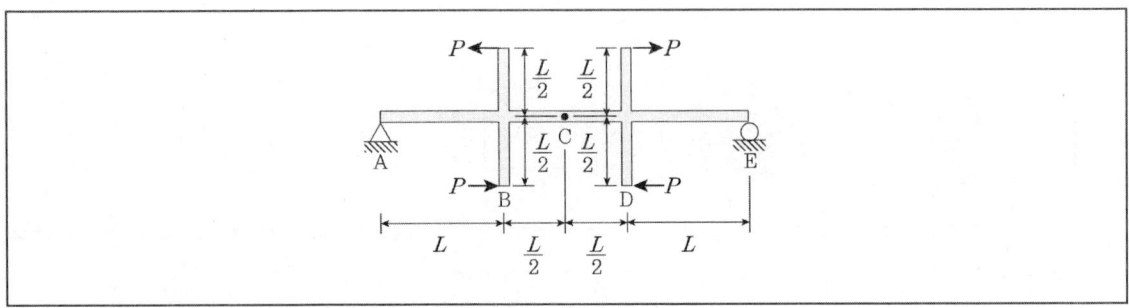

	a	b
①	$\dfrac{1}{2}$	$\dfrac{5}{8}$
②	$\dfrac{1}{2}$	$\dfrac{3}{2}$
③	$\dfrac{1}{6}$	$\dfrac{5}{8}$
④	$\dfrac{1}{6}$	$\dfrac{3}{2}$

TIP 매우 까다로운 문제이며 시간이 상당히 소요되므로 과감히 넘어갈 것을 권하는 문제이다. 문제를 풀기 위해서 우력의 개념이 바로 떠올라야 하지만 이를 파악한 후 공액보법으로 풀어야 하는 등 시간소모가 많은 문제이다.

$$\theta_A = \dfrac{L \cdot \dfrac{PL}{EI}}{2} = \dfrac{PL^2}{2EI} \text{ 이므로 } a = \dfrac{1}{2}$$

$$\delta_C = \dfrac{PL^2}{2EI}\left(\dfrac{3L}{2}\right) - \left(\dfrac{L}{2} \times \dfrac{PL}{EI}\right)\dfrac{L}{4} = \dfrac{5PL^3}{8EI} \text{ 이므로 } b = \dfrac{5}{8}$$

[별해]
B점과 D점에 같은 크기의 우력모멘트 PL이 작용하여 중앙단면에서 서로 반대방향으로 작용하고 있으므로 대칭변형구조물이다. 휨모멘트도를 이용한 탄성하중법이나 공액보법을 적용하여 푼다.

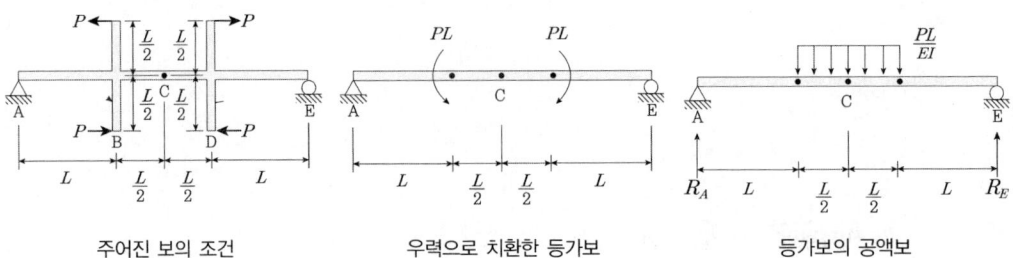

주어진 보의 조건 / 우력으로 치환한 등가보 / 등가보의 공액보

8 그림과 같은 하중을 받는 단순보에서 인장응력이 발생하지 않기 위한 단면 높이 h의 최솟값[mm]은? (단, $h = 2b$, 50kN의 작용점은 단면의 도심이고, 보의 자중은 무시한다)

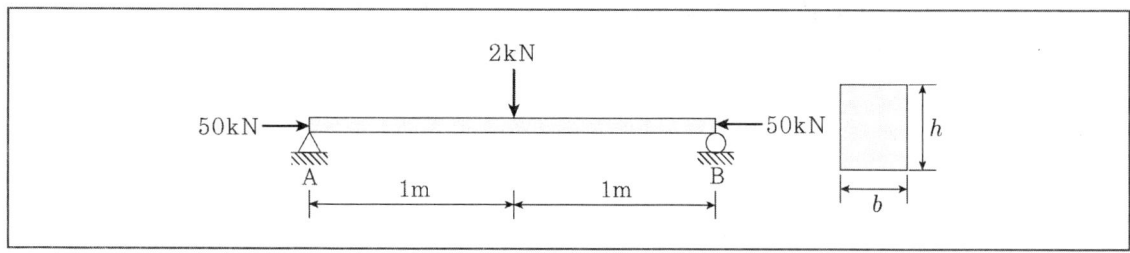

① 100
② 110
③ 120
④ 130

> **TIP** $M_C = \dfrac{QL}{4} = \dfrac{2 \times 2}{4} = 1[\text{kN} \cdot \text{m}] = 1,000[\text{kN} \cdot \text{mm}]$
>
> 단순보에서 인장응력이 발생하지 않으려면 중앙부 하단의 응력이 0이 되어야 하므로
>
> $\sigma_{C, 하단} = -\dfrac{P}{A} + \dfrac{6M_C}{Ah} \leq 0$ 이므로 $h \geq \dfrac{6M_C}{P}$
>
> $h_{\min} = \dfrac{6M_C}{P} = \dfrac{6 \times 1,000}{50} = 120[\text{mm}]$

Answer 7.① 8.③

9 그림과 같은 단순보의 C점에 스프링을 설치하였더니 스프링에서의 수직 반력이 $\frac{P}{2}$가 되었다. 스프링 강성 k는? (단, 보의 휨강성 EI는 일정하고 보의 자중은 무시한다)

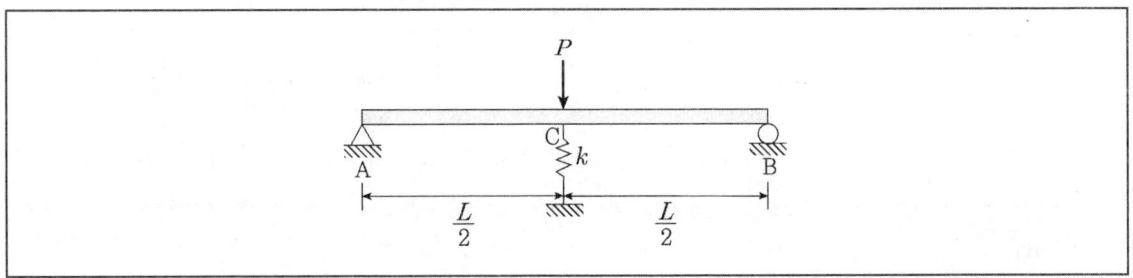

① $\frac{24EI}{L^3}$

② $\frac{48EI}{L^3}$

③ $\frac{96EI}{L^3}$

④ $\frac{120EI}{L^3}$

○**TIP** 변위일치법에 관한 기본적인 문제이다.

$\frac{PL^3}{48EI} - \frac{\left(\frac{P}{2}\right)L^3}{48EI} = \frac{\frac{P}{2}}{k}$ 이므로 $k = \frac{48EI}{L^3}$

10 보의 탄성처짐을 해석하는 방법에 대한 다음 설명으로 옳지 않은 것은?

① 휨강성 EI가 일정할 때, 모멘트 방정식 $EI\frac{d^2v}{dx^2} = M(x)$를 두 번 적분하여 처짐 v를 구할 수 있는데, 이러한 해석법을 이중적분법(Double Integration Method)이라고 한다.

② 모멘트면적정리(Moment Area Theorem)에 의하면, 탄성 곡선상의 점 A에서의 접선과 점 B로부터 그은 접선 사이의 점 A에서의 수직편차 $t_{B/A}$는 $\frac{M}{EI}$ 선도에서 이 두 점 사이의 면적과 같다.

③ 공액보를 그린 후 $\frac{M}{EI}$ 선도를 하중으로 재하하였을 때, 처짐을 결정하고자 하는 곳에서 공액보의 단면을 자르고 그 단면에서 작용하는 휨모멘트를 구하여 처짐을 구할 수 있으며, 이러한 해석법을 공액보법(Conjugated Beam Method)이라고 한다.

④ 카스틸리아노의 정리(Castigliano's Theorem)에 의하면, 한 점에 처짐의 방향으로 작용하는 어느 힘에 관한 변형 에너지의 1차 편미분 함수는 그 점에서의 처짐과 같다.

○**TIP** 모멘트면적정리(Moment Area Theorem)에 의하면, 탄성 곡선상의 점 A에서의 접선과 점 B로부터 그은 접선 사이의 접선각 차이는 $\frac{M}{EI}$ 선도에서 이 두 점 사이의 면적과 같다.

11 그림과 같이 단순보에 2개의 집중하중이 작용하고 있을 때 휨모멘트선도는 아래와 같다. C점에 작용하는 집중하중 P_C와 D점에 작용하는 집중하중 P_D의 비($\frac{P_C}{P_D}$)는?

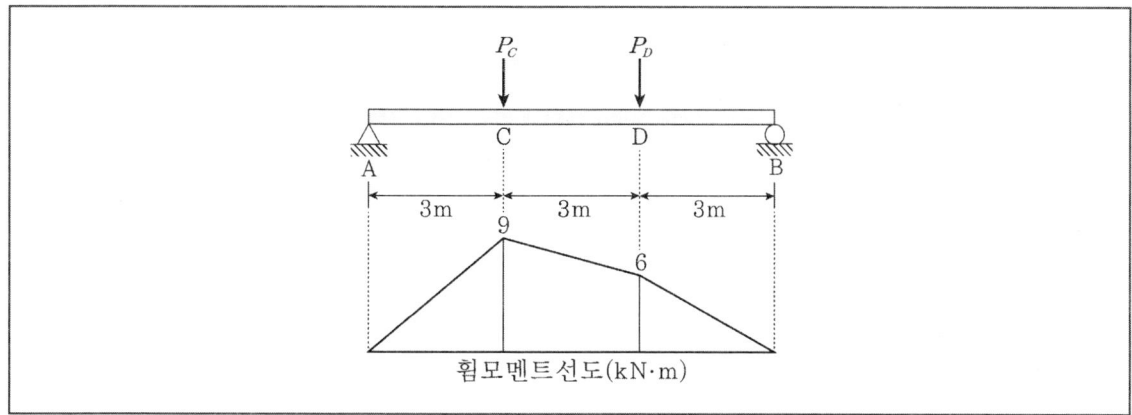

① 4
② 5
③ 6
④ 7

O TIP 단순보에 작용하는 전단력과 휨모멘트의 관계를 묻는 기본적인 문제이다.
$M_C = 9 = R_A \times 3$ 이므로 $R_A = 3[\text{kN}]$
$M_D = 6 = R_A \times 6 - P_C \times 3$ 이므로 $P_C = 4[\text{kN}]$
$M_B = 0 = R_A \times 9 - P_C \times 6 - P_D \times 3$ 이므로 $P_D = 1[\text{kN}]$
$\frac{P_C}{P_D} = \frac{4}{1} = 4$

Answer 9.② 10.② 11.①

12 그림과 같이 부재에 하중이 작용할 때, B점에서의 휨모멘트 크기[kN·m]는? (단, 구조물의 자중 및 부재의 두께는 무시한다)

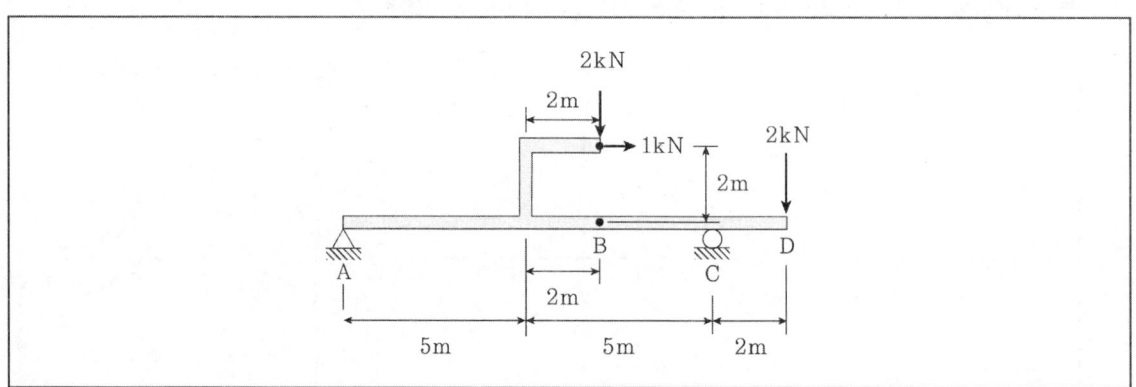

① 1
② 2
③ 3
④ 4

> **TIP** $\sum M_C = 0 : R_A \times 10 - 2 \times 3 + 1 \times 2 + 2 \times 2 = 0$ 이므로 $R_A = 0[\text{kN}]$
> $\sum M_B = 0 : 1 \times 2 - M_B = 0$ 이므로 $M_B = 2[\text{kN} \cdot \text{m}]$

13 그림과 같이 2개의 부재로 연결된 트러스에서 B점에 30kN의 하중이 연직방향으로 작용하고 있을 때, AB 부재와 BC 부재에 발생하는 부재력의 크기 F_{AB}[kN]와 F_{BC}[kN]는?

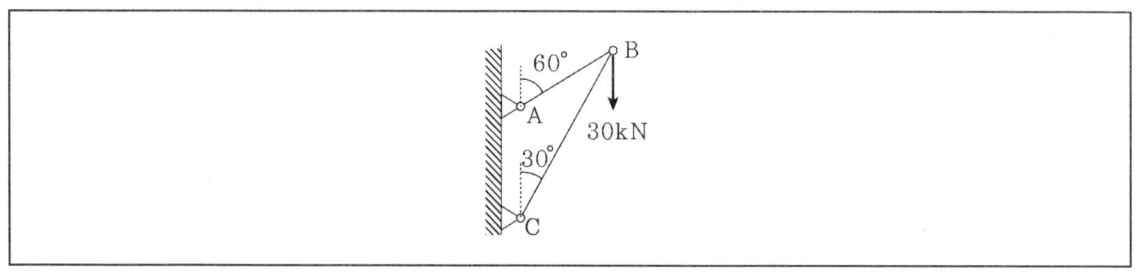

	F_{AB}	F_{BC}
①	30	$30\sqrt{3}$
②	30	30
③	60	$60\sqrt{3}$
④	60	60

> **TIP** 라미의 정리로 풀 수도 있고 시력도를 이용하여 풀 수도 있는 단순한 문제이다.
> 또한 60°, 30°의 각도가 주어져 있어 직관적으로
> $F_{AB} = 30[\text{kN}]$(인장), $F_{BC} = -30\sqrt{3}[\text{kN}]$(압축)임을 알 수 있다.

14 그림과 같은 내민보에 집중하중이 작용하고 있다. 한 변의 길이가 b인 정사각형 단면을 갖는다면 B점에 발생하는 최대 휨응력의 크기는 $a\dfrac{PL}{b^3}$이다. a의 값은? (단, 보의 자중은 무시한다)

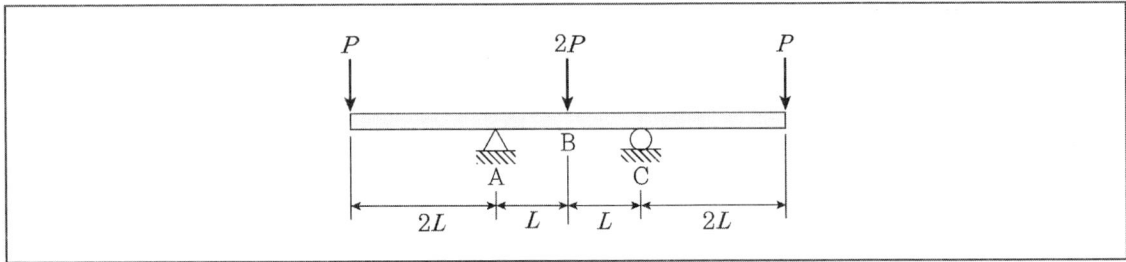

① 2
② 4
③ 6
④ 8

> **TIP** $R_A = R_C = \dfrac{P + 2P + P}{2} = 2P$
>
> $M_B = -P(2L+L) + R_A \times L = -P \times 3L + 2P \times L = -P \times L$
>
> $\sigma_{B,\max} = \dfrac{M_B}{Z} = \dfrac{PL}{\dfrac{b^3}{6}} = \dfrac{6PL}{b^3}$ 이므로
>
> $a\dfrac{PL}{b^3}$에 의해 a의 값은 6이 된다.

Answer 12.② 13.① 14.③

15 그림과 같이 우력모멘트를 받는 단순보의 A 지점 처짐각의 크기는 $a\dfrac{PL^2}{EI}$이다. a의 크기는? (단, 보의 휨강성 EI는 일정하고 보의 자중은 무시한다)

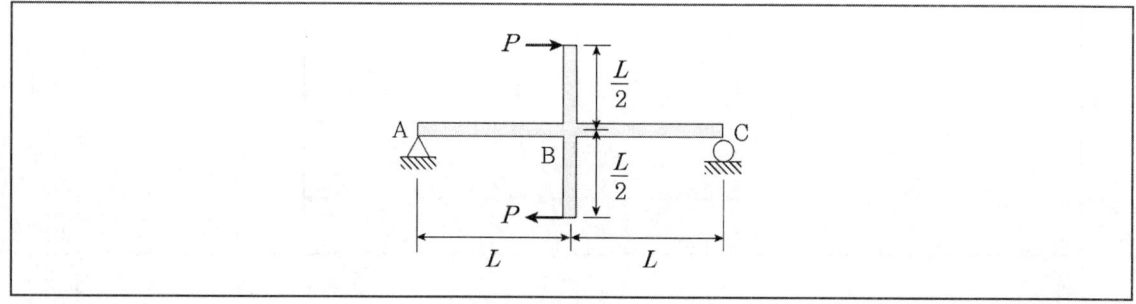

① $\dfrac{1}{2}$

② $\dfrac{1}{6}$

③ $\dfrac{1}{8}$

④ $\dfrac{1}{12}$

TIP $\theta_A = \dfrac{M \times l}{24EI} = \dfrac{PL \times 2L}{24EI} = \dfrac{PL^2}{12EI}$ 이므로 $a = \dfrac{1}{12}$

(l은 보 부재의 길이이므로 이 문제에서는 2L이 된다.)

[별해]

지간 중앙 B점을 중심으로 역대칭 변형구조물이다.

대칭축상인 B점을 힌지단으로 가정할 수 있으므로 모델링구조에서 구하는 것이 편리하다.

$\theta_A = \dfrac{(PL/2)(L)}{6EI} = \dfrac{PL^2}{12EI}$

16 그림과 같이 하중을 받는 스프링과 힌지로 지지된 강체 구조물에서 A점의 변위[mm]는? (단, M_B=30 N·m, $k_1=k_2=k_3$=5kN/m, L_1=2m, $L_2=L_3$=1m, 구조물의 자중은 무시하며 미소변위이론을 사용한다)

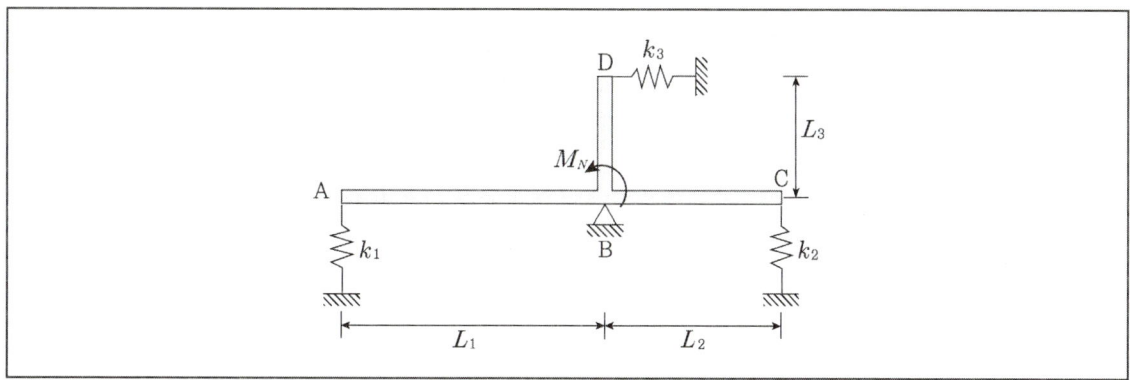

① 1.0
② 1.5
③ 2.0
④ 2.5

> **TIP** 각 부재의 스프링계수가 모두 같은 조건이므로 우선 C지점에서 발생하는 반력을 기준으로 하여 다른 지점의 반력들을 구하면
>
> $R_D = R_C \times \dfrac{L_{BD}}{L_{BC}} \times \dfrac{k_3}{k_2} = R \times \dfrac{1}{1} \times \dfrac{5}{5} = R$
>
> $R_A = R_C \times \dfrac{L_{AB}}{L_{BC}} \times \dfrac{k_1}{k_2} = R \times \dfrac{2}{1} \times \dfrac{5}{5} = 2R$
>
> B점에 대한 모멘트의 합이 0임을 이용하여 구하는 문제이다.
>
> $\sum M_B = 0 : R \times 1 + R \times 1 + 2R \times 2 - 30 = 0$, $R = 5[N]$
>
> $\delta_A = \dfrac{R_A}{k_1} = \dfrac{2R}{k_1} = \dfrac{2 \times 5}{5} = 2.0[\text{mm}]$

17 그림과 같은 직사각형 단면(폭 b, 높이 h)을 갖는 단순보가 있다. 이 보의 최대휨응력이 최대전단응력의 2배라면 보의 길이(L)와 단면 높이(h)의 비($\frac{L}{h}$)는? (단, 보의 자중은 무시한다)

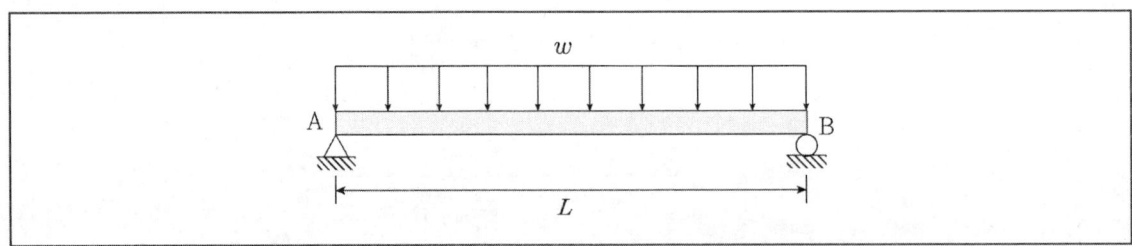

① $\frac{1}{4}$ ② $\frac{1}{2}$

③ 2 ④ 4

> **TIP**
>
> $$\sigma_{\max} = \frac{M_{\max}}{Z} = \frac{\left(\frac{wL^2}{8}\right)}{\left(\frac{bh^2}{6}\right)} = \frac{3wL^2}{4bh^2}$$
>
> $$\tau_{\max} = \frac{VQ}{Ib} = \frac{3V_{\max}}{2A} = \frac{3\left(\frac{wL}{2}\right)}{2\times b\times h} = \frac{3wL}{4bh}$$
>
> $$\frac{\sigma_{\max}}{\tau_{\max}} = \frac{\frac{3wL^2}{4bh^2}}{\frac{3wL}{4bh}} = \frac{L}{h} = 2$$

18 그림과 같은 가새골조(Braced Frame)가 있다. 기둥 AB와 기둥 CD의 유효좌굴길이계수에 대한 설명으로 옳은 것은?

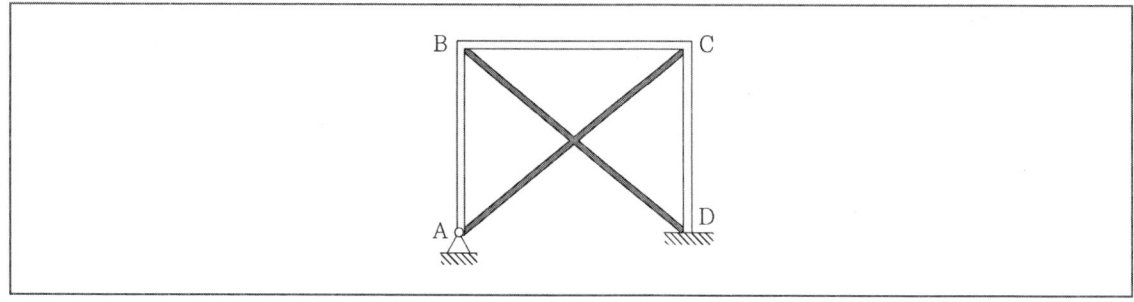

① 기둥 AB의 유효좌굴길이계수는 0.7보다 크고 1.0보다 작다.
② 기둥 AB의 유효좌굴길이계수는 2.0보다 크다.
③ 기둥 CD의 유효좌굴길이계수는 0.5보다 작다.
④ 기둥 CD의 유효좌굴길이계수는 1.0보다 크고 2.0보다 작다.

　　○**TIP** 기둥 AB의 유효좌굴길이계수는 0.7보다 크고 1.0보다 작다.
　　　　　 기둥 CD의 유효좌굴길이계수는 0.5보다 크고 0.7보다 작다.

19 다음 설명에서 틀린 것만을 모두 고르면?

> ㉠ 1축 대칭 단면의 도심과 전단 중심은 항상 일치한다.
> ㉡ 미소변위이론을 사용할 때 $\sin\theta$는 θ로 가정된다.
> ㉢ 구조물의 평형방정식은 항상 변형 전의 형상을 사용하여 구한다.
> ㉣ 반력이 한 점에 모이는 구조물은 안정한 정정구조물이다.

① ㉠, ㉢
② ㉡, ㉣
③ ㉠, ㉡, ㉣
④ ㉠, ㉢, ㉣

　　○**TIP** ㉠ 1축 대칭 단면의 도심과 전단 중심은 T형보나 ㄷ형강과 같은 형상인 경우처럼 서로 일치하지 않는 경우도 있다.
　　　　　 ㉢ 평형방정식은 말 그대로 힘의 평형이 이루어진 상태에 적용되는 방정식이며 구조물에 힘이 가해져도 변형이 없는 강체라고 가정하여 해석하는 것이다. 만약 강체가 아닌 구조물이라면 힘이 가해져서 변형이 일어난 후 힘의 평형이 이루어진 상태의 형상을 사용하여 구하는 것이 맞다.
　　　　　 ㉣ 반력이 한 점에 모이는 구조물은 불안정한 구조물이다.

20 그림 (a)와 같은 이중선형 응력변형률 곡선을 갖는 그림 (b)와 같은 길이 2m의 강봉이 있다. 하중 20kN이 작용할 때 강봉의 늘어난 길이[mm]는? (단, 강봉의 단면적은 200mm²이고, 자중은 무시하며, 그림 (a)에서 탄성계수 E_1=100GPa, E_2=40GPa이다)

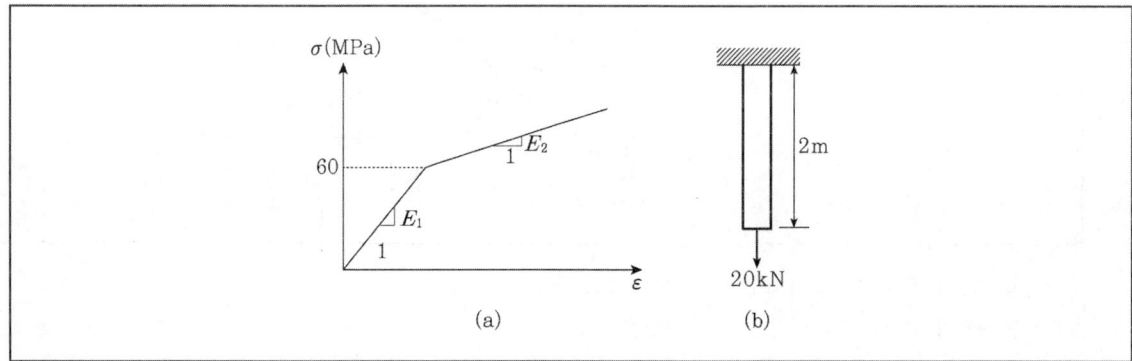

① 0.2   ② 0.8
③ 1.6   ④ 3.2

TIP $\sigma_0 = \dfrac{P}{A} = \dfrac{(20 \times 10^3)}{200} = 100[\text{MPa}]$

$\sigma_2 = \sigma_0 - \sigma_1 = 100 - 60 = 40[\text{MPa}]$

$\varepsilon_1 = \dfrac{\sigma_1}{E_1} = \dfrac{60}{100 \times 10^3} = 0.0006$, $\varepsilon_2 = \dfrac{\sigma_2}{E_2} = \dfrac{40}{40 \times 10^3} = 0.0010$

$\varepsilon_{tot} = \varepsilon_1 + \varepsilon_2 = 0.0016$이므로

늘어난 길이는 $\delta = \varepsilon_{tot} \times L = 0.0016 \times 2,000 = 3.2[\text{mm}]$

응용역학개론 | 2020. 6. 13. 제1회 지방직 시행

1 그림과 같이 O점에 작용하는 힘의 합력의 크기[kN]는?

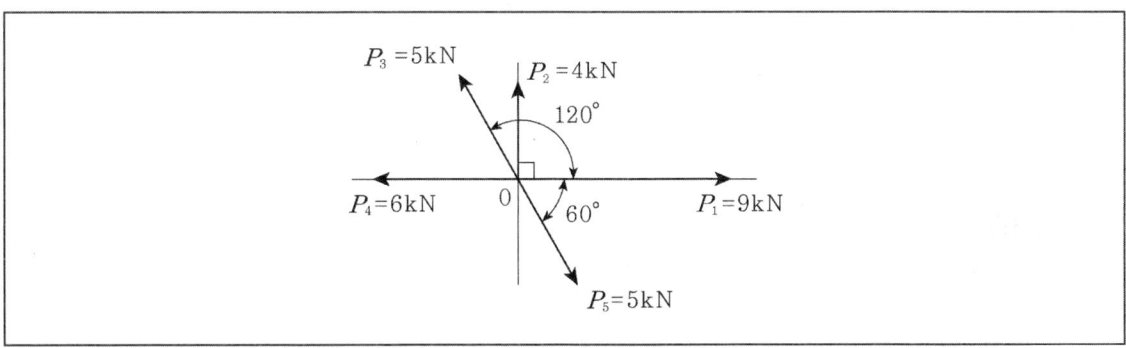

① 2 ② 3
③ 4 ④ 5

> **TIP** 각 힘을 x성분과 y성분으로 나누어 해석하면 손쉽게 답을 구할 수 있다.
> 우선 힘 P_3과 P_5는 서로 동일 작용선상에 있으며 방향은 반대이고 크기가 같으므로 합력은 0이 된다.
> 나머지 힘들의 합력을 구하면 x성분은 3, y성분은 4가 되며 피타고라스의 정리에 의해 합력의 크기는 5kN이 된다.

Answer 20.④ / 1.④

2 그림과 같은 단면에서 x축으로부터 도심 G까지의 거리 y_0는?

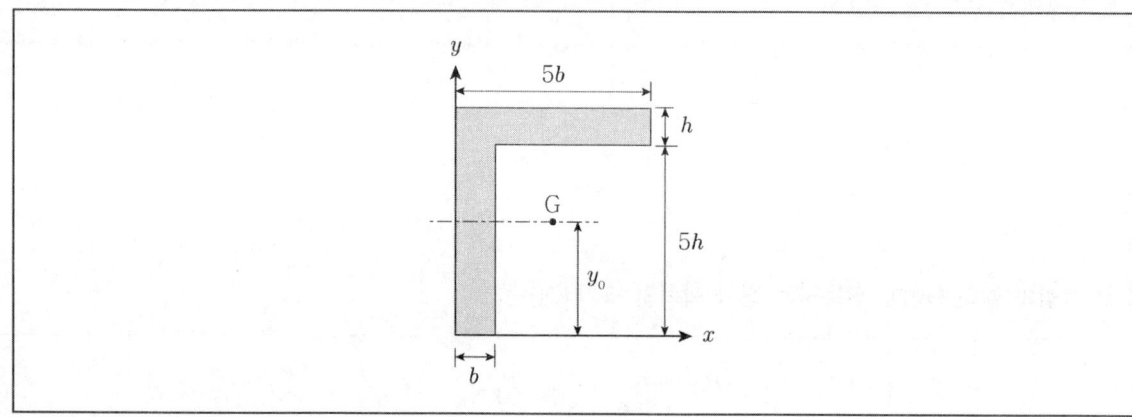

① $3.6h$ ② $3.8h$
③ $4.0h$ ④ $4.2h$

TIP
$$y_o = \frac{A_1 y_1 + A_2 y_2}{A_1 + A_2} = \frac{\frac{5h}{2} + \frac{11h}{2}}{2} = 4h$$

3 그림과 같이 빗금 친 도형의 $x-x$축에 대한 회전 반지름[cm]은?

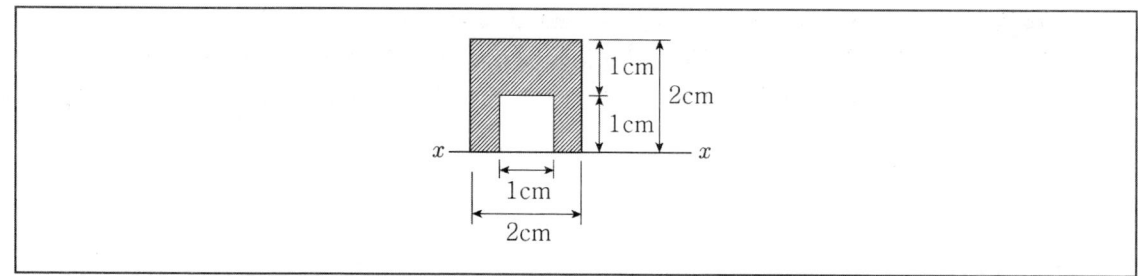

① $\dfrac{2\sqrt{3}}{3}$ ② $\dfrac{\sqrt{13}}{3}$
③ $\dfrac{\sqrt{14}}{3}$ ④ $\dfrac{\sqrt{15}}{3}$

TIP
$$r_x = \sqrt{\frac{I_x}{A}} = \sqrt{\frac{\frac{15}{3}}{3}} = \sqrt{\frac{15}{9}} = \frac{\sqrt{15}}{3}$$
$$A = 2^2 - 1^2 = 3$$
$$I_x = \frac{2^4 - 1^4}{3} = \frac{15}{3}$$

4 그림과 같이 하중을 받는 내민보의 지점 B에서 수직반력의 크기가 0일 때, 하중 P_2의 크기[kN]는? (단, 구조물의 자중은 무시한다)

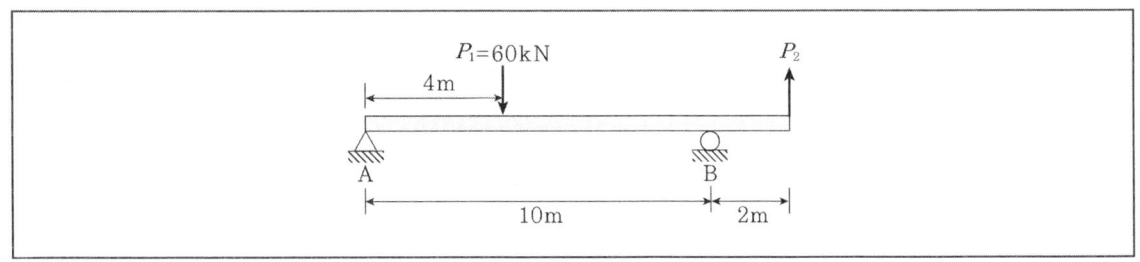

① 20
② 25
③ 30
④ 35

○**TIP** $\sum M_A = 0 : 60 \times 4 - P_2 \times 12 = 0$ 이어야 하므로 $P_2 = 20[\text{kN}]$

5 그림과 같이 하중을 받는 캔틸레버보에서 B점의 수직변위의 크기는 $C_1 \dfrac{PL^3}{EI}$ 이다. 상수 C_1은? (단, 휨강성 EI는 일정하며, 구조물의 자중은 무시한다)

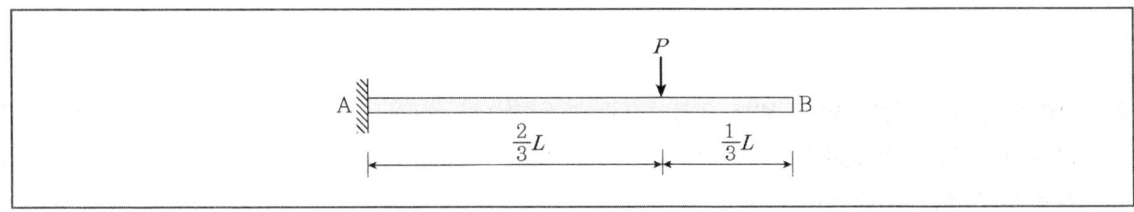

① $\dfrac{14}{81}$
② $\dfrac{16}{81}$
③ $\dfrac{14}{27}$
④ $\dfrac{16}{27}$

○**TIP** 중첩의 원리를 적용하여 푼다.
하중 P의 작용점을 C라고 할 경우 AC 구간의 부재형상은 곡선을 이루게 되며 CB 구간의 부재형상은 직선을 이룬다.

AC 구간에서 C점의 처짐은 $S_{AC} = \dfrac{P\left(\dfrac{2}{3}L\right)^3}{3EI} = \dfrac{8PL^3}{81EI}$ 이 되며 CB 구간에서 B의 처짐은

$S_{BC} = \theta_C \cdot L_{BC} + \dfrac{P\left(\dfrac{2}{3}L\right)^3}{2EI} \times \dfrac{L}{3} = \dfrac{2PL^3}{27EI} = \dfrac{6PL^3}{81EI}$

B의 총 처짐은 AC 구간에서의 C점의 처짐량과 CB 구간의 B점의 처짐량의 합이므로 $\dfrac{14PL^3}{81EI}$ 이다.

Answer 2.③ 3.④ 4.① 5.①

6 그림과 같이 하중을 받는 트러스 구조물에서 부재 CG의 부재력의 크기[kN]는? (단, 구조물의 자중은 무시한다)

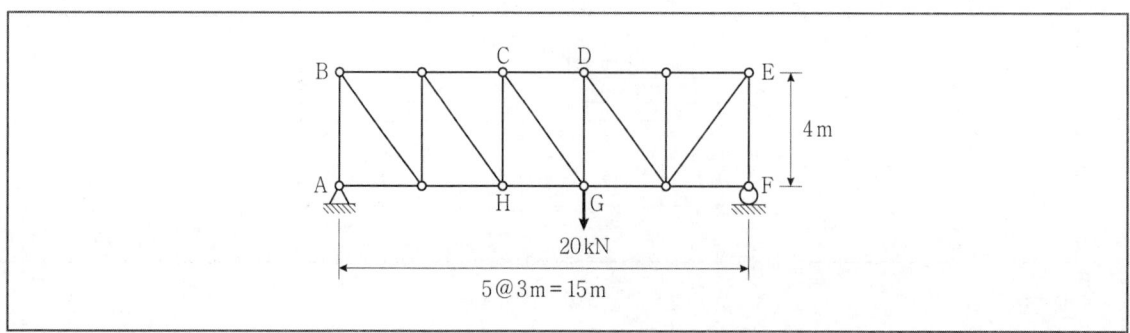

① 8　　　　　　　　　　　　　② 10
③ 12　　　　　　　　　　　　　④ 14

TIP 양지점의 반력을 우선 구한 후 구하고자 하는 부재력을 절단법으로 손쉽게 풀 수 있다.
　　　A지점에서는 8kN, B지점에서는 12kN의 반력이 발생하며 CG부재를 절단한 후 힘의 평형원리를 적용하면 10kN의 인장력이 발생하게 됨을 알 수 있다.

7 그림과 같이 축방향 하중을 받는 합성 부재에서 C점의 수평변위의 크기[mm]는? (단, 부재에서 AC 구간과 BC 구간의 탄성계수는 각각 50GPa과 200GPa이고, 단면적은 500mm²으로 동일하며, 구조물의 좌굴 및 자중은 무시한다)

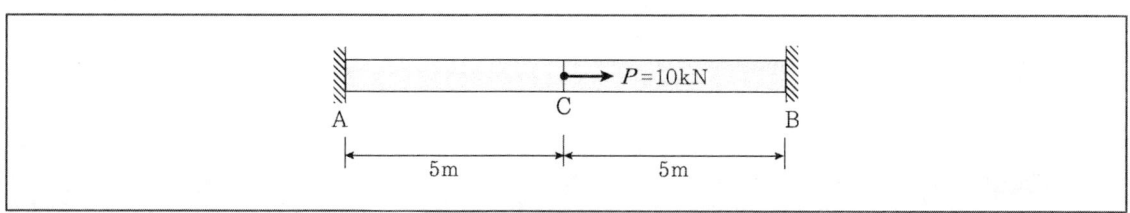

① 0.2　　　　　　　　　　　　② 0.4
③ 0.5　　　　　　　　　　　　④ 1.6

TIP $\delta = \dfrac{P}{2K} = \dfrac{P}{\dfrac{E_1 A}{L} + \dfrac{E_2 A}{L}} = \dfrac{PL}{(E_1 + E_2)A} = \dfrac{10 \times 5{,}000}{(50+200) \times 500} = 0.4$

8 그림 (a)와 같이 양단 힌지로 지지된 길이 5m 기둥의 오일러 좌굴하중이 360kN일 때, 그림 (b)와 같이 일단 고정 타단 자유인 길이 3m 기둥의 오일러 좌굴하중[kN]은? (단, 두 기둥의 단면은 동일하고, 탄성계수는 같으며, 구조물의 자중은 무시한다)

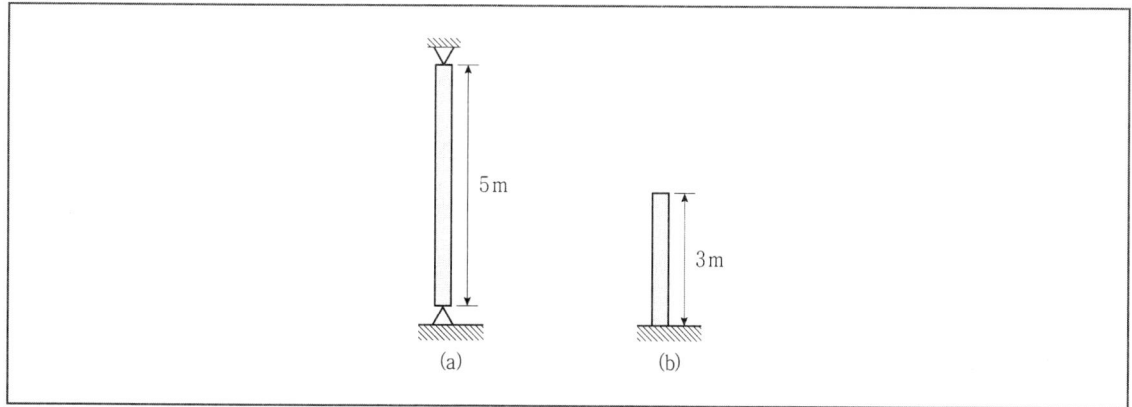

① 125
② 250
③ 500
④ 720

TIP

$$\frac{P_{cr(a)}}{P_{cr(b)}} = \frac{\frac{\pi^2 EI}{(K_a L_a)^2}}{\frac{\pi^2 EI}{(K_b L_b)^2}} = \frac{\frac{\pi^2 EI}{(1.0 \times 5)^2}}{\frac{\pi^2 EI}{(2.0 \times 3)^2}} = \frac{36}{25}$$ 이므로 (b)의 좌굴하중은 250[kN]이 된다.

좌굴하중의 기본식(오일러의 장주공식)

$$P_{cr} = \frac{\pi^2 EI}{(KL)^2} = \frac{n \pi^2 EI}{L^2}$$

EI : 기둥의 휨강성
L : 기둥의 길이
K : 기둥의 유효길이 계수
KL : (l_k로도 표시함) 기둥의 유효좌굴길이 (장주의 처짐곡선에서 변곡점과 변곡점 사이의 거리)
n : 좌굴계수(강도계수, 구속계수)

지지상태	양단 힌지	1단 고정, 1단 힌지	양단 고정	1단 고정, 1단 자유
좌굴길이, KL	$1.0L$	$0.7L$	$0.5L$	$2.0L$
좌굴강도	$n=1$	$n=2$	$n=4$	$n=0.25$

Answer 6.② 7.② 8.②

9 그림과 같이 양단이 고정된 수평부재에서 부재의 온도가 ΔT만큼 상승하여 40MPa의 축방향 압축응력이 발생하였다. 상승한 온도 $\Delta T[℃]$는? (단, 부재의 열팽창계수 $\alpha = 1.0 \times 10^{-5}/℃$, 탄성계수 $E = 200$ GPa이며, 구조물의 좌굴 및 자중은 무시한다)

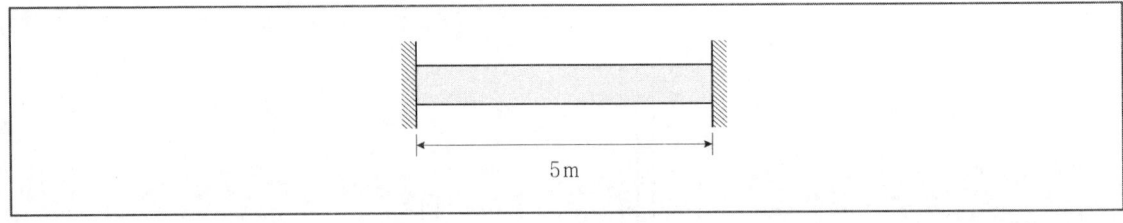

① 5 ② 10
③ 20 ④ 30

TIP $\sigma = \alpha \triangle T \times E$ 이므로 $\triangle T = \dfrac{\sigma}{\alpha E} = \dfrac{40}{10^{-5} \times 200 \times 10^3} = 20℃$

10 그림과 같이 하중을 받는 부정정 구조물의 지점 A에서 모멘트 반력의 크기[kN·m]는? (단, 휨강성 EI는 일정하고, 구조물의 자중 및 축방향 변형은 무시한다)

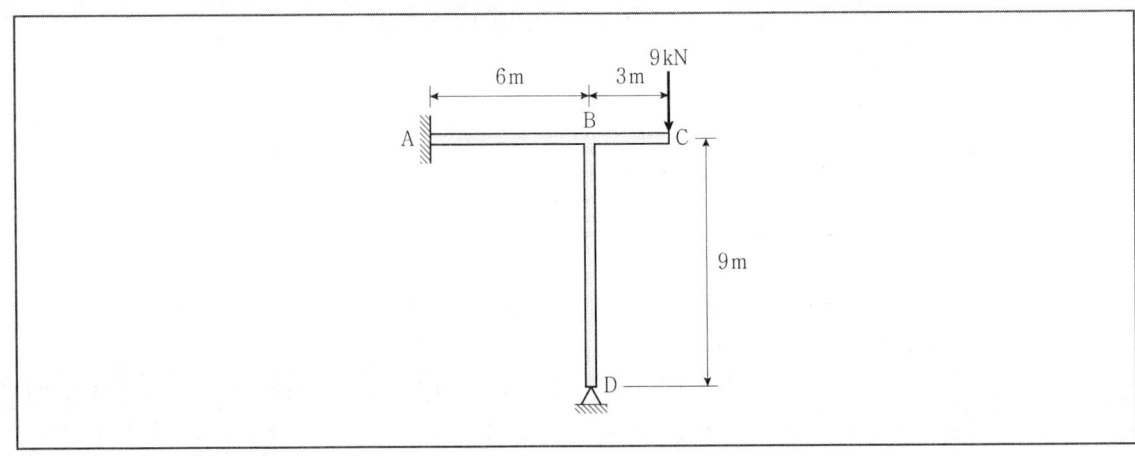

① 6 ② 9
③ 12 ④ 18

TIP 모멘트 분배법에 관한 문제이다.
B절점에는 27[kN·m]의 모멘트가 발생하게 되며 이 모멘트를 각 부재의 강성에 따라 분배를 하면 된다.
AB 부재로 2/3만큼 모멘트가 분배되고, BD 부재로 1/3만큼 모멘트가 분배된다. AB 부재의 경우 분배된 모멘트의 1/2만큼이 A단으로 전달되므로 9[kN·m] 만큼의 모멘트가 전달된다.

11 그림 (a), 그림 (b)와 같이 원형단면을 가지고 인장하중 P를 받는 부재의 인장변형률이 각각 ϵ_a와 ϵ_b일 때, 인장변형률 ϵ_a에 대한 인장변형률 ϵ_b의 비 ϵ_b/ϵ_a는? (단, 그림 (a) 부재와 그림 (b) 부재의 길이는 각각 L과 $2L$, 지름은 각각 d와 $2d$이고, 두 부재는 동일한 재료로 만들어졌으며, 구조물의 자중은 무시한다)

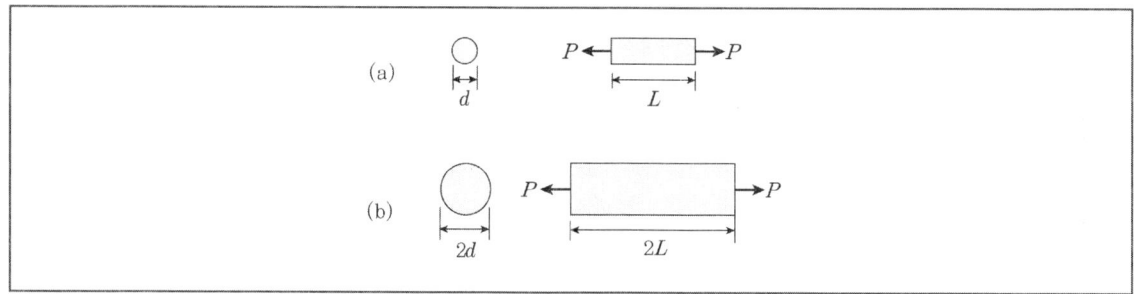

① 0.25
② 0.5
③ 0.75
④ 1.0

TIP 직관적으로 맞출 수 있는 문제이다.
부재에 작용하는 힘이 동일하며 변형량이 아닌, 변형률을 구하는 것이며 변형률과 직경의 제곱은 서로 반비례관계에 있다.
따라서 $\dfrac{\epsilon_b}{\epsilon_a} = \dfrac{d^2}{(2d)^2} = 0.25$가 된다.

12 그림과 같은 전단력선도를 가지는 단순보 AB에서 최대 휨모멘트의 크기[kN·m]는? (단, 구조물의 자중은 무시한다)

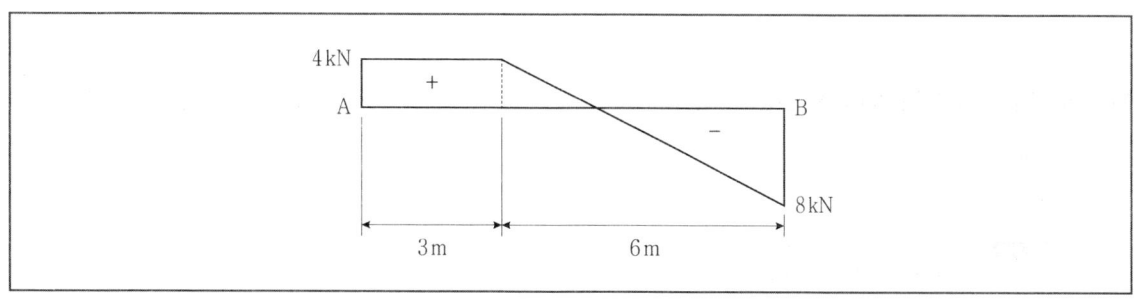

① 10
② 12
③ 14
④ 16

TIP 전단력이 0인 부분에서 최대 휨모멘트가 발생하게 되며 전단력선도의 끝단으로부터 해당 지점까지의 면적이 휨모멘트의 크기가 된다.
문제에서 전단력이 0인점까지의 면적은 $4 \times 3 + 0.5 \times 4 \times 2 = 16$이 된다.

Answer 9.③ 10.② 11.① 12.④

13 그림 (a)와 같이 하중을 받는 단순보의 휨모멘트선도가 그림 (b)와 같을 때, E점에 작용하는 하중 P의 크기[kN]는? (단, 구조물의 자중은 무시한다)

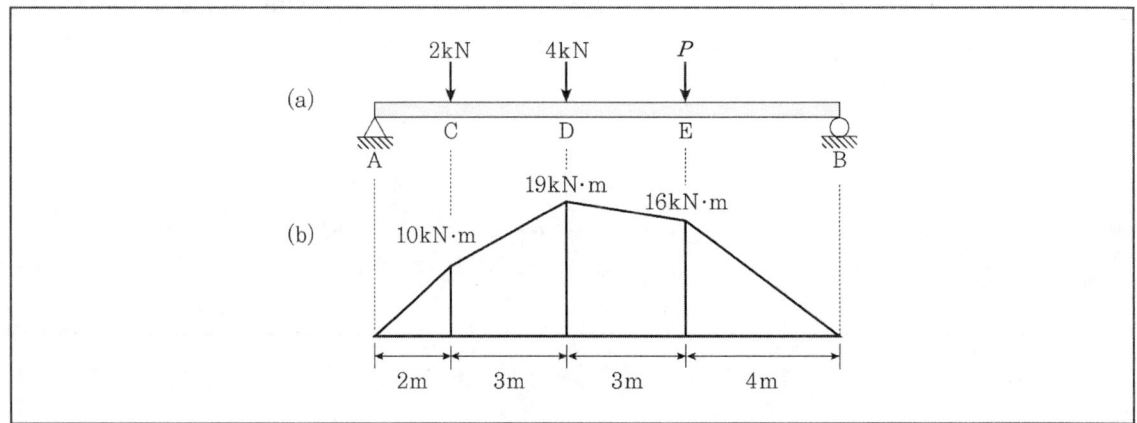

① 2
③ 4
② 3
④ 5

⊙TIP 휨모멘트선도 때문에 어렵게 보이는 문제지만 매우 손쉽게 풀 수 있는 문제이다.
각 선들의 기울기를 살펴보는 것만으로도 암산으로 P의 값을 구할 수 있다.
가장 왼쪽선의 기울기가 5이며 이는 A점의 연직반력이 5[kN]임을 의미한다.
주어진 조건에서 전단력선도를 그리면 $5 \times 12 - 2 \times 10 - 4 \times 7 - P \times 4 = 0$이 성립되어야 한다. 따라서 $P=3$이 된다.

14 균질한 등방성 탄성체에서 탄성계수는 240GPa, 포아송비는 0.2일 때, 전단탄성계수[GPa]는?

① 100
③ 280
② 200
④ 320

⊙TIP $G = \dfrac{E}{2(1+v)} = \dfrac{240[\text{GPa}]}{2(1+0.2)} = 100[\text{GPa}]$

탄성계수 E, 전단탄성계수 G, 포아송비 ν, m : 포아송수(포아송비의 역수)라고 할 때
$G = \dfrac{E}{2(1+\nu)} = \dfrac{E}{2\left(1+\dfrac{1}{m}\right)} = \dfrac{mE}{2(m+1)}$ 관계가 성립한다.

15 그림과 같이 폭 100mm, 높이가 200mm의 직사각형 단면을 갖는 단순보의 허용 휨응력이 6MPa이라면, 단순보에 작용시킬 수 있는 최대 집중하중 P의 크기[kN]는? (단, 휨강성 EI는 일정하고, 구조물의 자중은 무시한다)

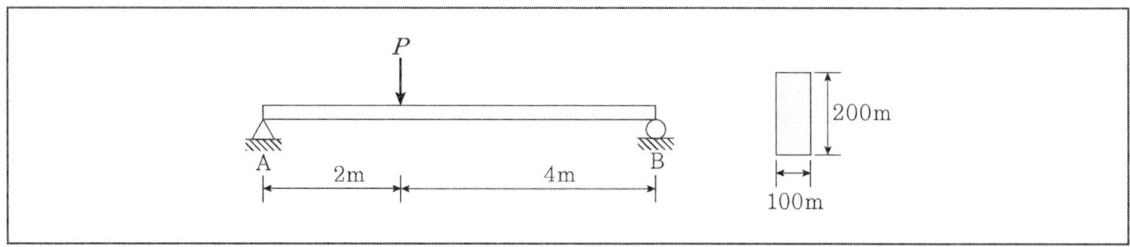

① 2.7
② 3.0
③ 4.5
④ 5.0

◯TIP $\sigma_a \geq \sigma_{max} = \dfrac{M_{max}}{Z} = \dfrac{Pab}{L} \times \dfrac{6}{bh^2}$

$6 = \dfrac{P \times 2 \times 4}{6} \times \dfrac{6}{1 \times 2^2}$ 이어야 하므로 P는 3이 된다.

16 그림과 같이 하중을 받는 게르버보에 발생하는 최대 휨모멘트의 크기[kN·m]는? (단, 휨강성 EI는 일정하고, 구조물의 자중은 무시한다)

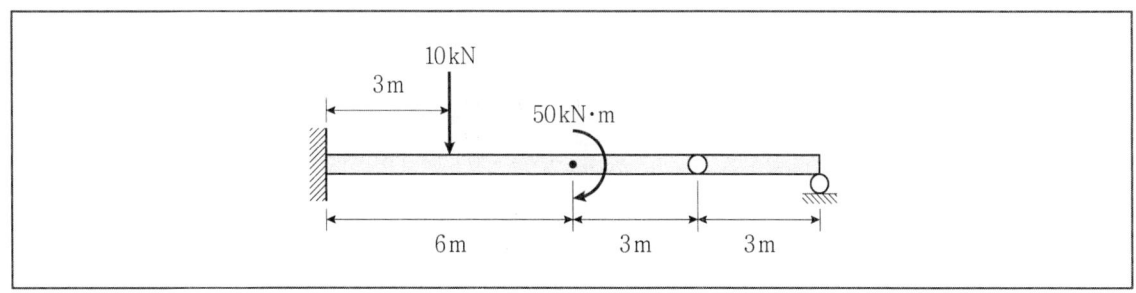

① 60
② 70
③ 80
④ 90

◯TIP 직관적으로 왼쪽 고정단에서 최대 휨모멘트가 발생됨을 알 수 있으며 고정단 A점에 대한 모멘트의 합이 0이 되어야 함을 이용하여 A점에 발생하는 휨모멘트를 구할 수 있다.

$\sum M_A = 0 : M_A + 10 \times 3 + 50 = 0$ 이어야 하므로

M_A의 크기는 80[kN·m]이 된다.

Answer 13.② 14.① 15.② 16.③

17 그림과 같이 하중을 받는 내민보에서 C점의 수직변위의 크기는 $C_1 \dfrac{wL^4}{EI}$ 이다. 상수 C_1은? (단, 휨강성 EI는 일정하고, 구조물의 자중은 무시한다)

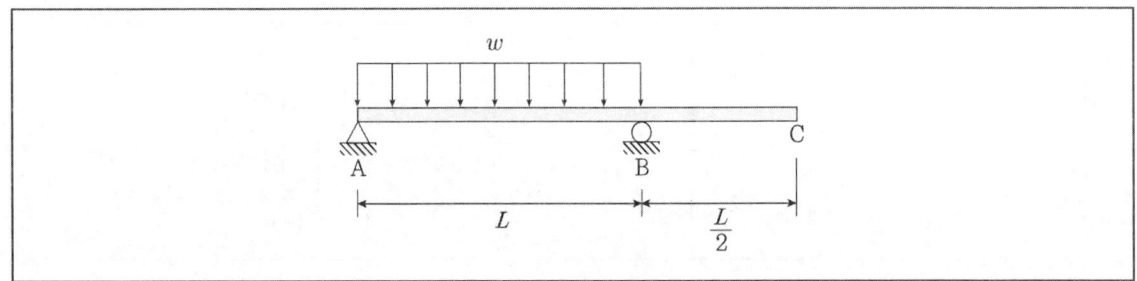

① $\dfrac{1}{24}$

② $\dfrac{1}{36}$

③ $\dfrac{1}{48}$

④ $\dfrac{1}{60}$

TIP $\delta_C = \theta_B \times L_{BC} = \dfrac{wL^3}{24EI} \times \dfrac{L}{2} = \dfrac{wL^4}{48}$ 이므로 $C_1 = \dfrac{1}{48}$ 이 된다.

18 그림과 같은 평면응력 상태의 미소 요소에서 최대 주응력의 크기[MPa]는?

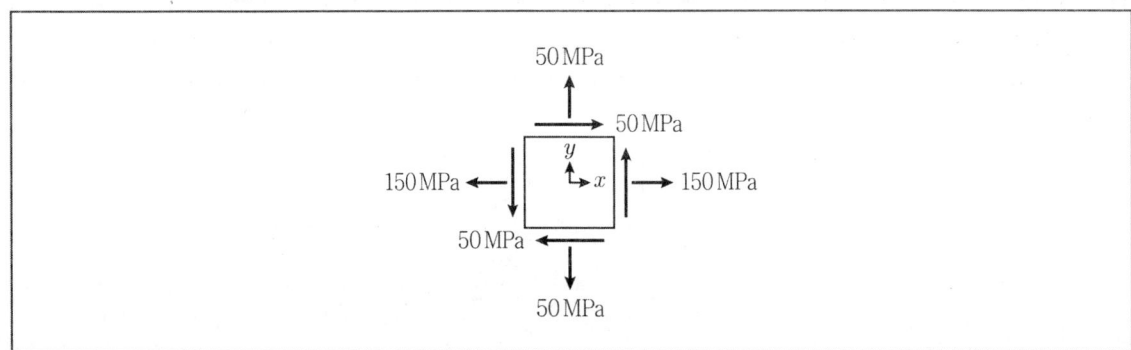

① 150

② $100 + 50\sqrt{2}$

③ 200

④ $200 + 50\sqrt{2}$

TIP $\sigma_x = 150[\text{MPa}]$, $\sigma_y = 50[\text{MPa}]$, $\tau_{xy} = 50[\text{MPa}]$

$\sigma_{\max} = \dfrac{\sigma_x + \sigma_y}{2} + \sqrt{\left(\dfrac{\sigma_x - \sigma_y}{2}\right)^2 + \tau_{xy}^2} = \dfrac{150 + 50}{2} + \sqrt{\left(\dfrac{150 - 50}{2}\right)^2 + 50^2} = 100 + 50\sqrt{2}$

19 그림과 같이 하중을 받는 캔틸레버보의 지점 A에서 모멘트 반력의 크기가 0일 때, 하중 P의 크기[kN]는? (단, 구조물의 자중은 무시한다)

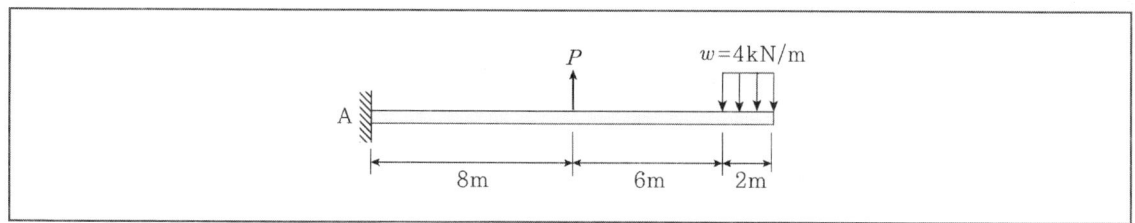

① 15
② 20
③ 25
④ 30

○**TIP** $\sum M_A = 0 : -P \times 8 + 4 \times 2 \times 15 = 0$ 이므로 $P = 15$[kN]

20 그림과 같이 C점에 내부힌지를 가지는 구조물의 지점 B에서 수직반력의 크기[kN]는? (단, 구조물의 자중은 무시한다)

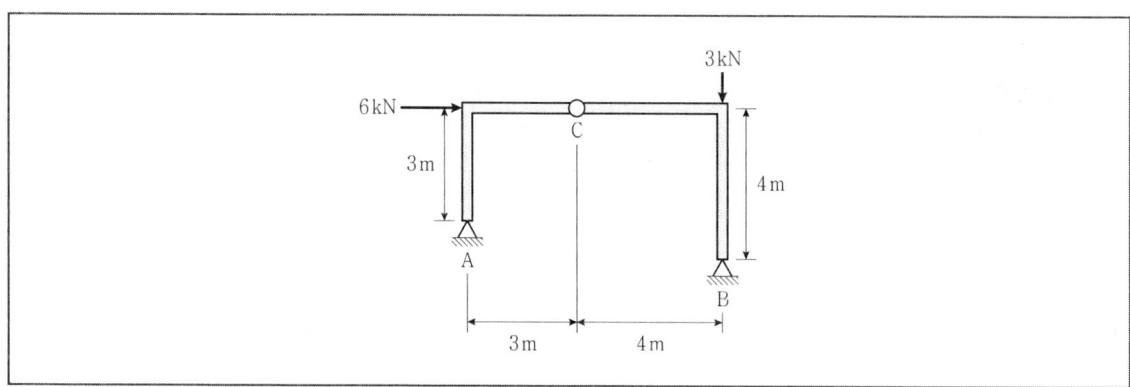

① 2
② 4
③ 6
④ 8

○**TIP** A점에 대하여 모멘트의 합이 0이어야 함과 C점에 대하여 모멘트의 합이 0이 되어야 함을 이용하여 B점의 수직반력을 구할 수 있다.
$\sum M_A = 0 : 6 \times 3 + 3 \times 7 + H_B \times 1 - V_B \times 7 = 0$
$H_B - 7V_B = -39$
$\sum M_C = 0 : 3 \times 4 + H_B \times 4 - V_B \times 4 = 0$
$H_B - V_B = -3$
위의 연립방정식을 풀면 $V_B = 6$[kN], $H_B = 3$[kN]

Answer 17.③ 18.② 19.① 20.③

응용역학개론 | 2021. 4. 17. 인사혁신처 시행

1 그림과 같은 라멘 구조물의 부정정 차수는?

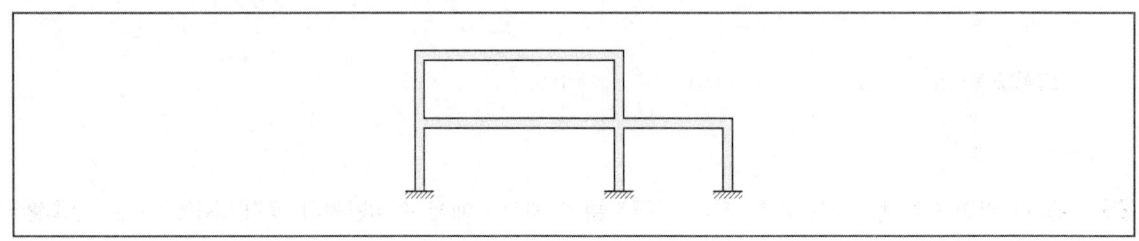

① 7 ② 8
③ 9 ④ 10

TIP
- 외적 : (미지)반력수 − 평형방정식수 = 9 − 3 = 6차
- 내적 : 폐합수 × 3차 − 구속력해제수 = 1 × 3 − 0 = 3차
- 총부정정차수 = 내적 + 외적 = 3 + 6 = 9차 부정정

2 폭 200mm, 높이 600mm인 직사각형 단면을 가진 단순보의 지간이 2m이다. 허용 휨응력이 50MPa일 때, 지간 중앙에 작용시킬 수 있는 수직 집중하중 P의 최대 크기[kN]는? (단, 휨강성 EI는 일정하고, 구조물의 자중은 무시한다)

① 240 ② 480
③ 960 ④ 1,200

TIP

$\sigma_{\max} = \dfrac{M_{\max}}{Z} = \dfrac{\frac{PL}{4}}{\frac{bh^2}{6}} = \dfrac{3PL}{2bh^2}$ 이며 $\sigma_a \geq \sigma_{\max} = \dfrac{3PL}{2bh^2}$ 이므로 $P \leq \dfrac{2\sigma_a bh^2}{3L}$

$P_{\max} = \dfrac{2(50 \times 10^3) \times 0.2 \times 0.6^2}{3 \times 2} = 1,200[\text{kN}]$

3 그림과 같은 두 켄틸레버보에서 자유단의 처짐이 같을 때, $\dfrac{P_1}{P_2}$는? (단, 두 보의 휨강성 EI는 일정하고 동일하며, 구조물의 자중은 무시한다)

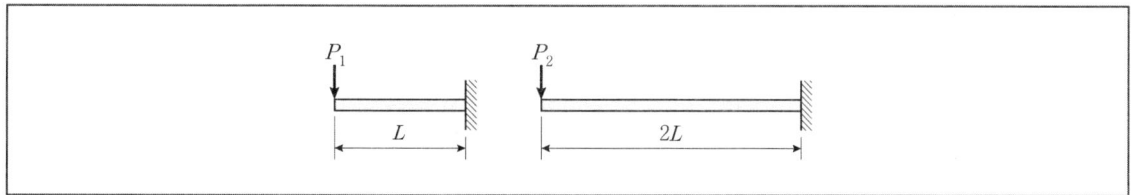

① 2
② 4
③ 8
④ 16

> **TIP** $\delta_1 = \dfrac{P_1 L_1^3}{3EI} = \dfrac{P_1 L^3}{3EI}$, $\delta_2 = \dfrac{P_2 L_2^3}{3EI} = \dfrac{P_2 \cdot 2^3 L^3}{3EI}$
>
> 두 부재의 처짐량이 같다고 하면 $\dfrac{P_1 \times L^3}{3EI} = \dfrac{P_2 \times 2^3 L^3}{3EI}$
>
> 이므로 $P_1 = 8P_2$가 된다.

4 부정정 구조물이 정정 구조물에 비해 갖는 장점으로 옳지 않은 것은?

① 부정정 구조물은 설계모멘트가 작기 때문에 부재 단면이 작아져서 경제적이다.
② 부정정 구조물에서 부정정 반력이나 부정정 부재들은 구조물의 안전도를 향상시킨다.
③ 부정정 구조물은 처짐의 크기가 작다.
④ 부정정 구조물은 지반의 부등침하 또는 부재의 온도변화로 인한 추가 응력이 발생하지 않는다.

> **TIP** 부정정 구조물은 지반의 부등침하 또는 부재의 온도변화로 인한 추가 응력이 발생하게 되므로 이에 대한 대비책이 필요하다.

Answer 1.③ 2.④ 3.③ 4.④

5 그림과 같은 사다리꼴 단면에서 도심으로부터 y축까지의 수평거리[m]는?

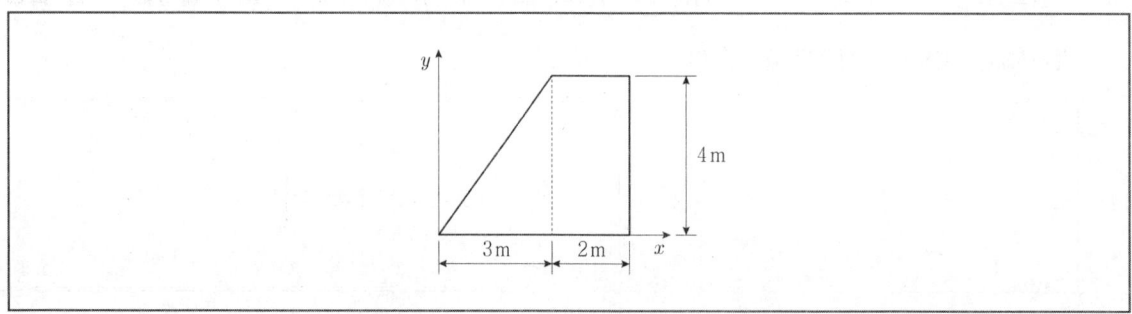

① $\dfrac{11}{7}$
② $\dfrac{22}{7}$
③ $\dfrac{11}{9}$
④ $\dfrac{22}{9}$

○**TIP** 삼각형의 면적 $A_1=6$, 사각형의 면적 $A_2=8$

삼각형 도심과 y축과의 거리는 $3\times\dfrac{2}{3}=2$[m]

사각형 도심과 y축과의 거리는 $3+\dfrac{2}{2}=4$[m]

$x_c=\dfrac{A_1x_1+A_2x_2}{A_1+A_2}=\dfrac{3\times 2+4\times 4}{3+4}=\dfrac{22}{7}$[m]

6 그림 (a)와 (b)에서 하중작용점의 축방향 길이 변화가 각각 δ_a와 δ_b일 때, $\dfrac{\delta_b}{\delta_a}$는? (단, 구조물의 자중은 무시하며, E는 탄성계수, A는 단면적이다)

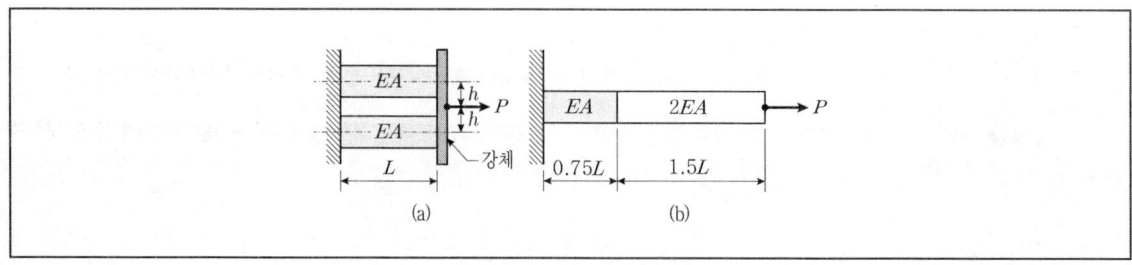

① 3
② 4
③ 5
④ 6

◉**TIP**

(a)의 신장량: 두 봉의 신장량이 같으므로 $\delta_a = \dfrac{\left(\dfrac{P}{2}\right)L}{EA} = \dfrac{PL}{2EA}$

(b)의 신장량: $\delta_b = \dfrac{P(0.75L)}{(EA)} + \dfrac{P(1.5L)}{(2EA)} = \dfrac{1.5PL}{EA}$

∴ $\dfrac{\delta_b}{\delta_a} = 3$

7 그림과 같이 수평 스프링 A에 무게가 16N과 10N인 두 개의 강체블록 B와 C가 연결되어 평형을 이루고 있다. 수평 스프링 A가 받는 힘의 크기[N]는? (단, 바닥과 강체블록 B 사이의 정지마찰계수는 0.3이고, 도르래와 줄의 질량과 마찰력은 무시한다)

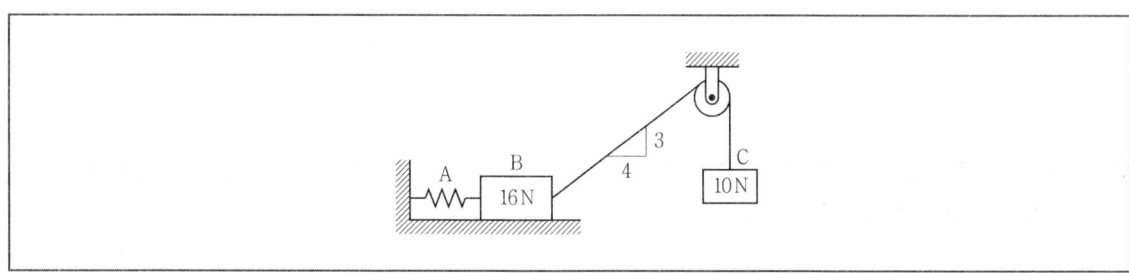

① 3 ② 5
③ 8 ④ 10

◉**TIP** 자유물체도를 그리면 손쉽게 풀 수이다.

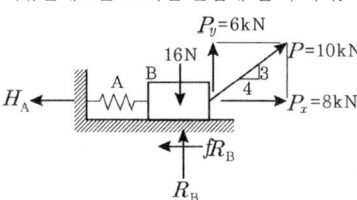

$P_x = 10 \times \dfrac{4}{5} = 8[\text{kN}]$, $P_y = 10 \times \dfrac{3}{5} = 6[\text{kN}]$

$\sum V = 0 : R_B - 16 + 6 = 0$ 이므로 $R_B = 10[\text{kN}]$

$fR_B = 0.3 \times 10 = 3[\text{kN}]$

$\sum H = 0 : -H_A - 3 + 8 = 0$ 이므로 $H_A = 5[\text{kN}]$

Answer 5.② 6.① 7.②

8 원형 단면의 단순보에서 단면의 직경은 0.2m이고 탄성 처짐곡선의 곡률반지름이 $1,000\pi$m일 때, 휨모멘트의 크기[kN·m]는? (단, 탄성계수 E = 200,000MPa이다)

① 5
② 6
③ 7
④ 8

TIP $\dfrac{1}{R} = \dfrac{M}{EI}$ 이므로 $M = \dfrac{EI}{R}$ 이며

$I = \dfrac{\pi d^4}{64} = \dfrac{\pi(0.2)^4}{64} = \dfrac{\pi(0.0001)}{4}$ 이므로

$M = \dfrac{(200,000 \times 10^3) \times \dfrac{\pi \times 0.0001}{4}}{1,000\pi} = 5[\text{kN} \cdot \text{m}]$

9 그림과 같이 단순보의 양단에 모멘트 M이 작용할 때, A점의 처짐각의 크기는? (단, 휨강성 EI는 일정하며, 구조물의 자중은 무시한다)

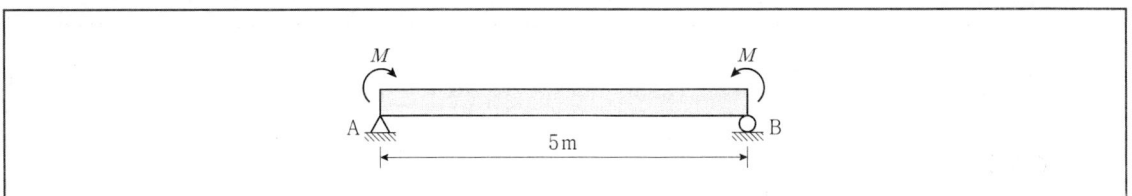

① $\dfrac{5M}{EI}$
② $\dfrac{10M}{EI}$
③ $\dfrac{10M}{7EI}$
④ $\dfrac{5M}{2EI}$

TIP $\theta_A = \dfrac{ML}{2EI} = \dfrac{M \times 5}{2EI} = \dfrac{5M}{2EI}$

산정공식을 암기하고 있어야 하는 전형적인 문제이므로 반드시 암기할 것을 권한다.

10 그림과 같이 500kN의 힘이 C점에 작용하고 있다. A점에서 물체의 회전이 발생하지 않도록 하는, B점에서의 최소 힘의 크기[kN]는? (단, 구조물의 자중은 무시한다)

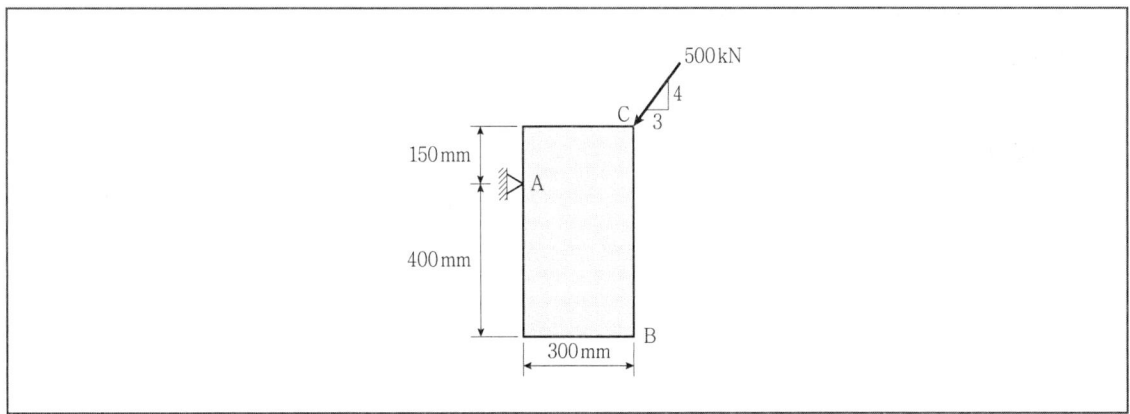

① 100
② 150
③ 200
④ 250

TIP 물체의 회전이 발생하지 않도록 하는 B점에서의 최소힘 방향은 A점과 B점을 연결하는 직선과 직각을 이룬다.

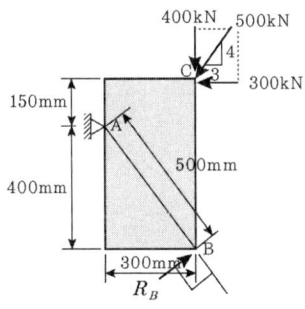

$\sum M_A = 0 : 400(300) - 300(150) - R_B(500) = 0$ 이므로
$R_B = 150[kN]$

11 평면 트러스 해석을 위한 기본 가정으로 옳지 않은 것은?

① 각 부재는 직선이다.
② 각 부재의 중심축은 절점에서 만난다.
③ 모든 하중은 절점에만 작용한다.
④ 각 부재의 절점은 회전에 구속되어 있다.

> **TIP** 각 부재의 절점은 자유롭게 회전할 수 있는 힌지로 되어 있다.

12 다음 그림은 단면적이 $0.2m^2$, 길이가 2m인 인장재의 하중-변위 곡선을 나타낸 것이다. 이 재료의 탄성계수 E[MPa]는?

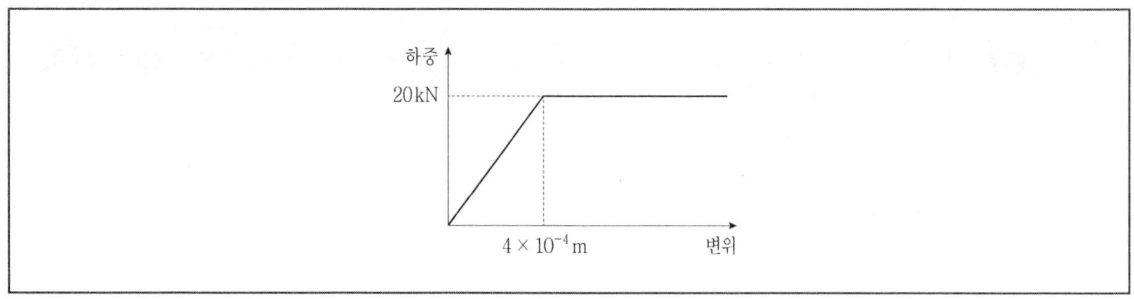

① 200
② 300
③ 400
④ 500

> **TIP** $\delta = \dfrac{P \cdot L}{AE}$ 이므로 $4 \times 10^{-4}[m] = \dfrac{20[kN] \times 2[m]}{0.2m^2 \times E}$ 를 만족하는 재료의 탄성계수(E)는 500[MPa]가 된다.

13 다음 설명 중 옳지 않은 것은?

① 벡터양은 크기와 방향을 갖는 물리량이다.
② 길이, 면적, 부피, 온도는 스칼라양이다.
③ 마찰력은 두 물체의 접촉면 사이에 발생하며 그 힘의 방향은 물체의 운동방향과 같다.
④ 마찰계수에는 움직이기 직전까지의 정지마찰계수와 움직일 때의 동마찰계수가 있다.

　TIP 마찰력은 두 물체의 접촉면 사이에 발생하며 그 힘의 방향은 물체의 운동방향과 반대이다.

14 그림과 같이 직경 D = 20mm, 길이 L = 1.0m인 강봉이 축방향 인장력 P를 받을 때, 축방향 길이는 1.0mm 늘어나고 단면의 직경은 0.008mm 줄어들었다. 재료가 탄성 범위에 있을 때, 전단탄성계수 G [GPa]는? (단, 탄성계수 E = 280GPa이다)

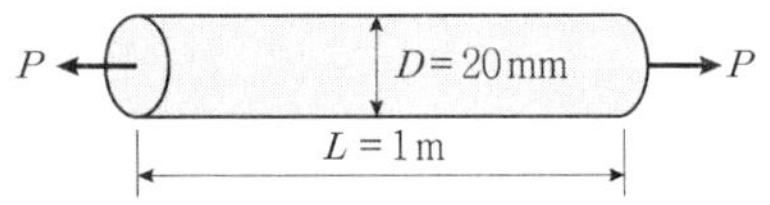

① 100
② 115
③ 200
④ 215

　TIP $v = -\dfrac{\varepsilon_y}{\varepsilon_x} = -\left(\dfrac{\triangle d}{d}\right)\dfrac{L}{\triangle L} = -\dfrac{0.008}{20} \times \dfrac{1,000}{1} = 0.4$

$G = \dfrac{E}{2(1+v)} = \dfrac{280}{2(1+0.4)} = 100[\text{GPa}]$

Answer 11.④ 12.④ 13.③ 14.①

15 그림과 같은 게르버보에서 A~D점에 대한 수직반력의 영향선 중 옳은 것은?

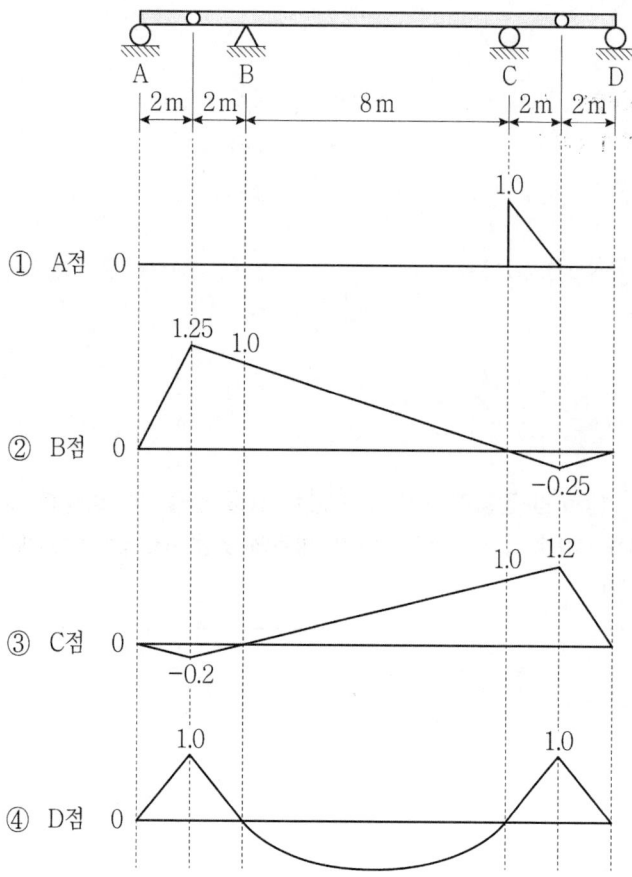

TIP

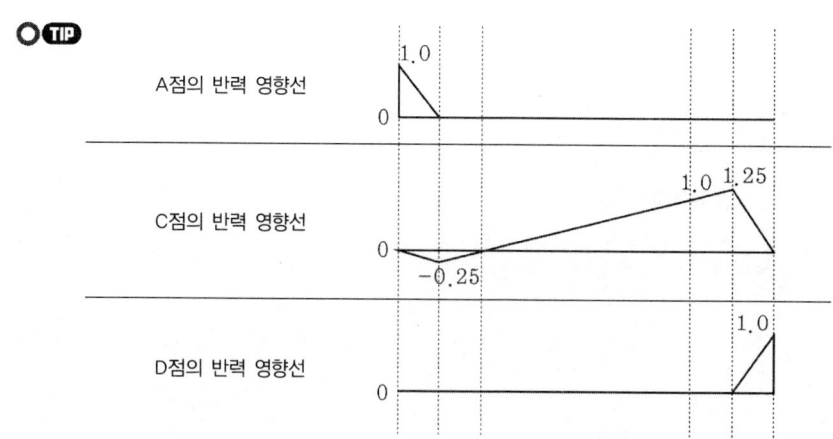

16 그림과 같이 B점에 수평력 P가 작용할 때, C점의 휨모멘트는? (단, 구조물의 자중은 무시한다)

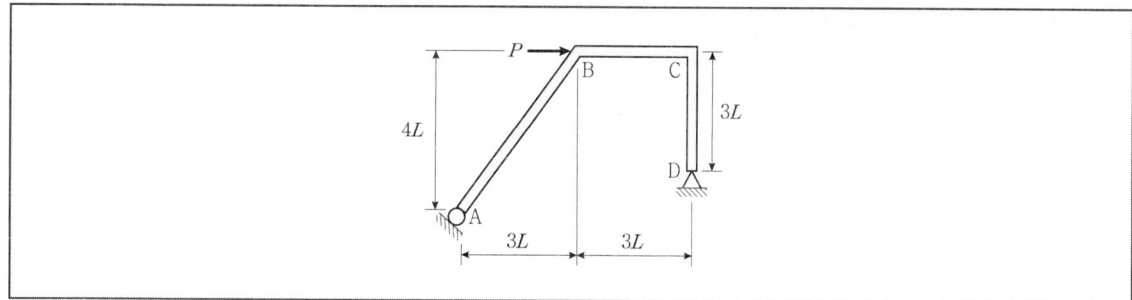

① $\dfrac{11}{7}PL$

② $\dfrac{12}{7}PL$

③ $\dfrac{13}{7}PL$

④ $\dfrac{15}{7}PL$

TIP

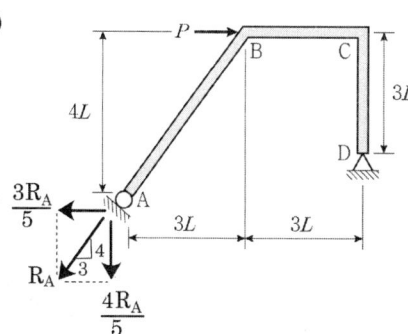

$\sum M_D = 0 : -\dfrac{4R_A}{5} \times 6L + \dfrac{3R_A}{5} \times L + P \times 3L = 0$

$-24R_A + 3R_A + 15P = 0$ 이므로 $R_A = \dfrac{15P}{21} = \dfrac{5P}{7}$

$M_C = \dfrac{3P}{7} \times 4L - \dfrac{4P}{7} \times 6L = \dfrac{12-24}{7}PL = -\dfrac{12PL}{7}$

17 그림과 같은 구조물의 절점 O점에서 모멘트 16kN·m가 작용할 때 D점의 모멘트 M_{DO}의 크기 [kN·m]는? (단, 탄성계수 E는 일정하며, 구조물의 자중은 무시한다)

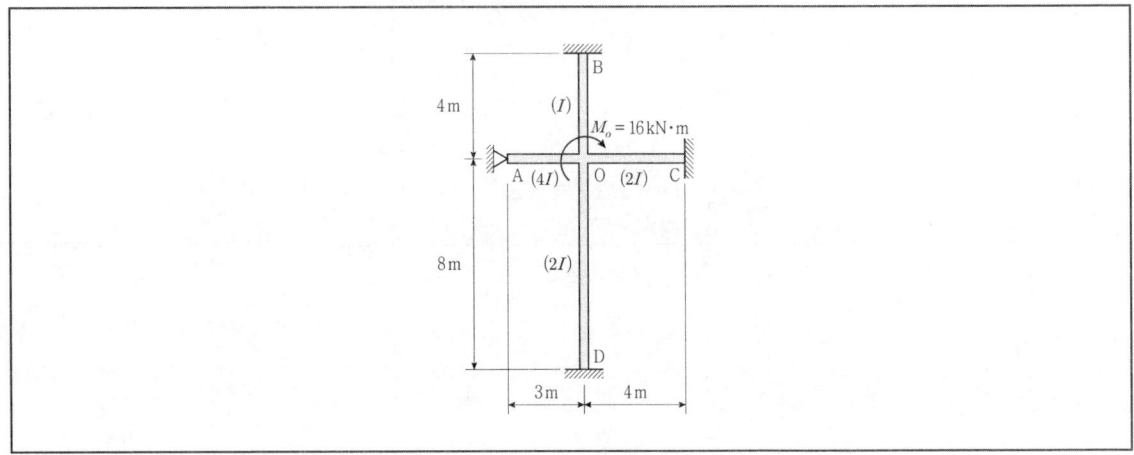

① 1.0   ② 2.0
③ 4.0   ④ 8.0

> **TIP** 모멘트분배법에 관한 문제이다.
> $k_{OA} : k_{OB} : k_{OC} : k_{OD} = \dfrac{3E(4I)}{3} : \dfrac{4E(I)}{4} : \dfrac{4E(2I)}{4} : \dfrac{4E(2I)}{8} = 4 : 1 : 2 : 1$
> $M_{DO} = \dfrac{M}{8} \times \dfrac{1}{2} = \dfrac{M}{16} = 1.0$

18 다음 그림은 내민보의 전단력도이다. A점의 휨모멘트의 크기[kN·m]는? (단, 구조물의 자중은 무시한다)

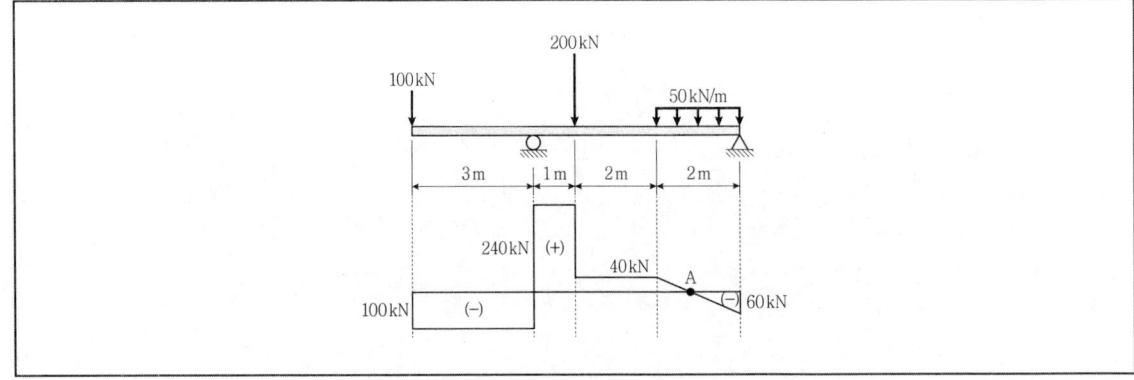

① 30   ② 36
③ 42   ④ 45

> **TIP** 좌측이나 우측 지점으로부터 특정 위치에 이르기까지의 전단력도의 면적값이 바로 그 특정위치에서의 휨모멘트가 된다.
> 우측지점으로부터 A점까지의 거리는
> $2 \times \dfrac{60}{40+60} = 1.2[\text{m}]$이며 $M_A = \dfrac{1}{2} \times 1.2 \times 60 = 36\text{mm}$

19 그림과 같은 트러스에서 무응력 부재의 총 개수는? (단, 구조물의 자중은 무시하며, 모든 부재의 축강성 EA는 일정하다)

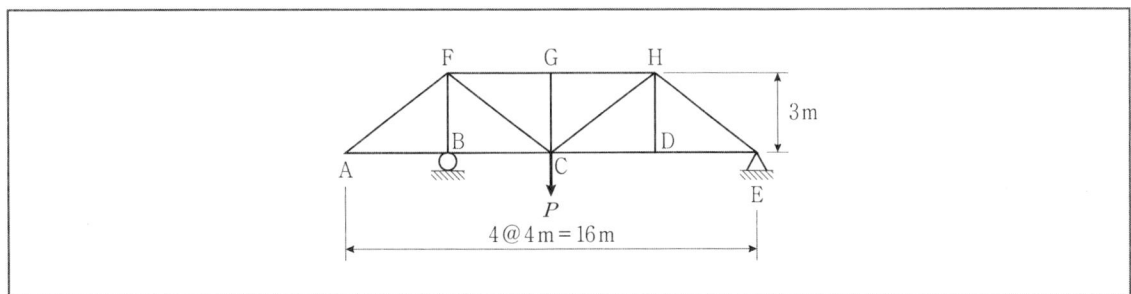

① 3개　　　　　　　　　　　　② 4개
③ 5개　　　　　　　　　　　　④ 6개

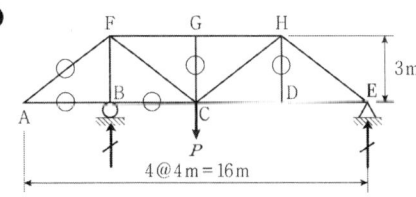

Answer 17.① 18.② 19.③

20 그림과 같은 평면응력 상태에서 $\sigma_x = 40\text{MPa}$, $\sigma_y = -20\text{MPa}$, $\tau_{xy} = 30\text{MPa}$일 때, 최대 주응력의 방향 (θ)은?

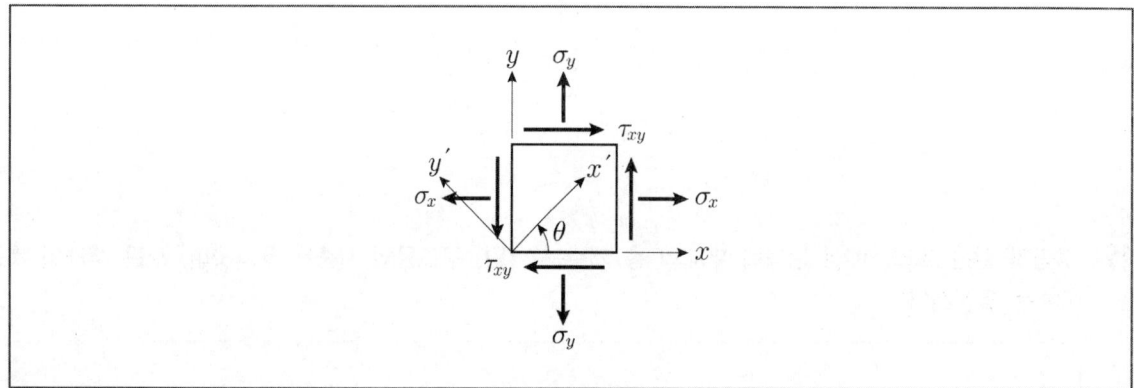

① 22.5°
② 30°
③ 42.5°
④ 60°

TIP 밑변 $\left|\dfrac{\sigma_x - \sigma_y}{2}\right| = \left|\dfrac{40 - (-20)}{2}\right| = 30[\text{MPa}]$

높이 $|\tau_{xy}| = 30[\text{MPa}]$

$\tan 2\theta_P = \dfrac{\text{높이}}{\text{밑변}} = \dfrac{30}{30} = 1$이므로 $2\theta_p = 45°$이다.

따라서 $\theta_P = 22.5°$

응용역학개론 | 2021. 6. 5. 제1회 지방직 시행

1 그림과 같이 $P_1 = 13\,\text{kN}$, $P_2 = 7\sqrt{2}\,\text{kN}$의 힘이 O점에 작용할 때, A점에 대한 모멘트의 크기[kN·m]는?

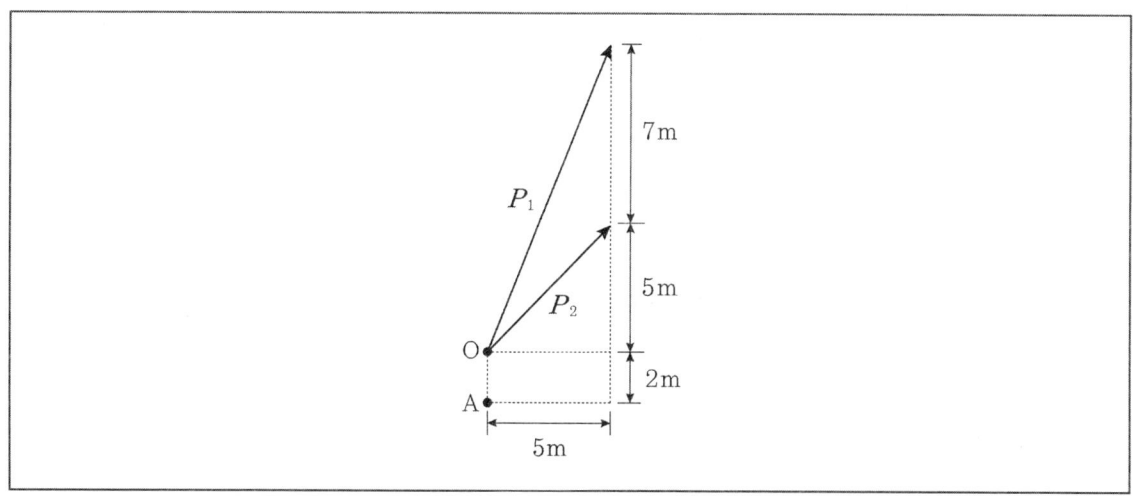

① 24
② 26
③ 28
④ 30

> **TIP** A점에 대한 두 힘의 모멘트의 크기는 두 힘의 수평성분과 수직성분을 구한 다음 수평성분의 합력과 수직성분의 합력에 A점과 떨어진 거리를 각각 곱한 값을 합한 값이 된다.
> P_1의 수평성분은 5[kN], P_1의 수직성분은 12[kN]이 된다.
> P_2의 수평성분은 7[kN], P_2의 수직성분은 7[kN]이 된다.
> 두 힘의 수직성분의 합력은 OA의 연장선상에 있으므로 수직성분에 의한 모멘트는 0이 된다.
> 두 힘의 수평성분의 합력은 12[kN]이며 A점으로부터 2m 떨어져 있으므로 수평성분의 합력에 의한 모멘트는 $(7+5) \times 2 = 24[\text{kN} \cdot \text{m}]$이 된다.
> 따라서 A점에 대한 두 힘의 합력의 모멘트의 크기는 24[kN·m]이 된다.

Answer 20.① / 1.①

2 그림과 같은 게르버보에 대한 설명으로 옳지 않은 것은? (단, 구조물의 자중은 무시한다)

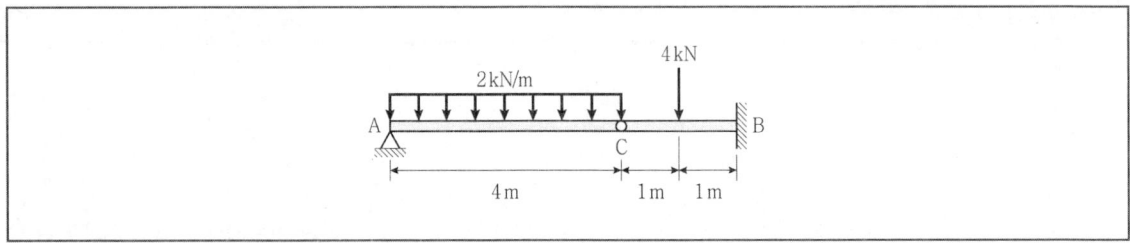

① A점에서 수직반력의 크기는 4kN이다.
② B점에서 수직반력의 크기는 8kN이다.
③ C점에서 전단력의 크기는 4kN이다.
④ B점에서 휨모멘트반력의 크기는 16kN·m이다.

> **TIP** 게르버보의 C점은 힌지절점이며 이는 단순보의 회전지점으로 치환할 수 있다.
> 따라서 B점에서 휨모멘트반력의 크기는 12 kN·m이다.

3 그림과 같이 내부 힌지를 가지고 있는 게르버보에서 B점의 정성적인 휨모멘트의 영향선은?

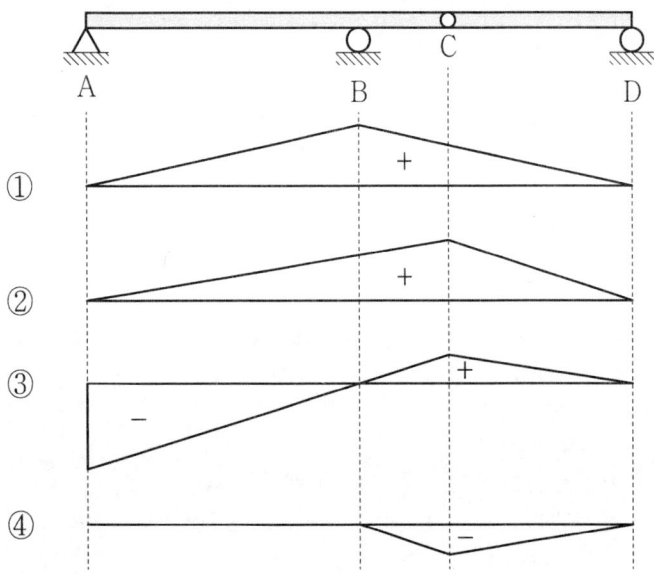

> **TIP** 직관적으로 B점에 하중이 가해지면 B점에서의 휨모멘트는 0이 되므로 ③과 ④ 중 하나가 정답이 된다. BD부재 사이에 힌지절점 C가 있으며 이 힌지절점에 하중이 가해지면 B지점에서는 위로 볼록한 형상이 만들어지므로 부(-)모멘트가 발생됨을 알 수 있다. 따라서 ④가 정답이 된다.

4 그림과 같이 도형의 도심 C의 x축에 대한 탄성단면계수의 크기가 큰 것부터 바르게 나열한 것은?

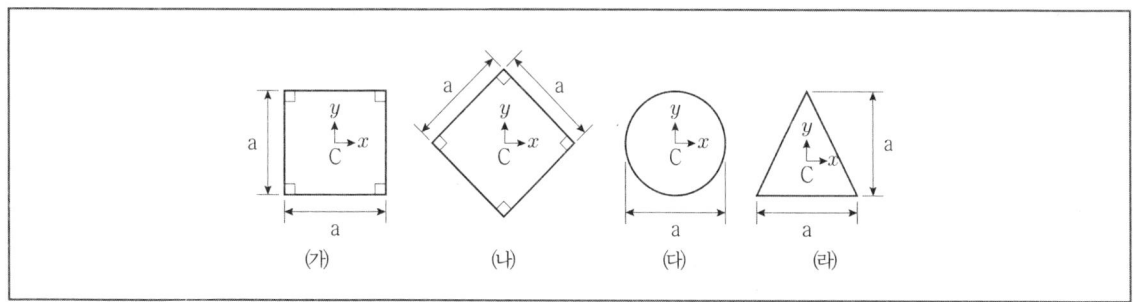

① (가) > (나) > (다) > (라)
② (나) > (가) > (다) > (라)
③ (가) > (나) > (라) > (다)
④ (나) > (가) > (라) > (다)

> **TIP** 각 변, 또는 지름이 서로 동일한 경우 탄성단면계수의 크기는 정사각형 $\dfrac{a^3}{6}$ >마름모 $\dfrac{a^3}{8.4}$ >원 $\dfrac{\pi a^3}{32}$ >정삼각형 $\dfrac{a^3}{24}$ 이 된다.

5 그림과 같이 압축력 P를 받는 길이가 L인 강체봉이 A점은 회전스프링(스프링 계수 k_θ)으로, B점은 병진스프링(스프링 계수 k)으로 각각 지지되어 있다. 좌굴하중 P_{cr}의 크기는? (단, 봉의 자중은 무시하고, 미소변형이론을 적용한다)

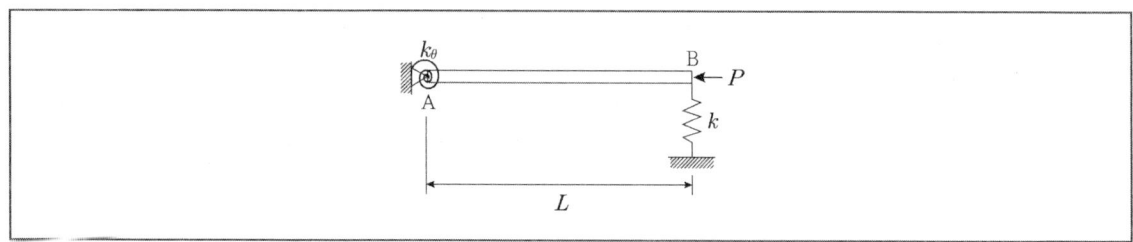

① $kL + \dfrac{k_\theta}{2L}$
② $kL + \dfrac{k_\theta}{L}$
③ $2kL + \dfrac{k_\theta}{L}$
④ $2kL + \dfrac{k_\theta}{2L}$

> **TIP** 그림을 반시계방향으로 90° 회전하면 축하중을 받는 기둥부재가 된다.
>
> 회전스프링의 좌굴하중은 $P_{cr} = \dfrac{ka^2}{L} = kL$
>
> 병진스프링의 좌굴하중은 $P_{cr2} = \dfrac{k_\theta}{L}$
>
> 따라서 두 스프링의 좌굴하중의 합을 구하면 $kL + \dfrac{k_\theta}{L}$ 이 된다.

Answer 2.④ 3.④ 4.① 5.②

6 그림과 같이 길이가 L인 단순보에 삼각형 분포하중이 작용하고 있다. A점과 B점의 수직반력이 같다면, 삼각형 분포하중이 작용하는 거리 x는? (단, 구조물의 자중은 무시한다)

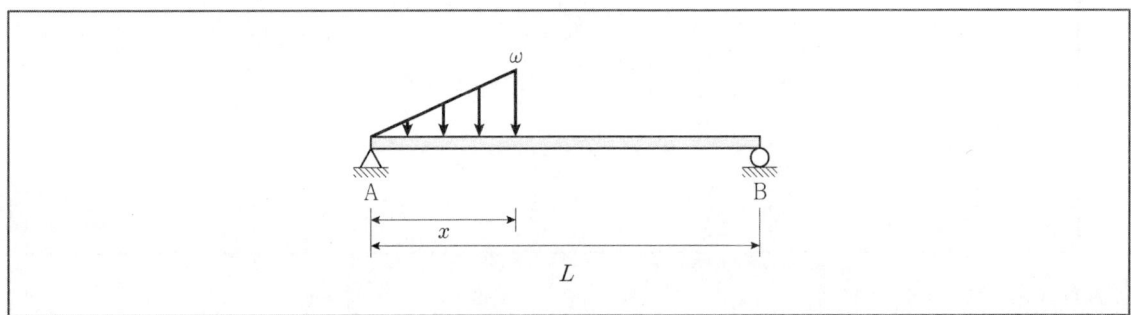

① $0.25L$ ② $0.5L$
③ $0.75L$ ④ $1.0L$

O TIP $R_A + R_B = \dfrac{wL}{2}$ 이며 $\sum M_A = 0 : \dfrac{wx}{2} \times \dfrac{2x}{3} - \dfrac{wx}{4} \times L = 0$

이므로 $x = \dfrac{3L}{4} = 0.75L$이 된다.

7 그림과 같이 집중하중을 받는 케이블로 구성된 구조물에서 힌지지점 A에서 수평반력의 크기[kN]는? (단, 구조물의 자중은 무시한다)

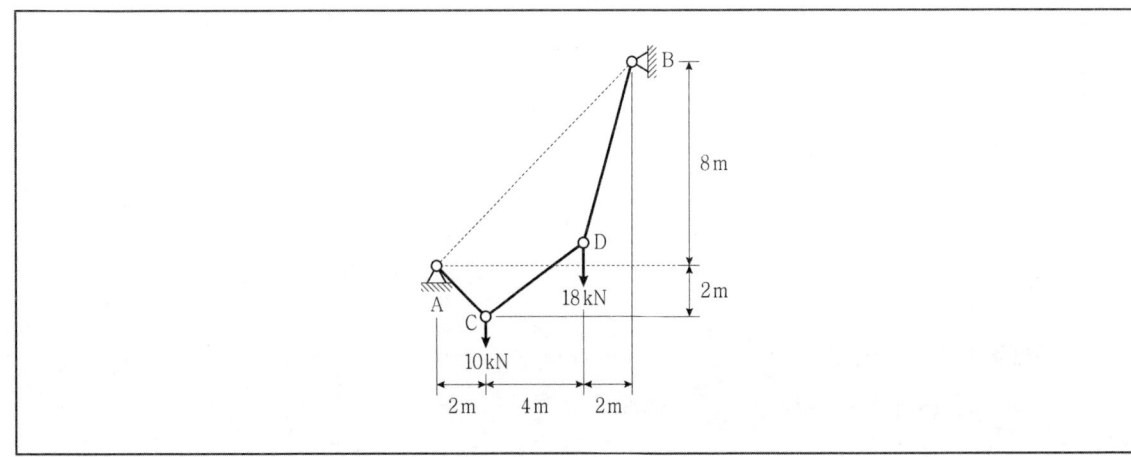

① 6 ② 8
③ 10 ④ 12

O TIP $H = \dfrac{M}{y_c} = \dfrac{24}{4} = 6[kN]$

8 그림과 같은 구조물에서 스프링을 제외한 봉의 온도가 30°C만큼 전 단면에서 균일하게 상승할 때, 늘어난 봉의 길이[mm]는? (단, 봉의 열팽창계수 $\alpha = 10^{-5}/°C$, 탄성계수 E = 200GPa, 단면적 A = 100mm²이고, 스프링 계수 k = 2,000N/mm이며, 구조물의 좌굴 및 자중은 무시한다)

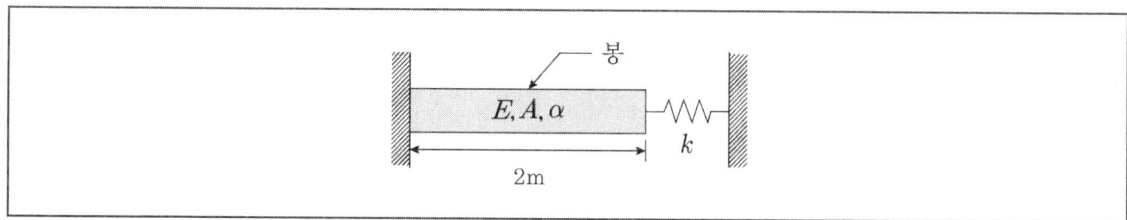

① 0.2
② 0.3
③ 0.4
④ 0.5

> **TIP** 온도에 의한 봉의 신장량과 반력에 의한 봉과 스프링의 수축량이 서로 같아야 한다는 조건으로부터 답을 찾을 수 있다.
> 온도에 의한 봉의 신장량 $\alpha \cdot \triangle T \cdot L$
>
> 반력에 의한 봉과 스프링의 수축량 $\dfrac{RL}{EA} + \dfrac{R}{k}$
>
> $\alpha \cdot \triangle T \cdot L = \dfrac{RL}{EA} + \dfrac{R}{k}$ 이므로 $R = \dfrac{\alpha \times \triangle T \times L}{\dfrac{L}{EA} + \dfrac{1}{k}} = 1[\text{kN}]$
>
> 봉의 신장량 $\delta_b = \alpha \cdot \triangle T \cdot L - \dfrac{RL}{EA} = 0.5[\text{mm}]$
>
> 스프링의 수축량 $\delta_s = \dfrac{R}{k} = \dfrac{1[\text{kN}]}{2[\text{kN/mm}]} = 0.5[\text{mm}]$

9 그림과 같이 평면에 변형률 로제트 게이지를 부착하여 3방향의 변형률 ϵ_A, ϵ_B, ϵ_C를 측정하였을 때, 최대전단변형률 $\gamma_{\max}$의 크기[10^{-6}]는? (단, ϵ_A = 250 × 10^{-6}, ϵ_B = 130 × 10^{-6}, ϵ_C = 235 × 10^{-6}이다)

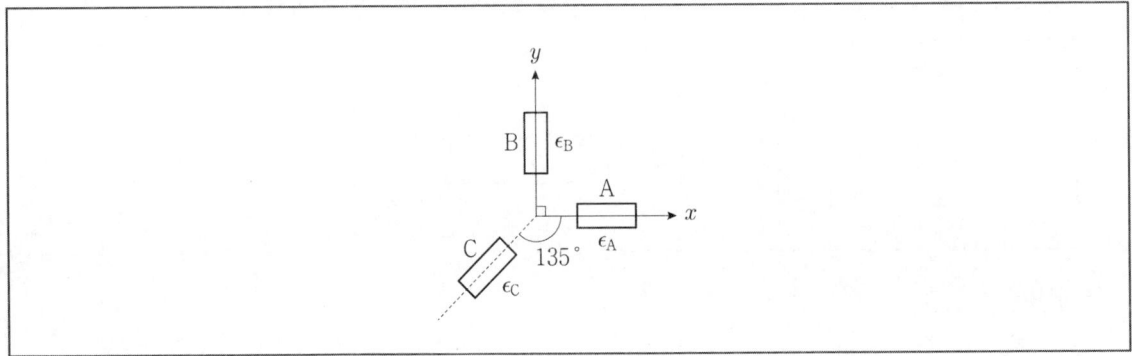

① 100
② 150
③ 200
④ 250

○TIP $\varepsilon_x = \varepsilon_A = 250$, $\varepsilon_y = \varepsilon_B = 130$,
$\gamma_{xy} = 2\varepsilon_C - (\varepsilon_B + \varepsilon_A) = 2 \times 235 - (130 + 250) = 90$
$\dfrac{\gamma_{\max}}{2} = \sqrt{\left(\dfrac{\varepsilon_x - \varepsilon_y}{2}\right)^2 + \left(\dfrac{\gamma_{xy}}{2}\right)^2} = \sqrt{60^2 + 45^2} = 75$
따라서 $\gamma_{\max}$는 150이 된다.

10 그림과 같은 부정정 구조물의 A점에 처짐각 θ_A = 0.025 rad이 발생하였다. 이때 A점에 작용하는 휨모멘트 M_A의 크기[N·mm]는? (단, 휨강성 EI = 40,000 N·mm²이며, 구조물의 자중은 무시한다)

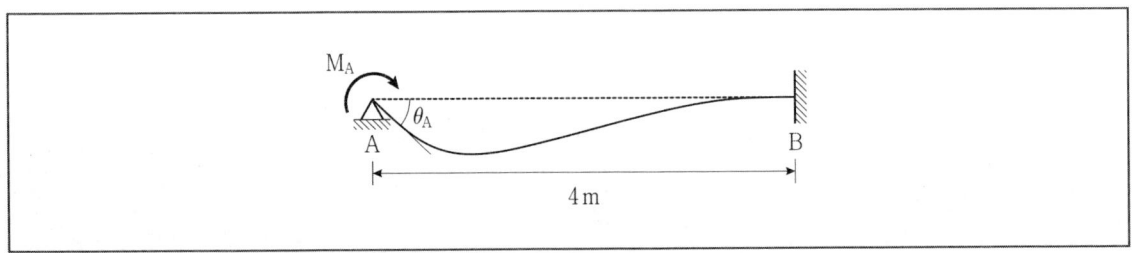

① 0.5
② 1.0
③ 5.0
④ 10.0

○TIP 공식을 암기하고 풀어야 하는 문제이다.
$M_A = \dfrac{4EI\theta}{L}$ 이므로 주어진 조건을 대입하면
$M_A = \dfrac{4EI\theta}{L} = \dfrac{4 \times 40,000[\text{N} \cdot \text{mm}^2] \cdot 0.025[\text{rad}]}{4[\text{m}]} = 1.0[\text{N} \cdot \text{mm}]$

11 그림과 같이 길이 L인 캔틸레버보의 끝에 집중하중 P가 작용할 때 휨에 의한 변형에너지의 크기는 $C_1 \dfrac{P^2 L^3}{EI}$ 이다. 상수 C_1의 크기는? (단, 전단변형에 의한 에너지는 무시하고, 휨강성 EI는 일정하며, 구조물의 자중은 무시한다)

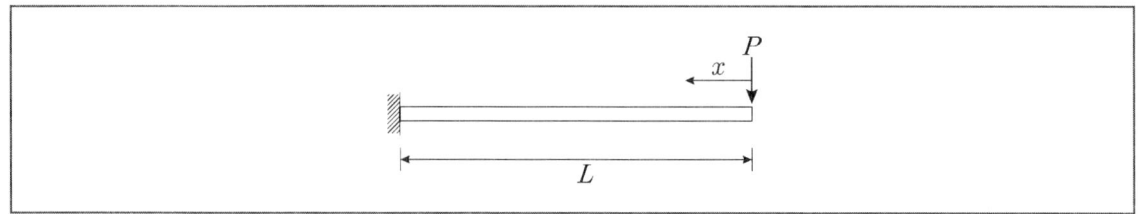

① $\dfrac{1}{3}$ ② $\dfrac{1}{4}$

③ $\dfrac{1}{6}$ ④ $\dfrac{1}{12}$

TIP $U = W = \dfrac{1}{2} \cdot P \cdot \delta = \dfrac{1}{2} \times P \times \dfrac{PL^3}{3EI} = \dfrac{P^2 L^3}{6EI}$ 이므로 $C_1 = \dfrac{1}{6}$

12 그림과 같이 내부 힌지가 있는 보에서 C점의 수직반력은? (단, 구조물의 자중은 무시한다)

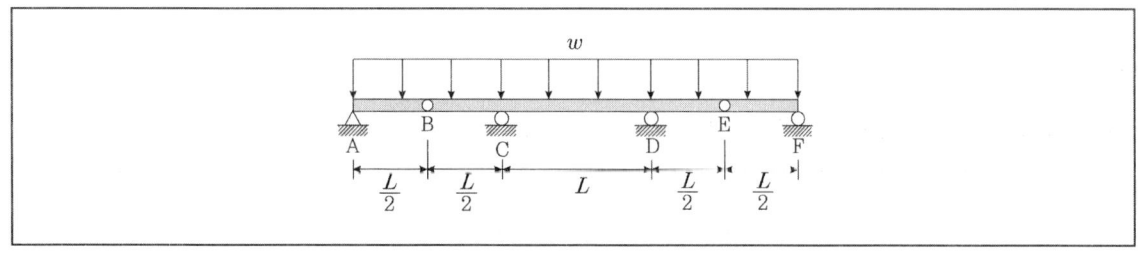

① $\dfrac{6}{5}wL$ ② $\dfrac{5}{4}wL$

③ $\dfrac{4}{3}wL$ ④ $\dfrac{3}{2}wL$

TIP AB 부재와 EF 부재는 단순보로 간주할 수 있으며 각 지점에는 $\dfrac{wL}{4}$ 만큼의 반력이 작용한다.

이는 중앙부에 $\dfrac{wL}{4} + w(2L) + \dfrac{wL}{4}$ 만큼의 하중이 가해지는 것으로 간주할 수 있으며

C점과 D점에서의 반력은 $\dfrac{5}{4}wL$이 된다.

Answer 9.② 10.② 11.③ 12.②

13 그림과 같은 단순보에 집중하중 P와 분포하중 $w = \dfrac{P}{L}$가 작용할 경우, A점의 처짐각은 $C_1 \dfrac{PL^2}{EI}$이다. 상수 C_1의 크기는? (단, 보의 휨강성 EI는 일정하고, 구조물의 자중은 무시한다)

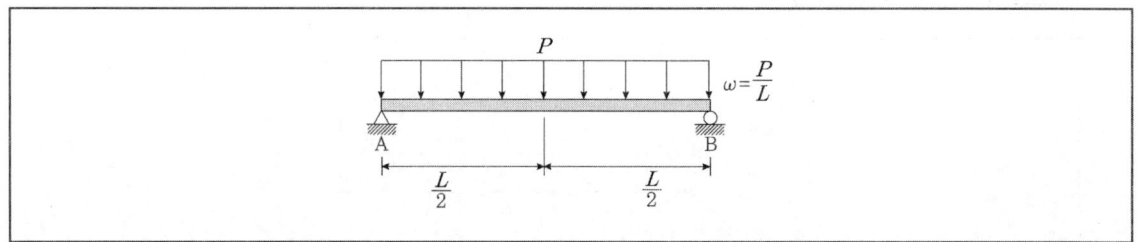

① $\dfrac{5}{48}$
② $\dfrac{7}{48}$
③ $\dfrac{7}{24}$
④ $\dfrac{11}{24}$

> **TIP** 중첩의 원리를 적용하면 된다.
> 집중하중에 의한 A점의 처짐각은 $\dfrac{PL^2}{16EI}$
> 등분포하중에 의한 A점의 처짐각은 $\dfrac{wL^3}{24EI} = \dfrac{PL^2}{24EI}$
> 집중하중과 등분포하중에 의한 A점의 처짐각은 $\dfrac{5PL^3}{48EI}$

14 그림과 같은 보 (개), (나), (대)의 부정정 차수를 모두 합한 차수는?

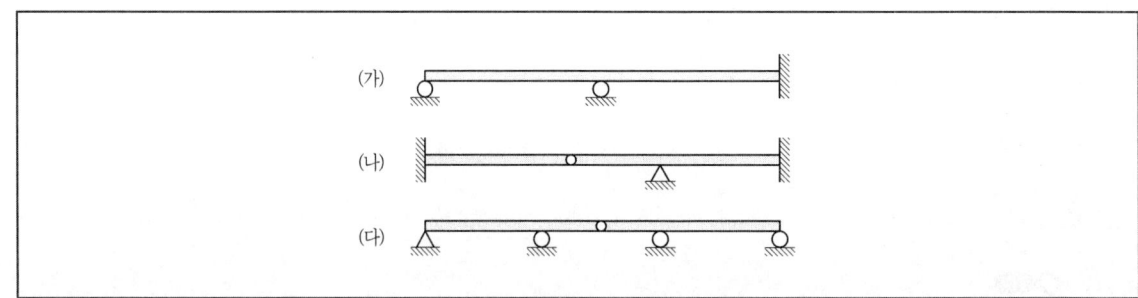

① 5차
② 6차
③ 7차
④ 8차

> **TIP**
>
> | | (개) | (나) | (대) |
> |---|---|---|---|
> | 외적 부정정 차수 | 5−3=2 | 8−3=5 | 5−3=2 |
> | 내적 부정정 차수 | 0 | −1 | −1 |
> | 총 부정정 차수 | 2 | 4 | 1 |

15 그림과 같은 평면응력요소에서 최대전단응력 $\tau_{\max}$과 최대주응력 $\sigma_{\max}$의 크기[MPa]는?

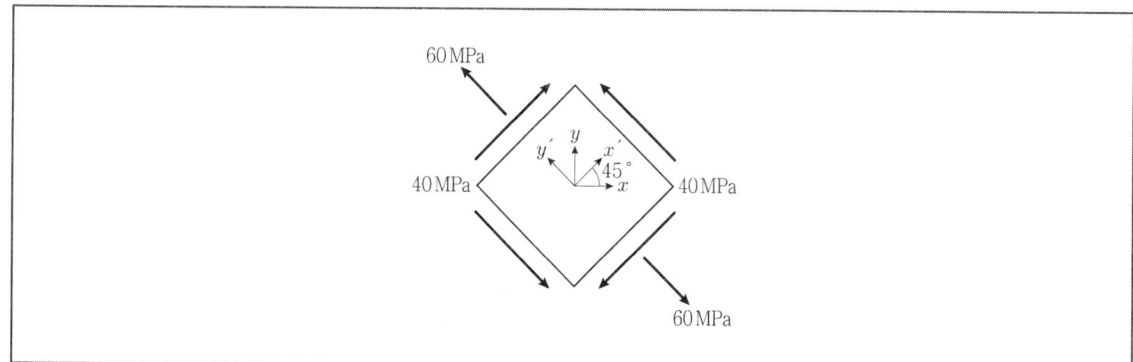

	$\tau_{\max}$	$\sigma_{\max}$
①	10	40
②	10	60
③	50	80
④	50	110

TIP 최대전단응력 $\tau_{\max} = \sqrt{\left(\dfrac{\sigma_1-\sigma_2}{2}\right)^2 + \tau_{xy}} = \sqrt{30^2+40^2} = 50$

최대주응력 $\sigma_{\max} = \dfrac{\sigma_1+\sigma_2}{2} \pm \sqrt{\left(\dfrac{\sigma_1-\sigma_2}{2}\right)^2 + \tau_{xy}^2} = \dfrac{60+0}{2} \pm \sqrt{\left(\dfrac{60-0}{2}\right)^2+40^2} = 30 \pm 50 = 80$

Answer 13.① 14.③ 15.③

16 그림과 같은 보에서 A점의 휨모멘트반력 M_A의 크기[kN · m]는? (단, 휨강성 EI는 일정하고, 구조물의 자중은 무시한다)

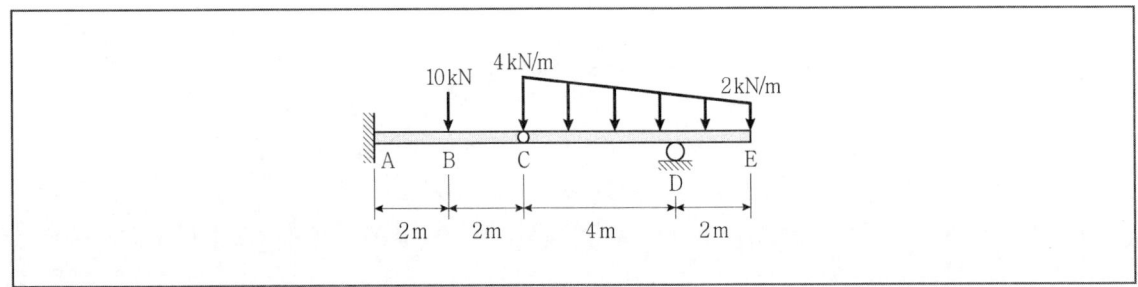

① 20
② 44
③ 52
④ 60

TIP 힌지절점은 단순보의 지점으로 간주하여 해석할 수 있다.
단순보부재 CE에서 $\sum M_D = 0 : R_C \times 4 - 6 \times 2 - 12 \times 1 = 0$이므로
$R_C = 6[kN]$가 되며 캔틸레버보 AC에서 C점에 가해지는 힘의 크기는 6[kN]인 힘이 작용하게 된다.
B에 작용하는 하중 10[kN]에 의한 휨모멘트는 20[kN · m]이며, C점에 작용하는 힘 6[kN]에 의한 휨모멘트는 24[kN · m] 이므로 44[kN · m]이 된다.

17 그림과 같이 평면 역계에서 자중 W = 550kN인 물체에 도르래를 이용하여 힘 P = 250kN이 작용한다. 물체가 평형상태를 유지하기 위한 물체와 바닥 사이의 최소정지마찰계수의 크기는? (단, 도르래와 케이블 사이의 마찰력은 무시한다)

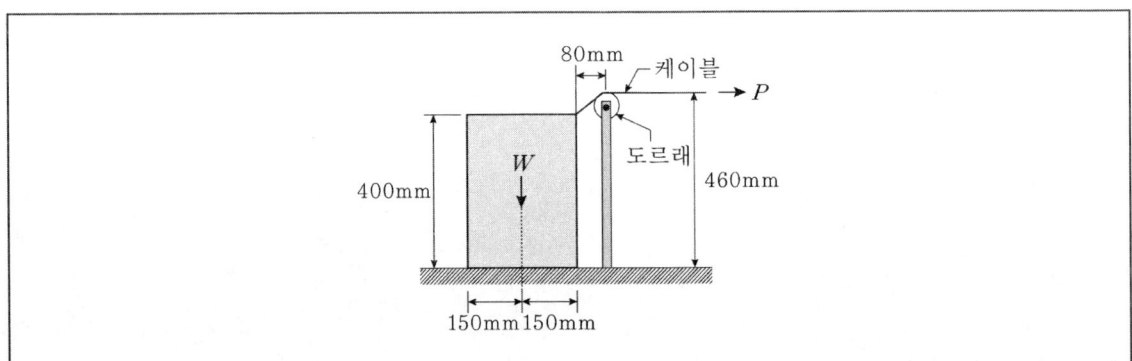

① $\dfrac{3}{10}$
② $\dfrac{4}{11}$
③ $\dfrac{1}{2}$
④ $\dfrac{7}{11}$

○**TIP** 도르레에 걸린 케이블이 수평면과 이루는 경사를 먼저 파악해야 한다.

$$P_x = 250 \times \frac{3}{5} = 150, \quad P_y = 250 \times \frac{4}{5} = 200$$

마찰력은 수직항력과 마찰계수의 곱이다.

따라서 마찰력은 $F = \mu R$로 나타낼 수 있다. (μ는 마찰계수이며, $R = 550 - 150 = 400[\text{kN}]$이다.)

물체의 수평방향으로 가해지는 힘이 200[kN]이며 이 힘이 마찰력보다 커야만 물체가 움직이기 시작하므로

$F = \mu R = 400\mu \le 200[\text{kN}]$임에 따라 $\mu \ge \frac{1}{2}$이어야 한다.

18 그림과 같은 트러스 구조물에서 부재 AB의 부재력 크기[kN]는? (단, 구조물의 자중은 무시한다)

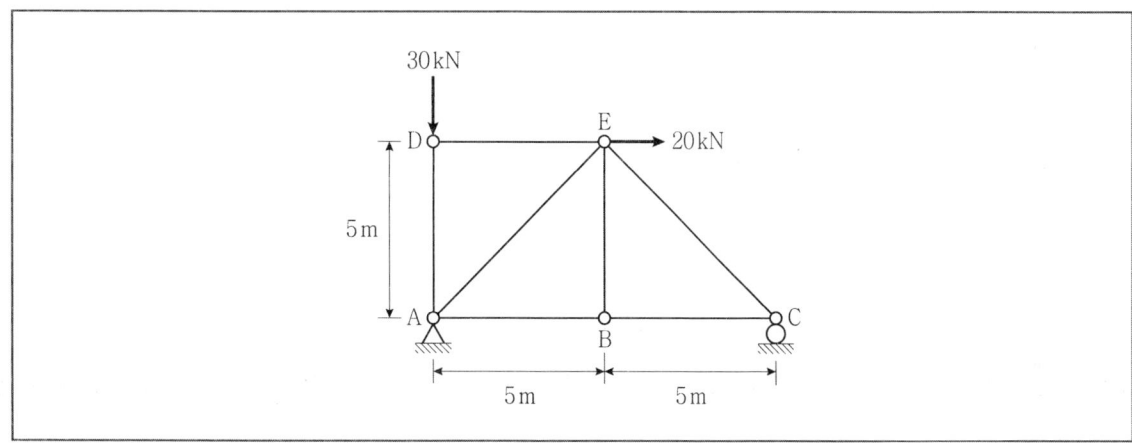

① 10
② $10\sqrt{2}$
③ 50
④ $50\sqrt{2}$

○**TIP** C점의 수직반력을 구하면

$\sum M_A = 0 : 20 \times 5 - R_C \times 10 = 0$이므로 $R_C = 10[\text{kN}]$

A점에 작용하는 힘들이 서로 평형을 이루어야 하므로

$\sum M_E = 0 : F_{AB} \times 5 - 10 \times 5 = 0$이므로 $F_{AB} = +10[\text{kN}]$(인장)

Answer 16.② 17.③ 18.①

19 그림과 같은 내민보에서 휨모멘트가 0이 되는 위치까지의 수평거리 x로 옳은 것은? (단, 구조물의 자중은 무시한다)

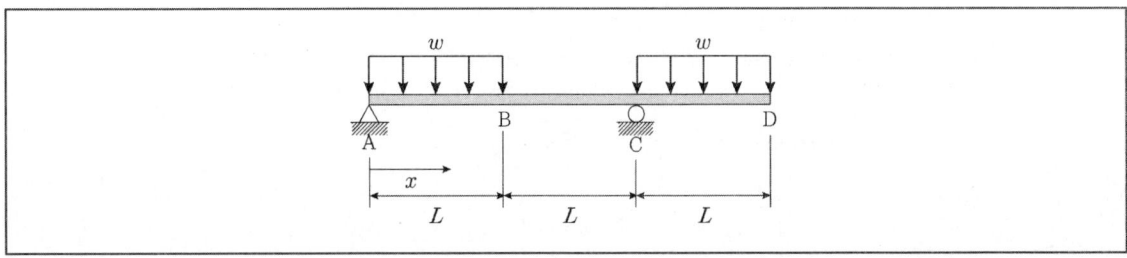

① $0.7L$
② $1.0L$
③ $1.2L$
④ $1.5L$

> **TIP** $\sum M_C = 0 : R_A \times 2L - wL\left(\dfrac{3L}{2}\right) + wL\left(\dfrac{L}{2}\right) = 0$ 이므로 $R_A = \dfrac{wL}{2}$
>
> $M_x = \dfrac{wL}{2}x - wx \times \dfrac{x}{2} = \dfrac{wLx}{2} - \dfrac{wx^2}{2} = 0$을 만족하는 $x = 1.0L$

20 그림과 같이 등분포하중이 작용하는 선형탄성재료의 캔틸레버보에서 처짐공식을 사용하여 구한 C점의 처짐은 $C_1 \dfrac{wL^4}{EI}$ 이다. 상수 C_1의 크기는? (단, 등분포하중 w가 캔틸레버보 길이 L의 전 구간에 작용할 때, 자유단에서 처짐각 $\theta = \dfrac{wL^3}{6EI}$, 처짐 $\delta = \dfrac{wL^4}{8EI}$ 이고, 휨강성 EI는 일정하며, 구조물의 자중은 무시한다)

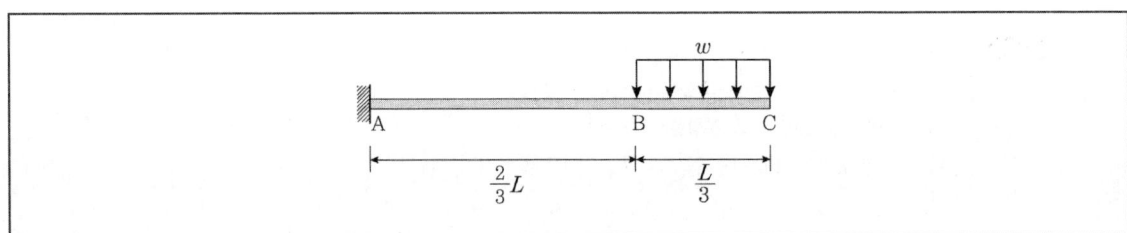

① $\dfrac{4}{81}$
② $\dfrac{41}{384}$
③ $\dfrac{49}{648}$
④ $\dfrac{163}{1,944}$

ⓘ TIP

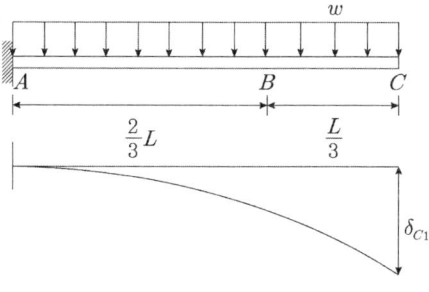

$$\delta_{C1} = \frac{wL^4}{8EI}$$

−

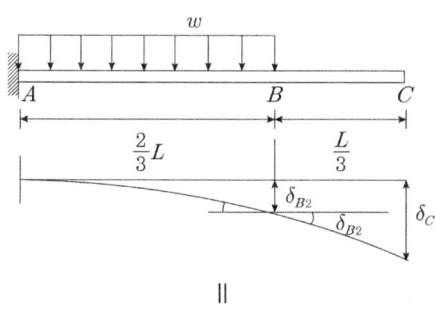

$$\delta_{C2} = \delta_{B2} \cdot L_{BC}$$
$$= \frac{w\left(\frac{2L}{3}\right)^4}{8EI} + \frac{w\left(\frac{2L}{3}\right)^3}{6EI} \cdot \frac{L}{3}$$
$$= \frac{10wL^4}{243EI}$$

=

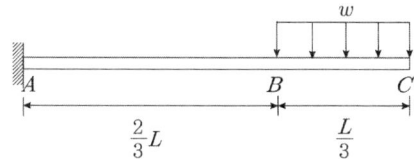

$$\delta_C = \delta_{C1} - \delta_{C2}$$
$$= \frac{wL^4}{8EI} - \frac{10wL^4}{243EI} = \frac{163wL^4}{1,944EI}$$

Answer 19.② 20.④

응용역학개론 | 2022. 4. 2. 인사혁신처 시행

1 그림과 같이 A점에서 3개의 힘이 동일 평면에 작용할 때, A점에 대한 힘의 모멘트가 0이 되기 위한 L의 길이[m]는?

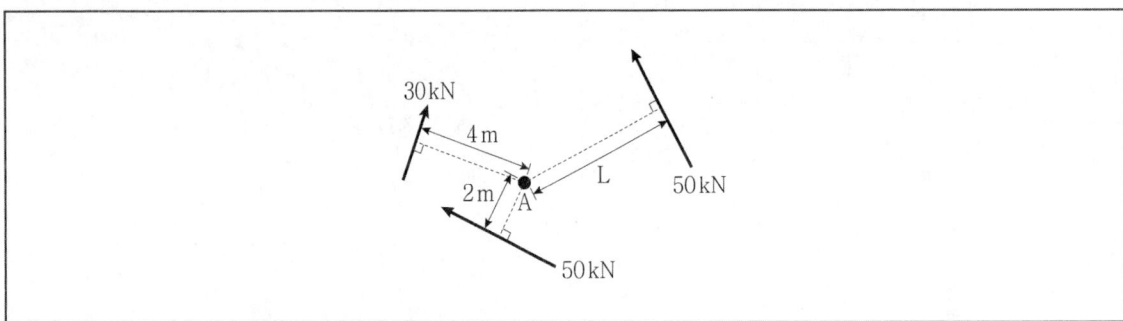

① 3.2
② 3.8
③ 4.4
④ 5.0

> **TIP** 시계방향을 +로 정하면 30×4+50×2-50×L=0이어야 하므로 L=4.4이다.

2 부재 단면의 주축에 대한 설명으로 옳지 않은 것은?

① 주축에 대한 관성모멘트는 0이다.
② 주축에 대한 단면2차 모멘트는 최대 및 최소가 된다.
③ 주축의 방향 θ_p는 $\tan 2\theta_p = -\dfrac{2I_{xy}}{I_x - I_y}$ 로 구할 수 있다.
④ 대칭축은 항상 주축이 되며, 그 축에 직교하는 축도 주축이 된다.

> **TIP** 주축에 대한 관성모멘트는 0보다 크다.

3 그림 (a) 장주의 좌굴하중이 20kN일 때, 그림 (b) 장주의 좌굴하중[kN]은? (단, 두 기둥의 길이, 재료 및 단면 특성은 모두 같다)

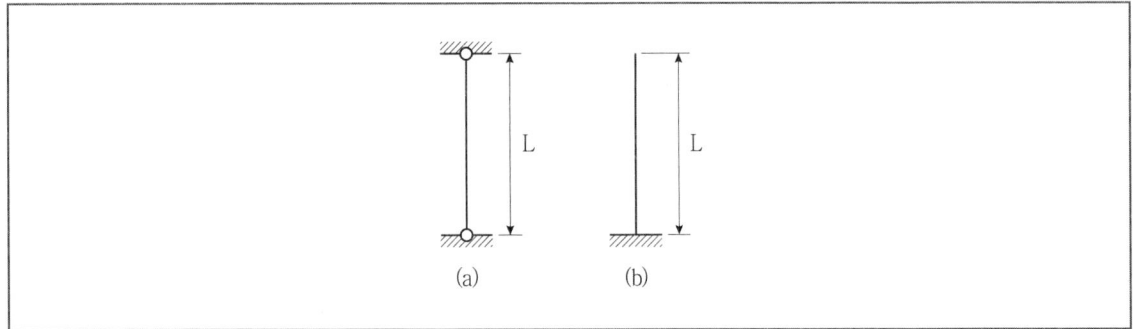

① 5
② 20
③ 40
④ 80

> **TIP** 좌굴하중은 $P_{cr} = \dfrac{\pi^2 EI}{(KL)^2}$ (K는 좌굴길이계수)이며, 양단힌지인 경우는 1.0, 일단고정-타단자유의 좌굴길이계수는 2.0, 좌굴길이계수는 (a)가 (b)의 0.5배가 되며 좌굴하중은 좌굴길이계수의 제곱에 반비례하므로 (a)의 좌굴하중은 (b)의 좌굴하중의 4배가 된다. 따라서 (b)의 좌굴하중은 5[kN]이 된다.

4 직사각형 단면의 보에서 전단력에 의한 전단응력에 대한 설명으로 옳지 않은 것은?

① 전단응력은 부재의 임의 단면에 평행하게 작용한다.
② 전단응력은 순수굽힘이 작용하는 단면에서 곡선으로 변화한다.
③ 전단응력은 단면의 상·하연에서 0이고, 중립축에서 일반적으로 최대이다.
④ 전단응력은 중립축으로부터의 거리에 따라서 포물선으로 변화한다.

> **TIP** 순수굽힘이란 전단력이 없고 굽힘만 발생하는 것이므로 순수굽힘 발생 시 전단응력은 0이 된다.

Answer 1.③ 2.① 3.① 4.②

5 그림과 같이 정사각형에 4개의 하중이 작용하는 평면력계에서 합력이 작용하는 위치 x, y[m]로 옳은 것은?

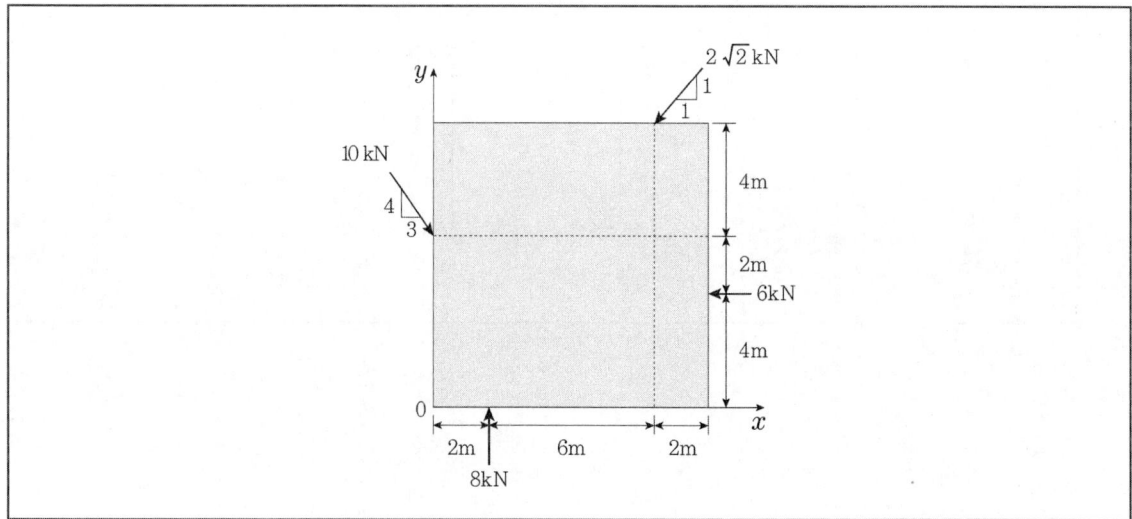

	x	y
①	0	0
②	4	0
③	0	4
④	4	4

TIP 힘의 작용선을 연장시키면 손쉽게 합력의 위치를 파악할 수 있다.

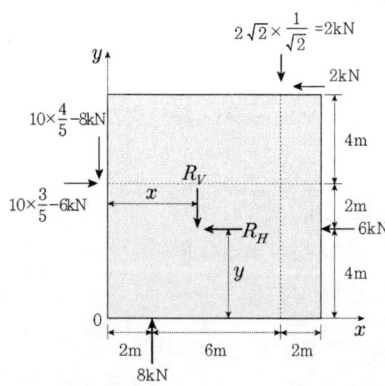

연직방향의 합력은 2[kN], 수평방향의 합력은 2[kN]
연직방향의 합력에 의한 모멘트는 각 연직방향 힘에 의한 모멘트의 합과 같아야 한다.
따라서 $2 \cdot x = 2(2+6) - 8 \cdot 2$이므로 $x = 0$
또한 수평방향의 합력에 의한 모멘트는 각 연직방향 힘에 의한 모멘트와 같아야 한다.
따라서 $2 \cdot y = 2(4+2+4) - 6(4+2) + 6(4)$이므로 $y = 4$이다.

6 그림과 같은 세 개의 단면에 동일한 휨모멘트가 작용할 때, 최대 휨응력의 비율 $\sigma_{(a)} : \sigma_{(b)} : \sigma_{(c)}$ 는?

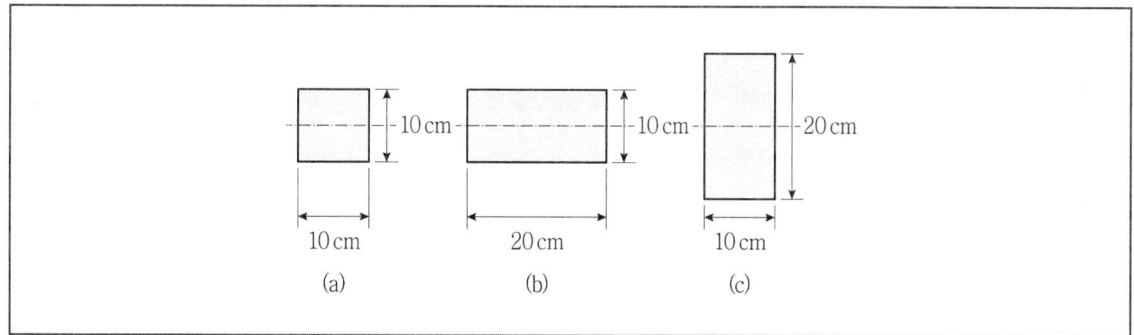

① 1 : 2 : 4
② 1 : 2 : 8
③ 4 : 2 : 1
④ 8 : 2 : 1

○TIP 최대휨응력 $\sigma_{\max} = \dfrac{M}{Z}$ 이므로

$$\sigma_{(a)} = \dfrac{M}{Z_{(a)}} = \dfrac{M}{\dfrac{10 \cdot 10^2}{6}} = \dfrac{6M}{1,000}$$

$$\sigma_{(b)} = \dfrac{M}{Z_{(b)}} = \dfrac{M}{\dfrac{20 \cdot 10^2}{6}} = \dfrac{6M}{2,000}$$

$$\sigma_{(c)} = \dfrac{M}{Z_{(c)}} = \dfrac{M}{\dfrac{10 \cdot 20^2}{6}} = \dfrac{6M}{4,000}$$

최대 휨응력의 비율 $\sigma_{(a)} : \sigma_{(b)} : \sigma_{(c)}$ 는 4 : 2 : 1이 된다.

Answer 5.③ 6.③

7 그림과 같은 단순보에 등분포하중과 집중하중이 작용할 때, 지점 A로부터 최대 휨모멘트가 발생되는 위치 x[m]는? (단, 보의 자중은 무시한다)

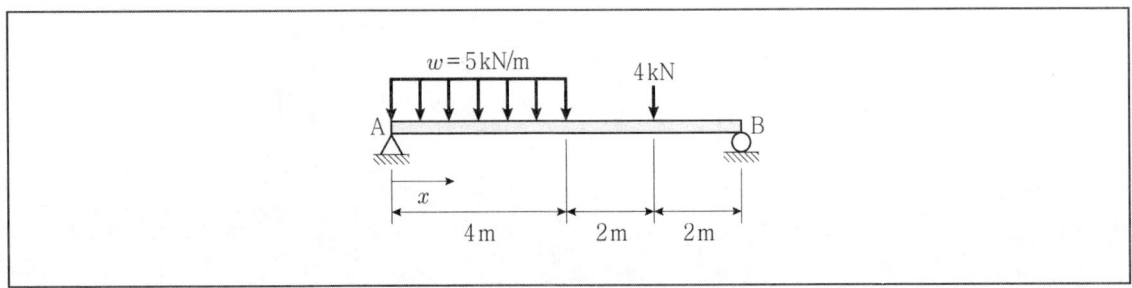

① 2
② 2.2
③ 3
④ 3.2

O TIP $\sum M_B = 0 : R_A \cdot 8 - 5 \cdot 4\left(\dfrac{4}{2}+2+2\right) - 4 \cdot 2 = 0, \ R_A = 16[kN]$

전단력이 0인 곳에서 최대휨모멘트가 발생하므로

$V_x = R_A - wx = 0$, 따라서 $x = \dfrac{R_A}{w} = \dfrac{16}{5} = 3.2[m]$

8 그림과 같이 빗금 친 단면의 x축에 대한 단면2차 모멘트[mm^4]는? (단, x축과 y축의 단위는 mm이다)

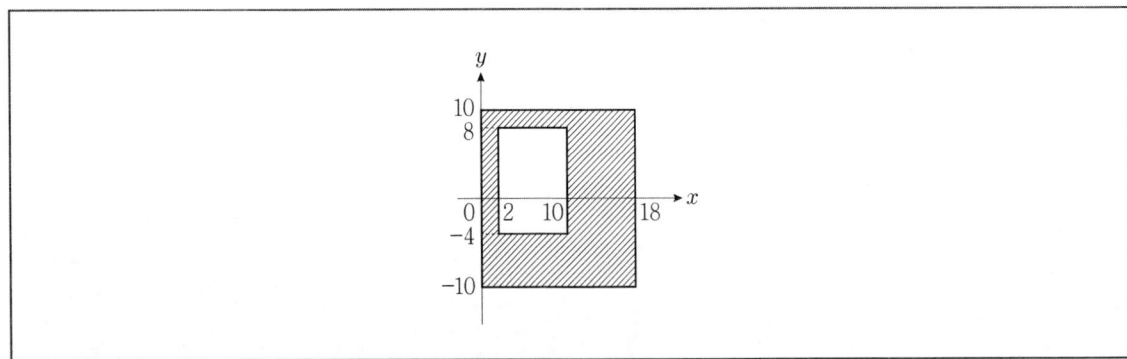

① 8,020
② 10,464
③ 12,000
④ 14,222

O TIP $I_x = \dfrac{BH^3}{12} - \dfrac{bh_1^3}{3} - \dfrac{bh_2^3}{3} = \dfrac{18 \cdot 20^3}{12} - \dfrac{8 \cdot 8^3}{3} - \dfrac{8 \cdot 4^3}{3} = 10,464[mm^4]$

9 그림과 같은 휨모멘트도를 나타내는 단순보의 휨 변형에 의한 최대처짐각(θ_{max})의 크기는? (단, 휨강성 EI는 일정하다)

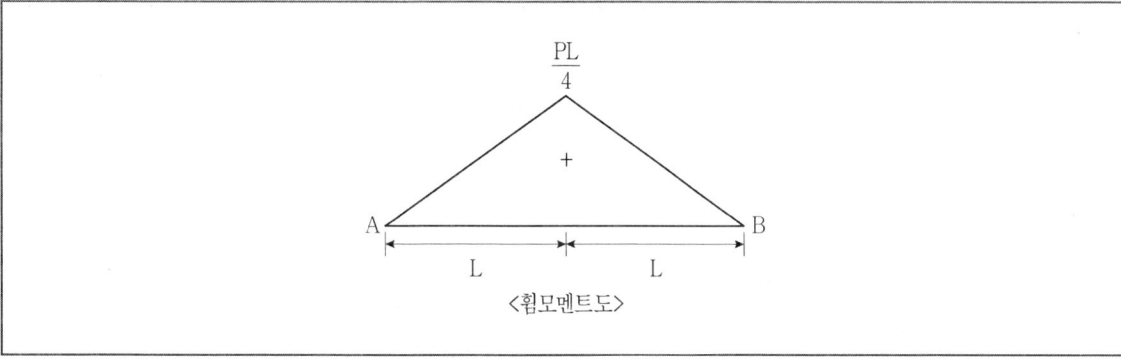

① $\dfrac{PL^2}{8EI}$

② $\dfrac{PL^2}{16EI}$

③ $\dfrac{PL^2}{24EI}$

④ $\dfrac{5PL^2}{48EI}$

> **TIP** 휨모멘트도에서 휨모멘트의 크기를 하중으로 간주하고 해당위치의 전단력의 크기를 구하면 그것이 해당위치의 처짐각이 되므로
>
> 처짐각 $\theta_{max} = \dfrac{\frac{1}{2} \cdot 2L \cdot \frac{PL}{4EI}}{2} = \dfrac{PL^2}{8EI}$

Answer 7.④ 8.② 9.①

10 그림과 같이 하중 P가 단순보에 작용할 때, C점에서의 처짐은? (단, 보의 자중은 무시하고, 휨강성 EI는 일정하다)

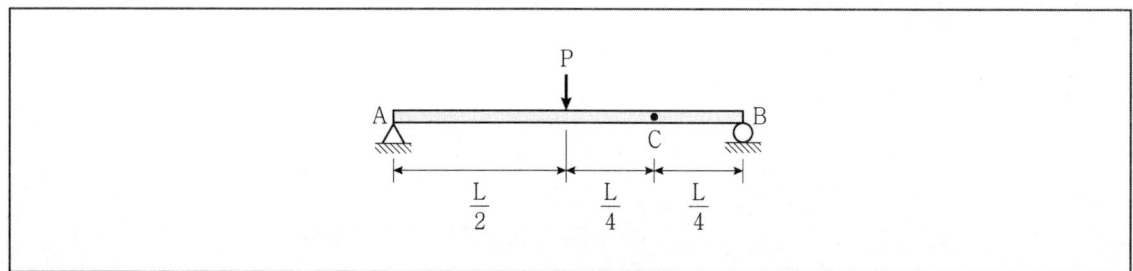

① $\dfrac{11PL^3}{768EI}$ ② $\dfrac{19PL^3}{768EI}$

③ $\dfrac{29PL^3}{768EI}$ ④ $\dfrac{37PL^3}{768EI}$

TIP $\delta_C = \dfrac{Pbx(L^2-b^2-x^2)}{6LEI} = \dfrac{P \cdot \dfrac{L}{2} \cdot \dfrac{L}{4}\left\{L^2-\left(\dfrac{L}{2}\right)^2-\left(\dfrac{L}{4}\right)^2\right\}}{6LEI} = \dfrac{11PL^2}{768EI}$

11 그림과 같이 경사방향으로 힘 P가 작용할 때, y축 방향의 분력 P_y의 크기[kN]는?

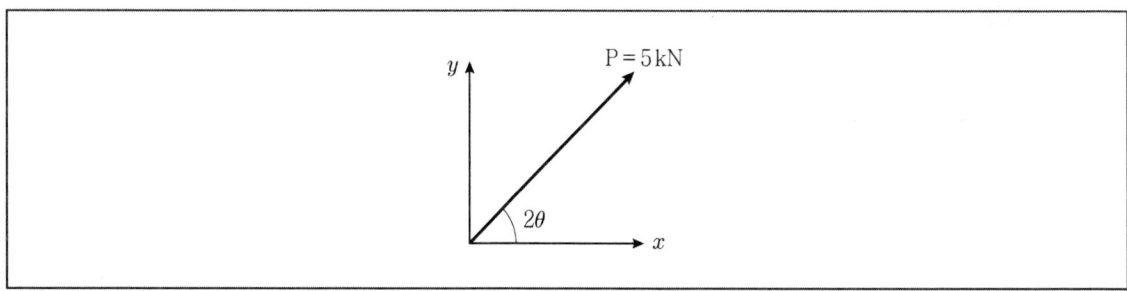

① $10\cos 2\theta$

② $10\sin 2\theta$

③ $5\sin\theta\cos\theta$

④ $10\sin\theta\cos\theta$

TIP P_y는 $5\sin 2\theta = 5 \cdot 2\sin\theta\cos\theta = 10\sin\theta\cos\theta$

12 그림과 같이 내민보에 집중 모멘트와 선형 분포하중이 작용하여 A 지점의 수직반력(V_A)의 크기가 0일 때, B 지점의 수직반력(V_B)의 크기[kN]는? (단, 보의 자중은 무시하고, w는 선형 분포하중의 최대 크기이다)

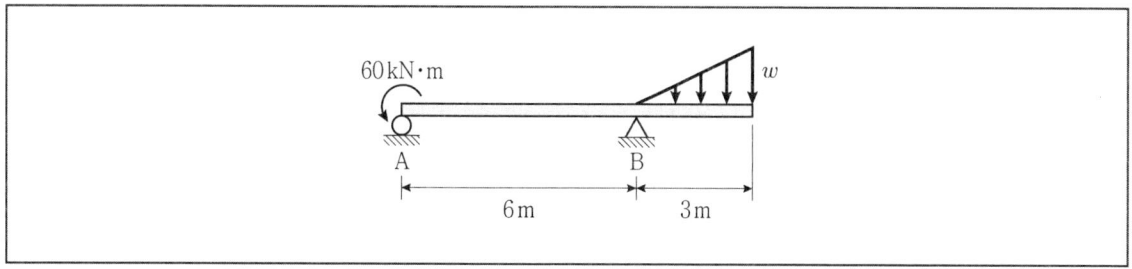

① 15　　　　　　　　　　　　　　② 30
③ 45　　　　　　　　　　　　　　④ 60

○TIP $\sum M_B = 0 : -60 + \left(\frac{1}{2} \cdot 3 \cdot w\right)\left(3 \cdot \frac{2}{3}\right) = 0$ 이므로 $w = 20 [kN/m]$

$\sum V = 0 : V_B - \left(\frac{1}{2} \cdot 3 \cdot 20\right) = 0$ 이므로 $V_B = 30 [kN]$

13 그림과 같이 2개의 집중하중이 작용할 때, A 지점과 B 지점의 수직 반력이 같기 위한 $x[m]$는? (단, 보의 자중은 무시하고, 지점의 수직반력의 방향은 상향이다)

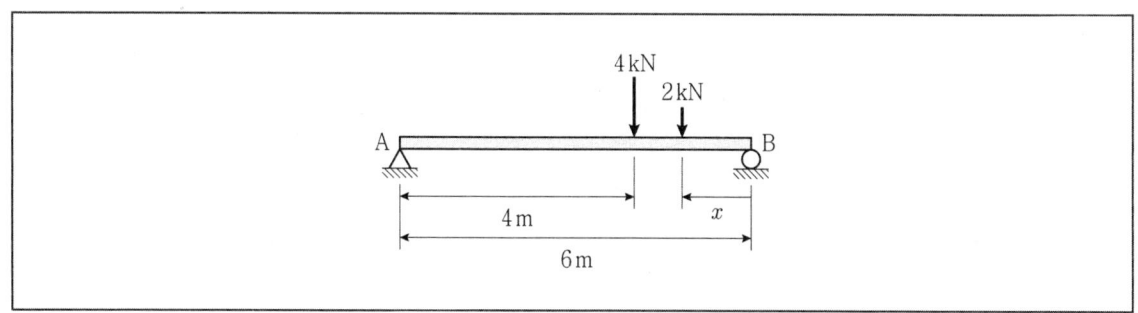

① 2　　　　　　　　　　　　　　② 3
③ 4　　　　　　　　　　　　　　④ 5

○TIP $R_A = R_B = \frac{4+2}{2} = 3[kN](\uparrow)$

$\sum M_B = 0 : 3(6) - 4(6-4) - 2x = 0$ 이므로 $x = 5[m]$

Answer 10.① 11.④ 12.② 13.④

14 그림과 같이 세 가지 재료 A, B, C로 합성된 봉에 축하중이 작용할 때, 합성봉에 대한 총 신장량(Δ)의 크기[mm]는? (단, 각각의 탄성계수 E_A = 100MPa, E_B = 200MPa, E_C = 150MPa, 봉의 단면적은 모두 100mm²으로 일정하고, 구조물의 자중은 무시한다)

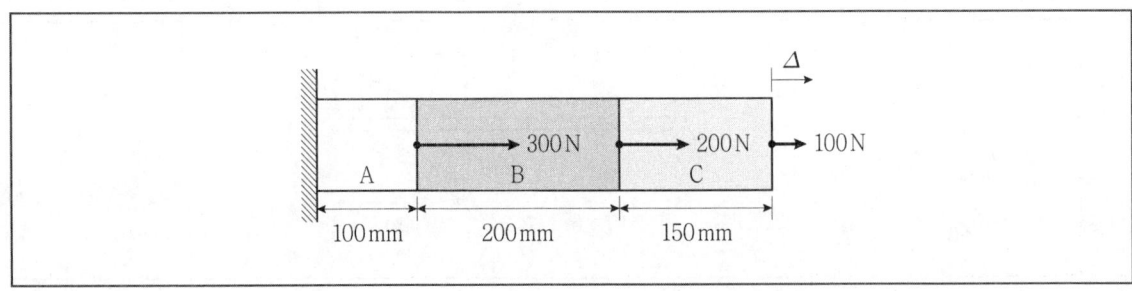

① 5
③ 15
② 10
④ 20

> **TIP** $\delta_{Dh} = \sum \dfrac{F_i L_i}{E_i A} = \dfrac{(300+200+100)100}{100 \cdot 100} + \dfrac{(200+100)200}{200 \cdot 100} + \dfrac{100 \cdot 150}{150 \cdot 100} = 10[mm]$

15 그림과 같이 부정정보에 집중하중과 등분포하중이 작용할 때, B 지점에서 반력의 크기[kN]는? (단, 보의 자중은 무시한다)

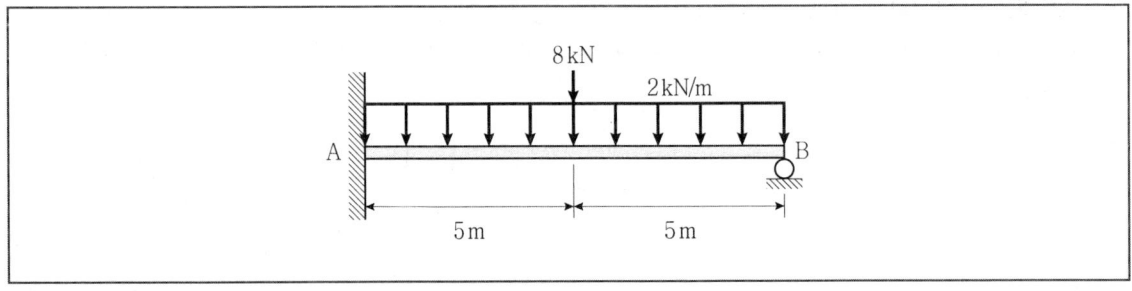

① 5
② 6.5
③ 7.5
④ 10

> **TIP** $R_B = \dfrac{5P}{16} + \dfrac{3wl}{8} = \dfrac{5 \cdot 8}{16} + \dfrac{3 \cdot 2 \cdot 10}{8} = 10[kN]$

16 그림과 같은 트러스에서 부재력이 0인 부재의 개수는? (단, 구조물의 자중은 무시한다)

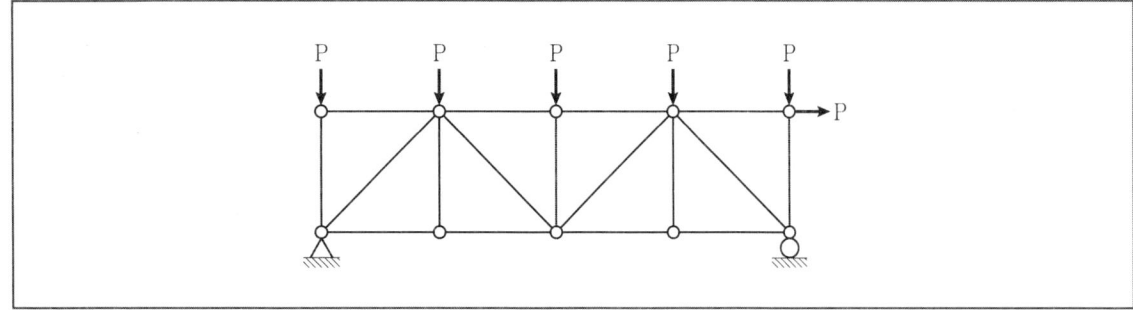

① 2개 ② 3개
③ 4개 ④ 5개

 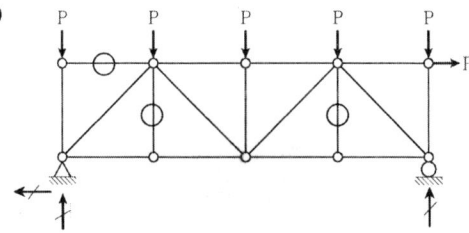

17 그림과 같이 게르버보에 집중하중과 선형 분포하중이 작용할 때, D점에서 부모멘트(MD)의 크기[kN·m]는? (단, 구조물의 자중은 무시하고, C점은 내부힌지이다)

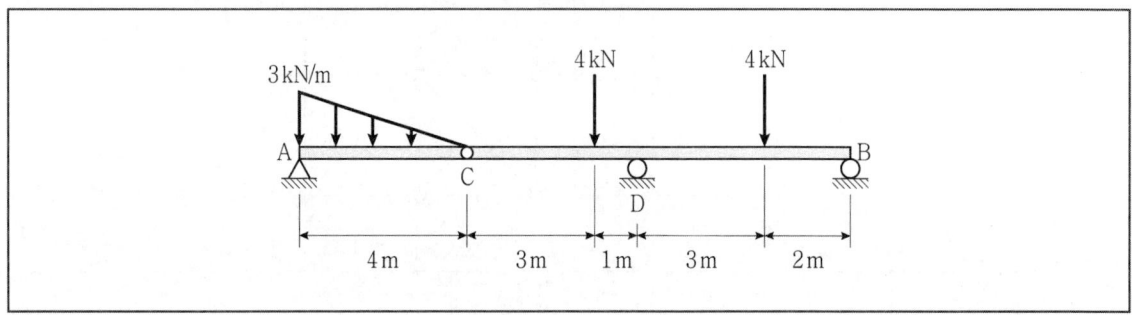

① 8
② 10
③ 12
④ 16

TIP $R_C = \dfrac{wL_{AC}}{6} = \dfrac{3 \cdot 4}{6} = 2[kN]$ 이므로

$M_D = -2(3+1) - 4 \cdot 1 = -12[kNm]$

18 그림과 같이 케이블 AB에 의해 지지되고 있는 보 구조물의 B점에 수직하중 P가 작용하고 있다. 케이블의 최대 허용축력이 30kN일 때, C 지점에 발생할 수 있는 최대 수평반력의 크기[kN]는? (단, 구조물의 자중은 무시한다)

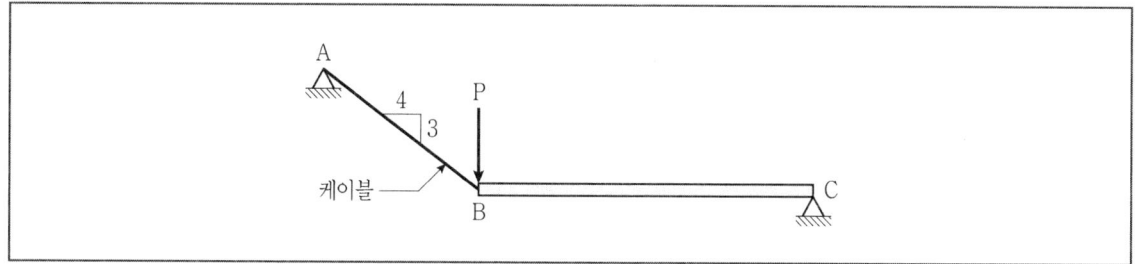

① 12
② 18
③ 24
④ 30

◎TIP

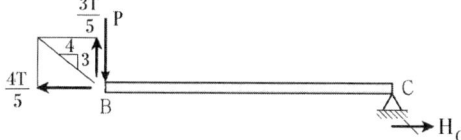

$\sum H = 0 : -\dfrac{4T}{5} + H_C = 0$ 이므로 $H_C = \dfrac{4T}{5}$

$T_{allow} = 30[kN] \geq T$ 이므로 $T_{max} = 30[kN]$ 이다.

따라서 $H_{C,max} = \dfrac{4T_{max}}{5} = \dfrac{4 \cdot 30}{5} = 24[kN]$

19 그림과 같이 집중하중과 등분포하중을 받는 보의 전단력선도가 주어졌을 때, B점에서 부모멘트(M_B)의 크기[kN·m]는? (단, 구조물의 자중은 무시한다)

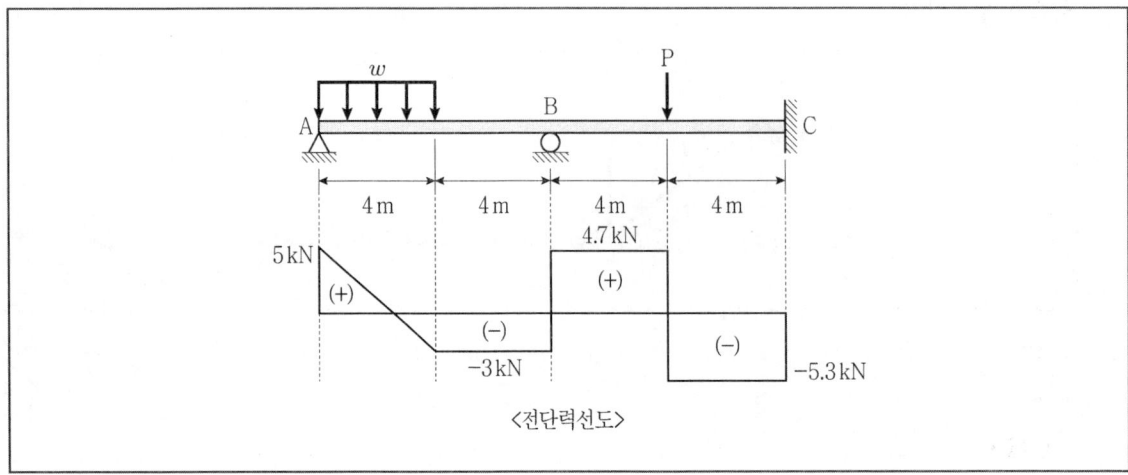

① 8
② 12
③ 18.8
④ 21.2

TIP 지점으로부터 해당위치까지 전단력선도에 만들어지는 음영부분의 면적이 휨모멘트이다.

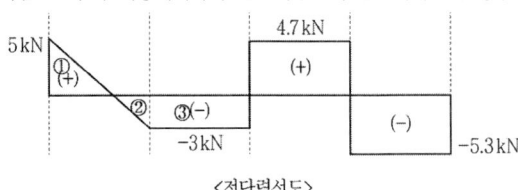

따라서 ①-②-③ = 6.25 - 2.25 - 12 = -8[kNm]이 된다.

20 그림 (a)~(d)와 같은 구조물 중 불안정 구조물의 개수는?

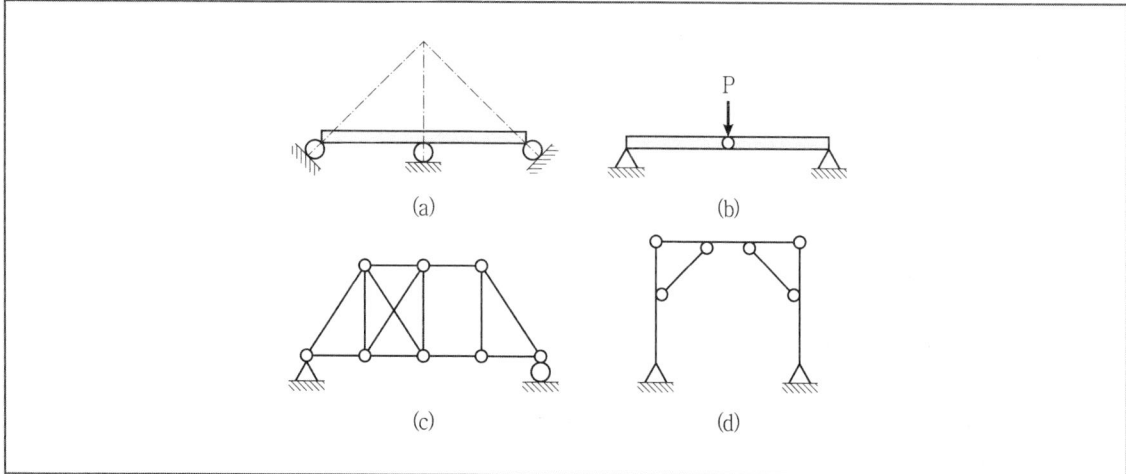

① 0
② 1
③ 2
④ 3

> **TIP** 직관적으로 (d)를 제외한 나머지 구조물은 불안정한 구조물임을 알 수 있다.
> (a) 하중이 작용하면 회전이 일어날 수 있다.
> (b) 힌지절점이 연직방향으로 움직일 수 있다.
> (c) 우측에서 수직반력과 트러스 부재의 수평력만으로 수직력의 합력이 0이 되지 않으므로 내적불안정 상태이다.

Answer 19.① 20.④

응용역학개론 | 2022. 6. 18. 제1회 지방직 시행

1 전단탄성계수 G에 대한 설명으로 옳은 것은? (단, 포아송비 ν는 $0 \leq \nu \leq 0.5$이다)

① 탄성계수 E보다 크고, 포아송비 ν가 커짐에 따라 증가한다.
② 탄성계수 E보다 작고, 포아송비 ν가 커짐에 따라 증가한다.
③ 탄성계수 E보다 크고, 포아송비 ν가 커짐에 따라 감소한다.
④ 탄성계수 E보다 작고, 포아송비 ν가 커짐에 따라 감소한다.

　OTIP $G = \dfrac{E}{2(1+v)}$ 이므로 탄성계수 E보다 작고, 포아송비 ν가 커짐에 따라 감소한다.

2 그림과 같이 크기가 같고 방향이 반대인 우력이 작용할 때, 옳지 않은 설명은? (단, a, b, c는 0보다 큰 상수이다)

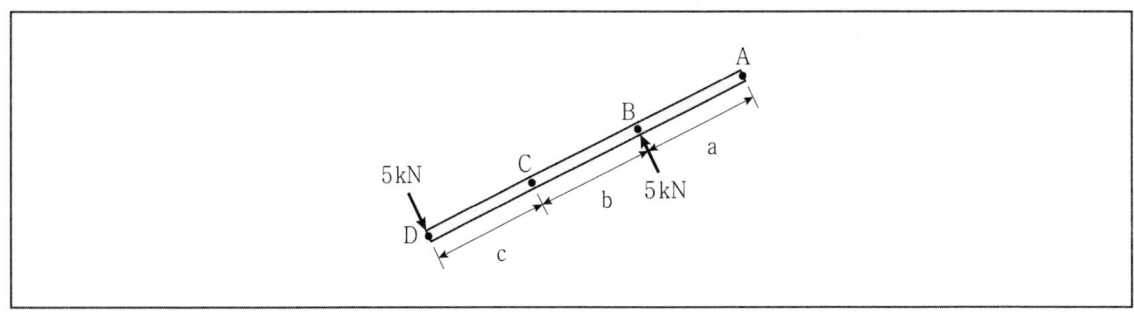

① A점 C점의 모멘트의 크기가 같다.
② B점 D점의 모멘트의 방향이 같다.
③ A점 D점의 모멘트의 크기와 방향이 모두 같다.
④ B점 C점의 모멘트의 크기는 다르나 방향은 같다.

　OTIP 우력관계에 있으므로 어느 점이든 모멘트의 크기와 방향이 같다. 따라서 A점, B점, C점, D점은 모멘트의 크기와 방향이 모두 같다.

3 그림과 같이 음영으로 표시된 도형에서 도심까지의 거리 y_0는?

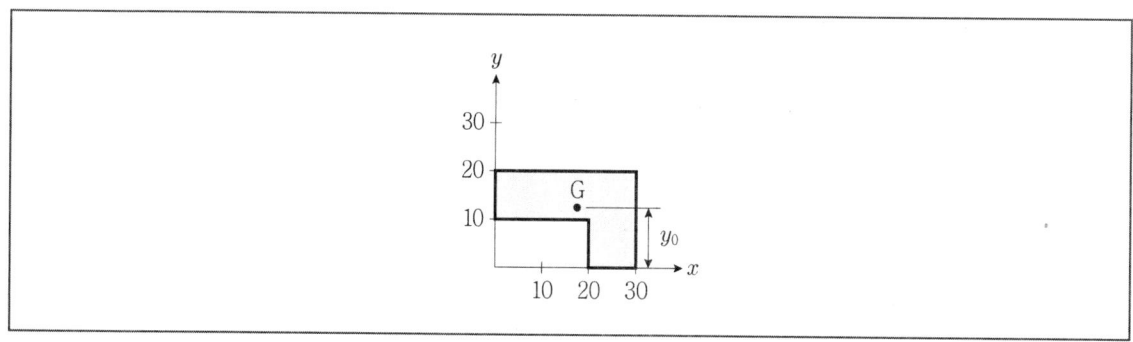

① 11.5
② 12.5
③ 13.5
④ 14.5

◎ TIP $y_o = \dfrac{10 \cdot 3 + 5 \cdot (-1)}{3 - 1} = 12.5 [mm]$

4 다음은 부정정 라멘 구조물이다. 부정정 차수가 다른 하나는?

①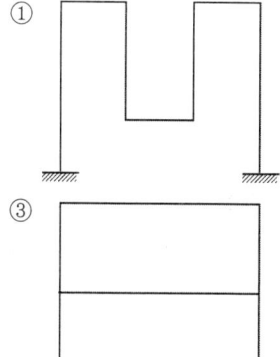

②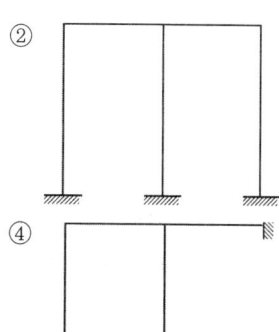

③

④

◎ TIP ① 은 3차 부정정이고 나머지는 모두 6차 부정정이다.

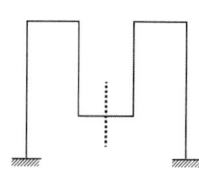 　　　　　　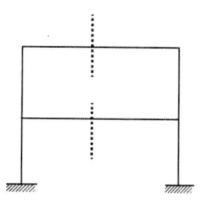　　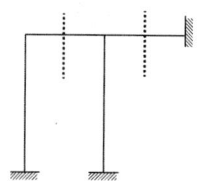

1회 절단 : 3차 부정정　　2회 절단 : 6차 부정정　　2회 절단 : 6차 부정정　　2회 절단 : 6차 부정정

Answer 1.④ 2.④ 3.② 4.①

5 그림과 같은 단면적이 동일한 3개의 단면에 대하여 도심축(X축)에 대한 단면2차모멘트의 크기 순서로 옳게 표현된 것은?

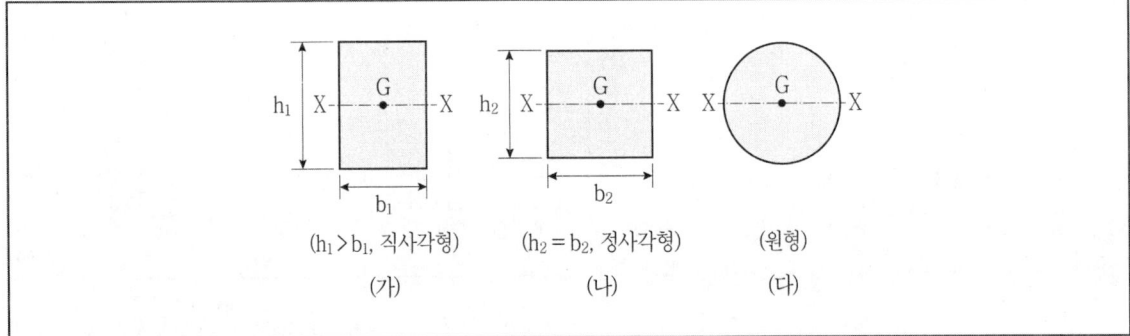

① (가) > (다) > (나)
② (가) > (나) > (다)
③ (나) > (다) > (가)
④ (나) > (가) > (다)

> **TIP** 단면적이 동일한 경우 단면2차모멘트는 단면이 중립축으로부터 멀리 떨어질수록 커진다. 따라서 단면2차모멘트를 비교하면 직사각형 > 정사각형 > 원형이 된다.

6 길이 L인 단순보에 대하여, 부재 중앙에 수직집중하중 P가 작용할 때의 최대휨모멘트($M_{max(P)}$)와 수직등분포하중 w가 전체 보에 작용할 때의 최대휨모멘트($M_{max(w)}$)가 같다면, 등분포하중 w의 크기는?

① $\dfrac{P}{2L}$ 　　　　　　　　　　　② $\dfrac{P}{L}$

③ $\dfrac{2P}{L}$ 　　　　　　　　　　　④ $\dfrac{3P}{L}$

> **TIP** $\dfrac{PL}{4} = \dfrac{wL^2}{8}$ 에서 $w = \dfrac{2P}{L}$

7 그림과 같이 단순보에 하중이 작용할 때, A점에 작용하는 등가의 힘-우력계로 옳게 나타낸 것은?

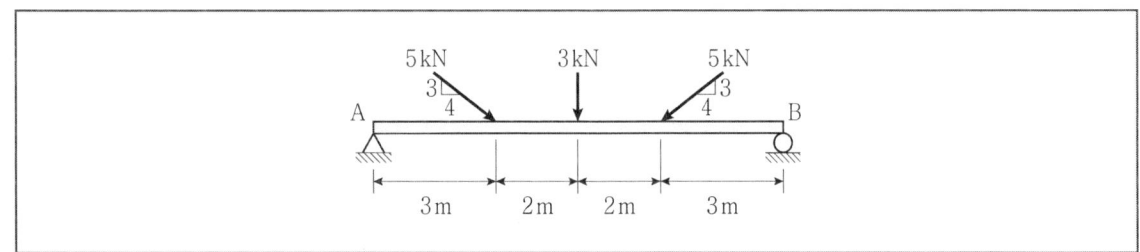

①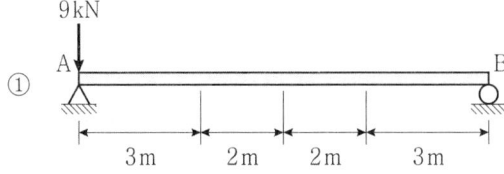

②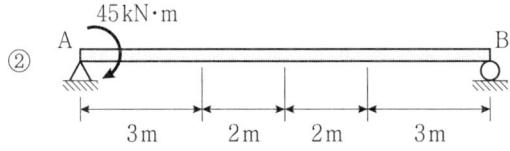

③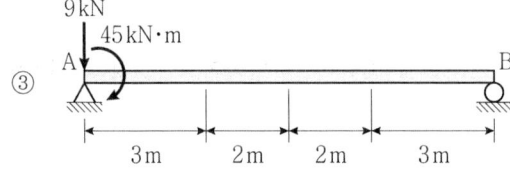

④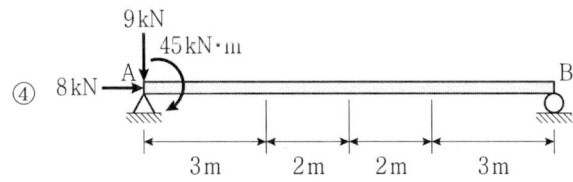

TIP 연직방향 하중의 합은 $3+5 \times \dfrac{3}{5} \times 2 = 9 [kN]$

수평하중의 합은 0이므로 단순보 중앙에 집중하중 9[kN]이 가해지는 경우와 등가이다. 이 집중하중을 A점으로 이동시키면 집중하중 9[kN]과 모멘트하중 9×5=45[kNm]이 발생하는 것과 같다.

Answer　5.②　6.③　7.③

8 그림과 같은 하중을 받는 트러스 구조물에서 부재 AB의 부재력[kN]은? (단, 부재의 축강성 EA는 일정하고, 구조물의 자중은 무시한다)

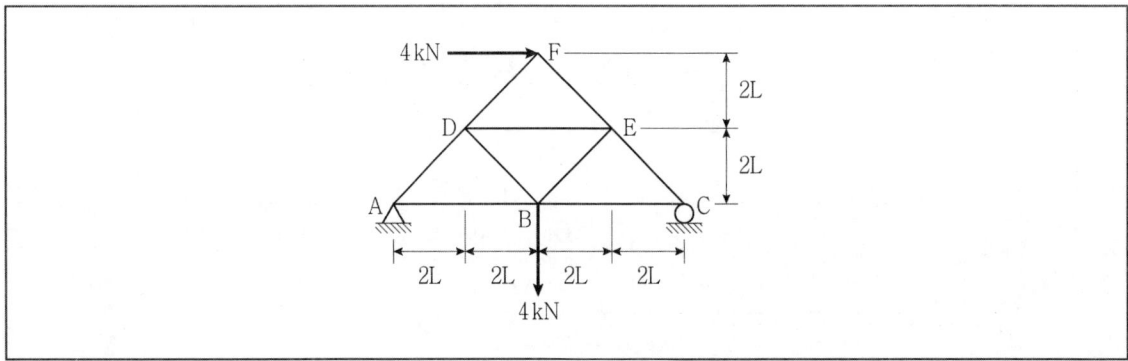

① 0
② $2\sqrt{2}$ (압축)
③ 4(압축)
④ 4(인장)

TIP $V_A = \dfrac{4}{2} - \dfrac{4 \cdot 4L}{8L} = 0$ 이므로 AD부재는 0부재이다.

$H_A = 4[kN] = F_{AB}$ (인장)

9 그림은 단순보의 전단력도(S.F.D.)를 나타낸 것이다. 단순보에 발생하는 최대휨모멘트의 크기[kN·m]는?

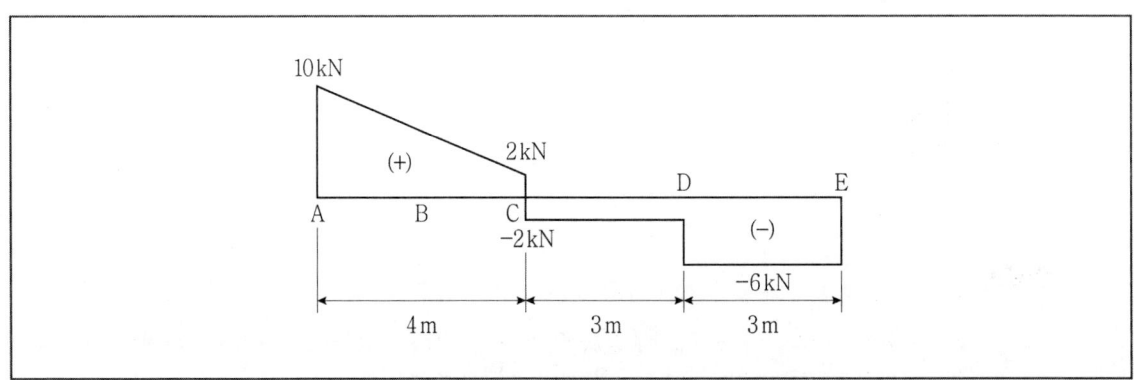

① 18
② 20
③ 24
④ 30

TIP CED구간의 면적을 구하면 $M_{max} = 2 \cdot 3 + 6 \cdot 3 = 24[kNm]$

10 그림과 같이 단순보에 3각형 분포하중과 집중하중이 작용하고 있다. 두 지지점의 수직반력(R_A, R_B)이 같다면, 집중하중 P의 크기[kN]는? (단, 보의 자중은 무시한다)

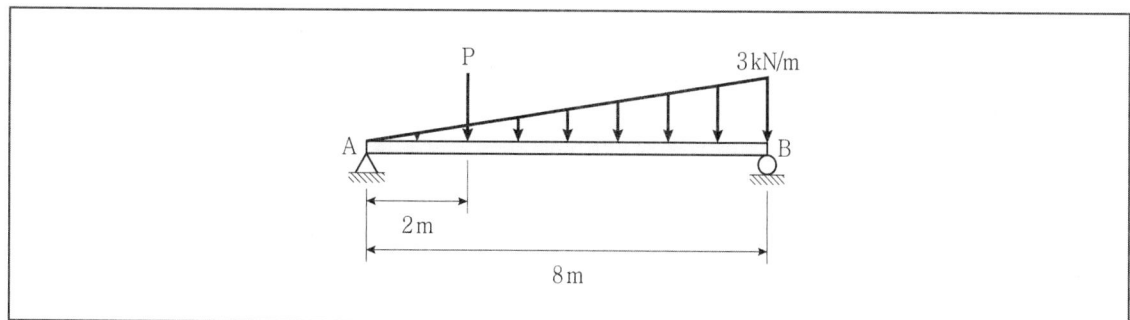

① 4
③ 8
② 6
④ 9

   TIP $R_A = \dfrac{3 \cdot 8}{2} \cdot \dfrac{1}{3} + P \cdot \dfrac{3}{4} = 4 + \dfrac{3}{4}P$

         $R_B = \dfrac{3 \cdot 8}{2} \cdot \dfrac{2}{3} + \dfrac{P}{4} = 8 + \dfrac{P}{4}$

         $R_A = R_B$이므로 $P = 8[\text{kN}]$

11 그림과 같은 평면응력 상태($\sigma_x = -60$ MPa, $\sigma_y = -20$ MPa)일 때, 최대전단응력의 크기($\tau_{\max}$)는?

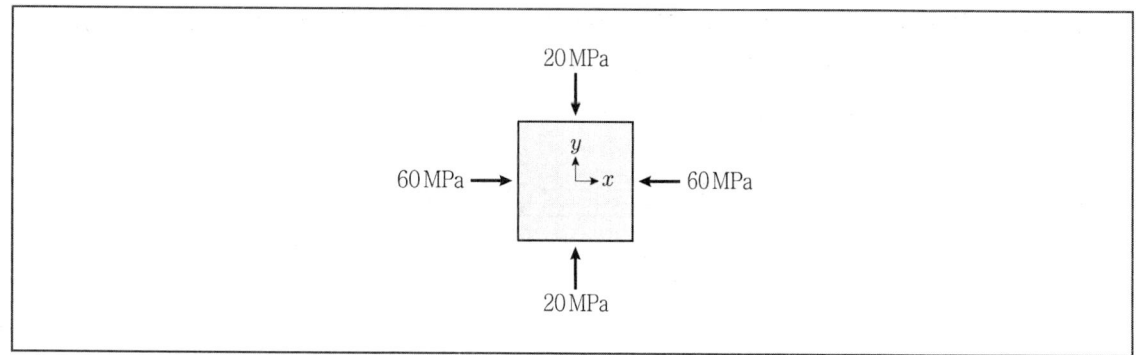

① 10MPa
③ 30MPa
② 20MPa
④ 40MPa

   TIP 전단응력없이 2축응력만 받고 있으므로

        $\tau_{\max} = \dfrac{\sigma_x - \sigma_y}{2} = \dfrac{60 - 20}{2} = 20[\text{MPa}]$

Answer   8.④   9.③   10.③   11.②

12 그림과 같이 단면 폭 100mm, 높이가 200mm의 직사각형 단면을 갖는 단순보가 있다. 허용휨응력(σ_a)이 60MPa이고, 허용전단응력(τ_a)이 1MPa이라면, 허용휨응력을 적용시킨 최대집중하중($P_{\max(\sigma_a)}$)과 허용전단응력을 적용시킨 최대집중하중($P_{\max(\tau_a)}$)과의 비($P_{\max(\sigma_a)} : P_{\max(\tau_a)}$)는? (단, 선형탄성이론을 적용하고, 휨강성 EI는 일정하며, 구조물의 자중은 무시한다)

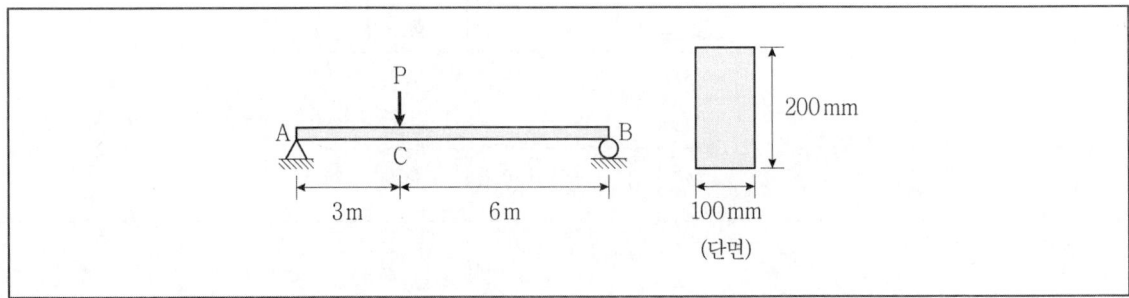

① 1 : 1
② 2 : 1
③ 3 : 1
④ 4 : 1

O TIP $\tau_{\max} = \dfrac{3}{2} \dfrac{V_{\max}}{A} = \dfrac{3}{2} \cdot \dfrac{2P_\tau/3}{200 \cdot 100} = 1$ 에서 $P_\tau = 20[\text{kN}]$

$\sigma_{\max} = \dfrac{M_{\max}}{Z} = \dfrac{2P_\sigma/3 \times 3 \times 10^3}{100 \cdot 200^2/6} = 60$ 에서 $P_\sigma = 20[\text{kN}]$

13 그림과 같은 캔틸레버보에 집중하중 P와 집중모멘트 M이 작용할 때, A점에 발생하는 처짐의 크기는? (단, 보의 휨강성 EI는 일정하고, 보의 자중은 무시한다)

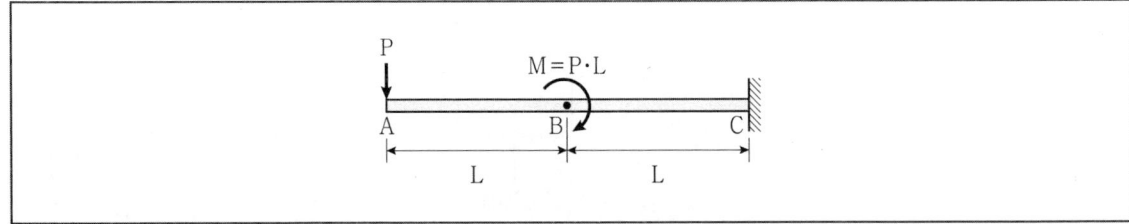

① $\dfrac{7PL^3}{6EI}$
② $\dfrac{5PL^3}{3EI}$
③ $\dfrac{13PL^3}{6EI}$
④ $\dfrac{10PL^3}{3EI}$

O TIP $\delta_A = \dfrac{P(2L)^3}{3EI} - \dfrac{ML}{EI} \cdot \dfrac{3}{2}L = \dfrac{8PL^3}{3EI} - \dfrac{3PL^3}{2EI} = \dfrac{7PL^3}{6EI}$

14 그림과 같이 축강성(EA)이 일정한 트러스 구조물에 수직하중 P가 작용하고 있다. 부재 BD와 부재 CD의 부재력의 비 $\left(\dfrac{F_{BD}}{F_{CD}}\right)$는? (단, 미소변형이론을 적용하고, 구조물의 자중은 무시한다)

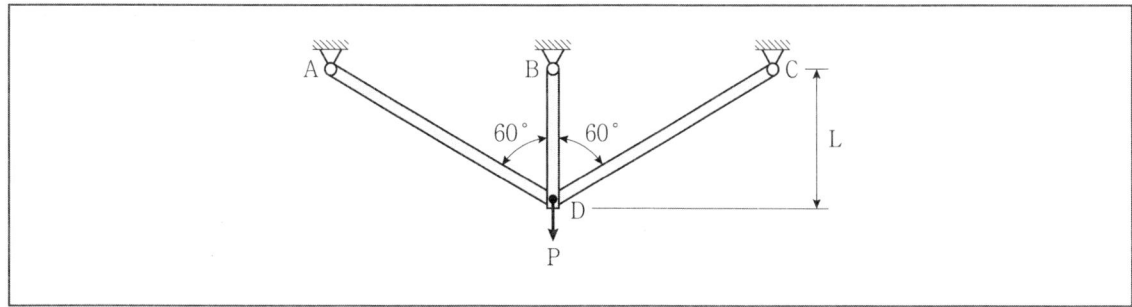

① 4
② 2
③ $2\sqrt{3}$
④ $\dfrac{1}{\sqrt{3}}$

◉ TIP $\dfrac{EA}{L}=k$로 두면 BD부재의 강성은 k이므로 AD와 CD부재만 두고 단위하중법에 의해

$$\delta_D=\sum\dfrac{FF_vL}{EA}=\dfrac{P\cdot 2L}{EA}\cdot 2=\dfrac{4PL}{EA}$$ 에서

- AD와 CD부재의 강성의 합은 $\dfrac{EA}{4L}=\dfrac{k}{4}$
- BD에 분배되는 하중 $F_{BD}=P\cdot\dfrac{4}{5}$
- AD와 CD부재의 재하되는 하중의 합 $F_{AC}=P\cdot\dfrac{1}{5}$
- AD와 CD부재가 받는 힘이 동일하므로 $F_{CD}=F_{AD}=F_{AC}=\dfrac{P}{5}$

∴ $\dfrac{F_{BD}}{F_{CD}}=\dfrac{4P/5}{P/5}=4$

Answer 12.① 13.① 14.①

15 그림 (가)와 같은 양단이 핀 지지된 길이 5m 기둥의 오일러 좌굴하중(P_{cr})의 크기가 160kN일 때, 그림 (나)와 같은 양단 고정된 길이 4m 기둥의 오일러 좌굴하중의 크기[kN]는? (단, 두 기둥의 단면은 동일하고, 탄성계수는 같으며, 구조물의 자중은 무시한다)

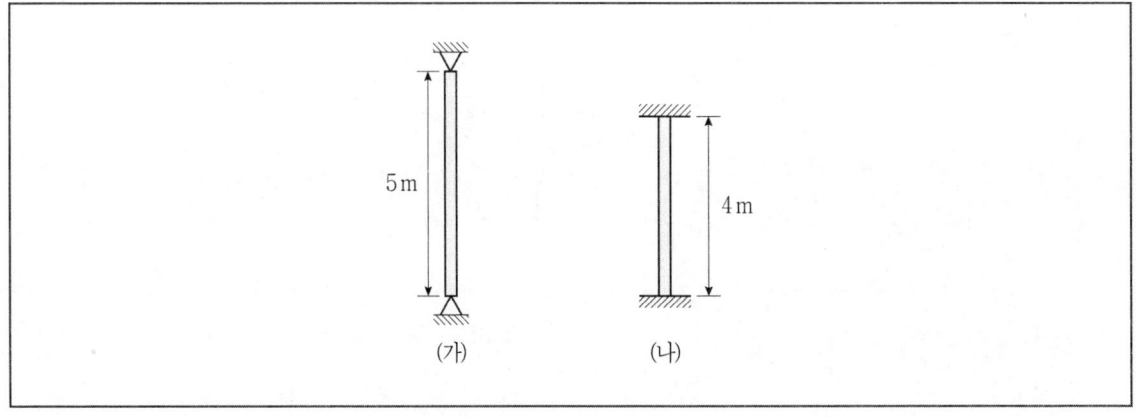

① 200　　　　　　　　　　　　② 250
③ 800　　　　　　　　　　　　④ 1,000

TIP $P_{cr} \propto \dfrac{1}{l_k^2}$ 이므로 $160 : P_2 = 2^2 : 5^2$ 에서 $P_2 = 1,000[\text{kN}]$

16 그림과 같이 B점에 내부힌지가 있는 게르버보에서 C점에서의 휨모멘트의 영향선으로 옳은 것은?

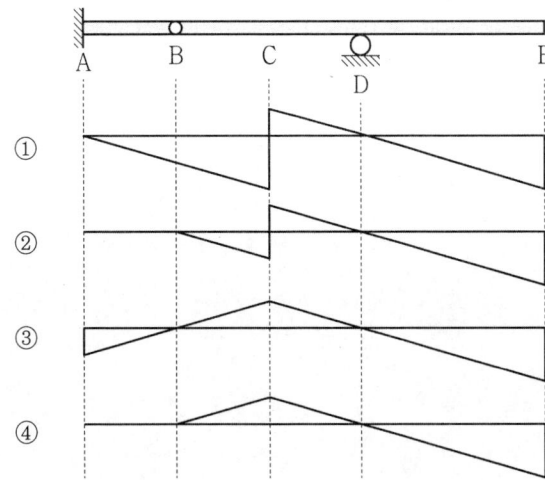

TIP ②는 C점의 전단력 영향선이며 ①과 ③은 존재할 수 없는 영향선이다.

17 그림과 같이 집중하중 P가 작용하는 단순보에서, 지지점 B에서 $\theta = 60°$ 경사면에 반력 R_B가 작용한다. 지지점 B에서 반력 R_B의 크기[kN]는? (단, 보의 자중은 무시한다)

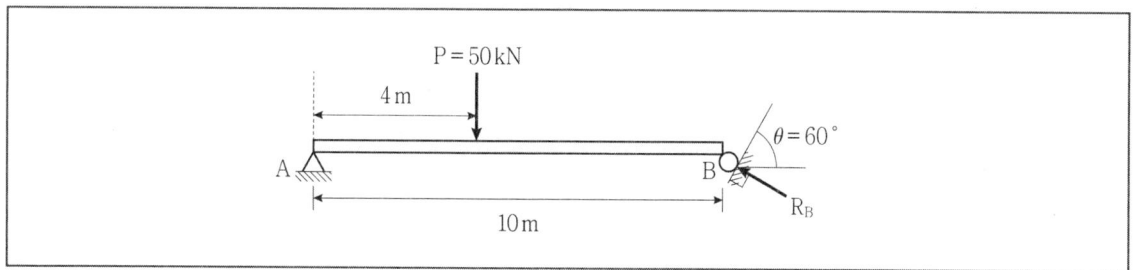

① 40.0
③ 35.0
② 37.5
④ 30.0

TIP B점의 연직반력은 $V_B = 50 \times \dfrac{4}{10} = 20 [kN]$

$\cos 60° = \dfrac{R_B}{V_B} = \dfrac{R_B}{20} = \dfrac{1}{2}$ 에서 $R_B = 40 [kN]$

18 그림과 같이 단면 폭 300mm, 높이가 400mm의 직사각형 단면을 갖는 단순보가 있다. 이 단순보가 축방향으로 120kN의 인장력을 받고, 수직하중 20kN을 받을 때, 보 중앙(C점)의 단면 최상부에 발생하는 응력의 크기[MPa]는? (단, 보의 자중은 무시한다)

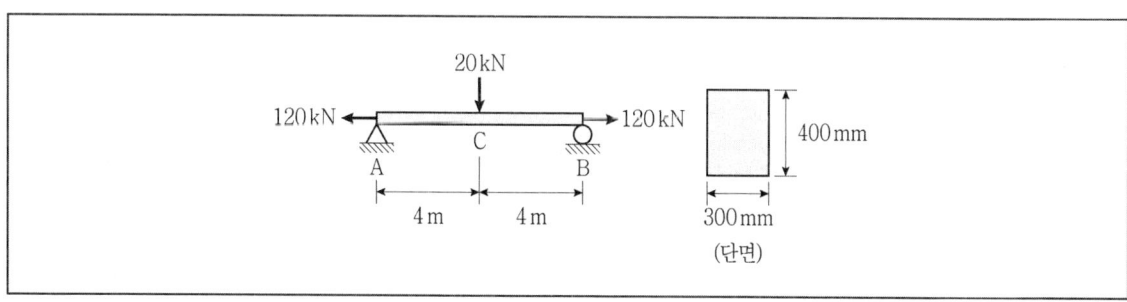

① 4(압축)
③ 2(압축)
② 4(인장)
④ 2(인장)

TIP $M = \dfrac{20 \cdot 8}{4} = 40 [kNm]$ 이므로 $e = \dfrac{M}{P} = \dfrac{40}{120} = \dfrac{1}{3} [m]$

$\sigma = \dfrac{P}{A}(1 - \dfrac{e}{e_{max}}) = \dfrac{120 \cdot 10^3}{300 \cdot 400}(1 - \dfrac{\dfrac{1}{3} \cdot 10^3}{400/6}) = -4 [MPa] (압축)$

Answer 15.④ 16.④ 17.① 18.①

19 그림과 같이 구조물의 C점에 하중 P가 작용하여 지지점 B의 지점침하가 $\Delta = \dfrac{5PL^3}{24EI}$만큼 발생하였다. 이때 B점에서 발생하는 반력 R_B와 C점에서 작용하는 하중 P의 비$\left(\dfrac{R_B}{P}\right)$는? (단, 보의 휨강성 EI는 일정하고, 보의 자중은 무시한다)

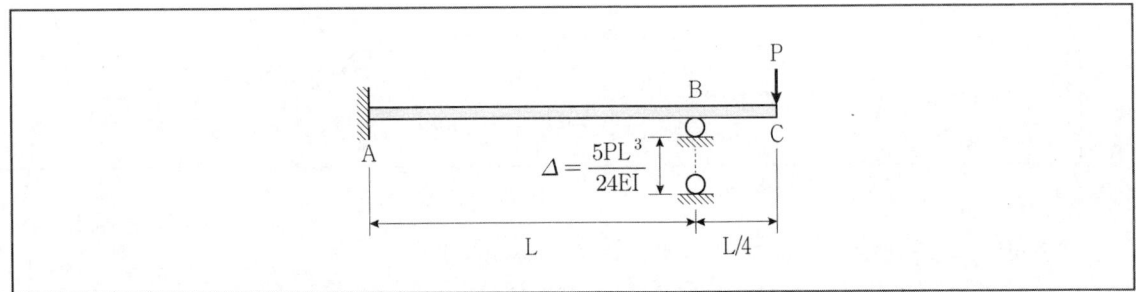

① $\dfrac{1}{2}$

② $\dfrac{2}{3}$

③ $\dfrac{3}{4}$

④ $\dfrac{5}{6}$

TIP

B점의 침하가 없는 상태에서는 $R_{B0} = P + \dfrac{\frac{PL}{4}+\frac{PL}{4}}{L} = \dfrac{11}{8}P$

B점에 △만큼의 침하가 발생하는 만들 수 있는 힘을 P_{eq}라 하면

$\Delta = \dfrac{5PL^3}{24EI} = \dfrac{P_{eq}}{k} = \dfrac{P_{eq}}{3EI/L^3}$ 이므로 $P_{eq} = \dfrac{5}{8}P$

$R_{B0} = R_B + P_{eq}$ 이므로 $R_B = \dfrac{11}{8}P - \dfrac{5}{8}P = \dfrac{3}{4}P$이다.

20 직사각형 단면을 가지는 보에 휨모멘트가 작용하여 그림 (가)와 같이 단면에 응력분포가 발생하였다. 보의 재료는 그림 (나)와 같이 완전탄소성거동을 한다고 가정하였을 때, 보의 단면에 발생하는 최대변형률의 크기는? (단, 그림 (나)는 압축과 인장에서 동일하게 적용되며, 항복응력(σ_y)은 200MPa, 탄성계수(E)는 200GPa이다)

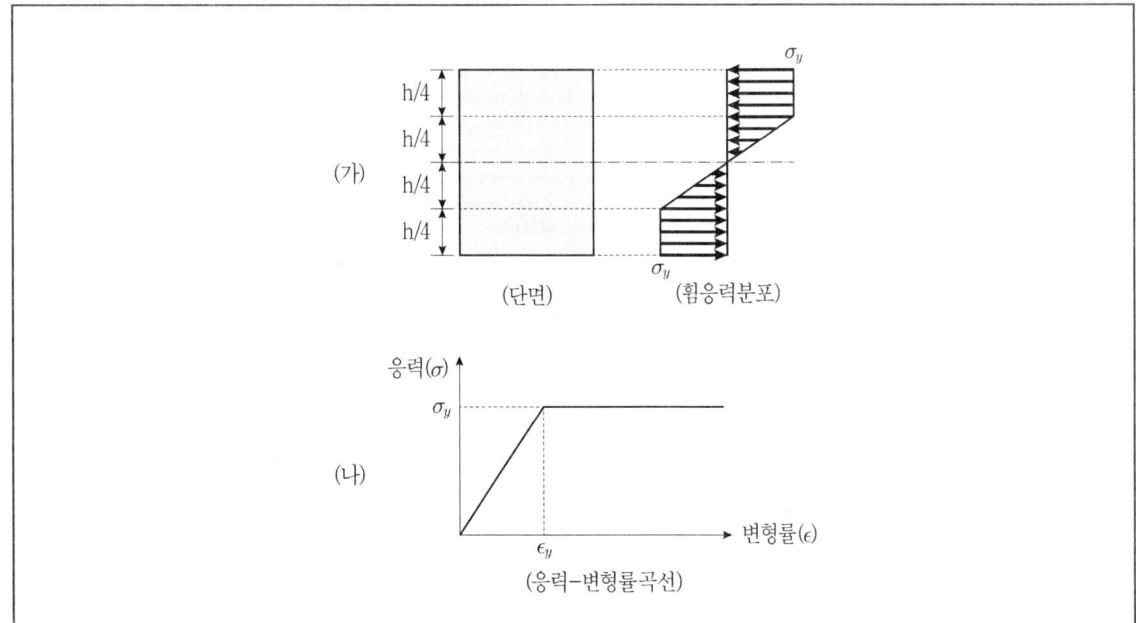

① 0.0025
② 0.0020
③ 0.0015
④ 0.0010

> **TIP** 항복변형률 $\varepsilon_y = \dfrac{\sigma_y}{E} = \dfrac{200}{200 \cdot 10^3} = 10^{-3}$
>
> 항복지점은 중립축에서 h/4인 위치이므로 최상단에서의 변형률은
> $\varepsilon_{\max} = \dfrac{\varepsilon_y}{h/4}(h/2) = 2\varepsilon_y = 2 \cdot 10^{-3} = 0.002$

Answer 19.③ 20.②

응용역학개론 | 2023. 4. 8. 인사혁신처 시행

1 기둥에 대한 설명으로 옳지 않은 것은?

① 기둥이란 축방향 압축력을 주로 받는 부재이며, 장주의 경우에는 좌굴파괴가 일어날 수 있다.
② 장주는 기둥의 단면 도심축 방향으로 인장력을 받아 좌굴파괴되는 기둥이다.
③ 기둥에서 단면의 핵(Core)은 기둥 단면에 인장응력이 발생하지 않는 축하중 작용 범위이다.
④ 양단이 고정되어 있고, 길이가 L인 장주의 임계하중을 계산하기 위한 유효길이는 $\frac{L}{2}$이다.

  TIP 장주는 기둥의 단면 도심축 방향으로 압축력을 받아 좌굴파괴되는 기둥이다.

2 그림과 같은 트러스의 부정정차수는?

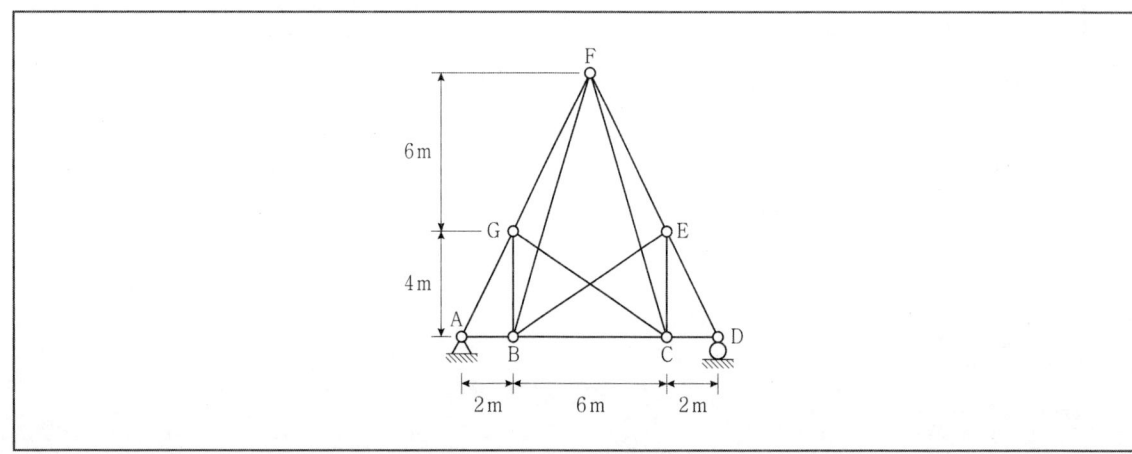

① 0
② 1
③ 2
④ 3

  TIP $N = r + m - 2k = 3 + 13 - 2 \cdot 7 = 2$이므로 2차 부정정이다.

3 그림과 같이 직사각형 단면의 단순보에 집중하중 P가 작용할 때, 점 A, B, C, D에서의 응력상태를 응력요소(Stress Element)로 나타낸 것 중 옳지 않은 것은? (단, 깊은보 효과는 고려하지 않으며, 구조물의 자중은 무시한다)

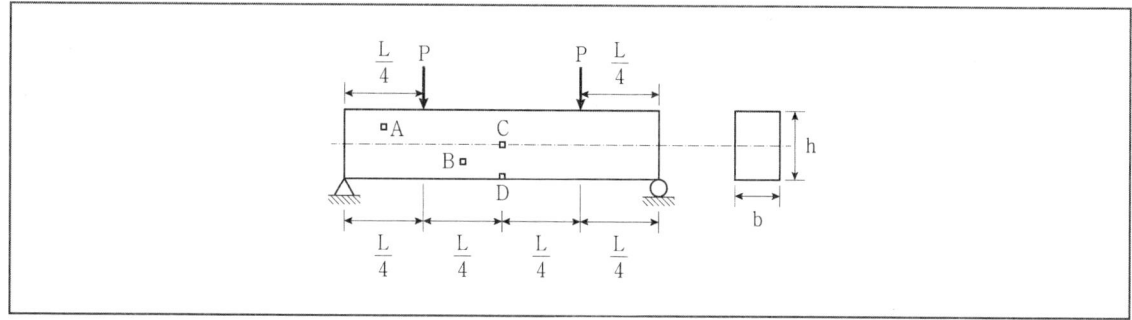

> **TIP** C단면은 중립축에 위치한 요소들의 상태이다. 중립축은 휨모멘트가 부재에 발생하더라도 휨응력이 0이 된다. 부재에 연직방향 하중이 가해지지 않았고 구조물의 자중이 무시되므로 C요소에는 응력이 발생하지 않는다.

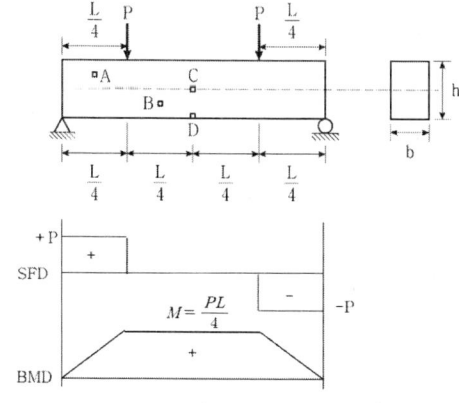

Answer 1.② 2.③ 3.③

4 그림과 같은 평면응력상태에 있는 미소응력요소에서 최대전단응력의 크기[MPa]는?

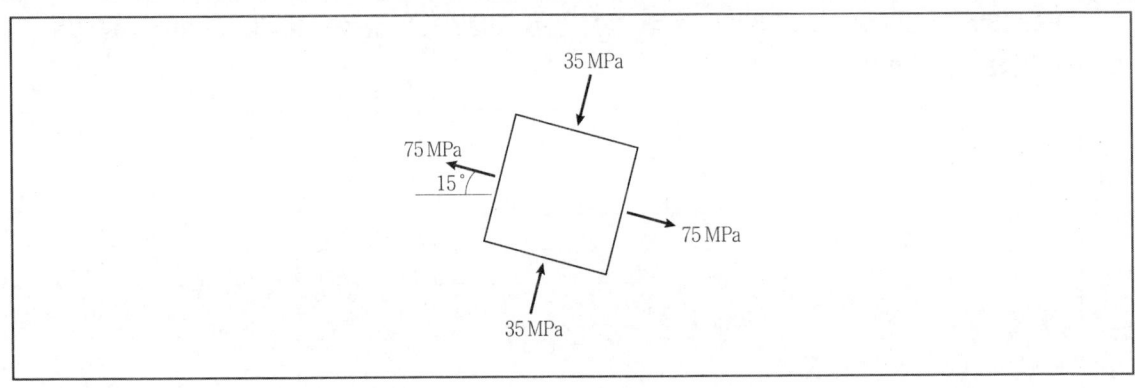

① 50
② 55
③ 60
④ 65

> **TIP** 주어진 요소에는 전단응력이 작용하지 않고 있으므로 요소에 작용하고 있는 서로 직교하는 방향의 응력이 주응력이 된다. 따라서 최대주응력은 75[MPa], 최소주응력은 -35[MPa]이다. 최대전단응력은 두 주응력의 차이의 절반값과 같으므로 55[MPa]가 된다.

5 그림과 같이 B점에서 C점 방향으로 작용하는 크기가 10kN인 힘 F에 의한 A점에서의 모멘트 벡터 M_A [kN·m]는? (단, **i**, **j**, **k**는 각각 x, y, z축에 대한 단위벡터이다)

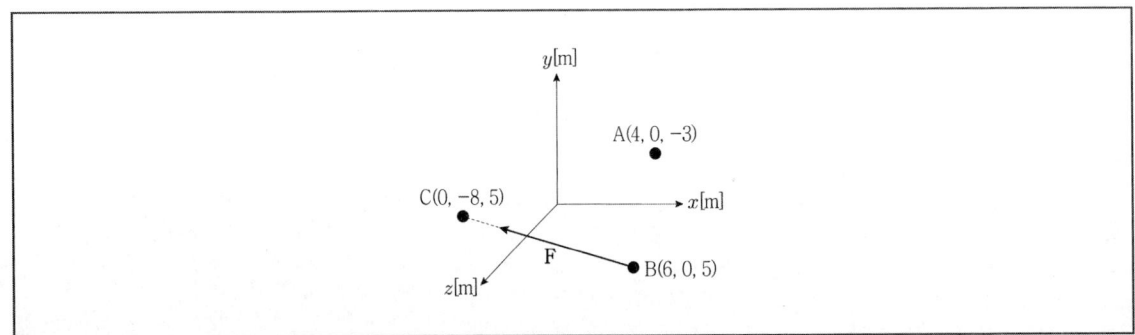

① $16\mathbf{i} - 48\mathbf{j} - 48\mathbf{k}$
② $64\mathbf{i} - 16\mathbf{j} + 48\mathbf{k}$
③ $48\mathbf{i} + 64\mathbf{j} - 16\mathbf{k}$
④ $64\mathbf{i} - 48\mathbf{j} - 16\mathbf{k}$

◉ **TIP** BC사이의 거리를 우선 구하면

$d = \sqrt{x^2+y^2+z^2} = \sqrt{6^2+8^2+0^2} = 10[\text{m}]$

힘 F의 X와 Y성분은 모두 (−)축 방향으로 향하고 있다.

$F_x = -\dfrac{x}{d}F = -\dfrac{6}{10} \cdot 10 = -6[\text{kN}]$

$F_y = -\dfrac{y}{d}F = -\dfrac{8}{10} \cdot 10 = -8[\text{kN}]$

$F_z = -\dfrac{z}{d}F = -\dfrac{0}{10} \cdot 10 = 0[\text{kN}]$

$F = -6i - 8j$

6 그림과 같은 축하중이 단면의 도심에 작용할 때, 부재의 최종 길이 변화량은? (단, 부재의 축방향 강성 EA는 일정하고, 구조물의 자중은 무시한다)

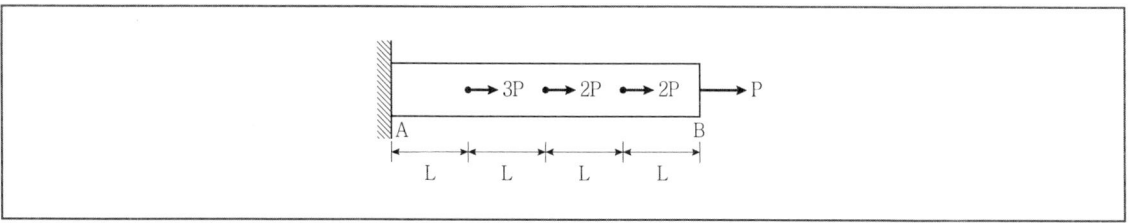

① $\dfrac{13PL}{EA}$

② $\dfrac{15PL}{EA}$

③ $\dfrac{17PL}{EA}$

④ $\dfrac{19PL}{EA}$

◉ **TIP** 중첩법을 적용하면

$\delta_B = \sum \dfrac{P_i L_i}{EA} = \dfrac{1}{EA}(3P \cdot L + 2P \cdot 2L + 2P \cdot 3L + P \cdot 4L) = \dfrac{17PL}{EA}$

모멘트벡터

$M_A = \begin{vmatrix} i & j & k \\ x & y & z \\ F_x & F_y & F_z \end{vmatrix} = \begin{vmatrix} i & j & k \\ 2 & 0 & 8 \\ -6 & -8 & 0 \end{vmatrix} = [0 \cdot 0 - 8 \cdot (-8)]i + [8 \cdot (-6) - 2 \cdot 0]j + [2 \cdot (-8) - 0 \cdot (-6)]$

$= 64i - 48j - 16k$

Answer 4.② 5.④ 6.③

7 그림과 같이 트러스에 하중이 작용할 때, 부재 EH의 부재력[kN]은? (단, 구조물의 자중은 무시한다)

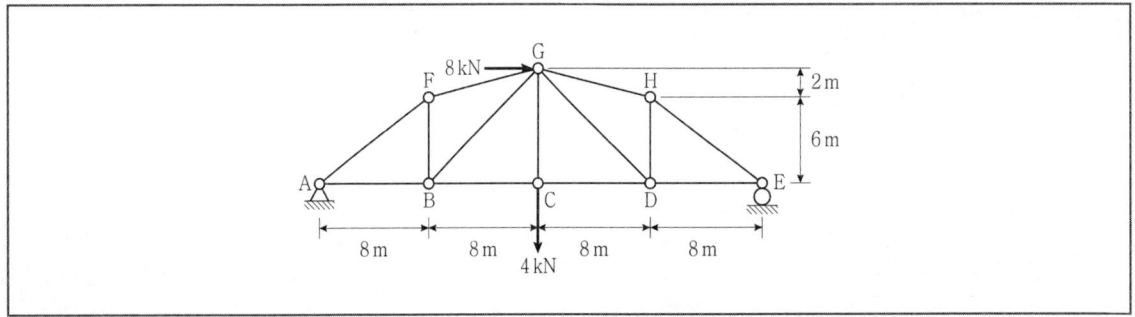

① $\dfrac{10}{3}$(압축) ② $\dfrac{10}{3}$(인장)

③ $\dfrac{20}{3}$(압축) ④ $\dfrac{20}{3}$(인장)

TIP E지점의 수직반력을 구한 후 절점법을 적용하면 간단하게 구할 수 있다.
$R_E = \dfrac{4}{2} + \dfrac{8 \cdot 8}{8 \cdot 4} = 4[kN](\uparrow)$ 이므로 $EH = -\dfrac{5 \cdot 4}{3} = -\dfrac{20}{3}$(압축)

8 그림과 같이 반지름 r인 원이 각각 다른 위치에 있을 때, 점 O에 대한 원형 단면 A, B, C의 각각 극관성모멘트의 비 $(I_{PO})_A : (I_{PO})_B : (I_{PO})_C$는?

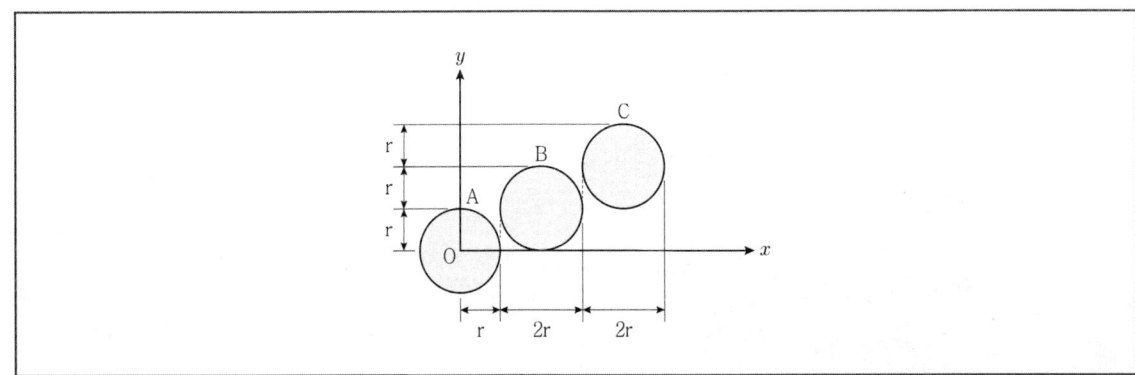

① 1 : 11 : 41 ② 1 : 14 : 41
③ 1 : 11 : 65 ④ 1 : 14 : 65

○**TIP** 극관성모멘트는 $I_P = I_X + I_Y$에 의해 구한다. 문제에서 각 단면의 극관성모멘트를 구하기 위해서는 평행축 정리를 이용해야 한다.

$$I_{POA} = I_{AX} + I_{AY} = \frac{\pi d^4}{64} + \frac{\pi d^4}{64} = \frac{\pi d^4}{32}$$

$$I_{BOX} = I_{AX} + A(2r)^2 = \frac{\pi d^4}{64} + \pi d^2(d)^2 = \frac{\pi d^4}{64} + \pi d^4$$

$$I_{COX} = I_{AX} + A(4r)^2 = \frac{\pi d^4}{64} + \pi d^2(2d)^2 = \frac{\pi d^4}{64} + 4\pi d^4$$

$$I_{BOY} = I_{AY} + A(r)^2 = \frac{\pi d^4}{64} + \pi d^2(\frac{d}{2})^2 =$$

$$I_{COY} = I_{AY} + A(2r)^2 = \frac{\pi d^4}{64} + \pi d^2(d)^2$$

따라서 극관성모멘트의 비는 1 : 11 : 41이 된다.

9 그림과 같이 게르버보에 집중하중이 작용하여 E점의 상향 수직반력의 크기가 2kN일 때, 하중 P의 크기 [kN]는? (단, 구조물의 자중은 무시한다)

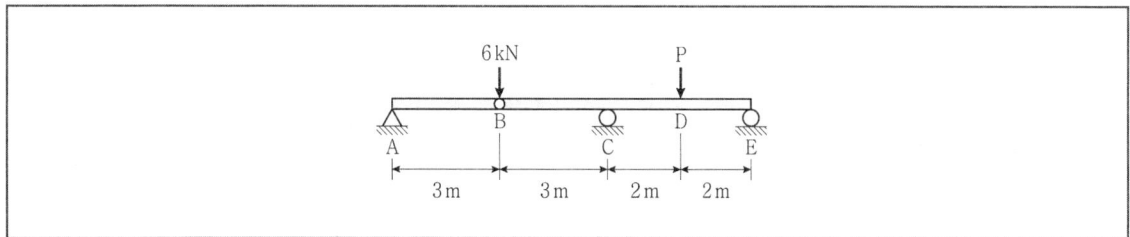

① 5 ② 9
③ 11 ④ 13

○**TIP** AB구간을 단순보로 간주하면 B점에 작용하는 연직반력은 6[kN]이 된다.
E점의 수직반력이 상향으로 2[kN]이라고 하였으므로 BCE보에서 C점에 대한 모멘트평형조건을 적용하며
$\sum M_C = 0 : -6 \cdot 3 + P \cdot 2 - 2 \cdot 4 = 0$이므로 $P = 13[kN]$

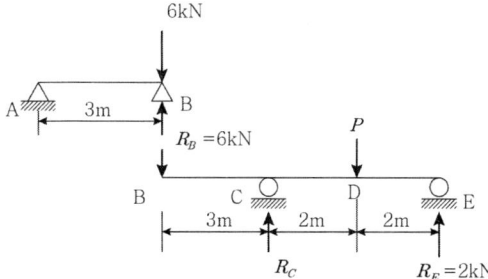

Answer 7.③ 8.① 9.④

10 그림과 같이 직사각형 단면의 단순보에 등분포하중이 작용할 때, 직사각형 단면에 작용하는 최대 휨응력의 크기[MPa]는? (단, 보의 자중은 무시한다)

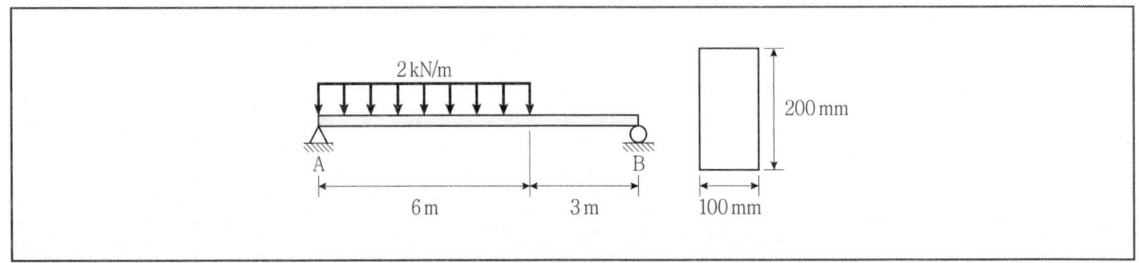

① 12
② 24
③ 36
④ 48

> **TIP** 최대 휨응력은 최대 휨모멘트가 발생하는 단면의 상연과 하연에서 최대 휨모멘트가 발생하는 위치를 구하고 이 단면에서 최대 휨모멘트를 구한다. 최대 휨모멘트는 전단력이 0인 지점이나 전단력의 부호가 바뀌는 점에서 발생하게 된다. 따라서 전단력이 0인 위치를 다음과 같이 구하게 되면 4[m]가 되고 이곳에서 발생하는 최대 휨모멘트의 크기는 16[kNm]이 되며 최대휨응력은 24[MPa]가 된다.
>
> $R_A = \dfrac{R \cdot b}{L} = \dfrac{(2 \cdot 6) \cdot 6}{9} = 8[kN](\uparrow)$ 이므로 $V_x = R_A - wx = 8 - 2x = 0$ 이므로 $x = 4[m]$
>
> 최대 휨모멘트 $M_{max} = R_A \cdot x - \dfrac{wx^2}{2} = 8 \cdot 4 - \dfrac{2 \cdot 4^2}{2} = 16[kN \cdot m]$
>
> 최대휨응력 $\sigma_{max} = \dfrac{6M_{max}}{bh^2} = \dfrac{6 \cdot 16 \cdot 10^6}{100 \cdot 200^2} = 24[MPa]$

11 그림과 같은 캔틸레버보에 집중하중 P와 모멘트하중 M = PL이 작용할 때, 옳지 않은 것은? (단, 구조물의 자중은 무시한다)

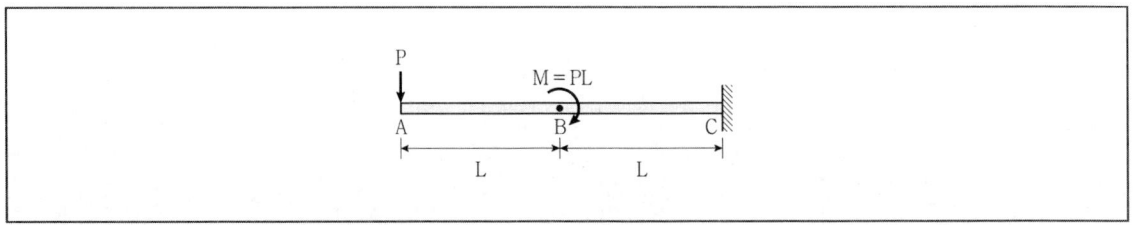

① A점에 발생하는 축력의 크기는 0이다.
② B점에 발생하는 전단력의 크기는 P이다.
③ C점에 발생하는 모멘트 반력의 크기는 0이다.
④ C점에 발생하는 수직반력의 크기는 P이다.

> **TIP** C점에 발생하는 모멘트반력의 크기는 PL이 된다.
> 중첩의 원리를 적용하면 C점에서 발생하는 모멘트반력은 P · 2L-PL=PL이 된다. (시계방향으로 반력모멘트가 발생한다.)

12 그림과 같이 하중이 작용하는 단순보의 지점 A, B의 반력이 같기 위한 x [m]는? (단, 구조물의 자중은 무시한다)

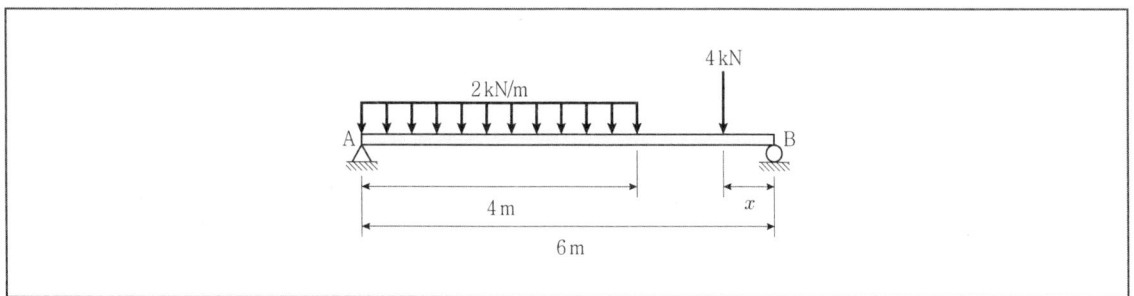

① 1
② 2
③ 3
④ 4

> **TIP** 양지점의 수직반력이 같다는 조건이 주어졌으므로 양지점의 수직반력은 총 수직력의 절반씩을 부담하게 되므로 $R_A = R_B = 6[\text{kN}]$이 된다.
> B점에 대한 모멘트의 합이 0이어야 하므로
> $\sum M_B = 0 : R_A \cdot 6 - (2 \cdot 4) \cdot 4 - 4 \cdot x = 0$ 이므로 $x = 1[\text{m}]$

13 그림과 같이 구조물의 C점에 집중모멘트 M이 작용할 때, B점의 수직반력의 크기는? (단, $0 \leq \theta < 90°$ 이고, 구조물의 자중은 무시한다)

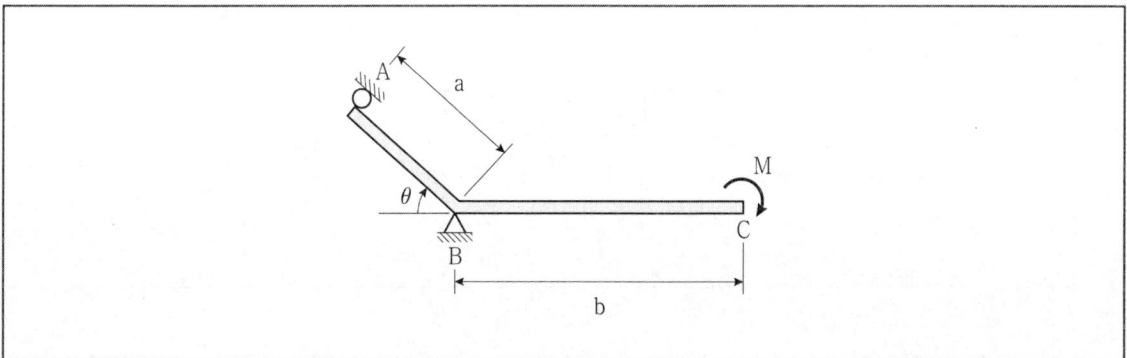

① $\dfrac{M \sin\theta}{a}$ 　　　　② $\dfrac{M \cos\theta}{a}$

③ $\dfrac{M \sin\theta}{b}$ 　　　　④ $\dfrac{M \cos\theta}{b}$

TIP $\sum M_B = 0 : -R_A \cdot a + M = 0$ 이므로 $R_A = \dfrac{M}{a}$

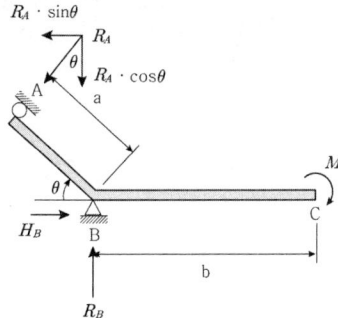

$\sum V = 0 : -R_A \cdot \cos\theta + R_B = 0$, $-\dfrac{M}{a} \cdot \cos\theta + R_B = 0$

$R_B = \dfrac{M \cdot \cos\theta}{a}$

14 그림과 같이 지름이 d 또는 2d인 원형 단면을 갖는 2개의 봉에 동일한 축력 P가 단면의 도심에 작용할 때, 각각의 봉에 저장되는 변형에너지의 비 $\dfrac{U_{(a)}}{U_{(b)}}$는? (단, 봉의 탄성계수는 동일하고, 응력집중효과는 고려하지 않으며, 자중은 무시한다)

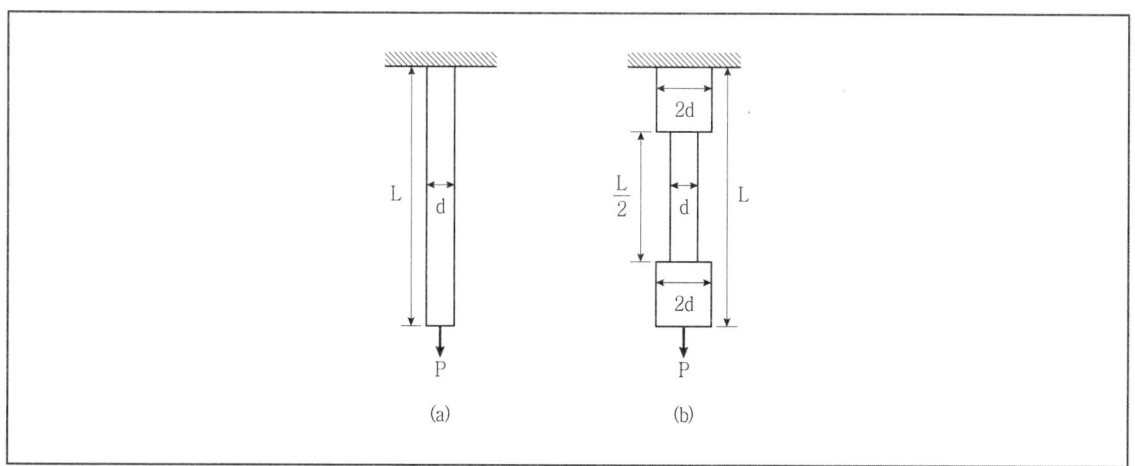

① $\dfrac{3}{4}$ ② $\dfrac{4}{3}$

③ $\dfrac{5}{8}$ ④ $\dfrac{8}{5}$

TIP 축력에 의한 변형에너지 산정식은 $\dfrac{P^2 L}{2EA}$ 이다.

$U_{(a)} = \dfrac{P^2 L}{2EA}$, $U_{(b)} = \dfrac{P^2 \cdot \dfrac{L}{2}}{2EA} + \dfrac{P^2 \cdot \dfrac{L}{2}}{2E(4A)} = \dfrac{5P^2 L}{16EA}$ 이므로 $\dfrac{U_{(a)}}{U_{(a)}} = \dfrac{8}{5}$

Answer 13.② 14.④

15 그림과 같은 게르버보에서 점 C의 전단력에 대한 영향선은?

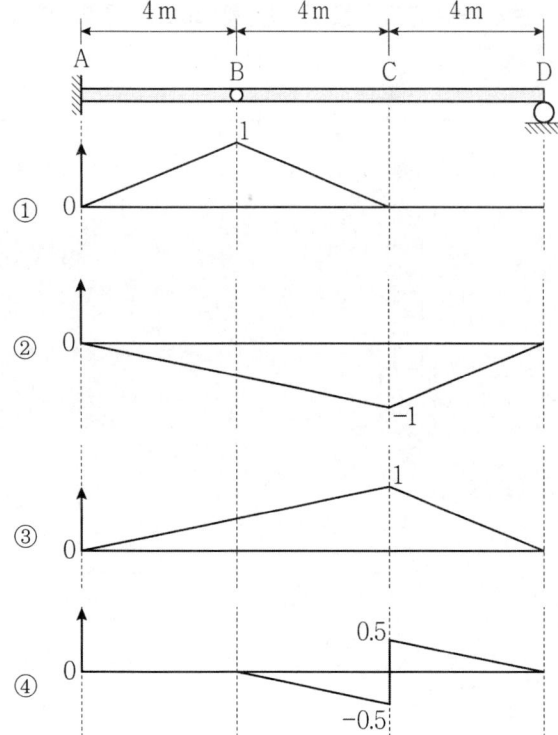

TIP 단위하중이 A점, B점, D점에 위치할 때 이 점들은 지지점이므로 직관적으로 점C에 발생하는 전단력은 0임을 알 수 있다.

16 그림과 같이 도심이 C인 단면의 단면적(A)이 100mm²이고, x_1축에 대한 단면 2차 모멘트(I_{x_1})가 100,000mm⁴일 때, x_2축에 대한 단면 2차 모멘트(I_{x_2})의 크기[mm⁴]는?

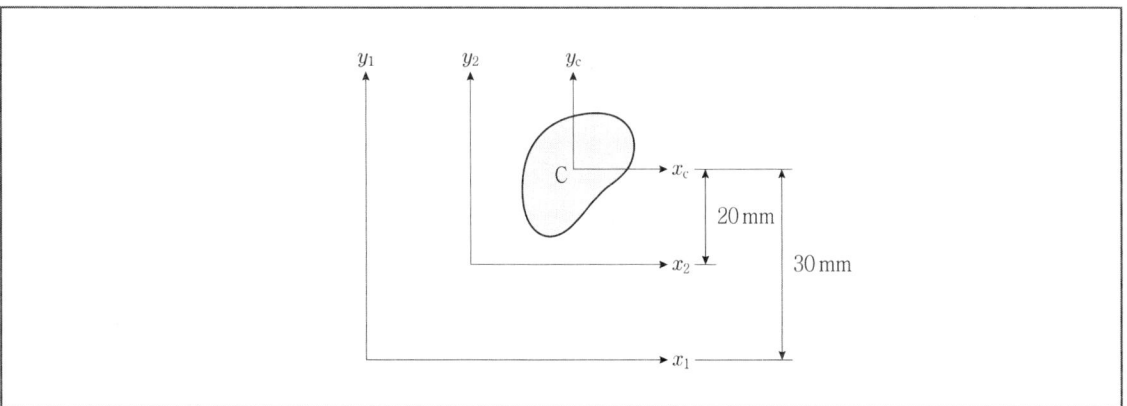

① 50,000
② 80,000
③ 100,000
④ 140,000

> **TIP** 평행축 정리를 적용한다.
> x_2축에 대한 단면 2차 모멘트는 $I_{x2} = I_{xc} + 100 \cdot 20^2$
> x_1축에 대한 단면 2차 모멘트는 $100,000 = I_{xc} + 100 \cdot 30^2$
> $I_{x2} - 100,000 = 100(400 - 900) = 50,000 [\text{mm}^4]$

Answer 15.④ 16.①

17 그림과 같이 단순 지지된 트러스 구조물에서 CD부재의 부재력[kN]은? (단, 구조물의 자중은 무시한다)

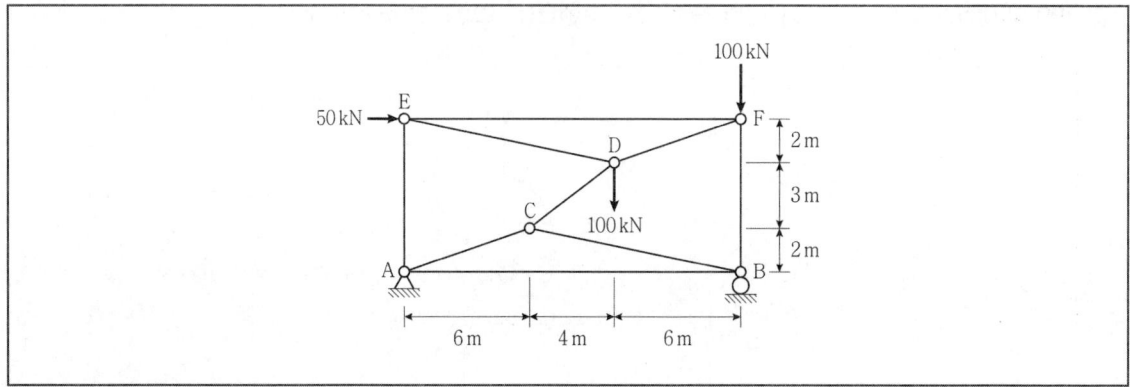

① 31.25 (압축)
② 31.25 (인장)
③ 62.5 (압축)
④ 62.5 (인장)

○TIP

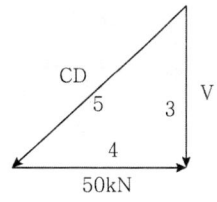

CD부재의 길이를 구하면 5[m]가 된다. CD부재의 부재력은 폐합삼각형을 적용하면 손쉽게 구할 수 있다.

$CD = \dfrac{5 \cdot 50}{4} = 62.5 [\text{kN}] (인장)$

18 그림과 같이 C점에 축력 F가 단면의 도심에 작용할 때, C점의 축방향 변위의 크기는? (단, 구조물의 축방향 강성은 EA이고, 구조물의 자중은 무시한다)

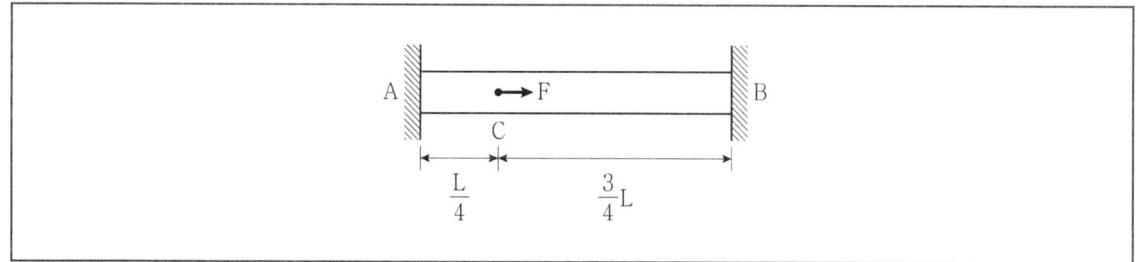

① $\dfrac{FL}{8EA}$

② $\dfrac{3FL}{16EA}$

③ $\dfrac{FL}{4EA}$

④ $\dfrac{5FL}{16EA}$

TIP AC의 증가된 길이는 BC의 감소된 길이와 동일해야 하는 적합조건을 이용하여 변형량을 구한다.

$$\delta_C = \dfrac{F}{\dfrac{EA}{\dfrac{L}{4}} + \dfrac{EA}{\dfrac{3L}{4}}} = \dfrac{3PL}{16EA}$$

Answer 17.④ 18.②

19 그림과 같은 게르버보에서 C점의 상향 수직반력이 P의 2배가 되기 위한 $\dfrac{a}{b}$는? (단, 0 < a < L, 0 < b < L이며, 구조물의 자중은 무시한다)

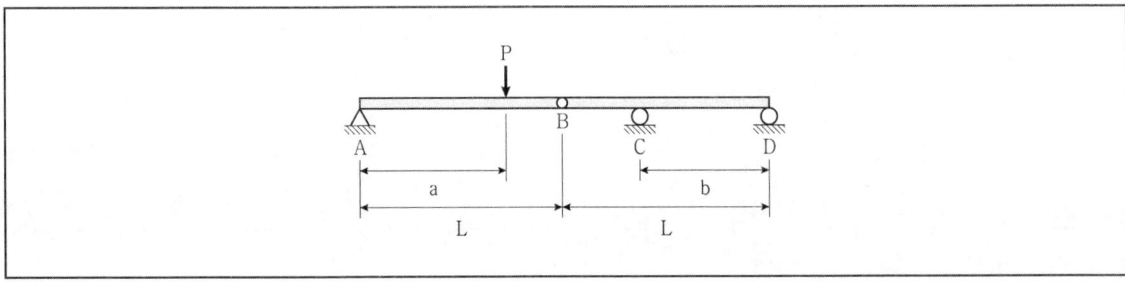

① 2
② 3
③ 4
④ 5

TIP AB 적지간에서 B점의 수직반력을 구하고 내민보 BCD에서 D점에 대한 힘의 평형식 $\sum M_D = 0 : -\dfrac{Pa}{L} \cdot L + 2P \cdot b = 0$ 이므로 $\dfrac{a}{b} = 2$

20 그림과 같이 직사각형 단면의 단순보에 등분포하중이 작용할 때, C점의 단면 하단부에서 30mm만큼 떨어진 높이에 작용하는 휨응력의 크기[MPa]는? (단, 보의 자중은 무시한다)

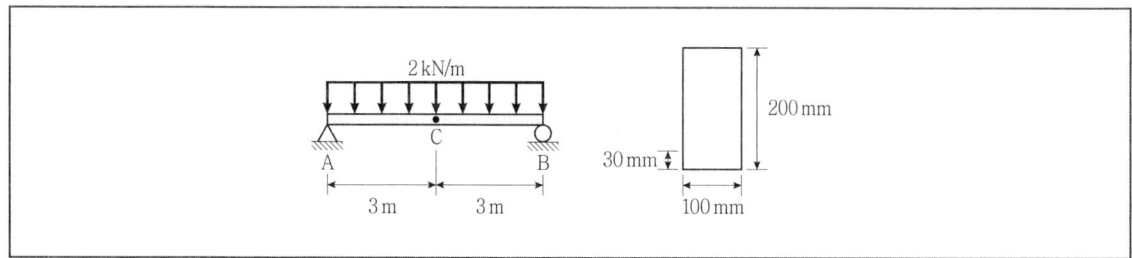

① 4.05
② 6.75
③ 9.45
④ 13.5

> **TIP**
> $\sigma_c = \dfrac{M_c}{I}y = \dfrac{\dfrac{2 \cdot 6^2}{8} \cdot 10^6}{\dfrac{100 \cdot 200^3}{12}} \cdot 70 = 9.45[\text{MPa}](인장)$

Answer 19.① 20.③

응용역학개론 | 2023. 6. 10. 제1회 지방직 시행

1 보의 곡률에 대한 설명으로 옳지 않은 것은?

① 휨모멘트에 반비례한다.
② 곡률반경에 반비례한다.
③ 탄성계수에 반비례한다.
④ 보의 단면2차모멘트에 반비례한다.

> **TIP** 곡률의 식은 $k = \dfrac{1}{R} = \dfrac{M}{EI}$ 이므로 곡률은 곡률반경에 반비례하고 휨모멘트에 비례하며 탄성계수와 단면2차 모멘트에 반비례한다.

2 그림과 같은 캔틸레버보에서 B점의 휨모멘트 크기[kN·m]는? (단, 구조물의 자중은 무시한다)

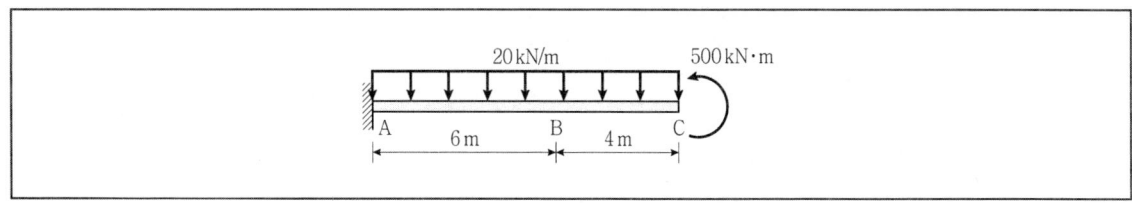

① 150
② 240
③ 250
④ 340

> **TIP** $M_B = M - \dfrac{wx^2}{2} = 500 - \dfrac{20 \cdot 4^2}{2} = 340[\text{kNm}]$

3 순수 비틀림을 받는 원형단면의 봉에서 한 단의 다른 단에 대한 비틀림각에 대한 설명으로 옳지 않은 것은?

① 비틀림모멘트에 비례한다.
② 봉의 길이에 비례한다.
③ 극관성모멘트에 반비례한다.
④ 비틀림강성에 비례한다.

TIP 비틀림각을 식으로 나타내면 $\phi = \dfrac{TL}{GJ}$이므로 비틀림강성이 클수록 비틀림각은 줄어들게 된다.

4 그림과 같은 트러스에서 부재력이 0인 부재의 개수는? (단, 구조물의 자중은 무시한다)

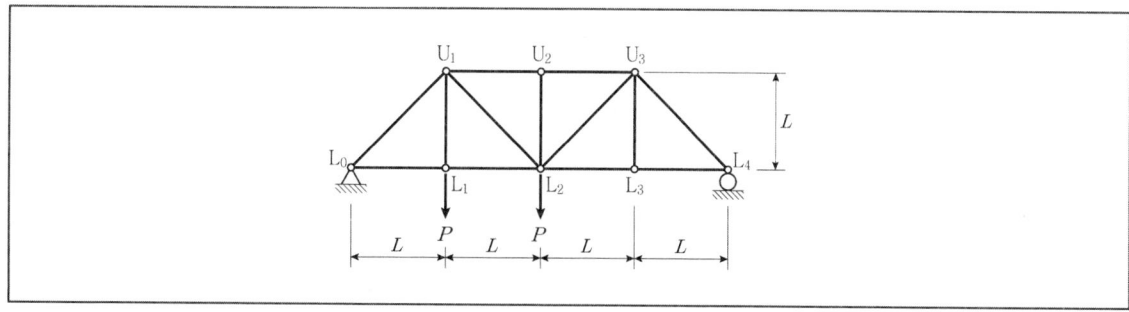

① 0
② 1
③ 2
④ 3

TIP 트러스의 0부재의 개수는 다음과 같이 2개가 된다. 한 절점에 3개의 부재가 만나고 그 절점에 외력이 없을 경우 동일 축상의 두 부재력은 같고 다른 한 부재는 영부재가 된다.

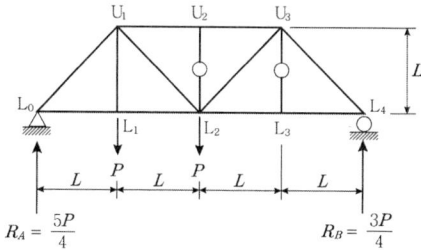

Answer 1.① 2.④ 3.④ 4.③

5 그림과 같은 단순보에서 최대 휨모멘트 발생 위치 x는? (단, 구조물의 자중은 무시한다)

① $\dfrac{L}{\sqrt{3}}$

② $\dfrac{L}{\sqrt{2}}$

③ $\dfrac{2}{3}L$

④ $\dfrac{\sqrt{6}}{2}L$

TIP 최대휨모멘트는 전단력이 0인 위치 또는 전단력의 부호가 바뀌는 위치에서 발생한다.

A지점의 수직반력 $R_A = \dfrac{wL^2}{6}$

A지점에서 x만큼 떨어진 위치에서 전단력을 0으로 하면 최대휨모멘트가 발생하는 위치를 구할 수 있다.

$$S_x = R_A - \left(\dfrac{1}{2} \cdot x \cdot w_x\right) = \dfrac{wL^2}{6} - \left(\dfrac{1}{2} \cdot x \cdot wx\right) = 0$$

$\dfrac{wL^2}{6} - \dfrac{wx^2}{2} = 0$ 이므로 $x = \dfrac{L}{\sqrt{3}}$

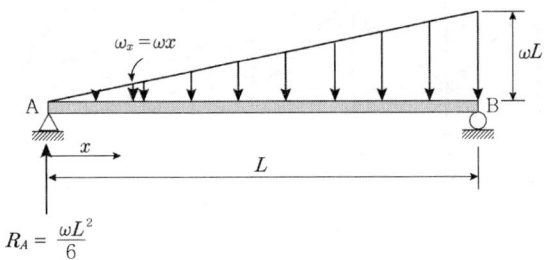

6 그림과 같은 내민보에서 B점과 C점의 휨모멘트 절댓값 크기가 같아지는 길이 x[m]는? (단, 구조물의 자중은 무시한다)

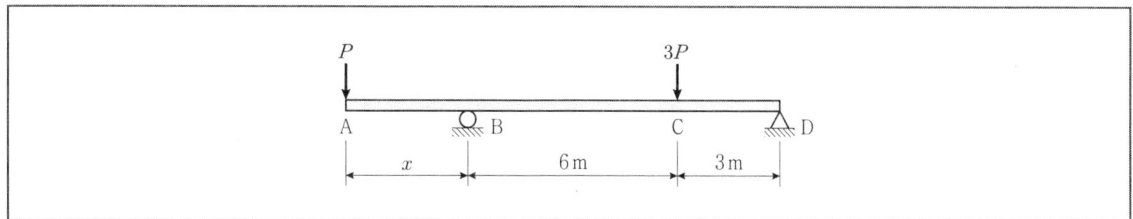

① 4.5
② 4.0
③ 3.5
④ 3.0

> **TIP** B점의 휨모멘트는 $M_B = -Px$, C점의 휨모멘트는
>
> $M_C = R_D \cdot 3 = \left(2P - \dfrac{Px}{9}\right) \cdot 3 = 6P - \dfrac{Px}{3}$
>
> (D점의 수직반력은 $R_D = \dfrac{Pb}{L} - \dfrac{M}{L} = \dfrac{3P \cdot 6}{9} - \dfrac{Px}{9} = 2P - \dfrac{Px}{9}$
>
> B점과 C점의 휨모멘트 절댓값 크기가 같아지는 길이 x[m]는
>
> $|M_B| = |M_C|$ 이어야 하므로 $|-Px| = \left|6P - \dfrac{Px}{3}\right|$
>
> $Px = 6P - \dfrac{Px}{3}$ 이므로 $x = 4.5$[m]

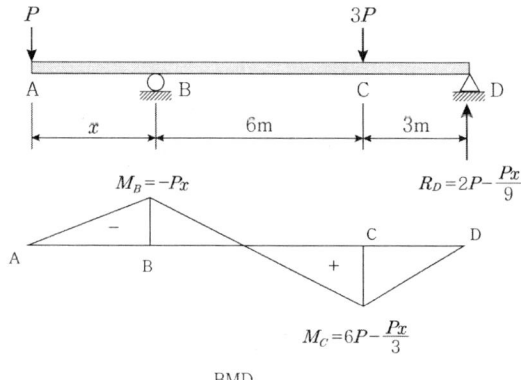

BMD

7 그림과 같은 캔틸레버보에서 B점의 처짐각 크기[radian]는? (단, 보의 AB구간 휨강성은 $2EI$, BC구간 휨강성은 EI이고, 구조물의 자중은 무시한다)

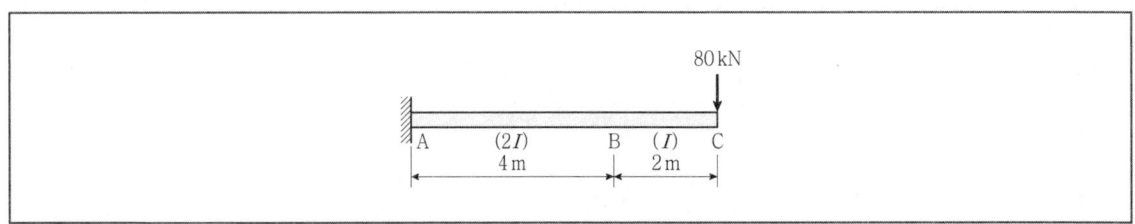

① $\dfrac{800}{EI}$ ② $\dfrac{640}{EI}$

③ $\dfrac{600}{EI}$ ④ $\dfrac{480}{EI}$

> **TIP** 공액보법을 적용하여 푸는 전형적인 문제이다. 주어진 하중조건을 공액보로 나타내면 다음 그림과 같이 되며 B단면의 처짐각은 다음 공액보의 B단면의 전단력과 같다. 따라서 공액보에서 AB구간의 합력의 크기와 같다.
>
> $\theta_B = S_B = + \dfrac{4}{2}\left(\dfrac{480}{2EI} + \dfrac{160}{2EI}\right) = +\dfrac{640}{EI}$ (시계방향)

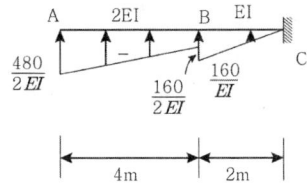

8 그림과 같이 선형탄성 거동을 하는 직사각형 단면을 가지는 단순보의 중앙에 집중하중이 작용한다면, 보 단면 A, B, C의 위치에서 발생하는 휨응력과 전단응력에 대한 설명으로 옳지 않은 것은? (단, 구조물의 자중은 무시한다)

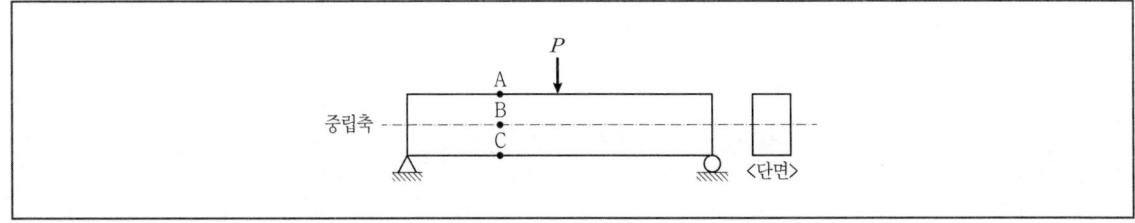

① A점의 전단응력은 0이다.
② A점과 C점의 휨응력의 절댓값은 같다.
③ 집중하중의 크기가 2배가 되는 경우, C점의 휨응력의 크기는 2배가 된다.
④ B점에서 전단응력과 휨응력이 모두 최대가 된다.

○**TIP** B점은 중립축상의 한 점으로서 휨응력은 0이고 전단응력은 최대 전단응력이 된다. (B점에서는 전단응력은 최대값이 되지만 휨응력은 0이다.)

9 그림과 같은 게르버보에서 B점의 반력이 3kN이라면, 길이 x [m]는? (단, 구조물의 자중은 무시한다)

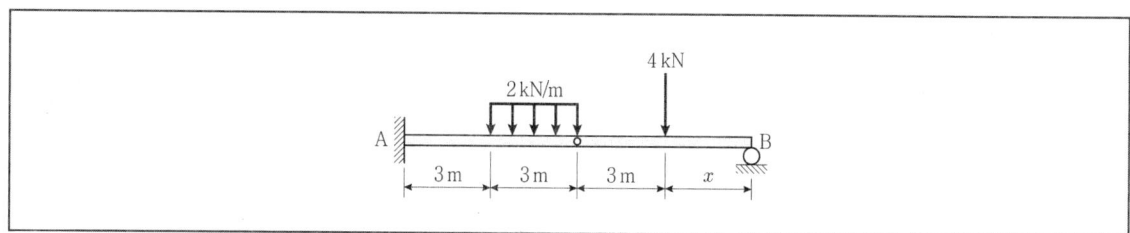

① 0.5
② 1.0
③ 1.5
④ 2.0

○**TIP** 전형적인 겔버보 풀이 문제이다. 힌지 절점의 위치를 C라고 하면 BC구간에서 C점에 대한 힘의 평형조건을 적용한다.
$\sum M_B = 0 : 4 \cdot 3 - R_B(3+x) = 0$ 이므로 $x = 1[m]$

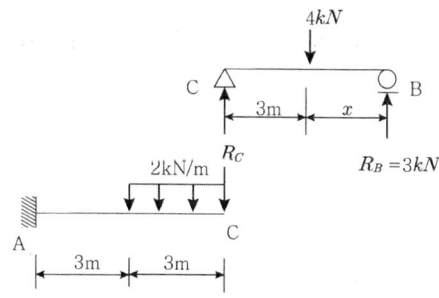

Answer 7.② 8.④ 9.②

10 그림과 같은 내민보에서 지점 A의 수직반력[kN]은? (단, 구조물의 자중은 무시한다)

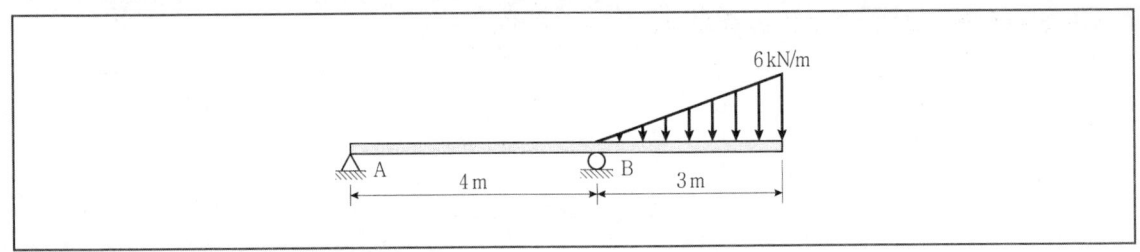

① 4.5 (↑)
② 4.5 (↓)
③ 13.5 (↑)
④ 13.5 (↓)

TIP B점에 대한 힘의 평형조건식을 이용한다.

변분포하중의 합력은 $R = \frac{1}{2} \cdot 3 \cdot 6 = 9 [kN](\downarrow)$

변분포하중의 합력의 작용위치 $x = \frac{2}{3} \cdot 3 = 2 [m]$

$\sum M_B = 0 : -R_A \cdot 4 + 9 \cdot 2 = 0$ 이므로 $R_A = 4.5[kN](\downarrow)$

11 그림과 같이 무게 30kN인 강체를 단면적이 200mm²인 동선 1개와 단면적이 100mm²인 철선 2개로 매달았다면, 동선과 철선의 인장응력 비 $\left(\frac{\sigma_s}{\sigma_c}\right)$는? (단, 동선과 철선의 인장응력은 각각 σ_c, σ_s, 동선과 철선의 탄성계수는 각각 E_c = 1.0 × 10⁵MPa, E_s = 2.0 × 10⁵MPa이고, 동선과 철선의 자중은 무시한다)

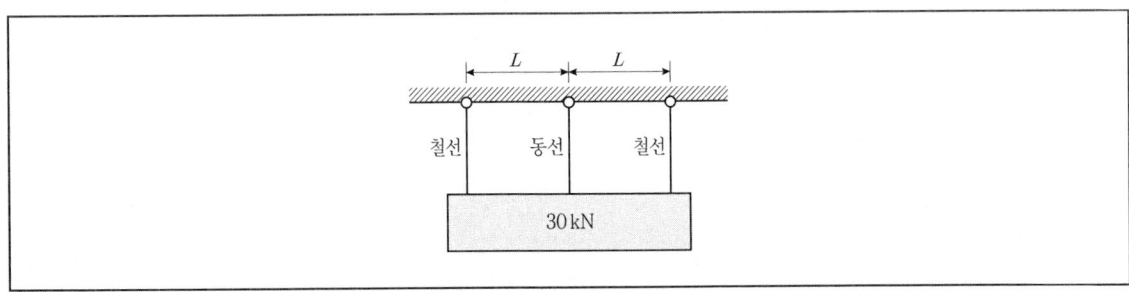

① 0.5
② 2.0
③ 4.0
④ 8.0

TIP 동선과 철선의 변형률이 모두 같으므로 $\varepsilon_c = \varepsilon_s = \varepsilon$

동선의 응력 $\sigma_c = \varepsilon_c E_c = \varepsilon E_c$, 철선의 응력 $\sigma_s = \varepsilon_s E_s = \varepsilon E_s$

$\frac{\sigma_s}{\sigma_c} = \frac{E_s}{E_c} = \frac{2.0 \cdot 10^5}{1.0 \cdot 10^5} = 2$

12 그림과 같이 자중 60N인 바퀴가 바닥에 고정된 높이 20cm의 장애물 위로 힘 P를 초과할 때 움직이기 시작한다면, 이 힘 P[N]는? (단, 바퀴와 장애물은 강체로 가정한다)

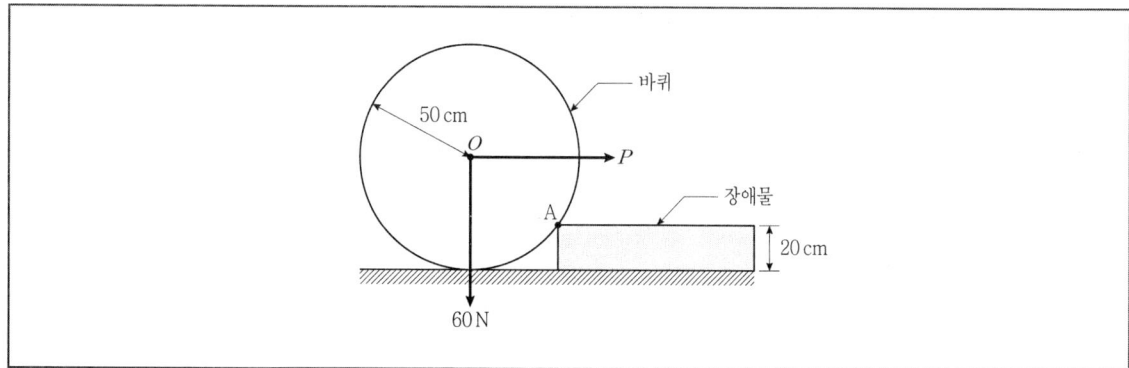

① 30
② 45
③ 55
④ 80

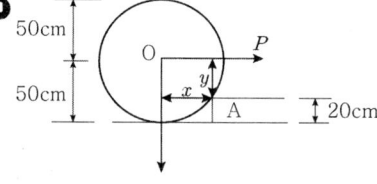

$y = R - 20 = 50 - 20 = 30 [\text{cm}]$
$x = \sqrt{R^2 - y^2} = \sqrt{50^2 - 30^2} = 40 [\text{cm}]$
$P \cdot y > W \cdot x$ 이므로 $P > \dfrac{Wx}{y} = \dfrac{60 \cdot 40}{30} = 80 [\text{N}]$

13 그림과 같이 서로 다른 재료로 구성된 합성단면에서 하단으로부터 중립축까지 수직거리 x[mm]는? (단, 각 재료는 완전 부착되어 일체거동하고, 상부플랜지의 탄성계수 E_A=10GPa, 웨브의 탄성계수 E_B=20GPa, 하부플랜지의 탄성계수 E_C=40GPa이다)

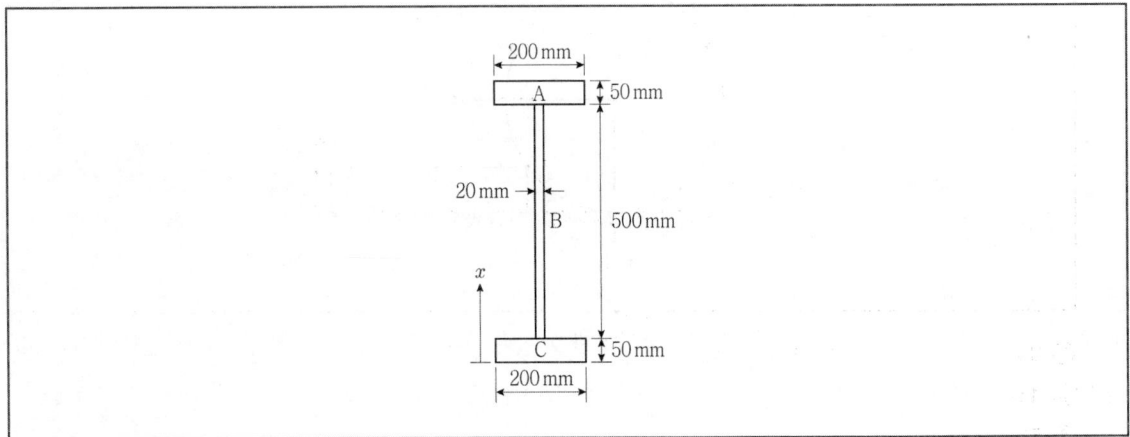

① $\dfrac{1,250}{7}$　　　　② $\dfrac{1,275}{7}$

③ $\dfrac{2,125}{7}$　　　　④ $\dfrac{2,925}{7}$

> **TIP** 탄성계수비를 구하고 환산단면을 작성하면 다음과 같다.
> 각 부재의 단면적과 도심위치를 구하면
> 상부플랜지의 단면적 $A_1 = 200 \cdot 50 = 10,000 [\text{mm}^2]$
> 웨브의 단면적 $A_2 = 40 \cdot 500 = 20,000 [\text{mm}^2]$
> 하부플랜지의 단면적 $A_3 = 800 \cdot 50 = 40,000 [\text{mm}^2]$
> 상부플랜지의 단면적을 A로 가정하면 상부플랜지, 웨브, 하부플랜지의 단면적은 각각 1:2:4의 비를 이룬다.
> 단면의 하단으로부터 각 단면의 도심까지의 거리는
> $x_1 = 575[\text{mm}]$, $x_2 = 300[\text{mm}]$, $x_3 = 25[\text{mm}]$
> 중립축의 위치는
> $x = \dfrac{A_1 \cdot x_1 + A_2 \cdot x_2 + A_3 \cdot x_3}{A_1 + A_2 + A_3} = \dfrac{1 \cdot 575 + 2 \cdot 300 + 4 \cdot 25}{7} = \dfrac{1,275}{7}[\text{mm}]$

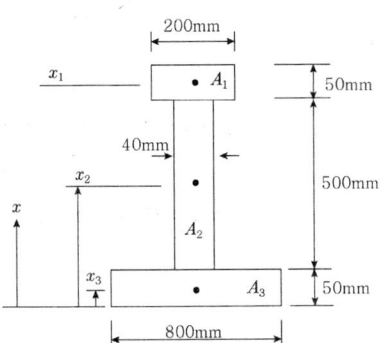

14 철근콘크리트 부재 내 사용되는 전단철근의 형태로 옳지 않은 것은?

① 모멘트면적법은 처짐 곡선의 기하학적인 성질을 이용하여 보의 변위를 구하는 방법이다.
② 공액보법은 단부의 조건을 변화시킨 공액보에 탄성하중을 재하하여 변위를 구하는 방법이다.
③ 가상일법은 보 처짐에 관한 미분방정식의 적분과 경계조건을 이용하여 변위를 구하는 방법이다.
④ 카스틸리아노(Castigliano) 제2정리는 변형에너지를 작용하중에 대하여 1차 편미분한 값은 그 하중의 위치에 생기는 변위가 된다는 방법이다.

　TIP 보 처짐에 관한 미분방정식의 적분과 경계조건을 이용하여 변위를 구하는 방법은 탄성곡선(처짐곡선)법이다. 가상일법은 구조물에 작은 가상변위를 주면 외부하중에 의한 가상일은 내력에 의한 가상일과 동일하다는 것을 의미한다.

15 그림과 같이 양단 고정인 탄성기둥(유효좌굴길이계수 = 0.5)에서 온도가 균일하게 상승하여 임계좌굴하중에 도달하였을 때, 온도상승량 ΔT는? (단, α = 열팽창계수, A = 단면적, E = 탄성계수, I = 단면2차모멘트, L = 기둥길이이며, 기둥의 자중과 온도 상승에 의한 기둥 단면적의 변화는 무시한다)

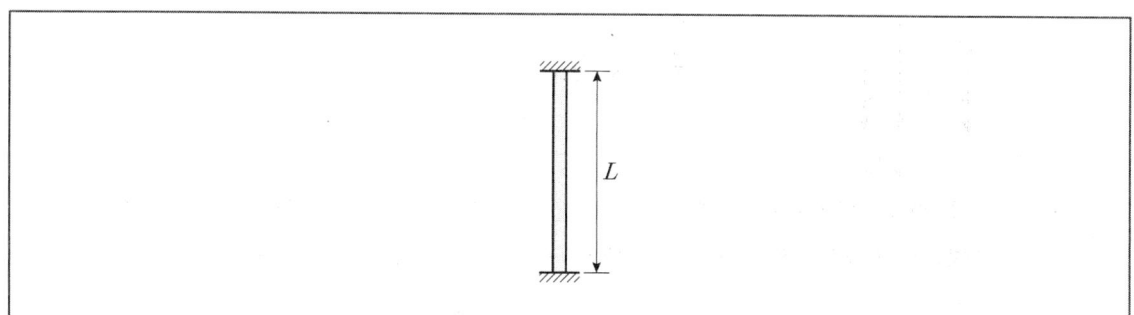

① $\dfrac{4\pi^2 I}{\alpha A L^2}$

② $\dfrac{2\pi^2 I}{\alpha A L^2}$

③ $\dfrac{\pi^2 I}{\alpha A L^2}$

④ $\dfrac{\pi^2 I}{4\alpha A L^2}$

　TIP 온도반력과 양단고정 시 좌굴을 같게 하여 구한다.
　　$R_T = P_{cr}$ 이어야 하므로 $\alpha \cdot \Delta T \cdot EA = \dfrac{4\pi^2 EI}{L^2}$ 이므로
　　$\Delta T = \dfrac{4\pi^2 I}{\alpha A L^2}$

Answer　13.②　14.③　15.①

16 그림과 같이 단순보에 2개의 이동하중이 통과할 때, 절대 최대휨모멘트 발생 위치 x[m]는? (단, 하중은 오른쪽에서 왼쪽으로만 이동하고, 구조물의 자중은 무시한다)

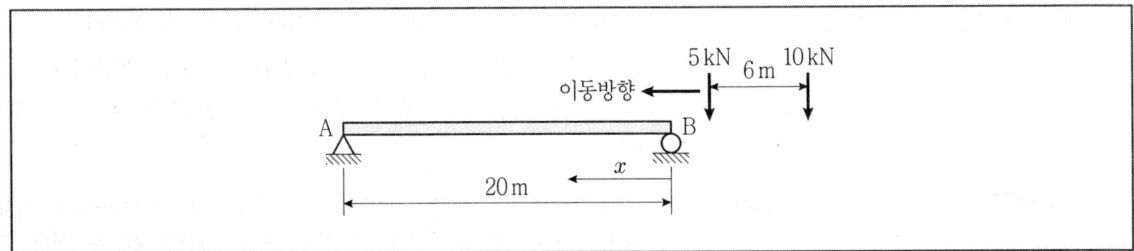

① 5
② 9
③ 10
④ 11

TIP 합력의 위치를 구하면 $15 \cdot d = 5 \cdot 6$이므로 $d = 2$[m]

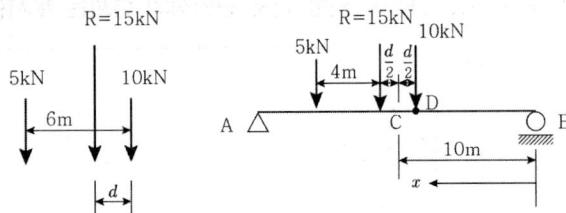

단순보에 집중이동하중이 지날 때 절대최대휨모멘트는 합력R과 가까이에 있는 큰 하중이 지간의 중앙단면을 중심으로 양분될 때 큰 하중이 위치한 지점에서 발생한다. 따라서 $x = \dfrac{L}{2} - \dfrac{d}{2} = \dfrac{20}{2} - \dfrac{2}{2} = 9$[m]

17 그림과 같이 경간 10m의 대칭 T형보에서 등가직사각형 응력블록의 깊이 a [mm]는? (단, 콘크리트의 설계기준압축강도 f_{ck} =30MPa, 철근의 설계기준항복강도 f_y =400MPa, 철근의 단면적 A_s =7,650mm²이다)

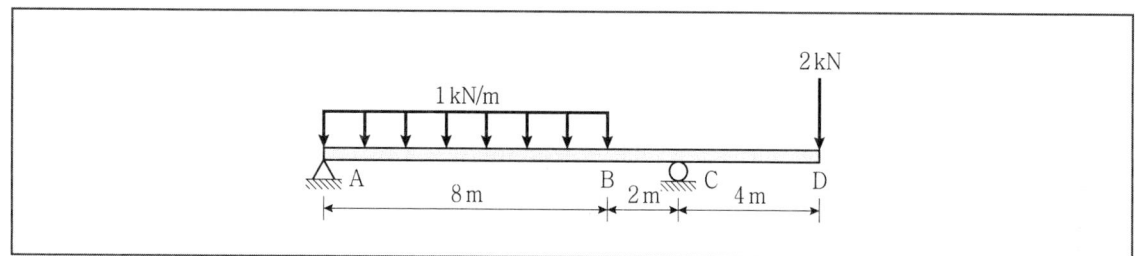

① 2
② 4
③ 8
④ 16

> **TIP** A지점의 수직반력을 구하면
>
> $\sum M_c = 0 : R_A \cdot 10 - (1 \cdot 8) \cdot (2+4) + 2 \cdot 4 = 0$, $R_A = 4[\text{kN}](\uparrow)$
>
> 최대정모멘트는 전단력이 0인 위치에서 발생한다.
>
> 전단력이 0인 위치를 구하면 $S_x = R_A - wx = 0$이므로 $4 - 1 \cdot x = 0$이므로 $x = 4[\text{m}]$
>
> 최대휨모멘트는 $M_{\max} = R_A \cdot x - \dfrac{wx^2}{2} = 4 \cdot 4 - \dfrac{1 \cdot 4^2}{2} = 8[\text{kNm}]$

Answer 16.② 17.③

18 그림과 같이 동일 평면상의 45° 스트레인 로제트(strain rosette)를 이용하여 축방향 변형률 ϵ_a, ϵ_b, ϵ_c를 측정했다면, 전단변형률은?

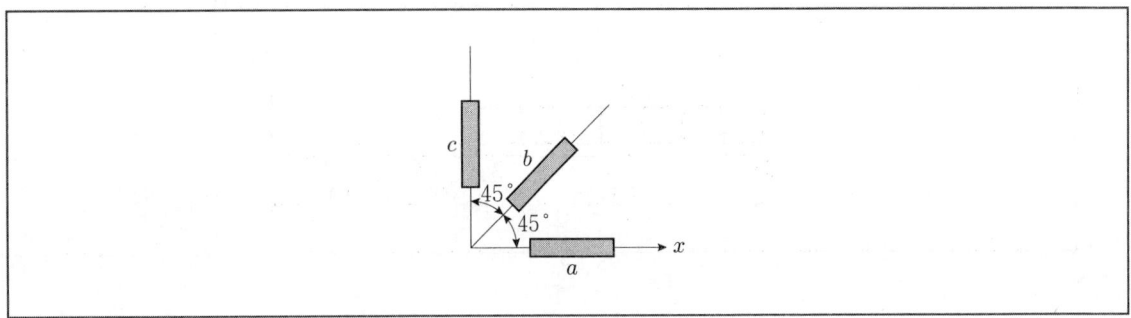

① $\epsilon_b + \epsilon_a + \epsilon_c$
② $\epsilon_b - 2\epsilon_a - 2\epsilon_c$
③ $2\epsilon_b - \epsilon_a + \epsilon_c$
④ $2\epsilon_b - \epsilon_a - \epsilon_c$

> **TIP** 동일 평면상의 45° 스트레인 로제트(strain rosette)의 전단변형률은
> $\gamma_{xy} = 2\epsilon_b - (\epsilon_a + \epsilon_b) = 2\epsilon_b - \epsilon_a - \epsilon_c$

19 지름이 4.0cm인 강봉에 10,000kN의 인장력이 작용할 때, 강봉 지름이 줄어드는 값[cm]은? (단, 탄성계수 $E = 2 \times 10^5$MPa이고 푸아송비 $\nu = 0.25$이다)

① $\dfrac{1}{4\pi}$
② $\dfrac{3}{16\pi}$
③ $\dfrac{1}{8\pi}$
④ $\dfrac{1}{16\pi}$

> **TIP** 푸아송비의 일반식을 적용하면 $\nu = -\dfrac{\frac{\Delta D}{D}}{\frac{\Delta L}{L}} = -\dfrac{\frac{\Delta D}{D}}{\frac{P}{EA}}$
>
> $0.25 = -\dfrac{\frac{\Delta D}{40}}{\frac{10,000 \cdot 10^3}{2 \cdot 10^5 \cdot \frac{\pi \cdot 40^2}{4}}}$ 이므로 $\Delta D = \dfrac{10}{8\pi}$[mm] $= \dfrac{1}{8\pi}$[cm]

20 그림과 같은 구조물에서 지점 A의 반력모멘트 크기[kN·m]는? (단, AB부재 휨강성은 $9EI$, BC부재 휨강성은 $8EI$이고, 구조물의 자중은 무시한다)

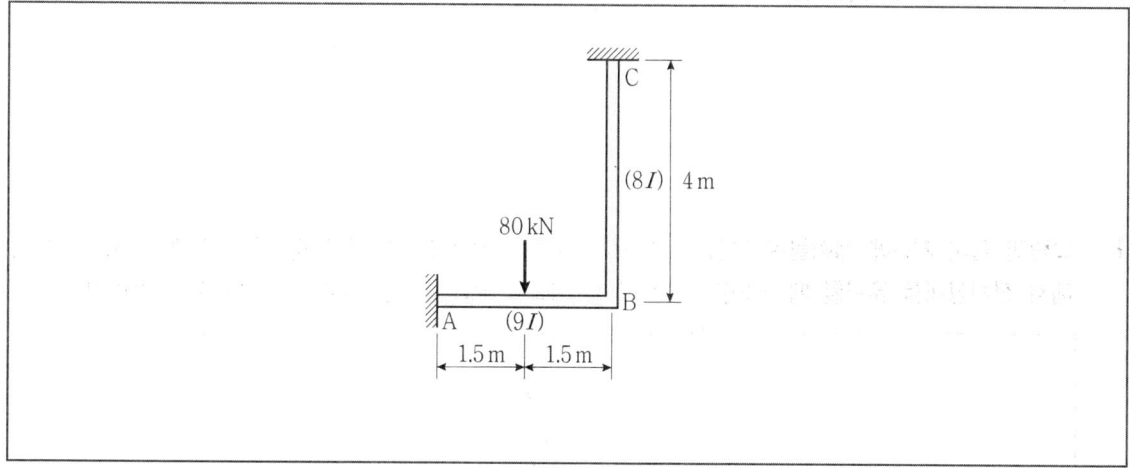

① 6
② 12
③ 39
④ 72

○TIP

BC부재의 분배율을 구하면 $\mu_{BC} = \dfrac{\dfrac{9I}{3}}{\dfrac{9I}{3} + \dfrac{8I}{4}} = \dfrac{3}{5}$

A지점의 반력모멘트를 구하면 M_{AB} = 하중항 + 전달모멘트

$M_{AB} = -\dfrac{80 \cdot 3}{8} + [-(+\dfrac{80 \cdot 3}{8})] \cdot \dfrac{3}{5} \cdot \dfrac{1}{2} = -39 [\text{kNm}]$

Answer 18.④ 19.③ 20.③

응용역학개론 | 2024. 3. 23. 인사혁신처 시행

1 그림과 같이 지면에 케이블로 고정한 기구가 부양력 120kN과 수평풍하중(W)에 의해 케이블 각도가 60°에서 정지상태를 유지할 때, 케이블의 장력 T의 크기[kN]는? (단, 케이블의 형상은 선형이다)

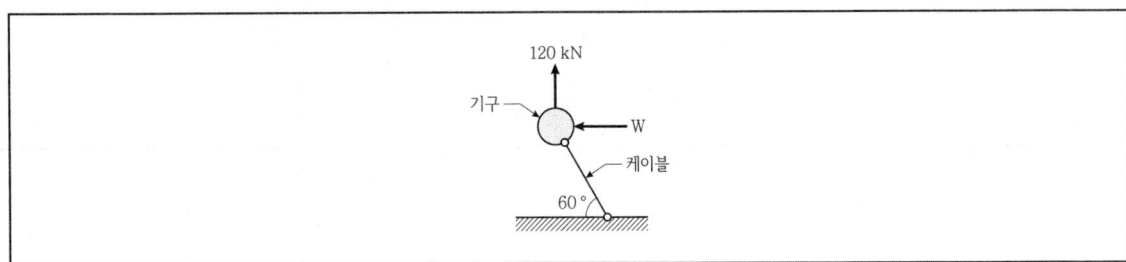

① $120\sqrt{3}$
② $\dfrac{240}{\sqrt{3}}$
③ $\dfrac{120}{\sqrt{3}}$
④ $240\sqrt{3}$

O TIP $\sum F_y = 0 : 120 - T\dfrac{\sqrt{3}}{2} = 0$

$T = \dfrac{240}{\sqrt{3}} = 80\sqrt{3}\,[kN]$

2 그림과 같이 구속조건이 다른 두 장주가 있다. 기둥 (a)의 좌굴하중이 100kN일 때, 기둥 (b)의 좌굴하중[kN]은? (단, 기둥의 휨강성 EI는 같고, 구조물의 자중은 무시한다)

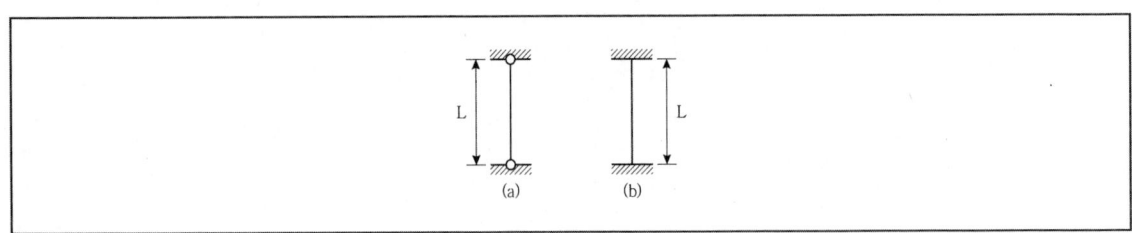

① 25
② 200
③ $200\sqrt{2}$
④ 400

○**TIP** (a) $P_{cr} = \dfrac{\pi^2 EI_{min}}{L^2} = 100[kN]$

(b) $P_{cr} = \dfrac{\pi^2 EI_{min}}{(0.5L)^2} = \dfrac{4\pi^2 EI}{L^2} = 400[kN]$

3 그림과 같은 평면응력상태에 있는 응력요소의 주응력[MPa]과 최대전단응력[MPa]은?

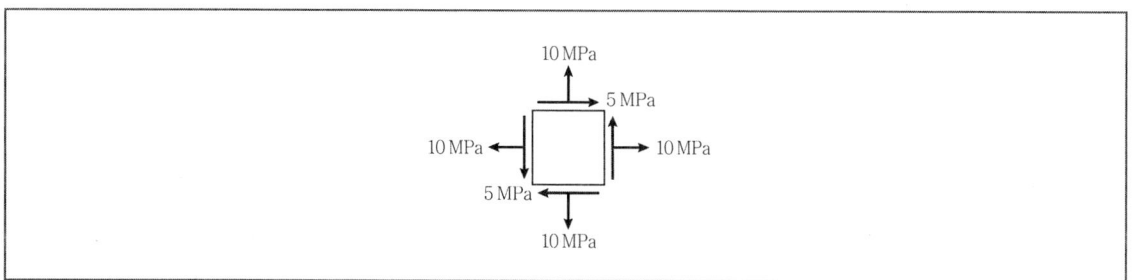

	σ_1	σ_2	τ_{max}
①	15	5	$5\sqrt{5}$
②	15	5	5
③	10	5	$5\sqrt{5}$
④	10	5	5

○**TIP** $\sigma_x = 10[MPa]$, $\sigma_y = 10[MPa]$, $\tau_{xy} = 5[MPa]$

$\sigma_{1,2} = \dfrac{\sigma_x + \sigma_y}{2} \pm \sqrt{\left(\dfrac{\sigma_x - \sigma_y}{2}\right)^2 + \tau_{xy}^2} = \dfrac{10+10}{2} \pm \sqrt{\left(\dfrac{10-10}{2}\right) + 5^2} = 10 \pm 5[MPa]$

$\tau_{xy} = \pm \sqrt{\left(\dfrac{\sigma_x - \sigma_y}{2}\right)^2 + \tau_{xy}^2} = \pm \sqrt{\left(\dfrac{10-10}{2}\right)^2 + 5^2} = 5[MPa]$

Answer 1.② 2.④ 3.②

4 그림과 같이 게르버보에 집중하중 P가 작용할 때, A점과 D점의 전단력의 크기 V_A, V_D는? (단, 구조물의 자중은 무시한다)

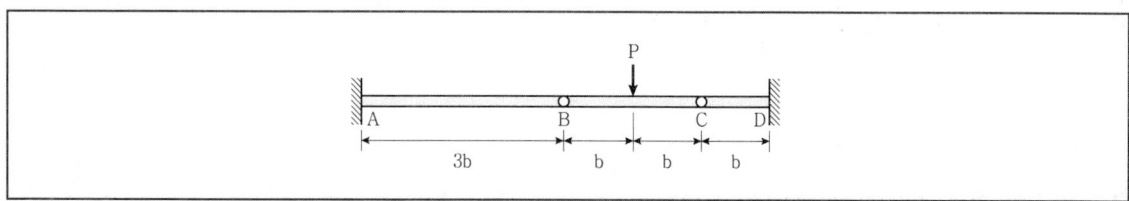

    V_A V_D
① 0.1P   0.9P
② 0.3P   0.7P
③ 0.5P   0.5P
④ 0.9P   0.1P

> **TIP** 게르버보이므로 BC부재는 단순보로 간주하면 B점과 C점에는 같은 크기의 연직반력이 발생하므로 0.5P의 반력이 발생한다.

5 휨강성(EI)이 동일한 두 캔틸레버보 (a)와 (b)에서 자유단 B점의 처짐이 같아지도록 하는 하중 P는? (단, 구조물의 자중은 무시한다)

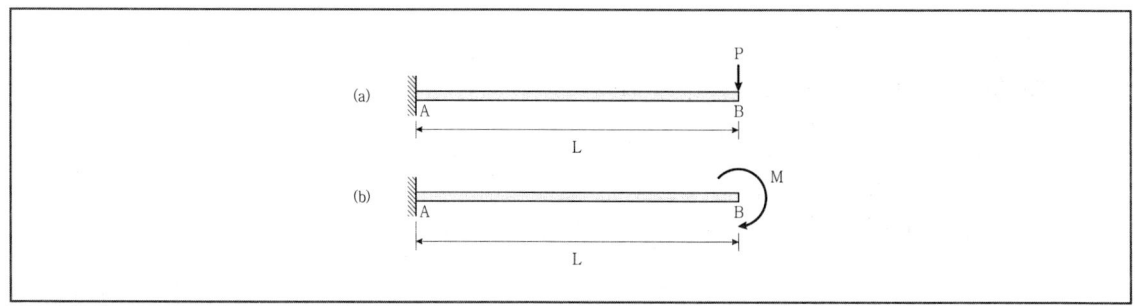

① $\dfrac{1}{2}\dfrac{M}{L}$ ② $\dfrac{M}{L}$

③ $\dfrac{3}{2}\dfrac{M}{L}$ ④ $2\dfrac{M}{L}$

> **TIP** (a) $\delta_{B1} = \dfrac{PL^3}{3EI}$ (b) $\delta_{B2} = \dfrac{ML^2}{2EI}$ 이므로 $\dfrac{PL^3}{3EI} = \dfrac{ML^2}{2EI}$, 따라서 $P = \dfrac{3M}{2L}$

6 그림은 어떤 보 구조물의 형상과 정성적인 휨모멘트 선도를 겹쳐서 나타낸 것이다. 이에 근거한 설명으로 옳지 않은 것은? (단, 곡선부분은 모두 2차 곡선이다)

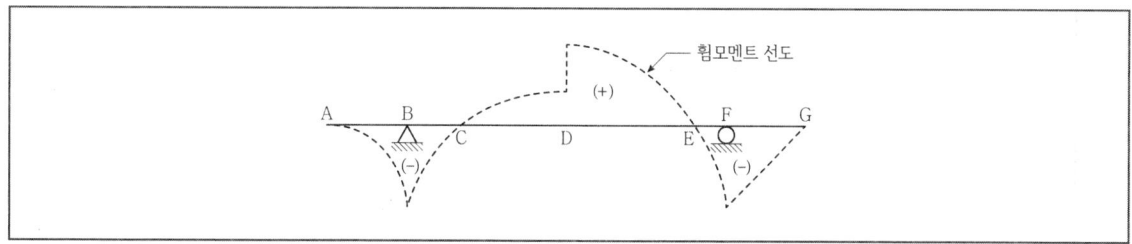

① 처짐곡선은 구간 A~C에서는 위로 볼록한 형태로, 구간 C~E에서는 아래로 볼록한 형태로 변형된다.
② 구간 A~G에는 등분포하중이 작용하고 있다.
③ D점에는 시계방향의 집중 모멘트하중이 작용하고 있다.
④ G점에는 집중하중이 작용하고 있다.

> **TIP** 구간 A~G에는 등분포하중이 작용을 한다면 D점의 좌측과 우측의 응력분포형상이 서로 대칭이 되어야 하나 주어진 곡선은 이와 다르므로 등분포하중이 작용하는 것으로 볼 수 없다.

7 한 변의 길이가 h인 정사각형 단면 (a)와 45° 회전한 단면 (b)에서 x축에 관한 단면성질에 대한 설명으로 옳은 것은? (단, 재료는 균질하며, 단면 (a), 단면 (b)에 대한 단면2차모멘트는 각각 $I_{(a)}$, $I_{(b)}$이고, 단면계수는 각각 $Z_{(a)}$, $Z_{(b)}$이다)

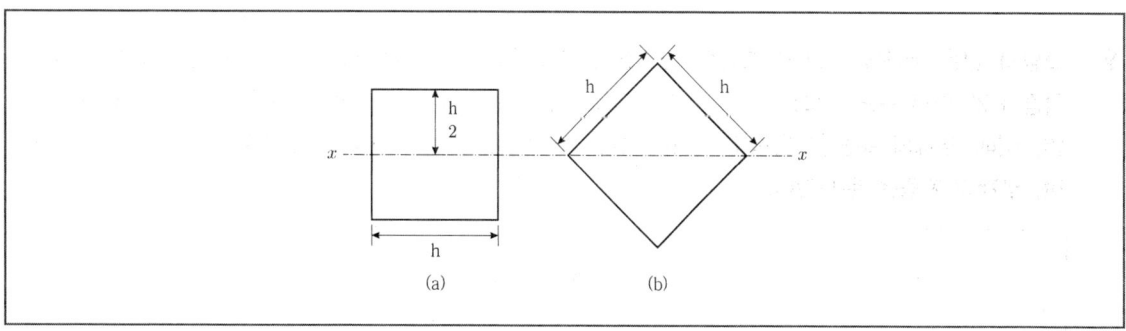

① $I_{(a)} = I_{(b)}$이고, $Z_{(a)} = Z_{(b)}$이다.
② $I_{(a)} > I_{(b)}$이고, $Z_{(a)} > Z_{(b)}$이다.
③ $I_{(a)} = I_{(b)}$이고, $Z_{(a)} > Z_{(b)}$이다.
④ $I_{(a)} > I_{(b)}$이고, $Z_{(a)} = Z_{(b)}$이다.

> **TIP** 두 단면의 단면2차 모멘트값은 동일하나 중심축으로부터 끝단까지의 거리가 다르므로 단면계수의 크기에서 차이가 있다.
> $Z_a = \dfrac{I}{\frac{h}{2}}$, $Z_a = \dfrac{I}{\frac{\sqrt{2}h}{2}}$ 이므로 $I_{(a)} = I_{(b)}$이고, $Z_{(a)} > Z_{(b)}$이다.

Answer 4.③ 5.③ 6.② 7.③

8 그림과 같이 강체보에 하중 P가 작용할 때, 케이블에 발생하는 길이 변형량[mm]은? (단, 케이블의 단면적 A = 0.1 m², 탄성계수 E = 200,000 kN/m²이고, 구조물의 자중은 무시한다)

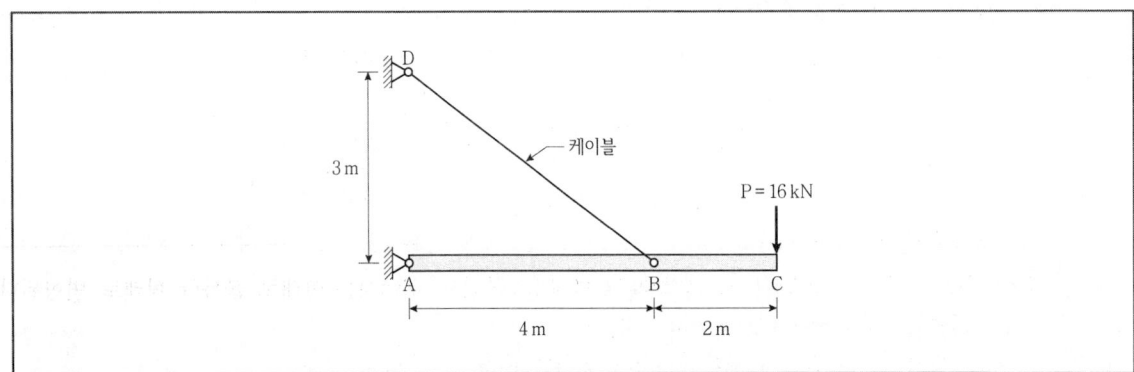

① 5
② 10
③ 20
④ 40

TIP $M_A = 0 : R_D \cdot 3 - 16 \cdot 6 = 0$ 이므로 $R_D = 32[kN]$

$T = 32[kN] \cdot \dfrac{5}{4} = 40[kN]$, $L = 4[m] \times \dfrac{5}{4} = 5[m]$

$\delta = \dfrac{NL}{EA} = \dfrac{TL}{EA} = \dfrac{40[kN] \cdot 5[m]}{200,000[kN/m^2] \cdot 0.1[m^2]} = 10[mm]$

9 그림과 같은 부재에서 초기 축방향 변형률은 스트레인 게이지에 의해 0으로 측정되었다. 이후로 B점의 하중 P와 주변 온도 변화 $\Delta T = -30°C$으로 인하여 축방향 변형률이 $+2400 \times 10^{-6}$으로 측정되었다면, 이때 부재의 축방향 응력[MPa]은? (단, 탄성계수 E = 100GPa, 열팽창계수 $\alpha = 20 \times 10^{-6}/°C$이며, 부재의 자중은 무시한다)

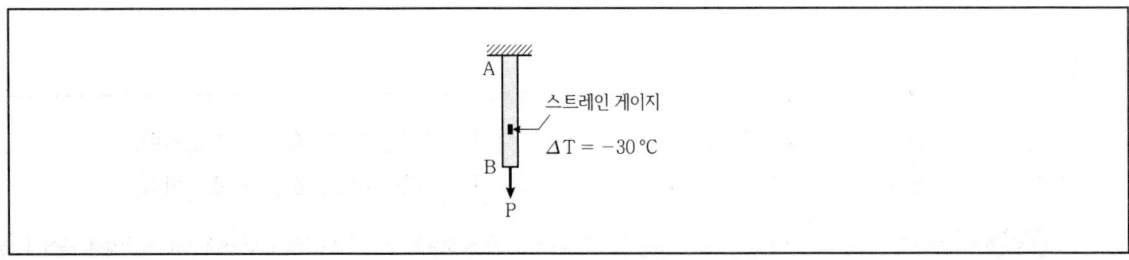

① 120
② 180
③ 240
④ 300

- **TIP** $\delta = \dfrac{PL}{EA}$ 이므로 $\varepsilon = \dfrac{\delta}{L} = \dfrac{P}{EA}$

  $\dfrac{P}{EA} + \alpha \triangle T = 2,400 \cdot 10^{-6}$ 이므로

  $\sigma = \dfrac{P}{A} = (2400 \cdot 10^6 - \alpha \triangle T)E = (2400 \cdot 10^6 - 20 \cdot 10^{-6} \cdot [-30^\circ C])(100\,GPa) = 300[MPa]$

10 그림과 같이 정지상태의 물체(무게 W = 55kN)에 케이블과 도르래를 이용하여 하중 P를 작용시킬 때, 물체가 미끄러짐이 발생하기 직전의 최대 하중 P[kN]는? (단, 바닥과 물체 사이의 최대정지마찰계수는 μ = 0.5이고, 케이블과 도르래의 질량 및 도르래의 마찰은 무시한다)

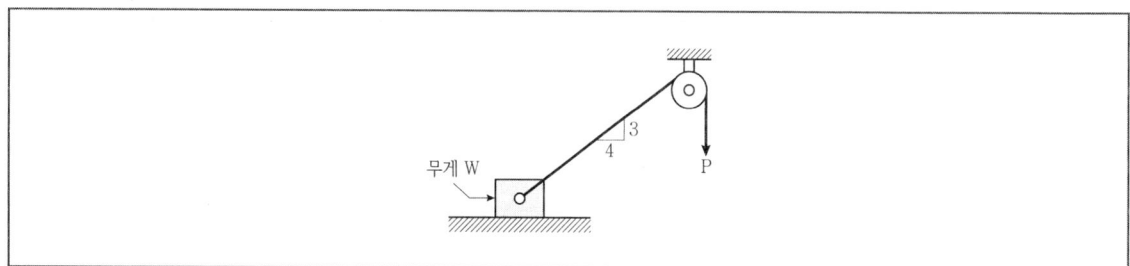

① 25
② 30
③ 35
④ 40

- **TIP** $F_b > F = \mu N = \mu(W - F_v)$ 이므로 $\dfrac{4}{5}P > 0.5(55[kN] - \dfrac{3}{5}P)$

  따라서 $P > 25[kN]$

11 그림과 같이 두께가 얇은 강판이 마찰이 없는 강체벽에 의해 x방향으로 구속되어 있다. 50MPa의 압력이 y방향으로 작용할 때, 강판의 y방향 수축변형률[10^{-3}]은? (단, 강판의 탄성계수 E = 200GPa, 포아송 비 v = 0.2이며, 강판의 자중은 무시한다)

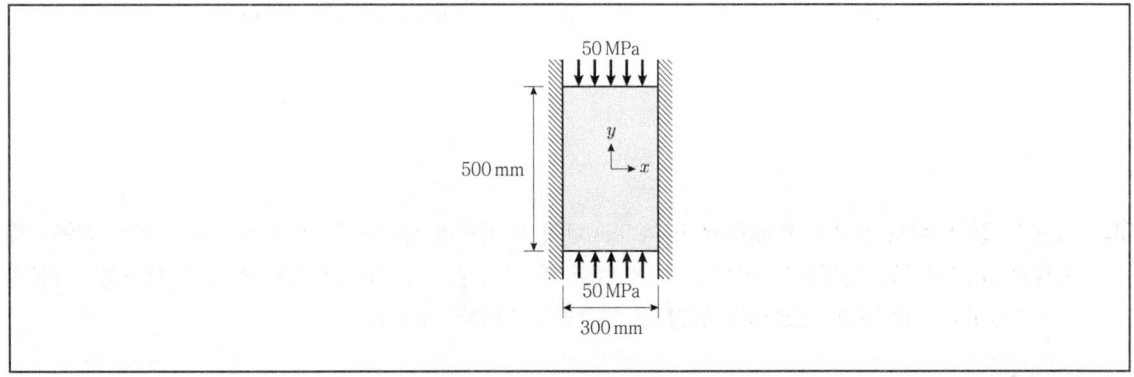

① 0.20
② 0.22
③ 0.24
④ 0.26

TIP
$\varepsilon_x = \dfrac{\sigma_x}{E} - \dfrac{v}{E}(\sigma_y + \sigma_x) = 0$

$\sigma_x = v(\sigma_y + \sigma_z) = 0.2(-50[MPa] + 0) = -10[MPa]$

$\varepsilon_y = \dfrac{\sigma_y}{E} - \dfrac{v}{E}(\sigma_x + \sigma_z) = \dfrac{-50[MPa]}{200[GPa]} - \dfrac{0.2}{200}(-10[MPa] + 0) = -0.24 \cdot 10^{-3}$

12 그림과 같이 B점과 C점에서 케이블로 지지된 강체보의 C점에 하중 10kN이 작용할 때, 지점 A에서의 수직 반력의 크기[kN]와 방향은? (단, 케이블의 탄성계수는 200GPa, 단면적은 100mm²이고, 모든 부재의 자중은 무시한다)

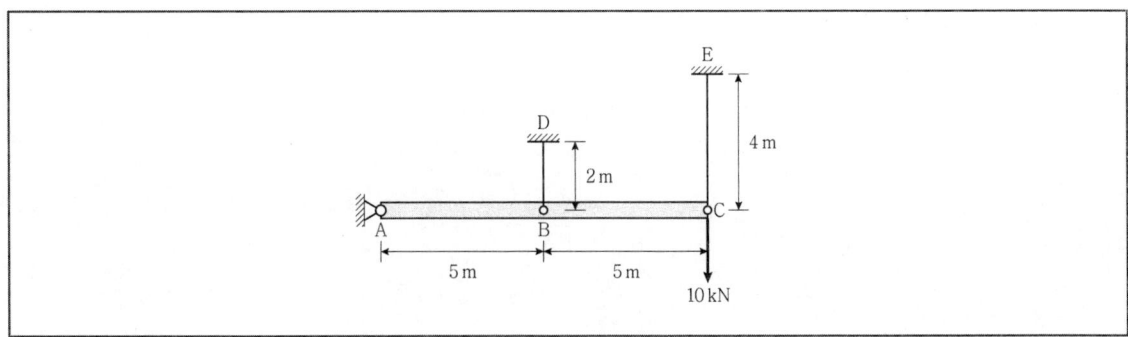

① $\dfrac{20}{3}(\downarrow)$
② $\dfrac{20}{3}(\uparrow)$
③ $\dfrac{10}{3}(\downarrow)$
④ $\dfrac{10}{3}(\uparrow)$

○**TIP** $\sum M_A = 0 : F \cdot 5[m] + F \cdot 10[m] - 10 \cdot 10[m] = 0, \ F = \frac{20}{3}[kN]$

$\sum F_y = 0 : R_A + \frac{20}{3}[kN] + \frac{20}{3}[kN] - 10[kN] = 0, \ R_A = -\frac{10}{3}[kN](\downarrow)$

13 그림과 같이 바닥틀을 지지하는 거더에서 D~E 구간 전단력 $V_{D\sim E}$의 정성적인 영향선으로 옳은 것은? (단, 거더의 휨강성은 일정하다)

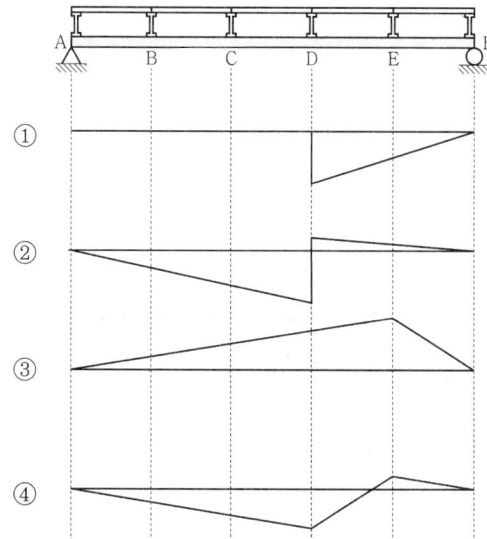

○**TIP** $\sum M_F = 0 : R_A \cdot L - 1 \cdot \frac{2L}{5} = 0$ 이므로 $R_A = \frac{2}{5}$

$\sum F_y = 0 : R_A - 1 - V_{DE} = 0$ 이므로 $V_{DE} = R_A - 1 = \frac{2}{5} - 1 = -\frac{3}{5}$

DE구간에서 (-)에서 (+)로 변경되므로 ④가 된다.

14 그림과 같이 등분포하중 w가 작용하는 단순보에서 소성힌지의 형성으로 소성붕괴 될 때의 등분포 소성 붕괴하중 w_u는? (단, M_p는 소성모멘트이고, 구조물의 자중은 무시한다)

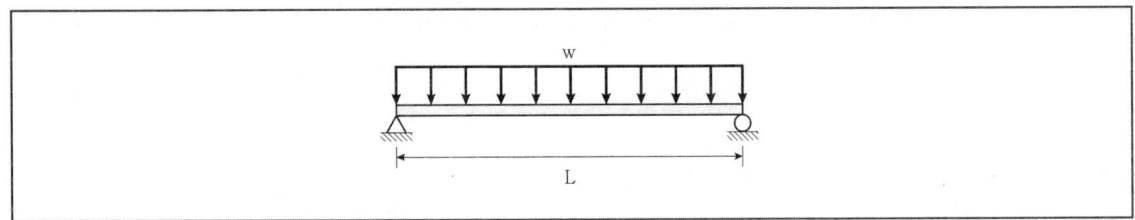

① $\dfrac{8M_p}{L^2}$

② $\dfrac{4M_p}{L^2}$

③ $\dfrac{2M_p}{L^2}$

④ $\dfrac{M_p}{L^2}$

○TIP $M_{\max} = \dfrac{w_u L^2}{8} = M_p$ 이므로 $w_u = \dfrac{8M_p}{L^2}$

15 그림과 같이 스프링으로 지지된 균일 단면의 강체보에 하중 900N이 작용하여 수평을 유지할 때, 스프링 강성 k_B[kN/m]는? (단, 스프링 강성 k_A = 5kN/m이고, 구조물의 자중은 무시한다)

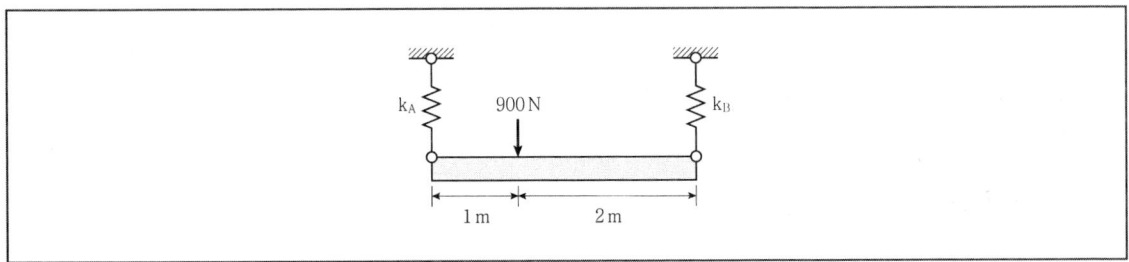

① 1.0

② 1.5

③ 2.0

④ 2.5

○TIP $\sum M_A = 0 : R_B \cdot 3[m] - 900[N] \cdot 1[m] = 0$ 이므로 $R_B = 300[N]$

$\sum F_y = 0 : R_A - 900[N] + 300[N] = 0$ 이므로 $R_A = 600[N]$

$\delta_A = \delta_B$ 이므로 $\dfrac{R_A}{K_A} = \dfrac{R_B}{K_B}$ 가 성립하여 $\dfrac{600[N]}{5[kN/m]} = \dfrac{300[N]}{K_B}$

$K_B = 300[N] \cdot \dfrac{5[kN/m]}{600[N]} = 2.5[kN/m]$

16 그림과 같은 정사각형 및 원형 단면에 같은 크기의 전단력 V가 작용할 때, 단면에 발생하는 최대전단응력의 비 $\left(\dfrac{\tau_{\max}(정사각형)}{\tau_{\max}(원형)}\right)$는?

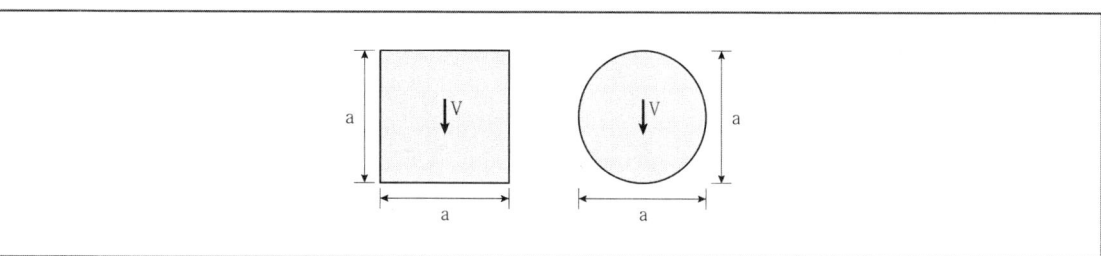

① $\dfrac{9\pi}{32}$
② $\dfrac{\pi}{4}$
③ $\dfrac{7\pi}{32}$
④ $\dfrac{3\pi}{16}$

TIP $\tau_{\max(정사각형)} = \dfrac{3V}{2A} = \dfrac{3V}{2a^2}$

$\tau_{\max(원형)} = \dfrac{4V}{3A} = \dfrac{4V}{3\left(\dfrac{\pi a^2}{4}\right)} = \dfrac{16V}{3\pi a^2}$

$\dfrac{\tau_{\max(정사각형)}}{\tau_{\max(원형)}} = \dfrac{\dfrac{3V}{2a^2}}{\dfrac{16V}{3\pi a^2}} = \dfrac{9\pi}{32}$

Answer 14.① 15.④ 16.①

17 그림과 같이 일정 길이의 봉 부재 양단에 휨모멘트 M = 50N · m가 작용하여 곡률반경 ρ = 4m인 원호의 일부 형상으로 변형되었을 때, 봉 재료의 탄성계수 E[GPa]는? (단, 봉의 단면은 한 변의 길이가 10mm인 정사각형 단면이고, 미소변형이론을 적용한다)

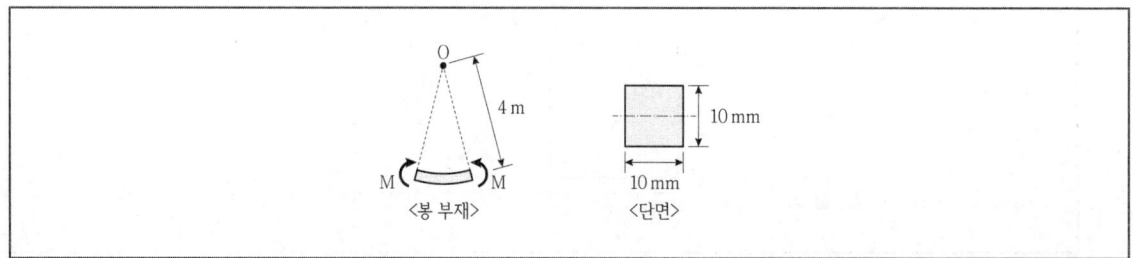

① 200
② 220
③ 240
④ 260

○TIP $K = \dfrac{1}{\rho} = \dfrac{M}{EI}$ 이므로 $E = \dfrac{M\rho}{I} = \dfrac{50[Nm] \cdot 4[m]}{\dfrac{10 \cdot 10^3}{12}[mm^4]} = 240[GPa]$

18 그림과 같은 트러스에서 부재 BC의 부재력[kN]은? (단, 구조물의 자중은 무시한다)

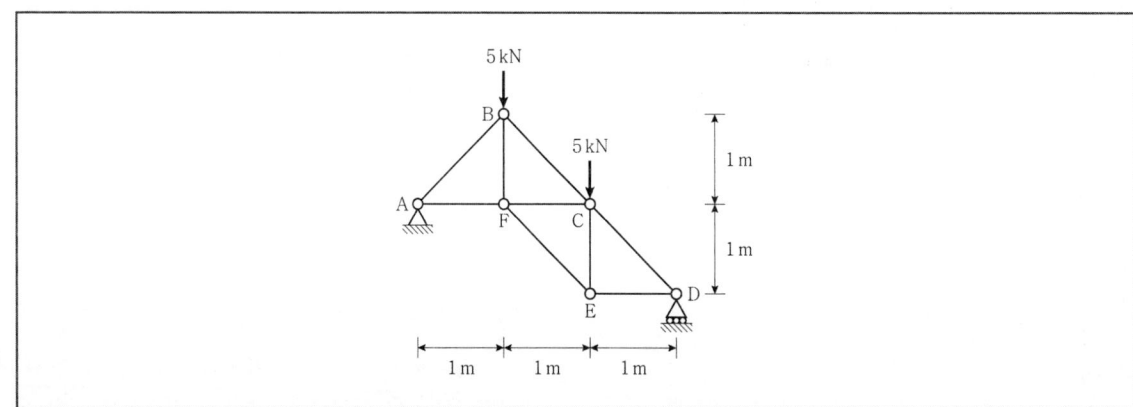

① 5(인장)
② 5(압축)
③ $5\sqrt{2}$(인장)
④ $5\sqrt{2}$(압축)

○TIP $\sum M_A = 0 : R_D \cdot 3[m] - 5[kN] \cdot 1[m] - 5[kN] \cdot 2[m] = 0$, $R_D = 5[kN]$

19 그림과 같은 단순보에서 A점의 회전각 θ_A[radian]와 C점의 처짐 δ_C[m]는? (단, 보의 휨강성 EI = 1,200 kN·m² 이고, 구조물의 자중은 무시한다)

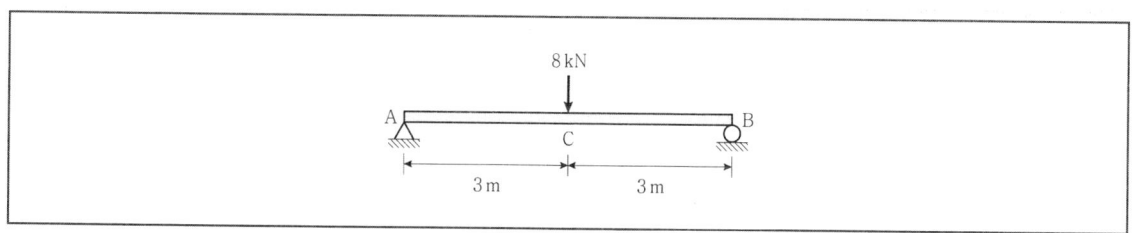

	θ_A	δ_C		θ_A	δ_C
①	0.015	0.02	②	0.015	0.03
③	0.01	0.03	④	0.01	0.02

○TIP
$$\theta_A = \frac{PL^2}{16EI} = \frac{8[kN](6m)^2}{16(1200[kN \cdot m^2])} = 0.015[rad]$$
$$\delta_c = \frac{PL^3}{48EI} = \frac{8[kN](6m)^3}{48(1200[kNm^2])} = 0.03[m]$$

20 그림은 두께 t인 판 3개를 접착시켜 제작한 단순보에 하중 P를 '0'에서부터 서서히 증가시키는 실험을 나타낸다. 만일 P = 9kN일 때 접착면 전단파괴가 발생하였다면, 판의 두께 t[mm]는? (단, 접착면의 전단강도는 5MPa이고, 전단파괴 이전에 접착면 미끄러짐은 발생하지 않으며, 구조물의 자중은 무시한다)

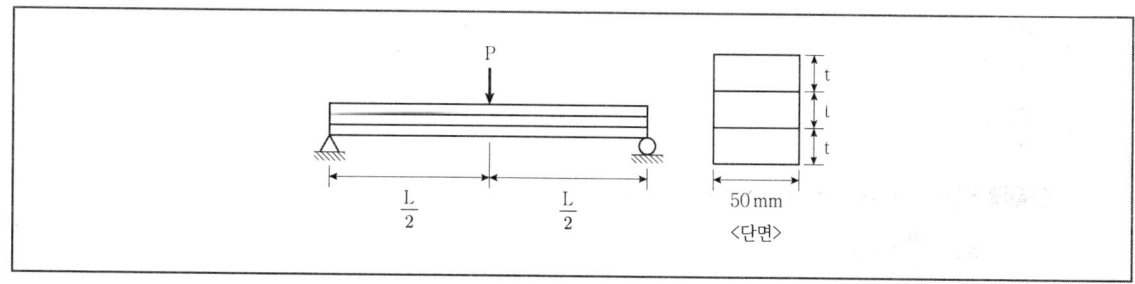

① 8
② 16
③ 24
④ 32

○TIP
$$V_{\max} = \frac{P}{2}, \; \tau_{\max} = \frac{V_{\max} \cdot Q}{Ib} = \frac{\frac{P}{2}(b \cdot t)(1.5t - 0.5t)}{\frac{b(3t)^3}{12} \cdot b} = \frac{2P}{9bt}$$

$\tau_{\max} > \tau_a$ 이므로 $\frac{2P}{9bt} = \frac{2 \cdot 9[kN]}{9(50[mm]t)} > 5[MPa]$, $t < 8[mm]$

Answer 17.③ 18.④ 19.② 20.①

응용역학개론 | 2024. 6. 22. 제1회 지방직 시행

1 그림과 같은 구조물에서 지점 B의 수평반력[kN]의 크기와 방향은? (단, 구조물의 자중은 무시한다)

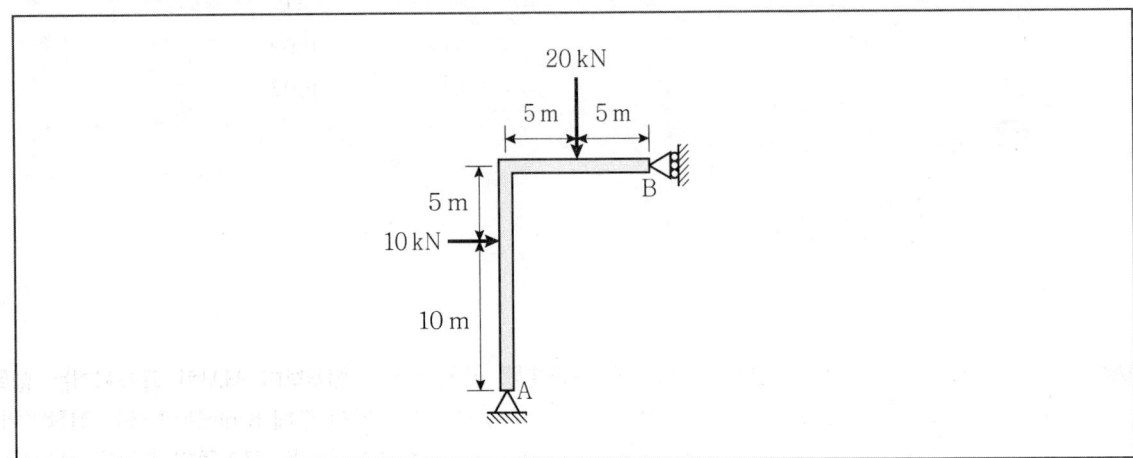

① $\frac{40}{3}$ (←)

② $\frac{10}{3}$ (←)

③ $\frac{40}{3}$ (→)

④ $\frac{10}{3}$ (→)

TIP $\sum M_A = 0 : R_B \cdot 15 - 10[kN] \cdot 10 - 20[kN] \cdot 5 = 0$이므로
$R_B = \frac{40}{3}[kN](←)$

2 그림과 같은 탄성-완전소성 재료로 만들어진 보 단면의 형상계수(shape factor)는?

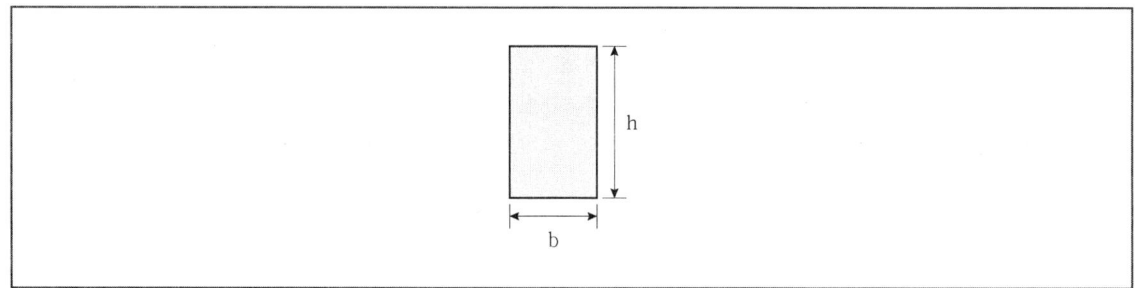

① 0.5　　　　　　　　　　　② 1.0
③ 1.5　　　　　　　　　　　④ 2.0

> **TIP** 형상계수는 소성모멘트계수를 탄성모멘트계수로 나눈 값이므로
> $$f = \frac{M_z}{M_y} = \frac{Z}{S} = \frac{\dfrac{bh^2}{4}}{\dfrac{bh^2}{6}} = 1.5$$

3 그림과 같이 원형단면을 가지는 부재에 중심축하중 300kN이 작용하여 길이가 5mm 늘어났을 때, 부재의 전단탄성계수[GPa]는? (단, π는 3으로 가정하고, 포아송비는 0.25이다)

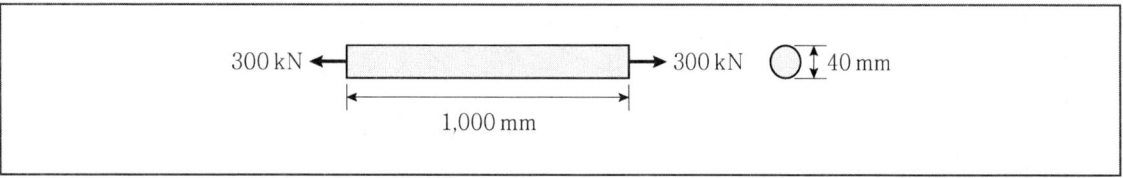

① 10　　　　　　　　　　　② 20
③ 30　　　　　　　　　　　④ 40

> **TIP** $G = \dfrac{E}{2(1+v)}$, $\delta = \dfrac{PL}{EA}$ 이므로
> $$G = \frac{1}{2(1+v)} \times \frac{PL}{\delta A} = \frac{1}{2(1+0.25)} \cdot \frac{300[kN] \cdot 1000[mm]}{5[mm] \cdot \dfrac{40^2 \cdot 3}{4}[mm^2]} = 20[GPa]$$

Answer 1.① 2.③ 3.②

4 휨을 받는 보의 단면계수에 대한 설명으로 옳지 않은 것은?

① 원형단면에서 반지름이 2배가 되면 단면계수는 8배가 된다.
② 직사각형단면의 폭을 2배로 증가시키면 단면계수도 2배로 증가한다.
③ 직사각형단면의 항복모멘트는 단면계수에 항복응력을 곱하여 구한다.
④ 면적이 같고 높이의 비가 1:2인 두 직사각형 단면의 단면계수 비는 1:4이다.

> **TIP** 직사각형 단면으로서 면적이 같고 높이의 비가 1:2이면
> 단면계수의 비는 1:2이다.
> $A_0 = b_0 \cdot h_0$, $A_1 = b_1 \cdot h_1$ 라고 가정하면
> $A_0 = A_1$ 인 경우 $b_1 = \dfrac{b_0}{2}$
> $S_0 = \dfrac{b_0 h_0^2}{6}$, $S_1 = \dfrac{b_1 h_1^2}{6} = \dfrac{\dfrac{b_0}{2} \cdot (2h)^2}{6} = \dfrac{bh^2}{3}$ 이므로
> $S_0 : S_1 = \dfrac{1}{6} : \dfrac{1}{3} = 1 : 2$

5 그림과 같은 트러스의 수직부재 CD의 부재력은? (단, 부재의 자중은 무시한다)

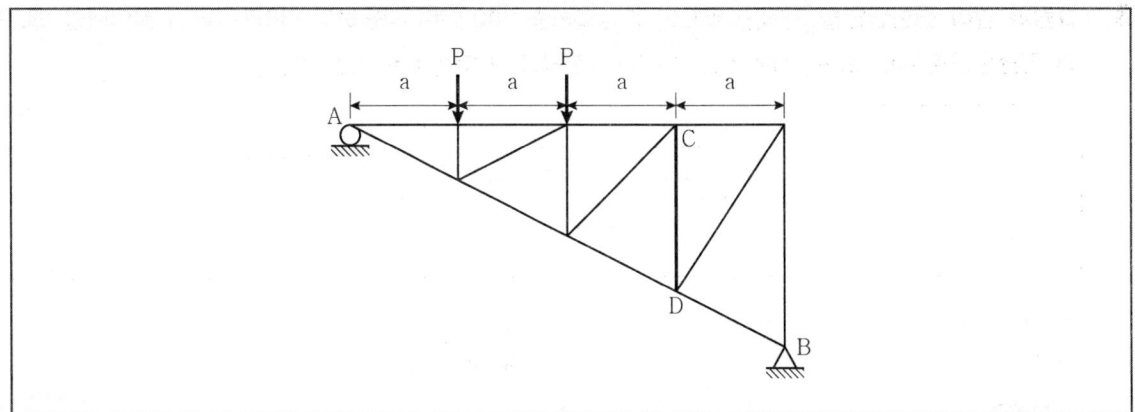

① P(인장력)   ② P(압축력)
③ 2P(인장력)   ④ 2P(압축력)

> **TIP** 절점법을 적용하여 손쉽게 풀 수 있다.
> 지점의 연직반력의 크기를 구하면
> B점에 대한 모멘트합이 0이 되어야 하므로
> $\sum M_B = 0 : R_A \cdot 4 - P \cdot 3 - P \cdot 2 = 0$, $R_A = \dfrac{5}{4}P$ 이며
> $\sum V = 2P - \dfrac{5}{4}P - R_B = 0$ 이므로 $R_B = \dfrac{3}{4}P$ 가 된다.

A지점으로부터 첫 번째 가로변의 길이를 a, 첫 번째 세로변의 길이를 b라고 하면 CD부재의 길이는 3b가 된다. 부재 형상의 비를 다음과 같이 나타낼 수 있다.

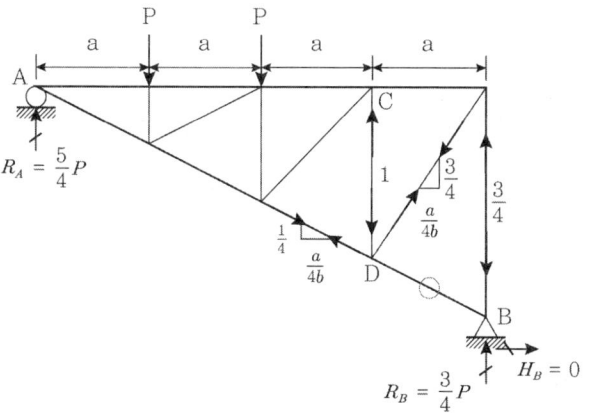

여기서 D점을 기준으로 힘의 평형을 이루어야 하므로 CD부재에 작용하는 힘은 1×P가 된다.

6 그림과 같이 하중 P_1, P_2, P_3의 합력 R이 20kN인 평면력계에서 x[m]는?

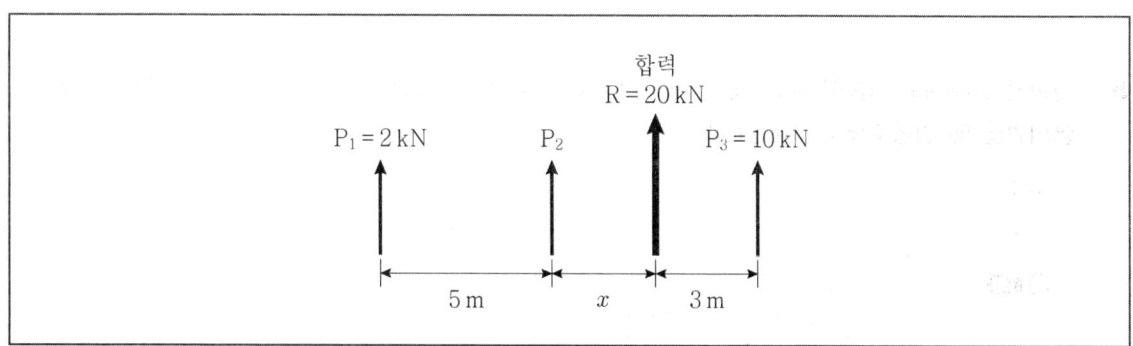

① 2
② 3
③ 4
④ 5

TIP 바리뇽의 정리에 관한 문제이다. 연직력 합력의 크기가 20kN이므로 연직력 P2의 크기는 8kN가 된다.
가장 좌측의 작용점을 기준점으로 한 경우 분력 3개에 의한 모멘트의 합은 합력 20kN에 의한 모멘트의 합과 같아야 하므로
$-P_1 \cdot 0 - P_2 \cdot 5 - P_3(5+x+3) = 0 - 8 \cdot 5 - 10(8+x) = -120 - 10x = -R \cdot (5+x) = -20 \cdot 5 - 20x$
따라서 $x = 2$가 된다.

Answer 4.④ 5.② 6.①

7 그림과 같이 중심축하중이 작용하는 원형 강봉 AD의 총 변형량[mm]은? (단, 단면적 A = 200 mm², 탄성계수 E = 200GPa이며, 강봉의 자중은 무시한다)

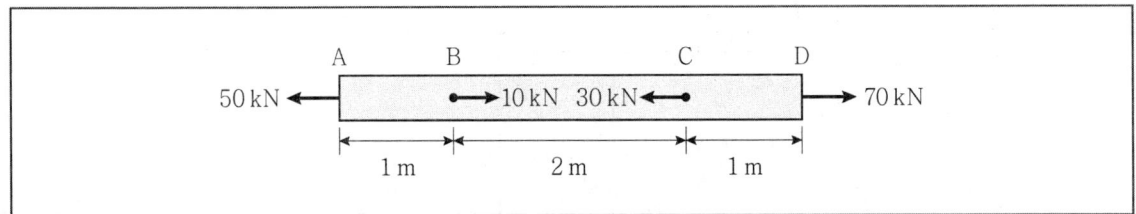

① 2　　　　　　　　　　　　　　　② 5
③ 7　　　　　　　　　　　　　　　④ 12

OTIP $N_{AB} = 50[kN]$, $N_{BC} = 50[kN] - 10[kN] = 40[kN]$
$N_{CD} = 50[kN] - 10[kN] + 30[kN] = 70[kN]$

$$\delta_{AD} = \delta_{AB} + \delta_{BC} + \delta_{CD} = \frac{50[kN] \cdot 1[m]}{EA} + \frac{40[kN] \cdot 2[m]}{EA} + \frac{70[kN] \cdot 1[m]}{EA} = \frac{200[kNm]}{EA} = 5[mm]$$

8 길이가 500mm, 지름이 50mm인 강봉 양단에 축하중이 작용하여 길이가 0.1mm, 지름이 0.001mm 변형되었을 때 강봉부재의 포아송비는?

① 0.1　　　　　　　　　　　　　② 0.2
③ 0.3　　　　　　　　　　　　　④ 0.4

OTIP $v = -\dfrac{\varepsilon_d}{\varepsilon_L} = -\dfrac{\frac{\triangle d}{d}}{\frac{\triangle L}{L}} = -\dfrac{L \triangle d}{d \triangle L} = -\dfrac{500[mm](-0.001[mm])}{50[mm](0.1[mm])} = 0.1$

9 다음과 같은 양단 고정보의 정성적 전단력 선도는?

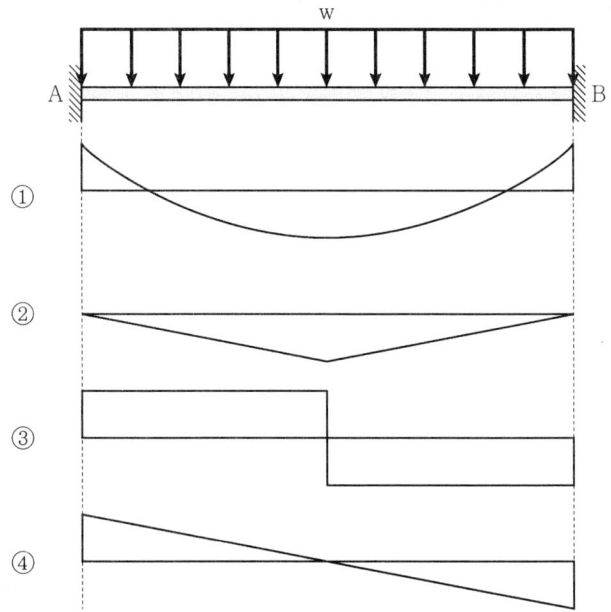

○ TIP 양단의 연직방향 힘의 절대값의 크기는 같으며 0보다 커야 하므로 2번은 제외된다.
또한 등분포 하중이므로 전단력선도가 경사진 선형을 이루어야 하므로 1번과 3번이 제외된다.

Answer 7.② 8.① 9.④

10 그림과 같은 반경이 r인 강체원판의 세 점 A, B, C에 각각 2P의 힘이 작용하는 평면력계에서 O점에 대한 합 모멘트는? (단, 원판은 O점에 고정되어 있고, 강체원판의 자중은 무시한다)

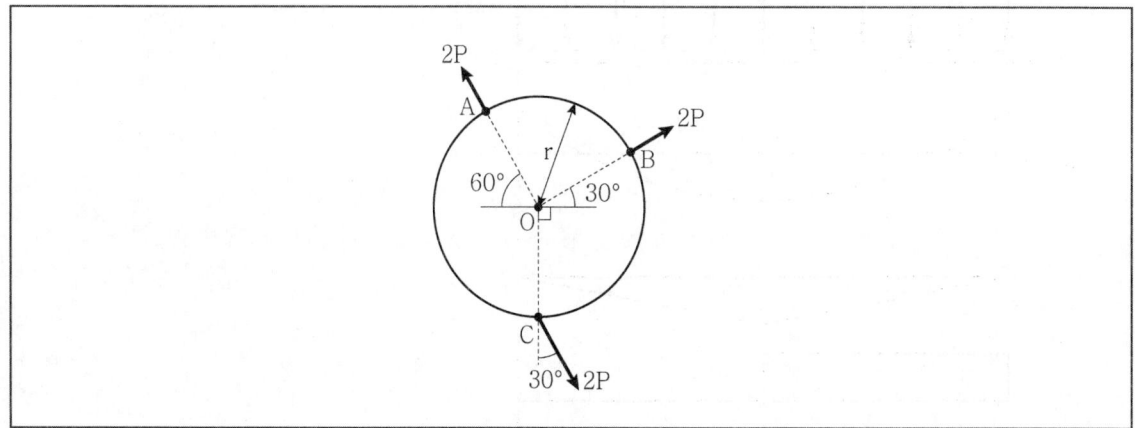

① $\sqrt{3}\,Pr$
② $0.5Pr$
③ Pr
④ $(2+\sqrt{3})Pr$

○TIP 각 힘의 작용점에서 원판의 접선방향의 힘성분과 O점과의 수직거리를 곱한 값들의 합이므로 $M_o = (2P\sin 30°)(r) = Pr$

11 그림과 같은 양단 내민보의 중앙 C점에서 휨모멘트가 0이 되기 위한 하중 P의 크기는? (단, 보의 자중은 무시한다)

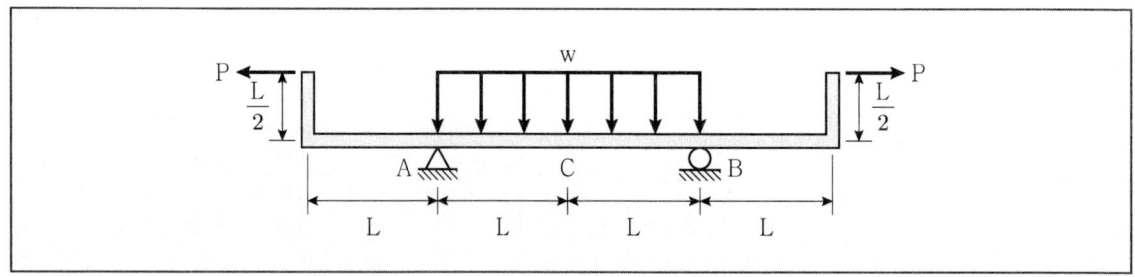

① $\frac{1}{8}wL$
② $\frac{1}{4}wL$
③ $\frac{1}{2}wL$
④ wL

◯TIP 대칭구조이므로 한쪽을 잘라서 해석할 수 있다.

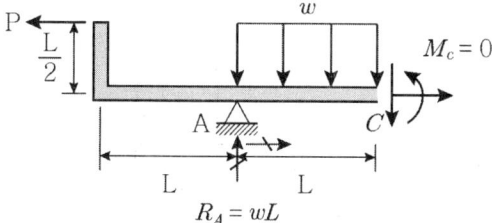

$R_A = \dfrac{w \cdot 2L}{2} = wL$이며 C점에 대한 모멘트의 합이 0이 되어야 하므로

$\sum M_c = 0 : P \cdot 0.5L - wL \cdot L + wL \cdot 0.5L = 0$이므로 $P = wL$이 된다.

12 그림과 같이 케이블로 지지된 강체 보 BC에 5P의 집중하중이 작용할 때, 강체 보 BC가 수평을 유지하기 위한 x는? (단, 모든 부재의 자중은 무시하고, 케이블 AB와 케이블 CD의 재료와 단면적은 동일하다)

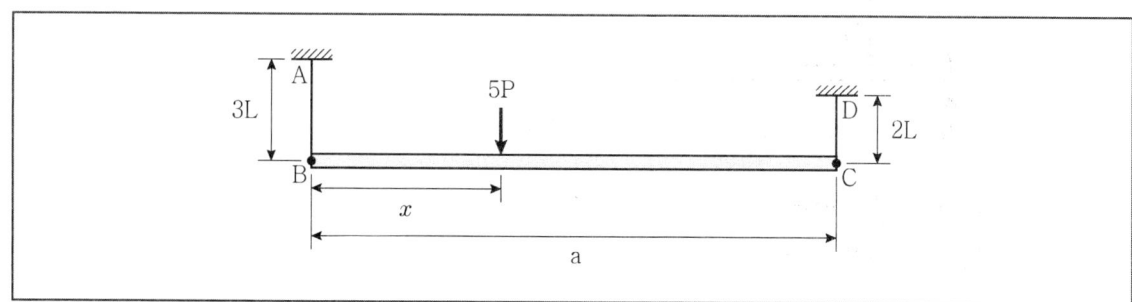

① 0.4a
② 0.5a
③ 0.6a
④ 0.7a

◯TIP $F_B = k_B \cdot \delta = \dfrac{EA}{3L} \cdot \delta = \dfrac{F}{3}$, $F_C = k_C \cdot \delta = \dfrac{EA}{2L} \cdot \delta = \dfrac{F}{2}$

연직방향의 합력이 0이 되어야 하므로 $\sum V = \dfrac{F}{3} - 5P + \dfrac{F}{2} = 0$

$F = 6P$이며 $\sum M_P = 0 : 5P \cdot x - \dfrac{1}{2} \cdot 6P \cdot a = 0$, $x = 0.6a$

Answer 10.③ 11.④ 12.③

13 그림과 같이 단순보에 연행하중이 이동할 때, 지점 A에서의 최대 반력[kN]은? (단, 보의 자중은 무시한다)

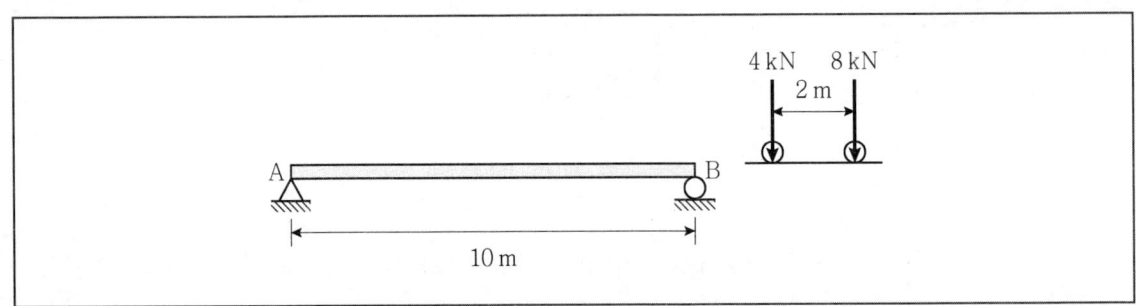

① 10.0
② 10.4
③ 11.2
④ 12.4

TIP

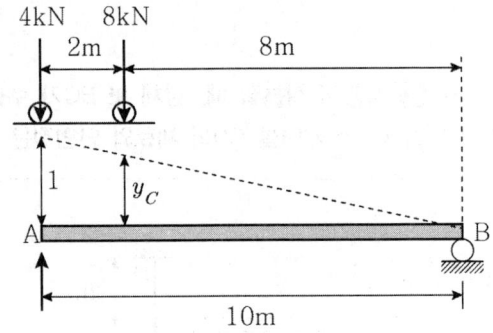

$$y_c = 1 \times \frac{8[m]}{10[m]} = 0.8[m]$$

$$R_{A-\max} = 4[kN] \cdot 1 + 8[kN] \cdot 0.8 = 10.4[kN]$$

14 그림과 같이 게르버보에 10kN의 집중하중이 작용할 때, 허용전단응력을 고려한 b의 최솟값[m]은? (단, 보의 허용전단응력은 300kPa이며, 보의 자중은 무시한다)

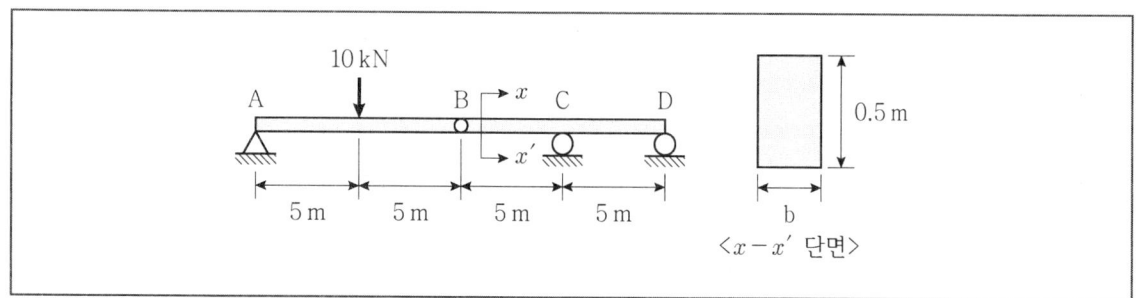

① 0.5
② 0.15
③ 0.05
④ 0.015

> **TIP** $V_{\max} = 5[kN]$이며 $\tau_{\max} = \dfrac{3V_{\max}}{2A} = \dfrac{3V_{\max}}{2(b \cdot 0.5[m])} \leq \tau_a$
>
> 따라서 $\dfrac{3V_{\max}}{2(0.5[m]) \cdot \tau_a} = \dfrac{3 \cdot 5[kN]}{2(0.5[m])(300[kPa])}$, $0.05[m] \leq b$

15 그림과 같은 초기응력이 없는 양단 고정보에 20℃의 온도상승이 있을 때, 보에 발생하는 축력[kN]은? (단, 보의 단면적 A = 5,000 mm², 탄성계수 E = 2.0 × 10⁵MPa, 열팽창계수 α = 2.0 × 10⁻⁵/℃이다)

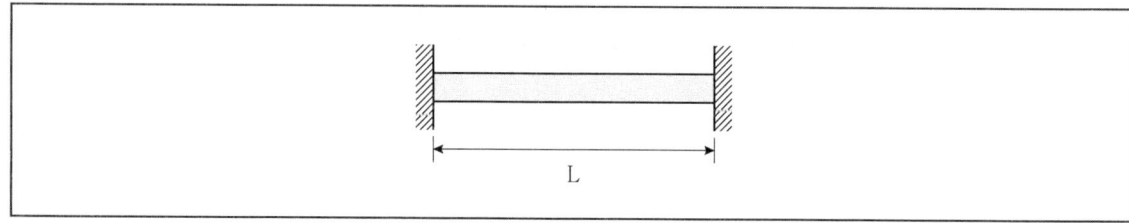

① 200(인장력)
② 200(압축력)
③ 400(인장력)
④ 400(압축력)

> **TIP** 축력에 의한 변형을 δ_h, 온도변화에 의한 변형을 δ_t
>
> 적합방정식은 $\delta_h + \delta_t = 0$, $\dfrac{RL}{EA} + \alpha \Delta TL = 0$
>
> $R = -\alpha \Delta TEA = -(2 \cdot 10^{-5}/°C)(20°C)(2 \cdot 10^5[MPa])(5000[mm^2]) = -400[kN]$(압축)

Answer 13.② 14.③ 15.④

16 그림과 같이 스프링으로 지지되어 있는 외팔보의 B점에 수직하중 1kN이 작용할 때, B점의 수직처짐 [mm]은? (단, 보의 휨강성 EI = 100kN·m², 스프링 강성 k = 100kN/m이며, 모든 부재의 자중은 무시한다)

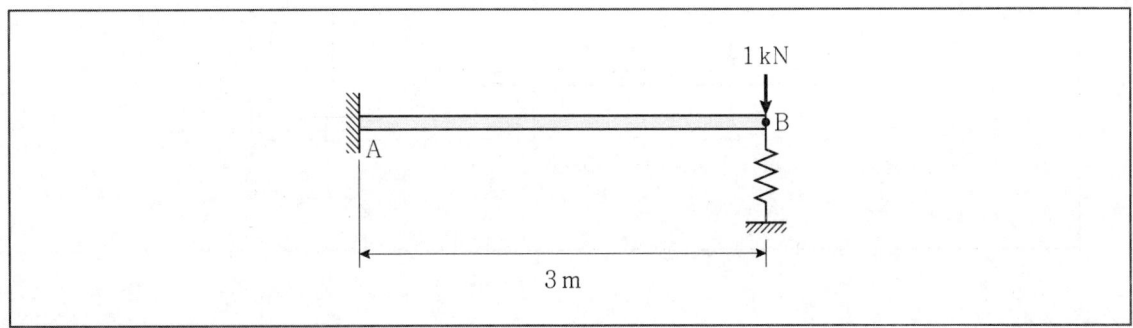

① 9　　　　　　　　　　　　　② 10
③ 90　　　　　　　　　　　　　④ 100

TIP δ_P는 외력에 의한 B점의 처짐

δ_R은 스프링반력 R에 의한 B점의 처짐

δ_k는 스프링의 변형량

$\delta_P - \delta_R = \delta_k$ 이므로 $\dfrac{PL^3}{3EI} - \dfrac{RL^3}{3EI} = \dfrac{R}{k}$

$R = \dfrac{kL^3}{kL^3 + 3EI} P$ 이므로

$\delta_B = \delta_k = \dfrac{R}{k} = \dfrac{L^3}{kL^3 + 3EI} P = \dfrac{(3[m])^3}{(100[kN/m](3[m])^3 + 3(100[kNm^2]))} \cdot 1[kN] = 9[mm]$

17 그림과 같이 길이가 3L인 양단 고정보의 B점에 비틀림모멘트 T가 작용할 때, B점의 비틀림각의 크기는? (단, 보의 비틀림강성은 GJ이며, 보의 자중은 무시한다)

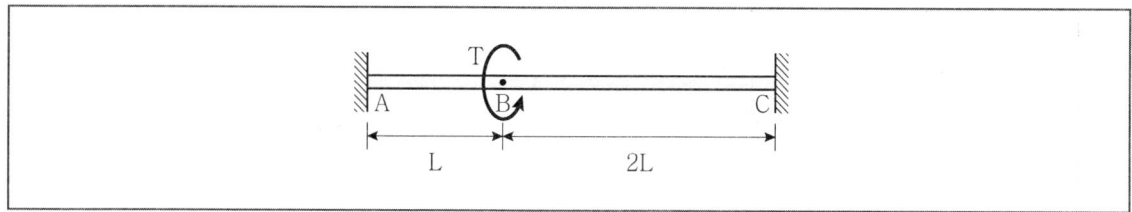

① $\dfrac{TL}{GJ}$

② $\dfrac{1}{2}\dfrac{TL}{GJ}$

③ $\dfrac{2}{3}\dfrac{TL}{GJ}$

④ $\dfrac{3}{4}\dfrac{TL}{GJ}$

> **TIP** $T_{AB} = R$, $T_{BC} = R - T$, $\phi_{AB} + \phi_{BC} = 0$
>
> $\dfrac{T_{AB}L_{AB}}{GJ} + \dfrac{T_{AB}L_{AB}}{GJ} = \dfrac{RL}{GJ} + \dfrac{(R-T)(2L)}{GJ} = 0$
>
> $R + (R - T)(2) = 0$ 이므로 $R = \dfrac{2T}{3}$
>
> 따라서 $\phi_B = \phi_{AB} = \dfrac{T_{AB}L_{AB}}{GJ} = \dfrac{(\frac{2}{3}T)L}{GJ} = \dfrac{2TL}{3GJ}$

Answer 16.① 17.③

18 그림과 같이 수평변위 구속조건이 서로 다른 3개의 장주에 대한 오일러 좌굴하중의 비 $P_{(a)} : P_{(b)} : P_{(c)}$는? (단, 평면 내의 좌굴만을 고려하며, 부재의 휨강성 EI는 동일하고 장주의 자중은 무시한다)

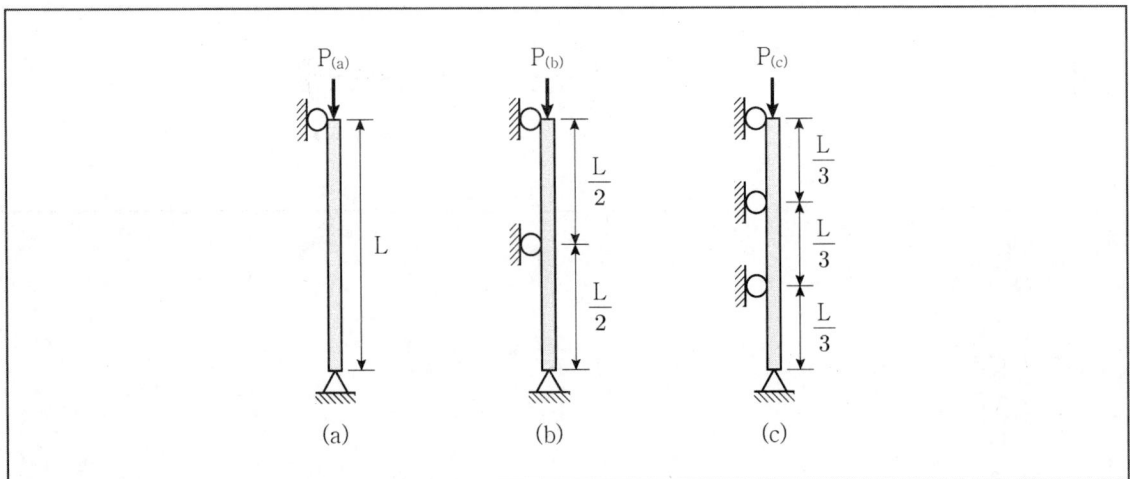

① 1 : 2 : 3
② 1 : 4 : 9
③ 3 : 2 : 1
④ 9 : 4 : 1

O TIP $P_{cr(a)} = \dfrac{\pi^2 EI}{L^2}$, $P_{cr(b)} = \dfrac{\pi^2 EI}{\left(\dfrac{L}{2}\right)^2} = \dfrac{4\pi^2 EI}{L^2}$, $P_{cr(c)} = \dfrac{\pi^2 EI}{\left(\dfrac{L}{3}\right)^2} = \dfrac{9\pi^2 EI}{L^2}$

따라서 P(a) : P(b) : P(c)는 1 : 4 : 9이다.

19 재료의 응력-변형률 관계에 대한 설명으로 옳지 않은 것은?

① 모든 탄성재료의 응력-변형률 선도는 직선이다.
② 재료의 탄성계수 단위와 응력의 단위는 동일하다.
③ 연성재료의 경우 항복과 동시에 파괴되지는 않는다.
④ 소성구간에서 하중을 제거하면 영구변형이 발생한다.

O TIP 탄성에는 선형탄성과 비선형탄성이 있으며 비선형탄성의 선도는 곡선이다.

20 그림과 같은 외팔보에서 자유단의 처짐은? (단, 보의 휨강성은 EI이며, 보의 자중은 무시한다)

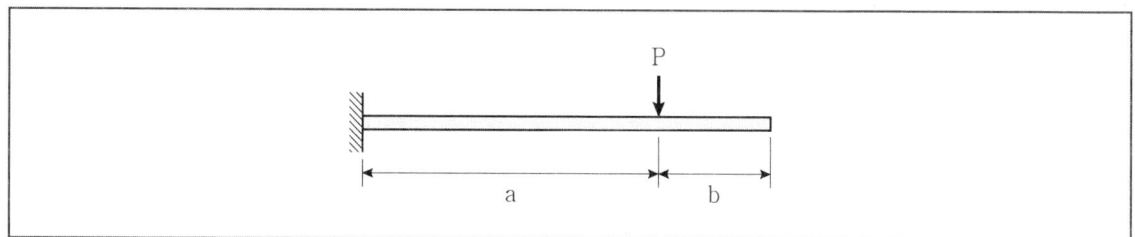

① $\dfrac{Pa^2}{6EI}(2a+3b)$ ② $\dfrac{Pa^2}{6EI}(3a+2b)$

③ $\dfrac{Pa^2}{3EI}(a+2b)$ ④ $\dfrac{Pa^2}{3EI}(2a+b)$

◯TIP 하중작용점의 처짐은 $\delta_C = \dfrac{Pa^3}{3EI}$

하중작용점의 처짐각은 $\theta_C = \dfrac{Pa^2}{2EI}$ 이므로

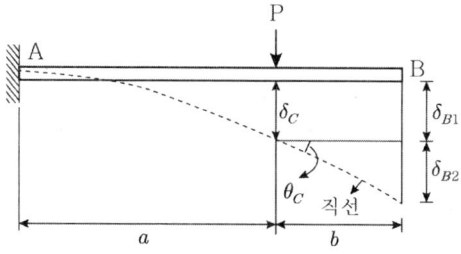

$\delta_B = \delta_{B1} + \delta_{B2} = \delta_C + \theta_C \cdot b = \dfrac{Pa^3}{3EI} + \dfrac{Pa^2}{2EI} \cdot b = \dfrac{Pa^2}{6EI}(2a+3b)$

Answer 18.② 19.① 20.①

응용역학개론 | 2025. 4. 5. 국가직 시행

1 마찰력에 대한 일반적인 설명으로 옳지 않은 것은?

① 마찰력은 접촉면의 크기에 상관없다.
② 최대정지마찰력은 운동마찰력보다 작다.
③ 마찰력은 항상 움직이는 방향의 반대 방향으로 작용한다.
④ 마찰력이 최대정지마찰력에 도달했을 때 마찰각도 최댓값을 갖는다.

　　TIP 최대정지마찰력은 운동마찰력보다 큽니다.

2 그림과 같은 직사각형 단면의 x, y축에 대한 단면 상승모멘트 $I_{xy}[mm^4]$는?

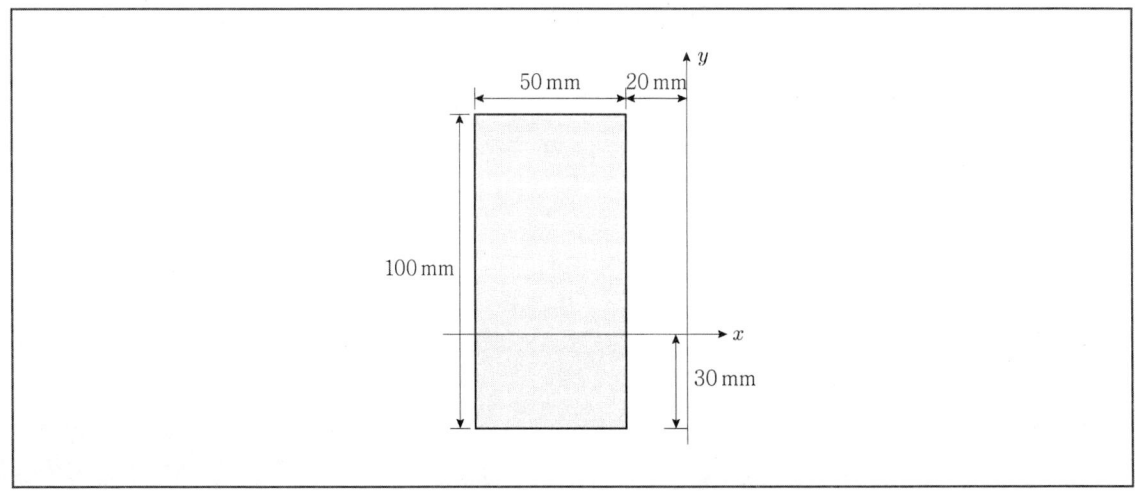

① 4.5×10^6
② -4.5×10^6
③ 6.25×10^6
④ -6.25×10^6

　　TIP $I_{xy} = I_{XY} + Ax_0 y_0 = 0 + (50 \cdot 100[mm^2])(45[mm])(-20[mm]) = -4.5 \times 10^6 [mm^4]$

3 그림과 같이 원점에 작용하는 세 힘이 정적 평형 상태에 있기 위해서 필요한 힘 F의 크기[kN]와 x축과 이루는 각 $\theta[°]$는?

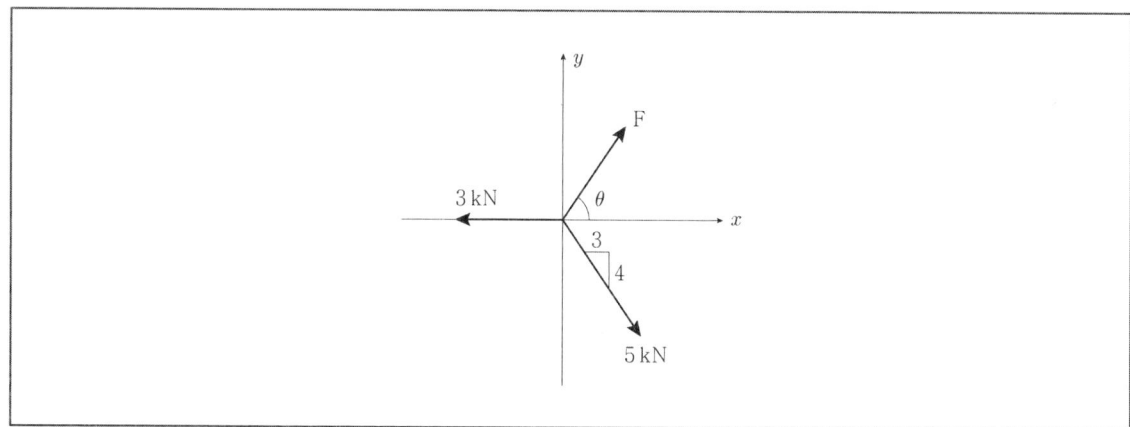

	F	θ
①	3	30
②	3	60
③	4	60
④	4	90

O TIP 수평방향의 합력이 0이어야 하므로

$$\sum F_x = F\cos\theta + 5[kN] \cdot \frac{3}{5} - 3[kN] = 0 \text{이므로 } \theta = 90°$$

$$\sum F_y = F\sin\theta - 5[kN] \cdot \frac{4}{5} = 0 \text{이므로 } F = 4[kN]$$

Answer 1.② 2.② 3.④

4 그림과 같이 하중을 받는 라멘구조에서 C점의 휨모멘트가 0이 되기 위한 집중하중 P[kN]는? (단, 휨강성 EI는 일정하고, 자중은 무시한다)

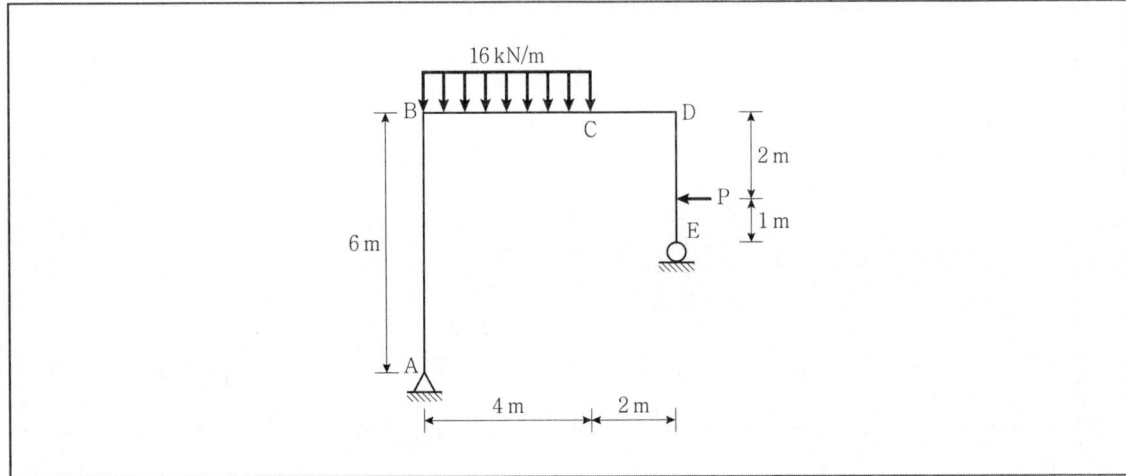

① 8.4
② 9.6
③ 10.8
④ 12.8

> **TIP** E점의 연직반력을 구하면 CDE부재에 대해서 해석하면
> $\sum M_C = R_E \cdot 2[m] - P \cdot 2[m] = 0 : R_E = P(\uparrow)$
> 부재 전체에서 A점에 대해 모멘트합이 0이 되어야 하므로
> $\sum M_A = P \cdot (6-2)[m] - 16[kN/m] \cdot 4[m] \cdot \dfrac{4[m]}{2} + P \cdot 6[m] = 0$
> $P = 12.8[kN](\leftarrow)$

5 그림과 같이 길이가 1m, 지름이 50mm인 강봉에 인장력 P가 단면의 도심에 작용하여 강봉의 길이는 1,005mm, 지름은 49.9mm가 되었다. 강봉의 푸아송비는?

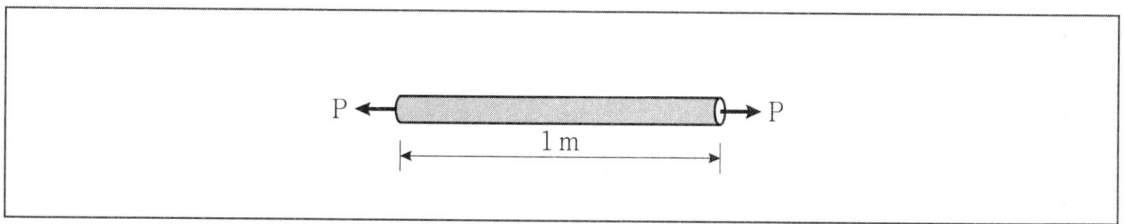

① 0.25
② 0.3
③ 0.35
④ 0.4

TIP
$$v = -\frac{\varepsilon_d}{\varepsilon_l} = -\frac{\frac{\Delta d}{d}}{\frac{\Delta L}{L}} = -\frac{L\Delta d}{d\Delta L} = -\frac{1[m] \cdot (-0.1[m])}{(50[mm])(5[mm])} = 0.4$$

6 그림과 같은 T형 단면의 수평 소성중립축에 대한 소성모멘트 M_p는? (단, 단면은 탄성-완전소성 재료로 구성되어 있으며, 인장과 압축의 항복응력은 σ_y이다)

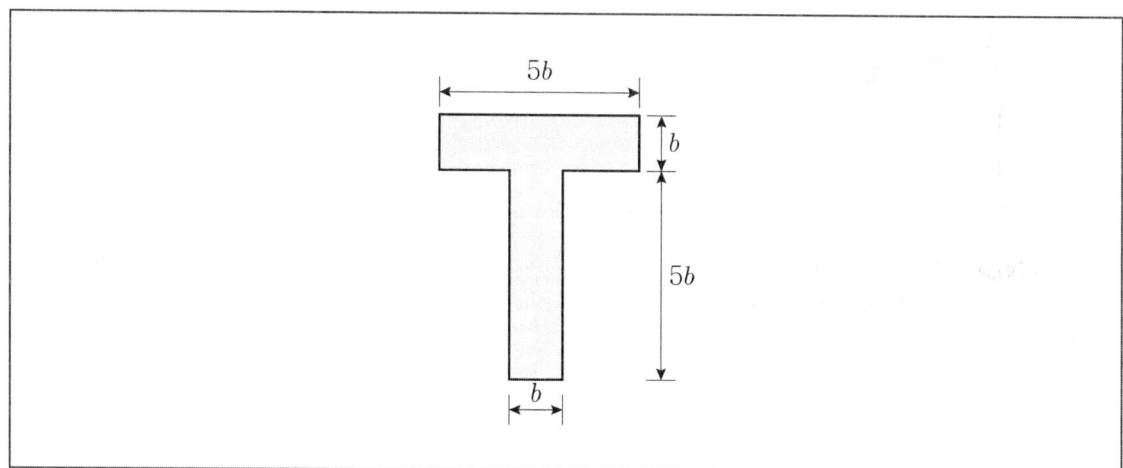

① $5b^3\sigma_y$
② $10b^3\sigma_y$
③ $15b^3\sigma_y$
④ $20b^3\sigma_y$

TIP
$$Z = Q_1 + Q_2 = 5b^2 \cdot \frac{b}{2} + 5b^2 \cdot \frac{5b}{2} = 15b^3, \quad M_P = \sigma_y Z = \sigma_y \cdot 15b^3 = 15b^3\sigma_y$$

Answer 4.④ 5.④ 6.③

7 그림과 같은 부정정 구조물에서 정성적인 축력도로 옳은 것은? (단, 휨강성 EI와 축강성 EA는 일정하고, 자중은 무시한다)

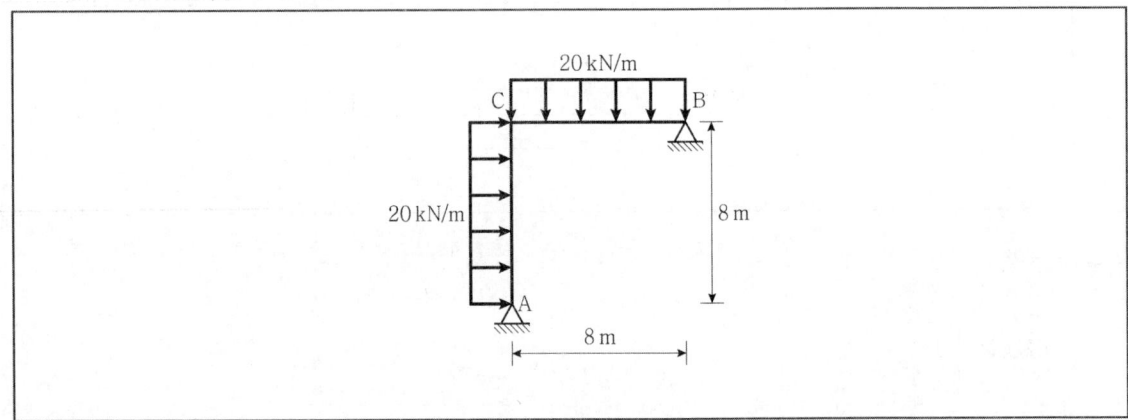

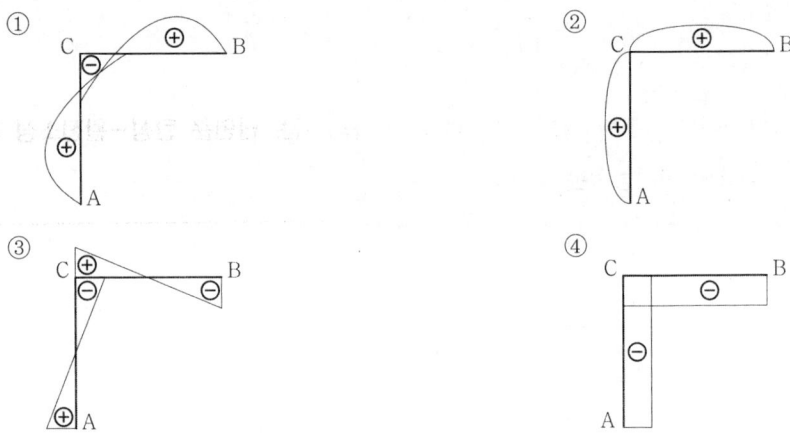

　TIP 수평, 수직방향으로 등분포하중이 작용하고 있으며 이러한 등분포하중에 대한 연직반력은 집중하중이므로 축력은 수평, 수직방향으로 부재축을 따라서 일정한 값을 가지게 된다. 따라서 직관적으로 4번이 정답임을 알 수 있다.

8 그림과 같이 강재 표면에 변형률 로제트 게이지를 붙여 평면변형률을 측정한 결과 $\varepsilon_a = 2 \times 10^{-7}$, $\varepsilon_b = 4 \times 10^{-7}$, $\varepsilon_c = 6 \times 10^{-7}$이었다. 최대 주변형률 ε_1은?

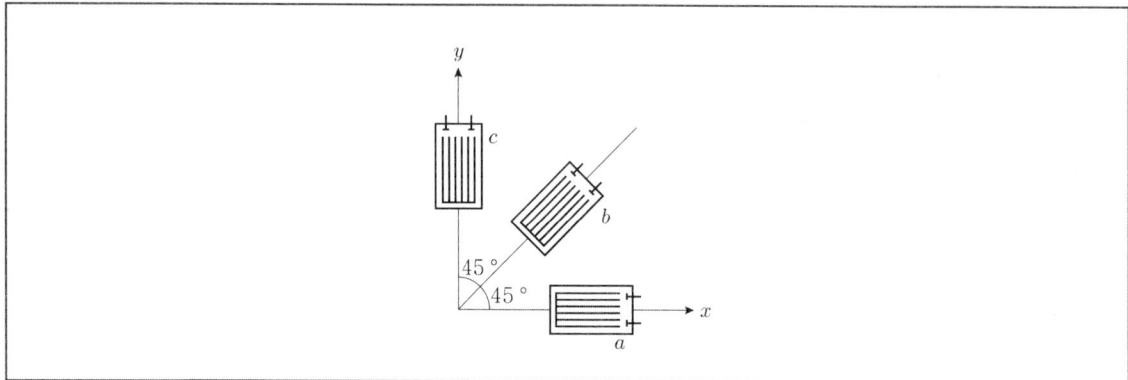

① 2×10^{-7}
② 4×10^{-7}
③ 6×10^{-7}
④ 8×10^{-7}

> **TIP** $\varepsilon_x = \varepsilon_a = 2 \times 10^{-7}$
> $\varepsilon_y = \varepsilon_c = 6 \times 10^{-7}$
> $\varepsilon_{45°} = \varepsilon_b = 4 \times 10^{-7}$
> $\gamma_{xy} = 2\varepsilon_{45°} - \varepsilon_x - \varepsilon_y = 2\varepsilon_b - \varepsilon_a - \varepsilon_c = 0$
> $\varepsilon_1 = \varepsilon_c = 6 \times 10^{-7}$

Answer 7.④ 8.③

9 그림과 같이 직사각형 단면의 단순보에 집중하중과 등분포하중이 작용하고 있다. C점에 발생하는 휨응력(σ)과 전단응력(τ)의 크기[MPa]는? (단, 휨강성 EI는 일정하고, 자중은 무시한다)

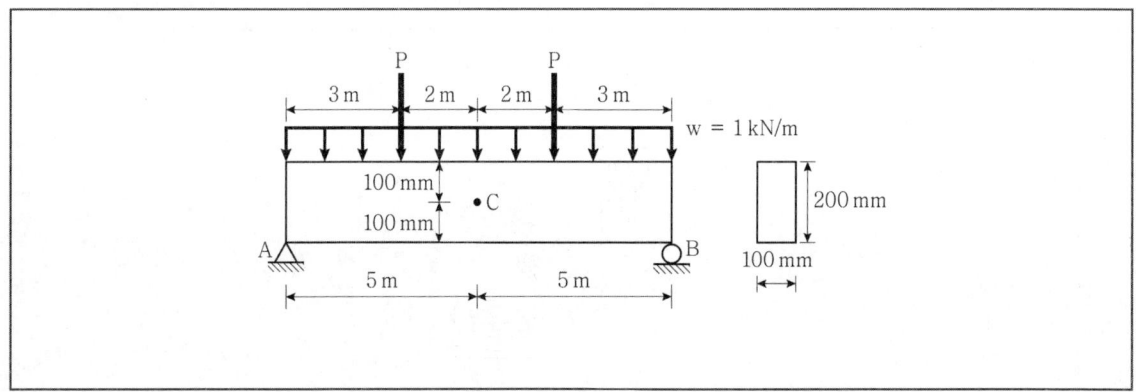

	σ	τ
①	0	0
②	0	1.125
③	63.7	0
④	63.7	1.125

○TIP 중첩의 원리를 적용하여 해석한다.

우선 좌측과 같이 등분포 하중만 작용하는 경우 부재중앙부의 전단력은 0이 되므로 전단응력도 0이 된다. 또한 C점은 부재중앙부의 단면의 중간에 위치하므로 휨응력은 0이 된다.

그리고 우측과 같이 집중하중만 작용하는 경우에도 부재중앙부의 전단력은 0이 되므로 전단응력도 0이 되며, C점은 부재중앙부의 단면의 중간에 위치하므로 휨응력도 0이 된다.

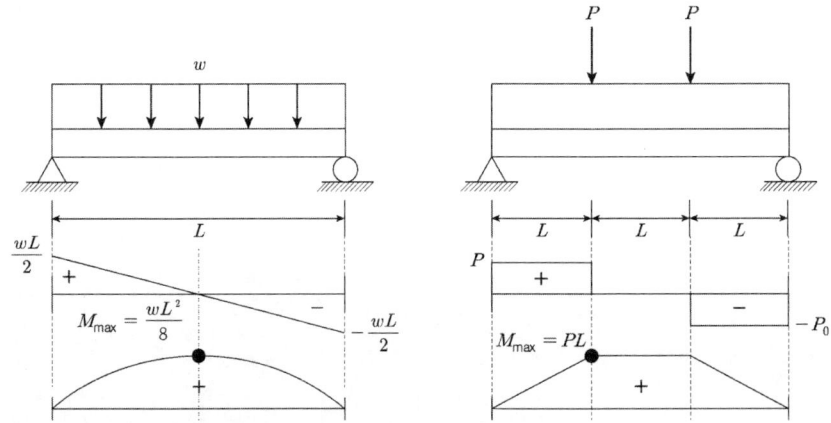

따라서 이 2가지의 경우를 중첩시키면 전단응력과 휨응력 모두 0이 된다.

10 그림과 같이 길이 L인 단순보에 집중하중 P, 등분포하중 w, 모멘트하중 M이 작용하고 있다. 지점 C에 작용하는 모멘트하중 $M = \dfrac{PL}{2}$ 이고, 등분포하중 $w = \dfrac{2P}{L}$ 일 때, 지점 A에서의 처짐각 크기는? (단, 휨강성 EI는 일정하고, 자중은 무시한다)

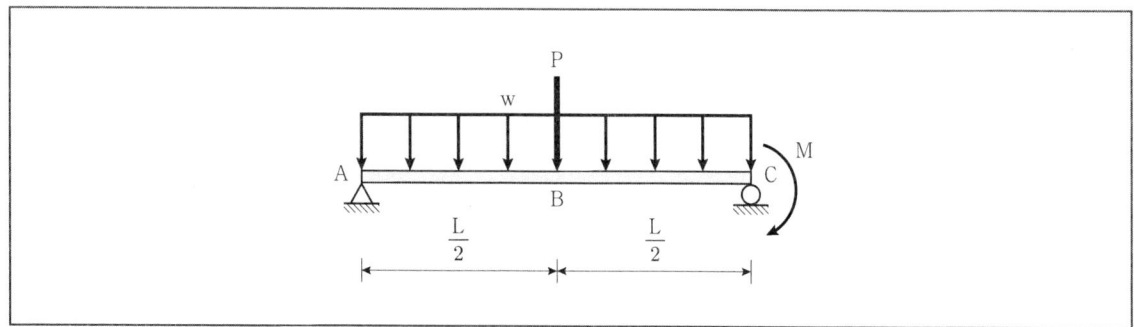

① $\dfrac{PL^2}{16EI}$

② $\dfrac{5PL^2}{48EI}$

③ $\dfrac{11PL^2}{48EI}$

④ $\dfrac{7PL^2}{16EI}$

TIP 중첩법으로 풀어야 하는 문제이다.
집중하중에 의한 A의 처짐각, 등분포하중에 의한 처짐각, C점에 작용하는 모멘트에 의한 A점의 처짐각을 모두 합한 값은

$\theta_w = \dfrac{wL^3}{24EI}$ (↻), $\theta_P = \dfrac{PL^2}{16EI}$ (↻), $\theta_M = \dfrac{ML}{6EI}$ (↻)

$\theta_A = \theta_w + \theta_P - \theta_M = \dfrac{wL^3}{24EI} + \dfrac{PL^2}{16EI} - \dfrac{ML}{6EI} = \dfrac{\left(\dfrac{2P}{L}\right)L^3}{24EI} + \dfrac{PL^2}{16EI} - \dfrac{\dfrac{PL}{2}L}{6EI} = \dfrac{PL^2}{16EI}$ (↻)

11 그림과 같이 트러스에 집중하중이 작용할 때, EF 부재의 부재력[kN]은? (단, 자중은 무시한다)

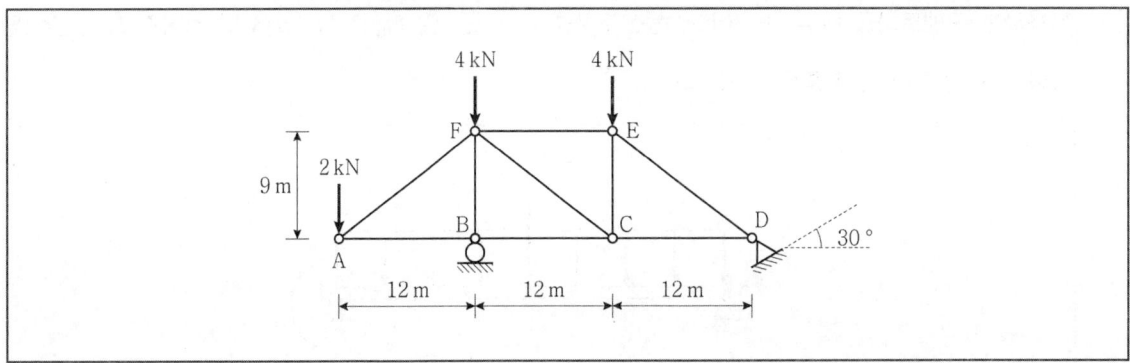

① $\frac{4}{5}$(압축)

② $\frac{4}{5}$(인장)

③ $\frac{4}{3}$(압축)

④ $\frac{4}{3}$(인장)

TIP 절단법으로 해석하여 풀도록 한다. EF의 부재력을 구해야 하므로 EF와 FC, BC를 절단하여 해석한다.

$\sum M_D = R_B \cdot 24 - 2 \cdot 36 - 4 \cdot 24 - 4 \cdot 12 = 0 : R_B = 9[kN](\uparrow)$

C점에 대한 모멘트의 합이 0이 되어야 하므로

$\sum M_C = EF \cdot 9 + 9 \cdot 12 - 4 \cdot 12 - 2 \cdot 24 = 0 : EF = -\frac{4}{3}[kN]$

12 그림과 같은 내민보에서 지점 B의 상향 수직반력이 3P일 때, 길이 비 $\dfrac{b}{a}$는? (단, 자중은 무시한다)

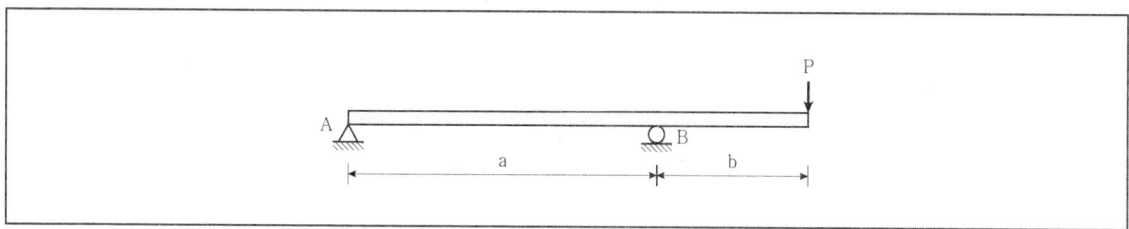

① 0.5
② 1.0
③ 2.0
④ 3.0

○TIP $\sum M_A = 3P \cdot a - P \cdot (a+b) = 0$이므로 $\dfrac{b}{a} = 2.0$

13 그림과 같이 단순보 AB에 하중이 작용하여 전단력도가 아래와 같이 도식되었다면, 등분포하중의 크기 [kN/m]는? (단, 자중은 무시한다)

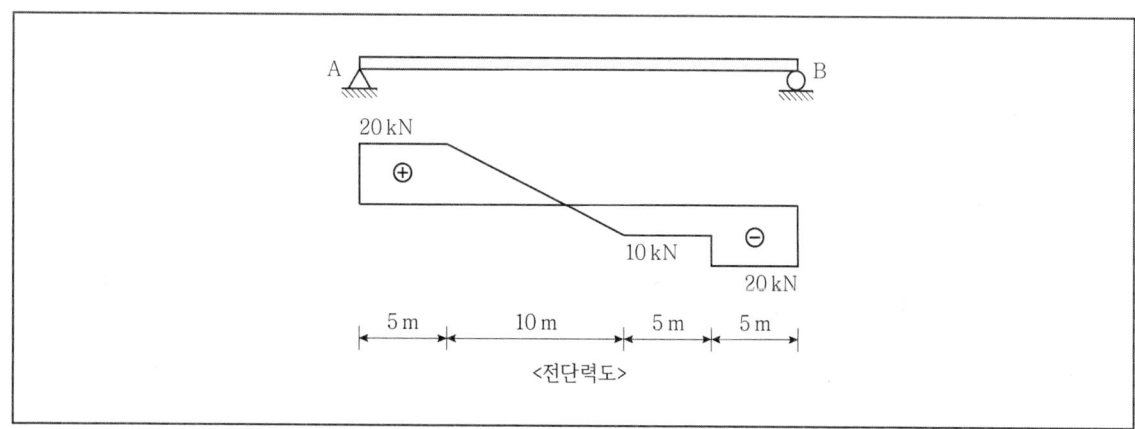

① 1.0
② 2.0
③ 3.0
④ 30.0

○TIP 등분포하중은 전단력 선도의 기울기이므로
$w = \dfrac{-10[kN] - 20[kN]}{10[m]} = -3[kN/m]$

Answer 11.③ 12.③ 13.③

14 그림과 같이 등분포하중을 받는 외팔보의 고정단 A, 자유단 B 및 중앙점 C에서의 곡률반경을 각각 ρ_A, ρ_B, ρ_C 라고 할 때, 곡률반경 비 $\dfrac{\rho_C}{\rho_A}$ 와 $\dfrac{\rho_C}{\rho_B}$ 는? (단, 휨강성 EI는 일정하고, 자중은 무시한다)

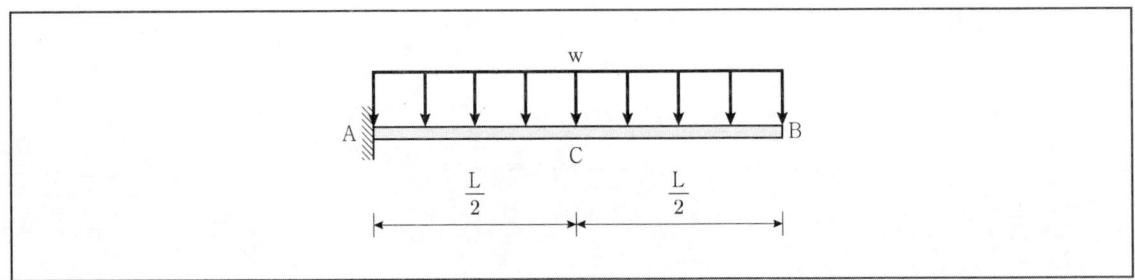

$\dfrac{\rho_C}{\rho_A}$	$\dfrac{\rho_C}{\rho_B}$
① 4	0
② 4	$\dfrac{1}{2}$
③ 8	0
④ 8	$\dfrac{1}{2}$

○ TIP $K = \dfrac{1}{\rho} = \dfrac{M}{EI}$ 이므로 $\rho = \dfrac{EI}{M}$

$\sum M_A = M_A + (w \cdot L)\dfrac{L}{2} = 0 : M_A = -\dfrac{wL^2}{2}$

$\sum M_C = -\dfrac{wL^2}{8}$

$\dfrac{\rho_C}{\rho_A} = \dfrac{\dfrac{EI}{M_C}}{\dfrac{EI}{M_A}} = \dfrac{M_A}{M_C} = \dfrac{-\dfrac{wL^2}{2}}{-\dfrac{wL^2}{8}} = 4$

$\dfrac{\rho_C}{\rho_B} = \dfrac{\dfrac{EI}{M_C}}{\dfrac{EI}{M_B}} = \dfrac{M_B}{M_C} = \dfrac{0}{-\dfrac{wL^2}{8}} = 0$

15 그림과 같은 연속보에 하향의 등분포 활하중이 작용할 때, E점의 정모멘트가 가장 큰 것은? (단, 휨강성 EI는 일정하고, 등분포하중의 크기는 모두 동일하다)

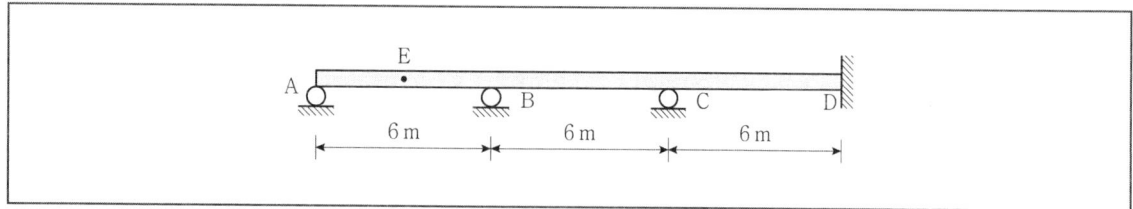

①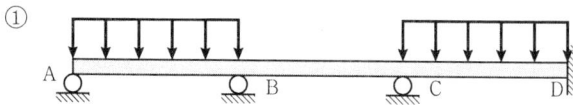

②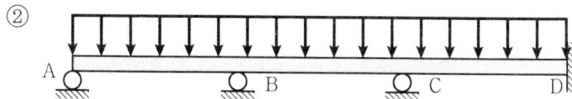

③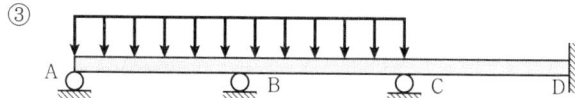

④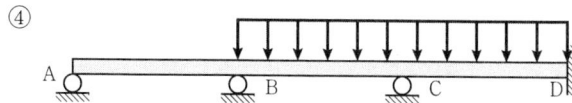

> **TIP** 패턴하중 재하에 관한 문제이다. A와 B부재 사이에 힌지가 있다고 가정할 경우 가장 큰 변위가 발생하는 경우를 고려해보면 ①이 정답임을 직관적으로알 수 있다.
> ②와 ③의 경우 BC부재에 가해지는 집중하중에 의해 AB부재에 발생하는 휨모멘트가 저감되며 ④의 경우는 AB부재에 하중이 작용하지 않고 있기 때문이다.

Answer 14.① 15.①

16 그림과 같이 3활절 아치에 등분포하중이 작용할 때, D점에 발생하는 휨모멘트의 크기[kN · m]는? (단, 휨강성 EI와 축강성 EA는 일정하고, D점의 위치는 계산 편의를 위한 수치이며, 자중은 무시한다)

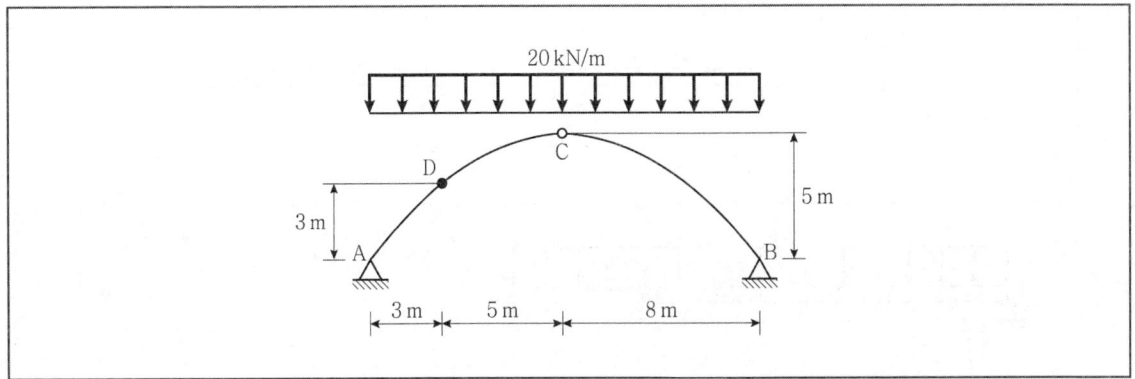

① 2
② 4
③ 6
④ 8

○**TIP** 대칭구조이므로 한쪽만 해석을 하여 답을 구할 수 있다.

좌측부재만을 해석하면 우선 A점에 작용하는 연직반력은 160[kN]이며 C점에 대한 모멘트 합이 0이 되어야 하는 점을 이용하여 A점의 수평반력을 구한다.

$$\sum M_C = H_A \cdot 5[m] - 160[kN] \cdot 8[m] + 20[kN/m] \cdot 8[m] \cdot \frac{8[m]}{2} = 0$$

$H_A = 128[kN]$

D점에 작용하는 휨모멘트를 구하기 위해 AD부재를 절단한 후 D점에 대한 모멘트 합이 0이 되어야 함을 이용하면

$$\sum M_D = M_D + 128[kN/m] \cdot 3[m] - 160[kN] \cdot 3[m] + 20[kN/m] \cdot 3[m] \cdot \frac{3[m]}{2} = 0$$

$M_D = 6[kNm]$

17 안지름이 420mm인 얇은 벽으로 된 원통형 압력용기가 3MPa의 내부압력을 받고 있다. 원주방향의 허용응력이 90MPa일 경우 필요한 최소 두께[mm]는?

① 5
② 7
③ 9
④ 11

○**TIP** $r_i = \frac{d_i}{2} = \frac{420[mm]}{2} = 210[mm]$, $\sigma_h = \frac{\Pr_i}{t} \leq \sigma_a$

$\frac{3[MPa](210[mm])}{t} \leq 90[MPa]$, $t \geq 7[mm]$

18 그림과 같이 지름이 D인 원형단면을 가지는 일단 고정 타단 자유인 탄성좌굴 기둥부재에 압축력 P가 작용하고 있다. 이에 대한 설명으로 옳지 않은 것은? (단, E는 탄성계수, I는 단면 2차모멘트이고, 자중은 무시한다)

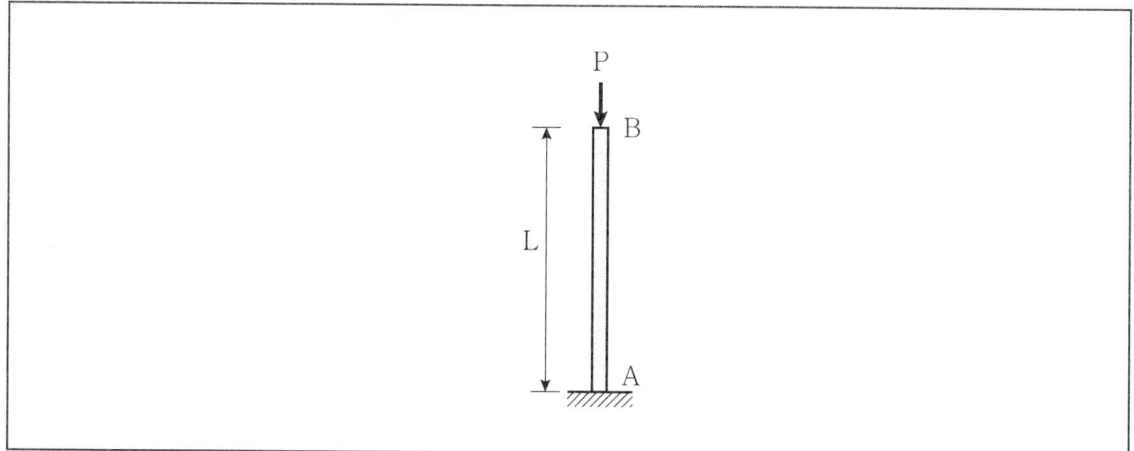

① 회전반경 $r = \dfrac{D}{4}$

② 유효세장비 $\lambda_e = \dfrac{4L}{D}$

③ 탄성좌굴하중 $P_{cr} = \dfrac{\pi^2 EI}{4L^2}$

④ 탄성좌굴응력 $\sigma_{cr} = \dfrac{\pi^2 ED^2}{64L^2}$

> **TIP** 유효세장비는 $\dfrac{L_k}{r} < 22$이어야 하며 원형단면인 경우 단면2차반경 r=0.25D이므로 $\dfrac{L_k}{r} = \dfrac{kL}{\dfrac{D}{4}} = \dfrac{4kL}{D} = \dfrac{8L}{D} < 22$이어야 한다. (1단고정 1단자유인 경우이므로 유효좌굴길이계수 k=2.0)

19 그림과 같은 게르버보의 C점에서 수직처짐은? (단, 휨강성 EI는 일정하고, 자중은 무시한다)

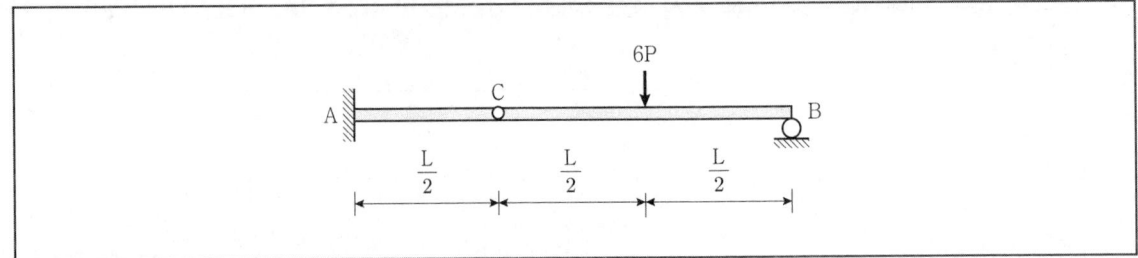

① $\dfrac{PL^3}{8EI}$

② $\dfrac{3PL^3}{8EI}$

③ $\dfrac{5PL^3}{8EI}$

④ $\dfrac{7PL^3}{8EI}$

> **TIP** 겔버보이므로 CB구간을 단순보로 간주할 수 있으며 C점에는 3P의 연직반력이 발생하게 된다.
>
> $$\delta_c = \frac{R_c L^3}{3EI} = \frac{3P \cdot \left(\dfrac{L}{2}\right)^3}{3EI} = \frac{PL^3}{8EI}(\downarrow)$$

20 그림과 같은 부정정보의 C점에서 발생하는 부모멘트의 크기[kN · m]는? (단, 휨강성 EI는 일정하고, 자중은 무시한다)

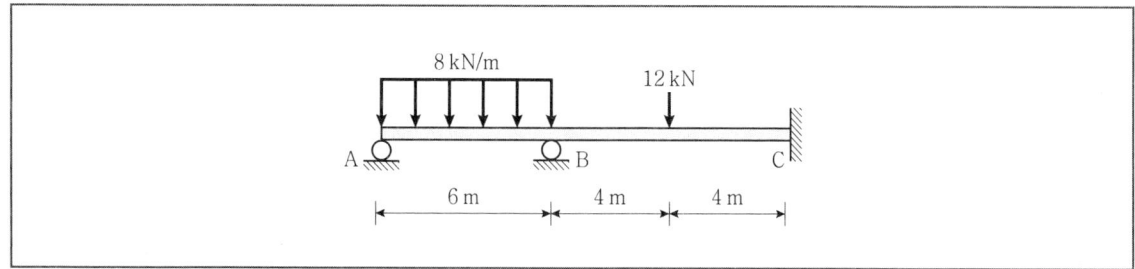

① 3
② 6
③ 9
④ 12

○ TIP 모멘트분배법에 관한 문제이다.

$$K_{BA} = \frac{3EI}{L} = \frac{3EI}{6m} = \frac{EI}{2m}, \quad K_{BC} = \frac{4EI}{L} = \frac{4EI}{8m} = \frac{EI}{2m}$$

$$DF_{BA} = \frac{K_{BA}}{\sum K_B} = \frac{0.5}{0.5+0.5} = 0.5$$

$$DF_{BC} = \frac{K_{BC}}{\sum K_B} = \frac{0.5}{0.5+0.5} = 0.5$$

하중항 개념을 적용하여 부재 AB와 BC로 나누어 휨모멘트를 해석하면

$$FEM_{BA} = \frac{wL^2}{8} = \frac{8[kN/m](6m)^2}{8} = 36[kNm]$$

$$FEM_{BD} = -\frac{Pb^2a}{L^2} = -\frac{12[kN](4[m])^2(4[m])}{(8[m])^2} = -12[kNm]$$

$$FEM_{BD} = \frac{Pa^2b}{L^2} = \frac{12[kN](4[m])^2(4[m])}{(8[m])^2} = 12[kNm]$$

불균형 모멘트
$M_B = FEM_{BA} + FEM_{BC} = 36[kNm] - 12[kNm] = 24[kNm]$
$M_{CB} = -(M_B \cdot DF_{BC}) \cdot 전달률 + FEM_{CB} = -(24[kNm] \cdot 0.5) \cdot 0.5 + 12[kNm] = 6[kNm]$

Answer 19.① 20.②

2025. 6. 21. 제1회 지방직 시행

1 그림과 같이 무게 30kN의 직사각형 블록에 수평방향으로 하중이 작용할 때, 블록이 미끄러짐이 발생하기 직전의 최대 수평방향 힘(F)의 크기[kN]는? (단, 블록과 수평면 사이의 정지마찰계수는 0.5이다)

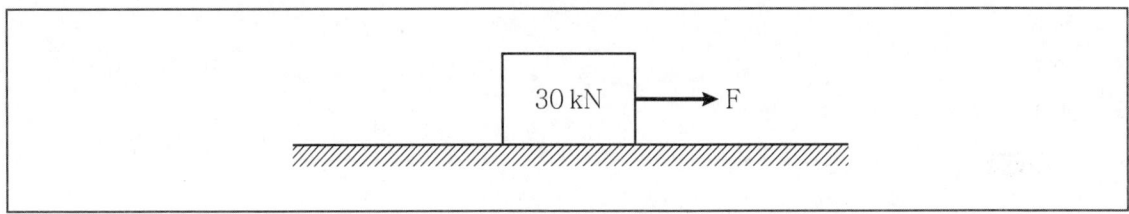

① 10
② 15
③ 20
④ 30

> **TIP** $f = \mu N = 0.5 \cdot 30 = 15[kN]$

2 길이가 3m인 강봉의 온도가 20°C 상승하였을 때, 길이 변형량[mm]은? (단, 강봉의 열팽창계수 $\alpha = 1.0 \times 10^{-5}/°C$이다)

① 0.2
② 0.4
③ 0.6
④ 0.8

> **TIP** $\delta = \alpha \triangle T \cdot L = 1.0 \cdot 10^{-1} \cdot 20 \cdot 3{,}000 = 0.6[mm]$

3 그림과 같이 직경 D인 원에서 직경 $\frac{D}{2}$인 원을 뺀 나머지 부분의 x축에서 도심까지의 거리(y_0)는?

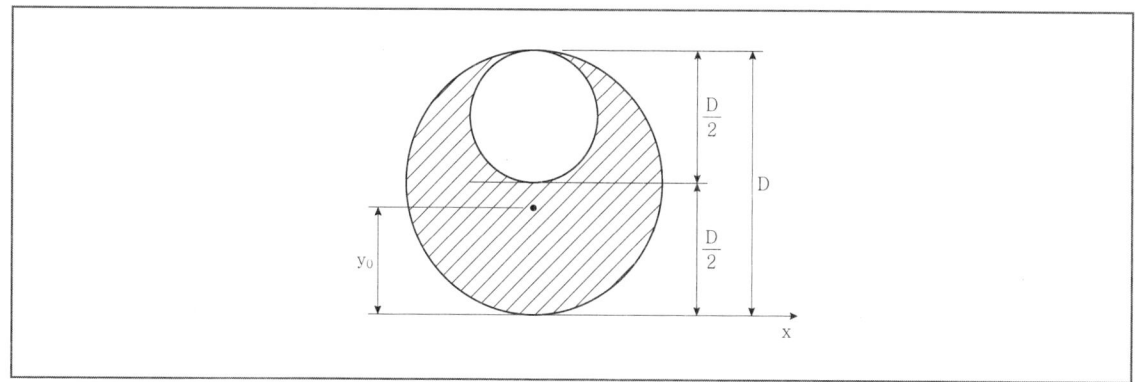

① $\frac{1}{3}D$
② $\frac{3}{8}D$
③ $\frac{5}{11}D$
④ $\frac{5}{12}D$

◎ TIP
$$\bar{y} = \frac{G_1 - G_2}{A_1 - A_2} = \frac{\frac{\pi D^2}{4}\left(\frac{D}{2}\right) - \frac{\pi D^2}{16}\left(\frac{3D}{4}\right)}{\frac{\pi D^2}{4} - \frac{\pi\left(\frac{D}{2}\right)^2}{4}} = \frac{5}{12}D$$

4 그림과 같은 캔틸레버 구조물에서 부재 BC에 발생하는 축력의 크기[kN]는? (단, 자중은 무시한다)

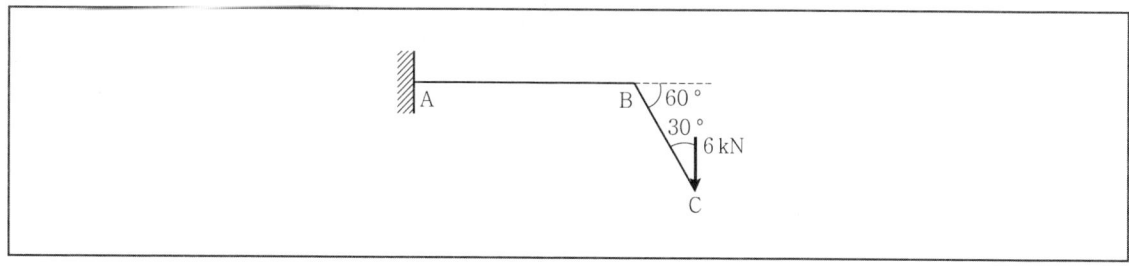

① $2\sqrt{3}$
② 3
③ $3\sqrt{3}$
④ 4

◎ TIP $P_x = P \cdot \cos 30^o = 6 \cdot \frac{\sqrt{3}}{2} = 3\sqrt{3}$

Answer 1.② 2.③ 3.④ 4.③

5 그림과 같이 힘 P가 작용할 때, 힘 P의 A점에 대한 모멘트의 크기[kN·m]는?

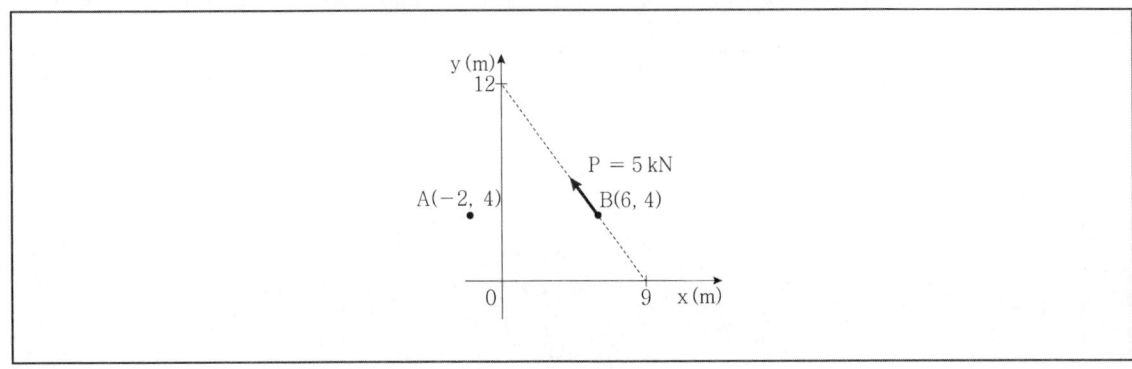

① 32
② 35
③ 38
④ 40

TIP 어떤 기준점에 대한 모멘트는 "힘"과 "그 힘의 작용선과 기준점 사이의 최단 직선거리"를 곱한 값이다. 또한 작용하는 힘이 기준점을 향하는 경우 이 힘의 기준점에 대한 모멘트는 0이 된다. 그림에서 주어진 하중 P를 수평성분과 수직성분으로 분해하면 수평성분은 기준점에 대해 0의 모멘트를 가지며 수직성분 4[kN]은 기준점에 대해 8[m] 거리에 위치하므로 이들을 곱한 값인 32[kN·m]의 모멘트를 갖는다.

6 그림과 같은 내민보에서 C점의 휨모멘트가 0이 되는 길이 x는? (단, 자중은 무시한다)

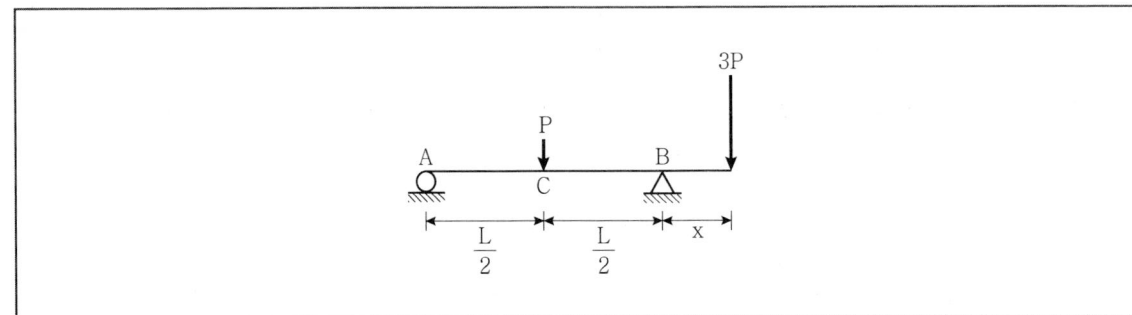

① $\dfrac{L}{6}$
② $\dfrac{L}{4}$
③ $\dfrac{L}{3}$
④ $\dfrac{L}{2}$

TIP $\sum M_A = P \cdot \dfrac{L}{2} - V_B \cdot L + 3P(L+x) = 0$

$\sum M_C = -V_B \cdot \dfrac{L}{2} + 3P\left(\dfrac{L}{2} + x\right) = 0$

위의 두 식을 연립하여 풀면 $x = \dfrac{PL}{2 \cdot 3P} = \dfrac{L}{6}$

7 그림과 같은 단순보에서 등분포하중(w)에 의한 보의 최대휨응력의 크기가 $\alpha\left(\dfrac{wL^2}{bh^2}\right)$일 때, α의 크기는? (단, 자중은 무시한다)

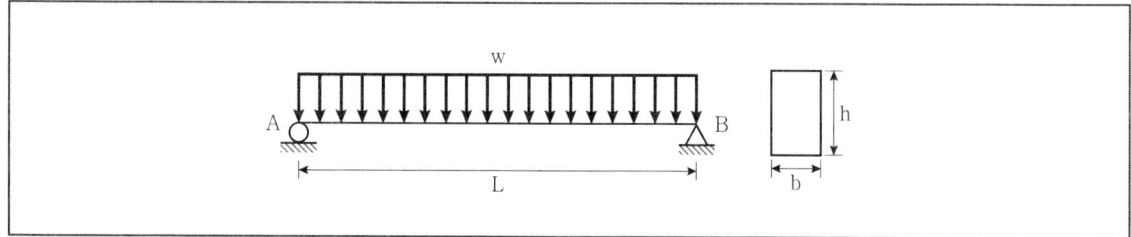

① $\dfrac{1}{3}$
② $\dfrac{1}{2}$
③ $\dfrac{2}{3}$
④ $\dfrac{3}{4}$

OTIP $\sigma_b = \dfrac{M_{\max}}{S} = \dfrac{\dfrac{wl^2}{8}}{\dfrac{bh^2}{6}} = \dfrac{6wl^2}{8bh^2} = \dfrac{3}{4}$

8 정사각형 단면 한 변의 길이가 b인 기둥의 유효길이가 5m일 때, 이 기둥의 유효세장비가 100이 되기 위한 b의 크기[cm]는?

① $5\sqrt{5}$
② $10\sqrt{3}$
③ $15\sqrt{5}$
④ $20\sqrt{3}$

OTIP $\lambda = \dfrac{kl}{r} = \dfrac{5{,}000}{\sqrt{\dfrac{I}{A}}} = \dfrac{5{,}000}{\sqrt{\dfrac{b^4}{12}/b^2}} = \dfrac{5{,}000}{\dfrac{b}{2\sqrt{3}}} = 100$ 를 만족하는 $b = 10\sqrt{3}$

Answer 5.① 6.① 7.④ 8.②

9 그림과 같이 직사각형 단면을 가진 단순보의 지간 중앙에 집중하중이 가해질 때, 최대전단응력(τ_{max})과 최대휨응력(σ_{max})의 비 $\left(\dfrac{\tau_{max}}{\sigma_{max}}\right)$는? (단, 자중은 무시한다)

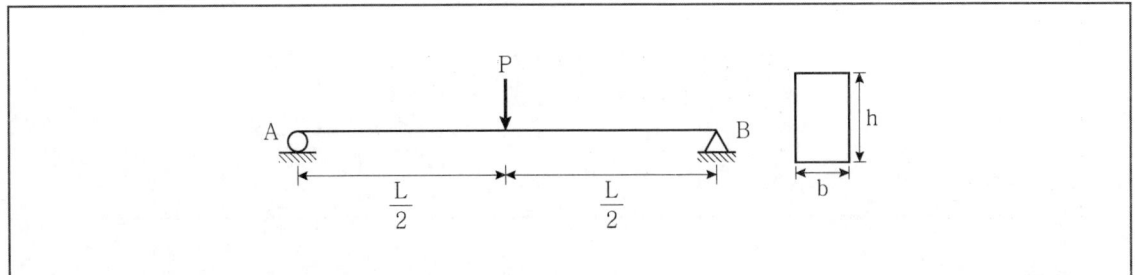

① $\dfrac{h}{3L}$ ② $\dfrac{L}{4h}$

③ $\dfrac{h}{2L}$ ④ $\dfrac{h}{L}$

TIP $\tau_{max} = 1.5\dfrac{V}{A} = 1.5\dfrac{P}{2bh} = \dfrac{3P}{4bh}$

$\sigma_{max} = \dfrac{M}{S} = \dfrac{\dfrac{PL}{4}}{\dfrac{bh^2}{6}} = \dfrac{3PL}{2bh^2}$

$\dfrac{\tau_{max}}{\sigma_{max}} = \dfrac{\dfrac{3P}{4bh}}{\dfrac{3PL}{2bh^2}} = \dfrac{h}{2L}$

10 그림과 같은 트러스 구조물에서 부재 BC의 부재력 크기[kN]는? (단, 자중은 무시한다)

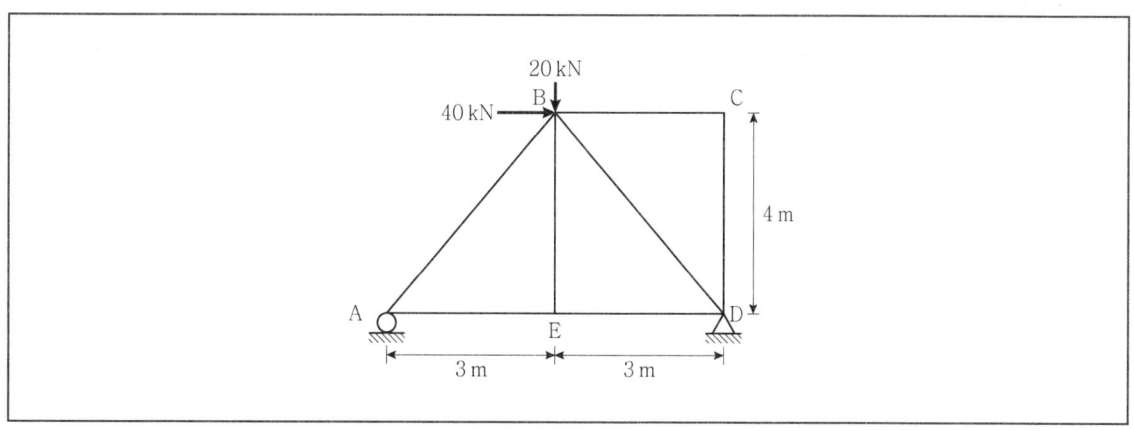

① 0
② 20
③ 40
④ 60

○TIP C점에 작용하는 하중이 없으므로 BC부재의 부재력은 0이 된다.

11 그림과 같이 축력이 작용하는 봉에서 D점의 축방향 변형량이 $\alpha\left(\dfrac{PL}{EA}\right)$일 때, α의 크기는? (단, 단면적은 구간별로 각각 2A 및 A이고, 탄성계수는 E로 일정하며, 자중은 무시한다)

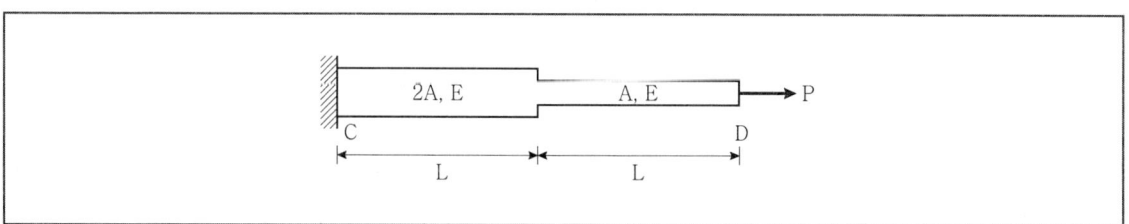

① 0.5
② 1.0
③ 1.5
④ 2.0

○TIP $\dfrac{PL}{2AE}+\dfrac{PL}{AE}=\dfrac{3PL}{2AE}$

Answer 9.③ 10.① 11.③

12 그림과 같이 B점에 내부힌지가 있는 보에서, 지점 C에 발생하는 휨모멘트의 크기[kN·m]는? (단, 자중은 무시한다)

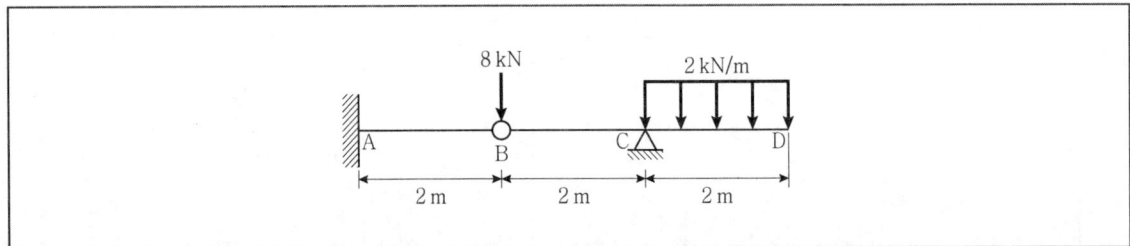

① 2
② 4
③ 6
④ 8

　TIP C점의 우측에 작용하는 등분포하중에 의한 휨모멘트의 크기만 구하면 되므로 $M_C = wL \cdot \dfrac{L}{2} = 2 \cdot 2 \cdot \dfrac{2}{2} = 4[kN \cdot m]$

13 그림과 같은 프레임 구조물의 부정정 차수는?

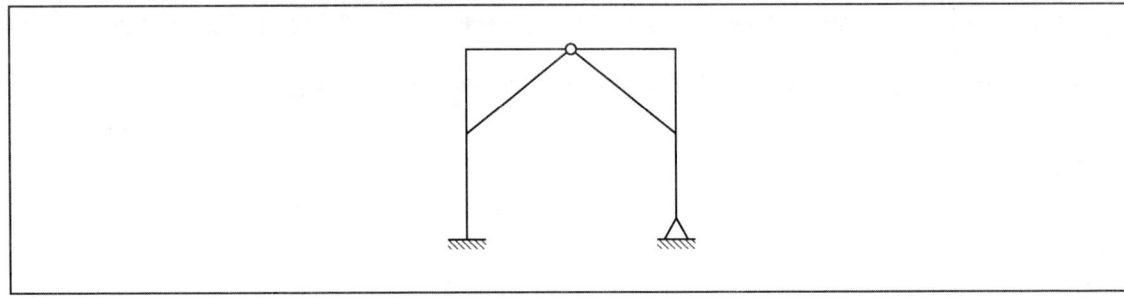

① 3
② 4
③ 5
④ 6

　TIP $n = m + r + f - 2j = 8 + 5 + 6 - (2 \cdot 7) = 5$

14 그림과 같이 각 부재의 길이는 L이고 절점 A, B, C는 고정지점일 때, OC부재의 모멘트 분배율은? (단, 각 부재의 휨강성은 EI, 4EI, 2EI이고, 자중은 무시한다)

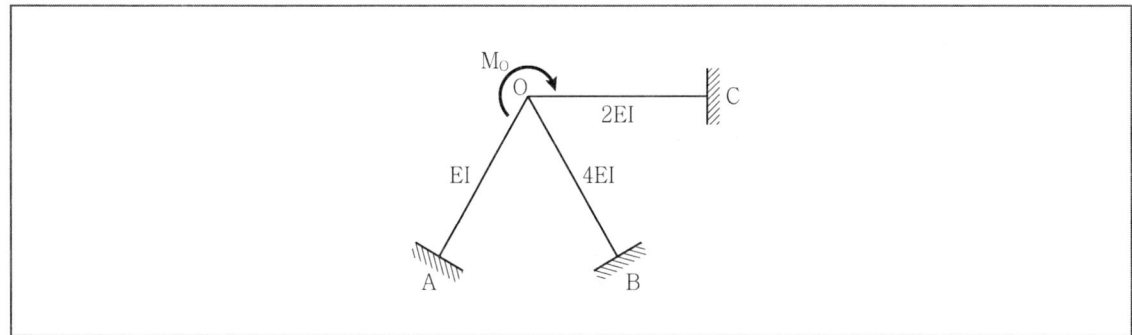

① $\dfrac{1}{7}$ ② $\dfrac{2}{7}$

③ $\dfrac{1}{3}$ ④ $\dfrac{2}{3}$

TIP OC부재의 모멘트 분배율 $DF = \dfrac{K_{OC}}{\sum K} = \dfrac{2}{1+2+4} = \dfrac{2}{7}$

15 직경 d의 강봉을 P의 힘으로 인장하였을 때, 강봉 직경의 감소량이 $\alpha\left(\dfrac{P\mu}{\pi dE}\right)$이라면, α의 크기는? (단, μ는 푸아송비, E는 탄성계수이다)

① 1
② 2
③ 3
④ 4

TIP $\mu = \dfrac{\varepsilon_2}{\varepsilon_1} = \dfrac{\frac{\Delta d}{d}}{\frac{\Delta l}{l}} = \dfrac{\frac{\Delta d}{d}}{\frac{Pl}{AE}} = \dfrac{AE\Delta d}{Pd}$ 이므로 강봉 직경의 감소량

$\Delta d = \mu \dfrac{Pd}{AE} = \mu \dfrac{Pd}{\frac{\pi d^2}{4}E} = 4\left(\dfrac{P\mu}{\pi dE}\right)$

Answer 12.② 13.③ 14.② 15.④

16 그림과 같이 C점에 내부힌지가 있는 보에서 지점 D에 발생하는 휨모멘트의 크기[kN·m]는? (단, 자중은 무시한다)

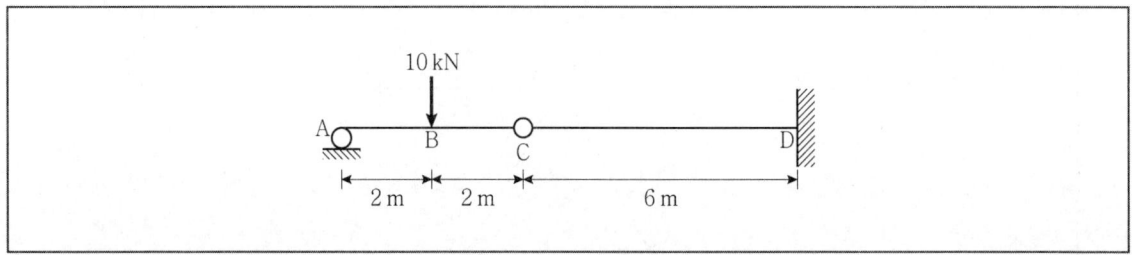

① 10
② 20
③ 30
④ 40

○**TIP** AC를 단순보로 보고, CD는 캔틸레버로 해석한다. C점에 발생되는 반력은 5[kN]이며 이 반력과 D점까지의 거리는 6[m]이므로 이를 곱하면 30[kN·m]이 된다.

17 그림과 같이 내부힌지가 있는 보에 대한 정성적인 휨모멘트도로 옳은 것은? (단, 자중은 무시한다)

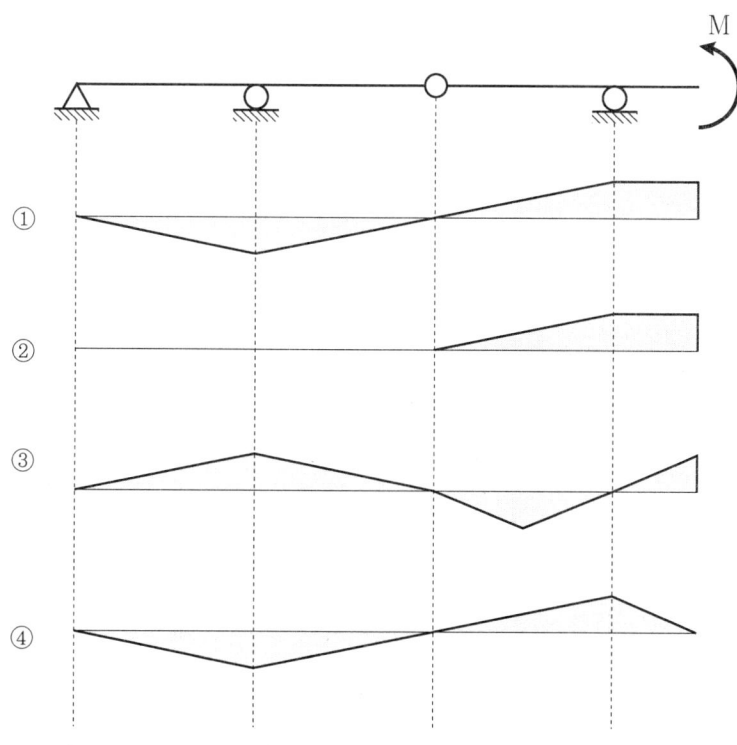

TIP 직관적으로 풀 수 있는 문제이다. 우선 우측 끝단에서 첫 번째 지점까지의 휨모멘트는 변동이 없으며 첫 번째 지점에서 발생하는 반력에 의해 좌측으로 갈수록 휨모멘트가 감소하게 된다. 따라서 ③, ④는 잘못된 휨모멘트도이다. 또한 내부힌지에서 휨모멘트는 0이 되나 내부힌지는 수직반력이 발생하므로 내부힌지의 좌측방향에 위치한 지점들에는 반력이나 휨모멘트가 발생하게 된다. 이러한 조건들을 만족하는 휨모멘트도는 ①이다.

Answer 16.③ 17.①

18 그림과 같은 아치 구조물의 지점 A에서 수평 반력의 크기[kN]는? (단, 자중은 무시한다)

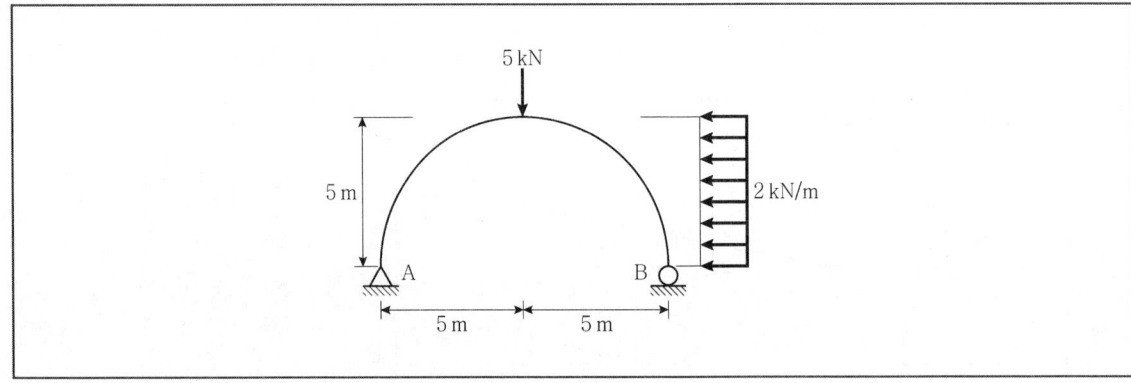

① 5
③ 15
② 10
④ 20

TIP $\sum M_B = V_A \cdot 10 - 5 \cdot 5 - 10 \cdot 2.5 = 0$

$V_A = \dfrac{50}{10} = 5[kN]$

$\sum F_x = 0 : H_A - 10 = 0$이므로 $H_A = 10[kN]$

19 그림과 같이 외경이 20mm, 내경이 10mm인 원형 강봉이 비틀림모멘트 T를 받을 때, 강봉에 발생하는 최대전단응력($\tau_{\max}$)과 최소전단응력($\tau_{\min}$)의 비 $\left(\dfrac{\tau_{\max}}{\tau_{\min}}\right)$는?

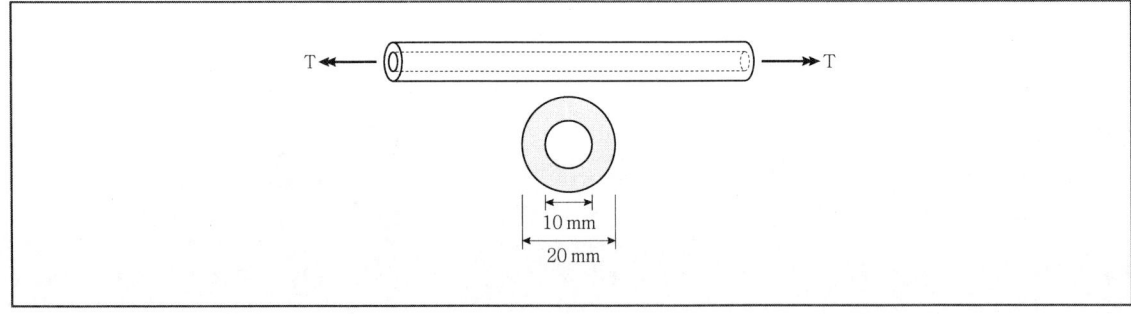

① 1
③ 3
② 2
④ 4

TIP $\dfrac{\tau_{\max}}{\tau_{\min}} = \dfrac{\dfrac{Tr_1}{I_P}}{\dfrac{Tr_2}{I_P}} = \dfrac{10}{5} = 2$

20 그림과 같이 지름 d인 원형 강봉을 강체 드럼을 사용하여 구부릴 때, 원형 강봉에 발생하는 최대 인장변형률의 크기는? (단, 미소변위이론을 적용하고, R은 강체 드럼의 반지름이다)

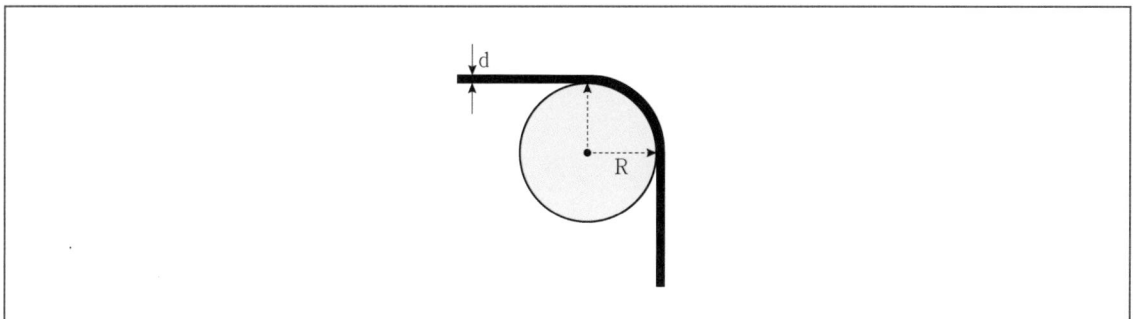

① $\dfrac{2d}{R}$

② $\dfrac{d}{2R}$

③ $\dfrac{2d}{R+2d}$

④ $\dfrac{d}{2R+d}$

TIP 강봉의 인장변형률 $\varepsilon = -Ky = -\dfrac{y}{\rho}$ (ρ : 강봉중심선의 곡률반경)

$\rho = R + \dfrac{d}{2}$ 이므로 $\varepsilon_{\max} = -\dfrac{y_{\max}}{\rho} = -\dfrac{\dfrac{d}{2}}{R+\dfrac{d}{2}} = -\dfrac{d}{2R+d}$

Answer 18.② 19.② 20.④

02
토목설계

토목설계 | 2019. 4. 6. 인사혁신처 시행

1 PSC보에서 프리스트레스 힘의 즉시손실 원인에 해당하는 것은? (단, 2012년도 콘크리트구조기준을 적용한다)

① 콘크리트의 건조수축
② 콘크리트의 크리프
③ 강재의 릴랙세이션
④ 정착 장치의 활동

○**TIP** 정착 장치의 활동은 즉시손실의 원인에 속한다.
※ 프리스트레스의 손실 분류
  ㉠ 프리스트레스를 도입할 때 일어나는 손실원인 (즉시손실)
   • 콘크리트의 탄성변형
   • 강재와 시스의 마찰
   • 정착단의 활동
  ㉡ 프리스트레스를 도입한 후의 손실원인 (시간적 손실)
   • 콘크리트의 건조수축
   • 콘크리트의 크리프
   • 강재의 릴랙세이션

2 보통중량골재를 사용한 콘크리트의 탄성계수가 25,500[MPa]일 때, 설계기준압축강도 f_{ck}[MPa]는? (단, 2012년도 콘크리트구조기준을 적용한다)

① 23
② 24
③ 25
④ 26

○**TIP** 보통중량골재를 사용한 콘크리트($m_c = 2,300[kg/m^3]$)의 경우 $E_c = 8,500\sqrt[3]{f_{cm}}$[MPa] ($f_{cm} = f_{ck} + \triangle f$)
$E_c = 8,500\sqrt[3]{f_{cm}}$[MPa] $= 25,500$[MPa]를 만족하는
$\sqrt[3]{f_{cm}} = 3$이므로 $f_{cm} = f_{ck} + \triangle f = 27$[MPa]에서 $f_{cm} = 3^3$이 되며,
$f_{ck} + \triangle f = 27$
$f_{ck} = 27 - \triangle f = 27 - 4 = 23$[MPa]

f_{ck}	$\triangle f$
40 이하	4
40 이상 60 이하	직선보간
60 이상	6

3 복철근 직사각형보에서 압축철근의 배치목적으로 옳지 않은 것은? (단, 보는 정모멘트(+)만을 받고 있다고 가정한다)

① 전단철근 등 철근 조립 시 시공성 향상을 위하여
② 크리프 현상에 의한 처짐량을 감소시키기 위하여
③ 보의 연성거동을 감소시키기 위하여
④ 보의 압축에 대한 저항성을 증가시키기 위하여

> **TIP** 압축철근을 배치시키면 보의 연성거동을 증가시킬 수 있다.
>
> ※ 압축철근 배근 효과
> - 전단철근 등 철근 조립 시 시공성이 향상된다.
> - 크리프 현상에 의한 처짐량이 감소하게 된다.
> - 보의 연성이 증가하게 된다. (등가응력블럭깊이가 줄어들게 되고 인장철근의 변형도가 증가하게 되기 때문이다. 이러한 연성의 증가는 내진구조나 모멘트의 재분배가 일어나는 경우 구조체의 안전성을 높이는데 중요한 기능이다.)
> - 보의 압축에 대한 저항성이 증가하게 된다.

4 KS F 2405(콘크리트 압축강도시험방법)에 따라 결정된 재령 28일에 평가한 원주형 공시체의 기준압축강도 f_{ck}가 30[MPa]이고, 충분한 통계 자료가 없을 경우 설계에 사용할 수 있는 평균 압축강도 f_{cm}[MPa]은? (단, 2015년도 도로교설계기준을 적용한다)

① 30
② 32
③ 34
④ 36

> **TIP** 설계에 대한 검증과 콘크리트의 나쁜 성실을 평가하기 위해서 실제 콘크리트의 평균압축강도가 필요할 경우가 있다. 충분한 통계 자료가 없다면 평균압축강도는 $f_{cm} = f_{ck} + \Delta f$로 산정한다.
> 문제에서 주어진 조건을 대입하면 $f_{cm} = f_{ck} + \Delta f = 30 + 4 = 34$가 된다.
>
> | f_{ck} | Δf |
> |---|---|
> | 40 이하 | 4 |
> | 40 이상 60 이하 | 직선보간 |
> | 60 이상 | 6 |

Answer 1.④ 2.① 3.③ 4.③

5 그림과 같이 지그재그로 볼트구멍(지름 $d=25[\text{mm}]$)이 있고 인장력 P가 작용하는 판에서 인장응력 검토를 위한 순폭 $b_n[\text{mm}]$은?

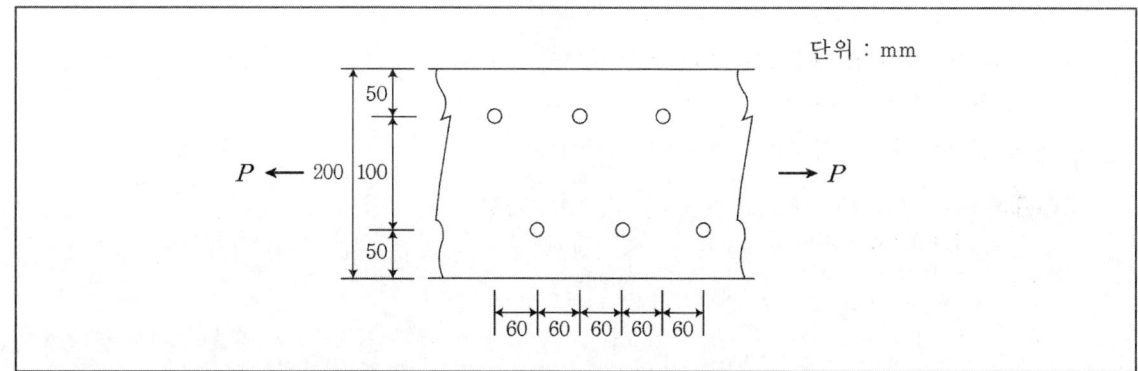

① 141
② 150
③ 159
④ 175

TIP $A_n = \left(h - 2d + \dfrac{s^2}{4g_1}\right) \times t = \left(200 - 2 \times 25 + \dfrac{60^2}{4 \times 100}\right) \times t = 159 \cdot t[\text{mm}^2]$

엇모배치의 경우 다음의 식으로 순단면적을 산정한다.

순단면적 $A_n = A_g - n \times d \times t + \sum \dfrac{s^2}{4g} \times t$

순폭 $b_n = \dfrac{A_n}{t} = \dfrac{159 \times t}{t} = 159[\text{mm}]$

볼트가 다음의 그림과 같이 엇모배치로 되어 있는 경우에는 4가지 파단선을 생각해볼 수 있다. 이들 각 경우에 대한 순단면적을 구하면 다음과 같다.

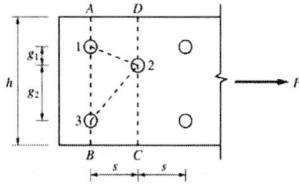

파단선 A-1-3-B : $A_g = (h - 2d) \times t$

파단선 A-1-2-3-B : $A_g = \left(h - 3d + \dfrac{s^2}{4g_1} + \dfrac{s^2}{4g_s}\right) \times t$

파단선 A-1-2-C : $A_n = \left(h - 2d + \dfrac{s^2}{4g_1}\right) \times t$

파단선 D-2-3-B : $A_n = \left(h - 2d + \dfrac{s^2}{4g_2}\right) \times t$

이 중 순단면적의 크기가 가장 작은 경우가 실제로 파괴가 일어나게 되는 파단선이며 인장재의 순단면적이 된다. 위의 4가지 파단선 중 A-1-2-C와 D-2-3-B의 순단면적은 파단선 A-1-3-B의 경우보다 항상 크게 되므로 파단선 A-1-2-C와 D-2-3-B의 경우는 처음부터 고려할 필요가 없음을 알 수 있다.

6 그림과 같은 2방향 확대기초에 자중을 포함한 계수하중 $P_u = 1,600[\text{kN}]$이 작용할 때, 위험단면의 계수 전단력 $V_u[\text{kN}]$는? (단, 2012년도 콘크리트구조기준을 적용한다)

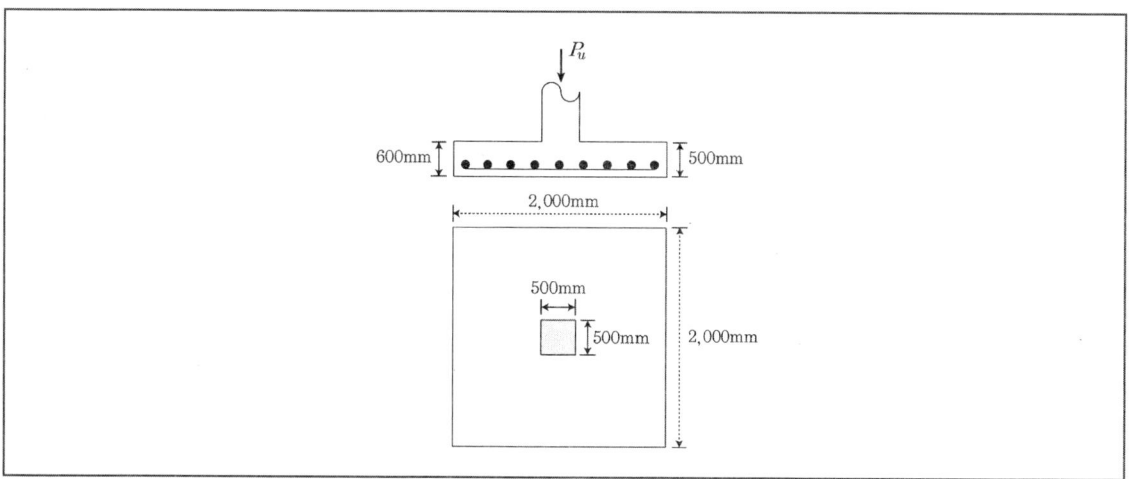

① 1,100 ② 1,200
③ 1,300 ④ 1,400

TIP
$$q_u = \frac{P_u}{A} = \frac{1,600}{2 \times 2} = 400[\text{kN/m}^2]$$
$$V_u = q_u[B \times L - (t+d)^2]$$
$$= 400 \times [2 \times 2 - (0.5+0.5)^2]$$
$$= 1,200[\text{kN}]$$

※ 2방향 슬래브의 위험단면은 기둥표면에서 $\frac{d}{2}$만큼 떨어진 곳이다. 이 위험단면과 지점 사이에는 집중하중이 작용하지 않도록 해야 한다.

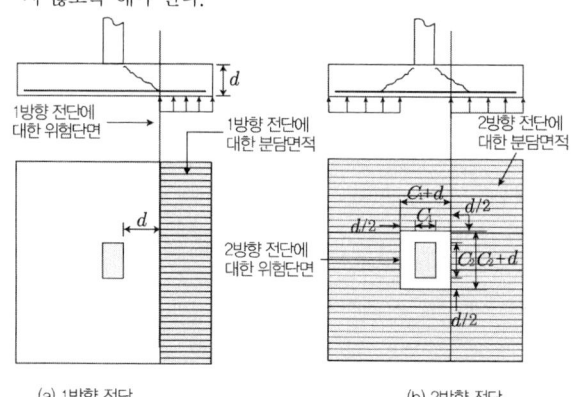

(a) 1방향 전단   (b) 2방향 전단

기초판의 전단에 대한 분담면적과 위험단면

Answer 5.③ 6.②

7 그림과 같은 철근콘크리트 사각형 확대기초가 $P=120[\text{kN}]$, $M=40[\text{kN}\cdot\text{m}]$를 받고 있다. 이때 확대기초에 발생하는 최소응력 $q_{\min}$이 0이 되도록 하기 위한 길이 $l[\text{m}]$은? (단, 단위폭으로 고려한다)

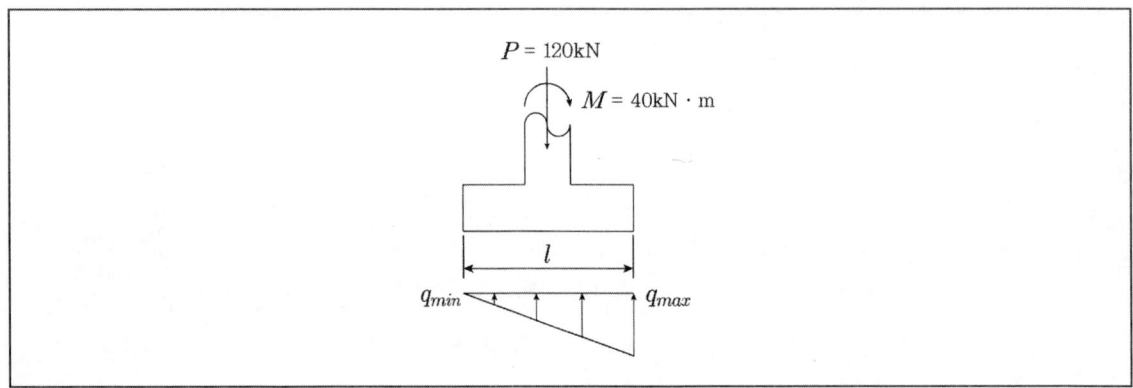

① 2　　　　　　　　　　　　　② 3
③ 4　　　　　　　　　　　　　④ 5

○TIP 핵의 거리에 관한 문제이다. 주어진 조건이 단위폭 1[m]이므로 길이에 초점을 두고 풀어야 한다.
$\dfrac{M}{P}=\dfrac{l}{6}$ 을 만족하는 값은 $\dfrac{40}{120}=\dfrac{l}{6}$ 에 따라 $l=2[\text{m}]$가 된다.

8 그림과 같은 T형보에 대한 등가 응력블록의 깊이 a[mm]는? (단, f_{ck} =20[MPa], f_y =400[MPa])

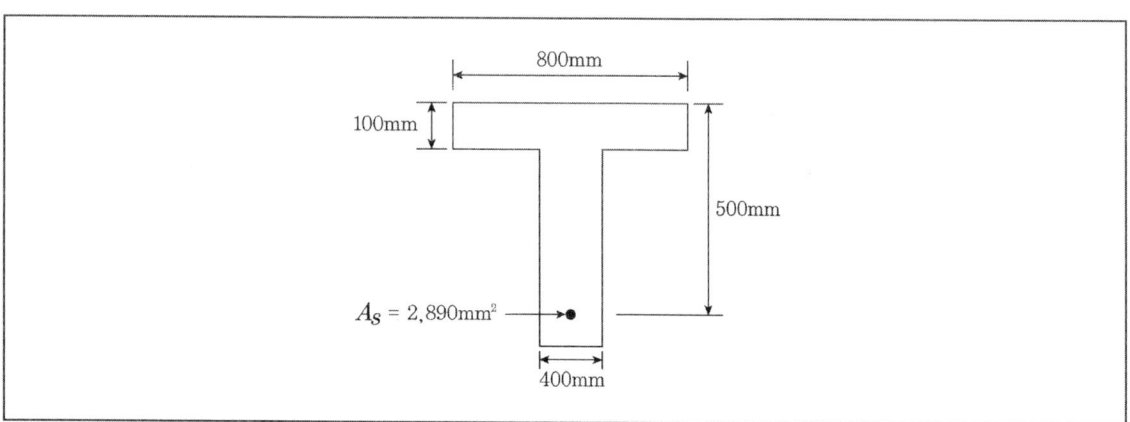

① 55
② 65
③ 75
④ 85

○**TIP** $a = \dfrac{A_s f_y}{0.85 f_{ck} b} = \dfrac{2,890 \times 400}{0.85 \times 20 \times 800} = 85[\text{mm}]$

a가 t보다 작으므로 폭이 800[mm]인 단철근 직사각형보로 해석한다.

9 보통중량콘크리트를 사용한 경우 전단설계에 대한 설명으로 옳지 않은 것은? (단, 2012년도 콘크리트구조기준을 적용한다)

① $\dfrac{1}{2}\phi V_c < V_u < \phi V_c$인 경우는 최소 전단철근을 배치해야 한다.

② 용접이형철망을 제외한 전단철근의 항복강도는 500[MPa] 이하여야 한다.

③ $V_s > \dfrac{2}{3}\sqrt{f_{ck}}\,b_w d$인 경우 콘크리트의 단면을 크게 해야 한다.

④ $V_s > \dfrac{1}{3}\sqrt{f_{ck}}\,b_w d$인 경우의 전단철근의 간격은 $V_s < \dfrac{1}{3}\sqrt{f_{ck}}\,b_w d$인 경우보다 2배로 늘려야 한다.

○**TIP** $V_s > \dfrac{1}{3}\sqrt{f_{ck}}\,b_w d$인 경우의 전단철근의 간격은 $V_s < \dfrac{1}{3}\sqrt{f_{ck}}\,b_w d$인 경우의 0.5배로 해야 한다.

Answer 7.① 8.④ 9.④

10 그림과 같이 바닥판과 기둥의 중심에 수직하중 $P=600[kN]$과 휨모멘트 $M=36[kN\cdot m]$가 작용할 때, 확대기초에 발생하는 최대 응력[kN/m^2]은?

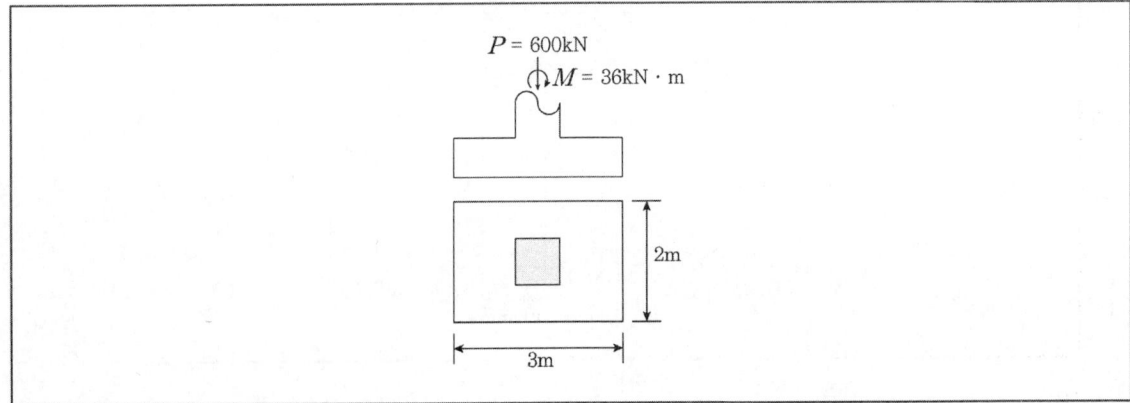

① 106　　　　　　　　　　　　　② 112
③ 123　　　　　　　　　　　　　④ 158

> **TIP** $q_{\max} = \dfrac{P}{A} + \dfrac{M}{I} \times x = \dfrac{600}{3\times 2} + \dfrac{36}{\dfrac{2\times 3^3}{12}} \times \dfrac{3}{2} = 112[kN/m^2]$

11 철근콘크리트 기둥 중 장주 설계에서 모멘트 확대계수를 두는 이유는? (단, 2012년도 콘크리트구조기준을 적용한다)

① 전단력에 의한 모멘트 증가를 고려하기 위하여
② 횡방향 변위에 의한 모멘트 증가를 고려하기 위하여
③ 모멘트와 전단력의 간섭효과를 고려하기 위하여
④ 비틀림의 효과를 고려하기 위하여

> **TIP** 철근콘크리트 기둥 중 장주 설계에서 모멘트 확대계수를 두는 이유는 횡방향 변위에 의한 모멘트 증가를 고려하기 위한 것이다.

12 슬래브 설계에 대한 설명으로 옳지 않은 것은? (단, 2012년도 콘크리트구조기준을 적용한다)

① 4변에 의해 지지되는 2방향 슬래브 중에서 단변에 대한 장변의 비가 2배를 넘으면 1방향 슬래브로 해석한다.
② 철근콘크리트 보와 일체로 만든 연속 슬래브의 휨모멘트 및 전단력을 구하기 위하여, 단순받침부 위에 놓인 연속보로 가정하여 탄성해석 또는 근사적인 계산방법을 사용할 수 있다.
③ 1방향 슬래브의 두께는 최소 100mm 이상으로 하여야 한다.
④ 1방향 슬래브에서는 정모멘트 철근 및 부모멘트 철근에 평행한 방향으로 수축·온도철근을 배치하여야 한다.

> **TIP** 1방향 슬래브에서는 정모멘트 철근 및 부모멘트 철근에 직각인 방향으로 수축·온도철근을 배치하여야 한다.

Answer 10.② 11.② 12.④

13 유효길이 $L_e = 20\text{m}$, 직사각형 단면의 크기 400mm×300mm인 기둥이 1단 자유, 1단 고정인 경우 최소 좌굴임계하중 P_{cr}[kN]은? (단, 기둥의 탄성계수 $E = 200$[GPa]이다)

① $450\pi^2$
② 450π
③ $900\pi^2$
④ 900π

TIP 1단 자유, 1단 고정이므로 유효좌굴길이계수 K는 2.0이다.

$$P_{cr} = \frac{\pi^2 EI_{\min}}{(KL)^2} = \frac{\pi^2 \times 200 \times 9 \times 10^8 [\text{mm}^4]}{2.0 \times 2 \times 10^4 [\text{mm}]} = 450\pi^2 [\text{kN}]$$

$$I_{\min} = \frac{bh^3}{12} = \frac{400 \times 300^3}{12} = 9 \times 10^8 [\text{mm}^4]$$

※ 탄성좌굴하중과 유효좌굴길이
  ㉠ 오일러의 탄성좌굴하중

- 탄성좌굴하중 $P_{cr} = \dfrac{\pi^2 EI_{\min}}{(KL)^2} = \dfrac{n \times \pi^2 EI_{\min}}{L^2} = \dfrac{\pi^2 EA}{\lambda^2}$

- 좌굴응력 $f_{cr} = \dfrac{P_{cr}}{A} = \dfrac{\pi^2 EI_{\min}}{(KL)^2 \times A} = \dfrac{\pi^2 E \times r_{\min}^2}{(KL)^2} = \dfrac{\pi^2 E}{\lambda^2}$

E : 탄성계수 (MPa, N/mm²)
$I_{\min}$: 최소 단면 2차 모멘트(mm⁴)
K : 지지단의 상태에 따른 유효좌굴길이계수
$KL = L_e$: 유효좌굴길이(mm)
λ : 세장비
f_{cr} : 임계좌굴응력

ⓛ 유효좌굴길이 계수와 압축재의 세장비 제한

단부구속조건	양단 고정	1단 힌지 타단 고정	양단 힌지	1단 회전구속 이동자유 타단 고정	1단 회전자유 이동자유 타단 고정	1단 회전구속 이동자유 타단 힌지
좌굴형태						
이론적인 K값	0.50	0.70	1.0	1.0	2.0	2.0
절점조건의 범례	회전구속, 이동구속 : 고정단					
	회전자유, 이동구속 : 힌지					
	회전구속, 이동자유 : 큰 보강성과 작은 기둥강성인 라멘					
	회전자유, 이동자유 : 자유단					

14 프리텐션 프리스트레싱 강재가 보유하여야 할 재료성능으로 옳은 것은?

① 인장강도가 작아야 한다.
② 연신율이 작아야 한다.
③ 릴랙세이션이 작아야 한다.
④ 콘크리트와의 부착강도가 작아야 한다.

> **TIP** 프리텐션 프리스트레싱 강재는 다음의 조건을 갖추어야 한다.
> • 인장강도가 높아야 한다.
> • 적당한 연성과 인성이 있어야 한다.
> • 항복비(=항복응력/인장강도)가 커야 한다.
> • 릴랙세이션이 작아야 한다.
> • 적절한 피로강도를 가져야 한다.

Answer 13.① 14.③

15 보통중량콘크리트에 D25철근이 매립되어 있을 때, 철근의 기능을 발휘하기 위한 최소 묻힘길이(정착길이 l_d)[mm]는? (단, 부착응력 u =5[MPa], 철근의 항복강도 f_y =300[MPa], 철근의 직경 d_b =25[mm], 2012년도 콘크리트구조기준을 적용한다)

① 250
② 375
③ 750
④ 1,000

○**TIP** $l = \dfrac{d \times f_y}{4r_o} = \dfrac{25 \times 300}{4 \times 5} = 375 \, [\text{mm}]$

※ 기본정착길이(l) … 철근의 한 쪽 끝에 $T = A_s \times f_y$ 만큼의 인장력이 가해질 때 철근은 인장력으로 항복하지만 콘크리트에서는 뽑혀서는 안 된다. 이 때 묻혀진 최소길이를 기본정착길이(l)라고 한다. r_o을 철근과 콘크리트의 부착응력, d를 철근의 지름이라고 하면 다음의 평형조건식이 성립한다.

$r_o \times \pi \times d \times l = \dfrac{\pi \times d^2}{4} \times f_y$ 이므로 $l = \dfrac{d \times f_y}{4r_o}$

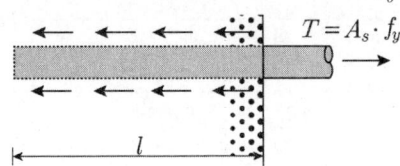

16 전단철근이 부담해야 할 전단력 V_s =700[kN]일 때, 전단철근(수직스터럽)의 간격 s[mm]는? (단, 보통중량콘크리트이며 f_{ck} =36[MPa], f_y =400[MPa], b =400[mm], d =600[mm], 전단철근의 면적 A_v = 700[mm²]이며, 2012년도 콘크리트구조기준을 적용한다)

① 350
② 300
③ 240
④ 150

○**TIP** $V = V_c + V_s$ 이며

$V_c = \dfrac{1}{6} \times \sqrt{f_{ck}} \, b_w d = \dfrac{1}{6} \times \sqrt{36} \times 400 \times 600 = 240[\text{kN}]$

$V_s > \dfrac{1}{3}\sqrt{f_{ck}}\,b_w d = 2V_c = 480[\text{kN}]$이므로 수직스터럽의 간격은 $\dfrac{d}{4}$ 이하, 300[mm] 이하이어야 하므로

$\dfrac{d}{4} = \dfrac{600}{4} = 150[\text{mm}]$가 된다.

※ 전단철근의 간격

- $V_s \leq \dfrac{1}{3}\sqrt{f_{ck}}\,b_w d$인 경우 수직스터럽만 사용 시 전단철근간격은 $\dfrac{d}{2}$ 이하, 600[mm] 이하
- $V_s > \dfrac{1}{3}\sqrt{f_{ck}}\,b_w d$인 경우 수직스터럽만 사용 시 전단철근간격은 $\dfrac{d}{4}$ 이하, 300[mm] 이하

17 단철근 직사각형보의 최대철근비 $\rho_{max}=0.02$일 때, 연성파괴가 되기 위한 최대 철근량[mm²]은? (단, b =300mm, d =600mm, 최소철근비 $\rho_{min}=0.003$이고, 2012년도 콘크리트구조기준을 적용한다)

① 360
② 540
③ 3,600
④ 5,400

> **TIP** 최대철근비 … 철근콘크리트가 파괴가 될 때 철근의 항복에 의한 파괴(연성파괴)가 되도록 하기 위한 철근비로, 인장철근 항복변형률이 최소허용변형률인 경우의 철근비이다.
> 철근비는 철근량을 부재의 단면적으로 나눈 값이다. 따라서
> $\rho_{max}=0.02=\dfrac{A_s}{bd}=\dfrac{A_s}{300\times 600}$ 이므로 최대철근량은 3,600이 된다.

18 포스트텐션 방식의 PSC보를 시공하는 순서를 바르게 나열한 것은?

㉠ 거푸집 조립	㉡ 콘크리트 타설
㉢ 그라우팅 실시	㉣ 프리스트레스 도입
㉤ 쉬스관 설치	

① ㉠→㉡→㉣→㉤→㉢
② ㉠→㉤→㉡→㉣→㉢
③ ㉤→㉠→㉡→㉢→㉣
④ ㉤→㉢→㉠→㉣→㉡

> **TIP** 포스트텐션 방식의 시공순서 … 거푸집 조립 → 쉬스관 설치 → 콘크리트 타설 → 프리스트레스 도입 → 그라우팅 실시

19 접합부에서, 한쪽 방향으로는 인장파단, 다른 방향으로는 전단항복 혹은 전단파단이 발생하는 한계상태는? (단, 2011년도 강구조 설계기준을 적용한다)

① 전단면 파단
② 블록 전단파단
③ 순단면 항복
④ 전단면 항복

> **TIP** 블록 전단파단과 단면 항복
> • 블록 전단파단: 접합부에서, 한쪽 방향으로는 인장파단, 다른 방향으로는 전단항복 혹은 전단파단이 발생하는 한계상태
> • 단면 항복: 접합부가 인장력을 받는 경우 단면이 항복하게 되는 사용성 한계상태
> ※ 인장을 받는 강재에서 블록전단이 발생하는 경우 인장파단과 전단파단 또는 전단항복 상태가 발생할 수 있다.

Answer 15.② 16.④ 17.③ 18.② 19.②

20 압축철근량 $A_s' = 2,400[\text{mm}^2]$로 배근된 복철근 직사각형보의 탄성처짐이 10[mm]인 부재의 경우 하중의 재하기간이 10년이고 압축철근비가 0.02일 때, 장기처짐을 고려한 총 처짐량[mm]은? (단, 폭 b = 200mm, 유효깊이 d =600mm이고, 2012년도 콘크리트구조기준을 적용한다)

① 10
② 15
③ 20
④ 25

◎TIP 총 처짐은 탄성처짐량과 장기처짐량의 합이다.
　　장기처짐량은 탄성처짐량과 장기처짐계수를 곱한 값이 되므로 $10[\text{mm}] \times 1.0 = 10[\text{mm}]$
　　따라서 총 처짐량은 20[mm]가 된다.
$$\text{장기처짐계수 } \lambda = \frac{\xi}{1+50\rho'} = \frac{2.0}{1+(50 \times 0.02)} = \frac{2}{2} = 1.0$$

※ 장기처짐
　㉠ 장기처짐 산정식 : 장기처짐=지속하중에 의한 탄성처짐 $\times \lambda$
　㉡ $\lambda = \dfrac{\xi}{1+50\rho'}$ (ξ : 시간경과계수, $\rho' = \dfrac{A_s'}{bd}$: 압축철근비)

시간 경과	3개월	6개월	12개월	5년 이상
시간경과계수 ξ	1.0	1.2	1.4	2.0

　㉢ 장기처짐은 콘크리트의 건조수축과 크리프로 인하여 시간의 경과와 더불어 진행되는 처짐이다.
　㉣ 장기처짐은 압축철근을 증가시키면 감소된다.
　㉤ 시간당 장기처짐량은 시간이 흐를수록 작아진다.
　㉥ 장기처짐량은 탄성처짐량에 비례한다.
　㉦ 장기처짐 계산 시에 사용되는 계수 λ는 콘크리트의 재료성질과 압축철근비의 함수로 표시된다.
　㉧ 처짐은 고정하중에 의한 추가 장기처짐과 충분한 시간 동안 지속되는 활하중에 의한 장기 추가처짐의 합이다.
　㉨ 추가처짐은 온도, 습도, 양생조건, 재하기간, 압축철근의 양, 지속하중의 크기 등의 영향을 받는다.
　㉩ 하중작용에 의한 장기처짐은 부재강성에 대한 균열과 철근의 영향을 고려하여 탄성처짐 공식을 사용하여 구한다.
　㉪ 복철근으로 설계하면 장기처짐량이 감소한다.
　㉫ 균열이 발생하지 않은 단면의 처짐계산에서 사용되는 단면 2차 모멘트는 철근을 무시한 콘크리트 전체 단면의 중심축에 대한 단면 2차 모멘트(I_g)를 사용한다.
　㉬ 휨부재의 처짐은 사용하중에 대하여 검토한다.
　㉭ 총처짐량은 탄성처짐량과 장기처짐량의 합이다.
　㉮ 장기처짐량은 단기처짐량에 비례한다.

토목설계 | 2019. 6. 15. 제1회 지방직 시행

1 KDS(2016) 설계기준에서 제시된 교량설계 원칙 중 한계상태에 대한 설명으로 옳은 것은?

① 사용한계상태는 극단적인 사용조건하에서 응력, 변형 및 균열폭을 제한하는 것으로 규정한다.
② 피로한계상태는 기대응력범위의 반복 횟수에서 발생하는 단일 피로설계트럭에 의한 응력범위를 제한하는 것으로 규정한다.
③ 극한한계상태는 지진 또는 홍수 발생 시, 또는 세굴된 상황에서 선박, 차량 또는 유빙에 의한 충돌 시 등의 상황에서 교량의 붕괴를 방지하는 것으로 규정한다.
④ 극단상황한계상태는 교량의 설계수명 이내에 발생할 것으로 기대되는, 통계적으로 중요하다고 규정한 하중조합에 대하여 국부적/전체적 강도와 안정성을 확보하는 것으로 규정한다.

> **TIP** ① 사용한계상태는 정상적인 사용을 조건으로 하여 응력, 변형 및 균열폭을 제한하는 것으로 규정한다. 즉, 처짐, 균열, 진동 등이 과다하게 발생하게 되어 정상적인 사용상태의 필요조건을 만족하지 못하는 상태를 말한다.
> ③ 극한한계상태는 구조물 또는 부재가 파괴 또는 파괴에 가까운 상태가 되어 기능을 상실한 상태이다. 도로교설계기준에 따르면 교량의 설계수명 이내에 발생할 것으로 기대되는, 통계적으로 중요하다고 규정한 하중조합에 대하여 국부적/전체적 강도와 안정성을 확보하는 것으로 규정한다.
> ④ 극단상황한계상태는 지진 또는 홍수 발생 시, 또는 세굴된 상황에서 선박, 차량 또는 유빙에 의한 충돌 시 등의 상황에서 교량의 붕괴를 방지하는 것으로 규정한다.

2 균열폭에 대한 설명으로 옳지 않은 것은?

① 균열폭을 작게 하기 위해서는 지름이 작은 철근을 많이 사용하는 것이 지름이 큰 철근을 적게 사용하는 것보다 유리하다.
② 하중에 의한 균열을 제어하기 위해 요구되는 철근 이외에도 필요에 따라 온도변화, 건조수축 등에 의한 균열을 제어하기 위해 추가적인 보강철근을 배근할 수 있다.
③ 균열폭은 철근의 인장응력에 선형 또는 비선형적으로 비례한다.
④ 일반적으로 피복두께가 클수록 균열폭은 작아진다.

> **TIP** 일반적으로 피복두께가 클수록 균열폭도 커지게 된다.

Answer 20.③ / 1.② 2.④

3 KDS(2016) 설계기준에서는 휨부재의 최소 철근량으로 다음 두 가지 식으로 계산한 값 중에서 큰 값 이상을 사용한다. 이 두 가지 식을 함께 사용하는 이유는? (단, f_{ck}는 콘크리트의 설계기준 압축강도이며, f_y는 철근의 설계기준 항복강도, b_w는 단면의 폭, d는 단면의 유효높이이다)

$$A_{s,\min} = \frac{0.25\sqrt{f_{ck}}}{f_y}b_w d, \quad A_{s,\min} = \frac{1.4}{f_y}b_w d$$

① 콘크리트 강도와 철근의 강도를 조절하여 가능한 한 균형단면에 가깝게 하기 위함이다.
② 철근의 강도가 커지면 인장철근량을 줄여 연성파괴를 유도하기 위함이다.
③ 사용 콘크리트의 압축강도가 커짐에 따라 취성이 증가하므로 이를 합리적으로 반영하기 위함이다.
④ 인장철근량을 가능한 한 줄여 휨부재의 연성파괴를 유도하기 위함이다.

> **TIP** 최소철근량 산정식 2가지 중 큰 값을 적용하는 이유는 사용 콘크리트의 압축강도가 커짐에 따라 취성이 증가하므로 이를 합리적으로 반영하기 위함이다.

4 단철근 직사각형 콘크리트 보의 설계휨모멘트를 증가시키는 방법 중에서 가장 경제적 효율이 낮은 것은?

① 인장철근량의 증가
② 인장철근 설계기준 항복강도의 상향
③ 단면 유효깊이의 증가
④ 콘크리트 설계기준 압축강도의 상향

> **TIP** 보의 허용설계휨모멘트를 증가시키기 위한 주어진 보기의 방법 중 콘크리트의 압축강도 상향은 다른 방법에 비해 효율성이 낮다. 압축강도를 증가시키기 위해서는 큰 비용이 소요되며 비용대비 설계휨모멘트강도 증가율이 다른 방법보다 낮다.

5 압축철근비 $\rho'=0.02$인 복철근 직사각형 콘크리트 보에 고정하중이 작용하여 15mm의 순간처짐이 발생하였다. 1년 후 크리프와 건조수축에 의하여 보에 발생하는 추가 장기처짐[mm]은? (단, 활하중은 없으며, KDS(2016) 설계기준을 적용한다)

① 8.8
② 10.5
③ 15.4
④ 25.5

> **TIP** 장기처짐계수는 $\lambda_\Delta = \dfrac{\xi}{1+50\rho'} = \dfrac{1.4}{1+(50\times0.02)} = 0.7$
> 경과기간이 1년이므로 $\xi=1.4$이며 따라서 장기처짐은 $15[\text{mm}] \times 0.7 = 10.5[\text{mm}]$
> ※ 장기처짐 산정식 : 장기처짐=지속하중에 의한 탄성처짐 $\times \lambda$
> $\lambda = \dfrac{\xi}{1+50\rho'}$ (ξ : 시간경과계수, $\rho' = \dfrac{A_s'}{bd}$: 압축철근비)

시간 경과	3개월	6개월	12개월	5년 이상
시간경과계수 ξ	1.0	1.2	1.4	2.0

6 다발철근을 사용하여 수중에서 콘크리트를 치는 경우 최소 피복 두께[mm]는? (단, KDS(2016) 설계기준을 적용한다)

① 60
② 80
③ 100
④ 120

> **TIP** 다발철근을 사용하여 수중에서 콘크리트를 치는 경우의 최소 피복두께는 100mm 이상이어야 한다.

7 철근의 순간격이 80mm이고 피복두께가 40mm인 보통중량 콘크리트를 사용한 부재에서 D32 인장철근의 A급 겹침이음길이[mm]는? (단, 콘크리트의 설계기준 압축강도 $f_{ck}=36\text{MPa}$, 철근의 설계기준 항복강도 $f_y=400\text{MPa}$, 철근은 도막되지 않은 하부에 배치되는 이형철근으로 공칭지름은 32mm이고, KDS(2016) 설계기준을 적용한다)

① 1,280
② 1,664
③ 1,920
④ 2,130

> **TIP** $l_d = \dfrac{0.6d_b f_y}{\lambda\sqrt{f_{ck}}} \times 보정계수 = \dfrac{0.6\times32\times400}{1\times\sqrt{36}} \times 1.0 = 1,280[\text{mm}]$
> A급 겹침이음이므로 l_d에 1.0을 곱한 값을 적용하므로 1,280[mm]가 된다.

Answer 3.③ 4.④ 5.② 6.③ 7.①

8 그림과 같은 띠철근 기둥의 순수 축하중강도 P_0[kN]는? (단, 기둥은 단주로서 콘크리트 설계기준 압축강도 f_{ck} =30MPa, 철근의 설계기준 항복강도 f_y =400MPa, 종방향 철근 총단면적 A_{st} =3,000[mm²]이며, KDS(2016) 설계기준을 적용한다)

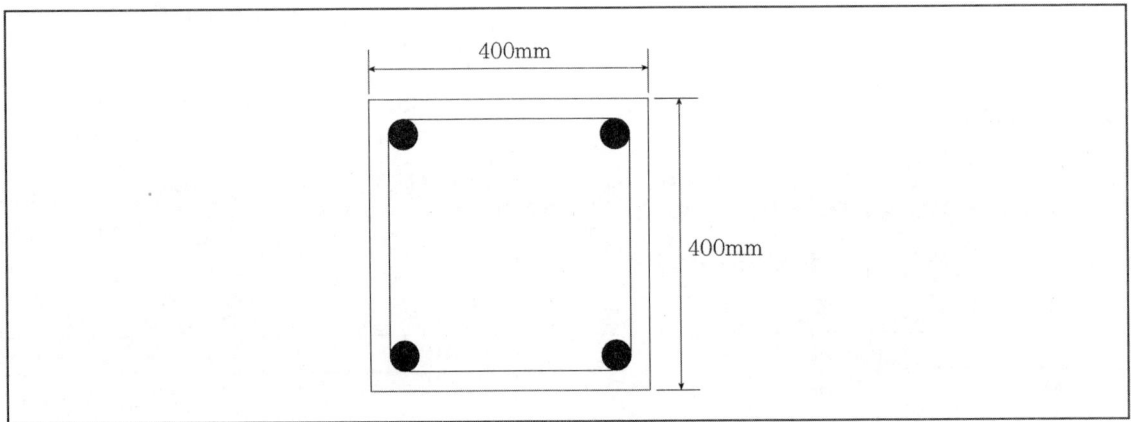

① 3,499.8　　　　　　　　　　② 4,522.4
③ 5,203.5　　　　　　　　　　④ 6,177.8

  TIP $P_o = 0.85 f_{ck}(A_g - A_{st}) + f_y A_{st}$
     $= 0.85 \times 30(400^2 - 3,000) + 400 \times 3,000$
     $= 5,203.5[\text{kN}]$

9 그림과 같은 단면의 캔틸레버 보에 자중을 포함한 등분포 계수하중 w_u =25kN/m가 작용하고 있을 때, 전단위험단면에서 전단철근이 부담해야 할 공칭전단력 V_s[kN]는? (단, 보의 지간은 3.3m, 콘크리트의 쪼갬인장강도 f_{sp} =1.4MPa, 콘크리트의 설계기준 압축강도 f_{ck} =25MPa, 인장철근의 설계기준 항복강도 f_y =350MPa이며, KDS(2016) 설계기준을 적용한다)

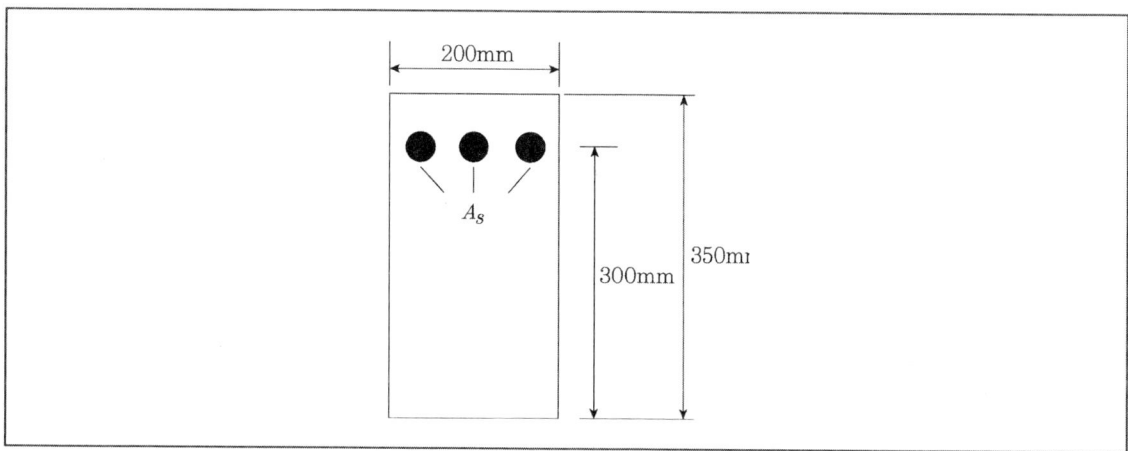

① 25
② 50
③ 75
④ 100

TIP $V_u = w_u(L-d) = 25 \times (3.3 - 0.3) = 75[\text{kN}]$

$\lambda = \dfrac{f_{sp}}{0.56\sqrt{f_{ck}}} = \dfrac{1.4}{0.56\sqrt{25}} = 0.5$

$V_c = \dfrac{1}{6}\lambda\sqrt{f_{ck}}b_w d = \dfrac{1}{6} \times 0.5 \times \sqrt{25} \times 200 \times 300 = 25,000[\text{N}] = 25[\text{kN}]$

$V_s = \dfrac{V_u - \phi V_c}{\phi} = \dfrac{75 - 0.75 \times 25}{0.75} = 75[\text{kN}]$

10 KDS(2016) 설계기준에서 제시된 근사해법을 적용하여 1방향 슬래브를 설계할 때 그 순서를 바르게 나열한 것은?

> ㉠ 슬래브의 두께를 결정한다.
> ㉡ 단변에 배근되는 인장철근량을 산정한다.
> ㉢ 장변에 배근되는 온도철근량을 산정한다.
> ㉣ 계수하중을 계산한다.
> ㉤ 단변 슬래브의 계수휨모멘트를 계산한다.

① ㉠→㉣→㉤→㉡→㉢
② ㉠→㉣→㉡→㉢→㉤
③ ㉣→㉤→㉢→㉡→㉠
④ ㉣→㉠→㉡→㉢→㉤

OTIP 1방향 슬래브 설계의 순서
- 슬래브의 두께를 결정한다.
- 계수하중을 계산한다.
- 단변 슬래브의 계수휨모멘트를 계산한다.
- 단변에 배근되는 인장철근량을 산정한다.
- 장변에 배근되는 온도철근량을 산정한다.

11 KS F 2423(콘크리트의 쪼갬인장 시험 방법)에 준하여 ϕ100mm × 200mm 원주형 표준공시체에 대한 쪼갬인장강도 시험을 실시한 결과, 파괴 시 하중이 75kN으로 측정된 경우 쪼갬인장강도[MPa]는? (단, π = 3으로 계산하며, KDS(2016) 설계기준을 적용한다)

① 1.5
② 2.0
③ 2.5
④ 5.0

OTIP $f_{sp} = \dfrac{2P}{\pi dl} = \dfrac{2 \times (75 \times 10^3)}{3 \times 200 \times 100} = 2.5[\text{MPa}]$

12 그림과 같이 연직하중 P와 휨모멘트 M이 바닥판과 기둥의 중심에 작용하는 철근콘크리트 확대기초의 최대 지반응력[kN/m²]은? (단, 기초의 자중은 무시한다)

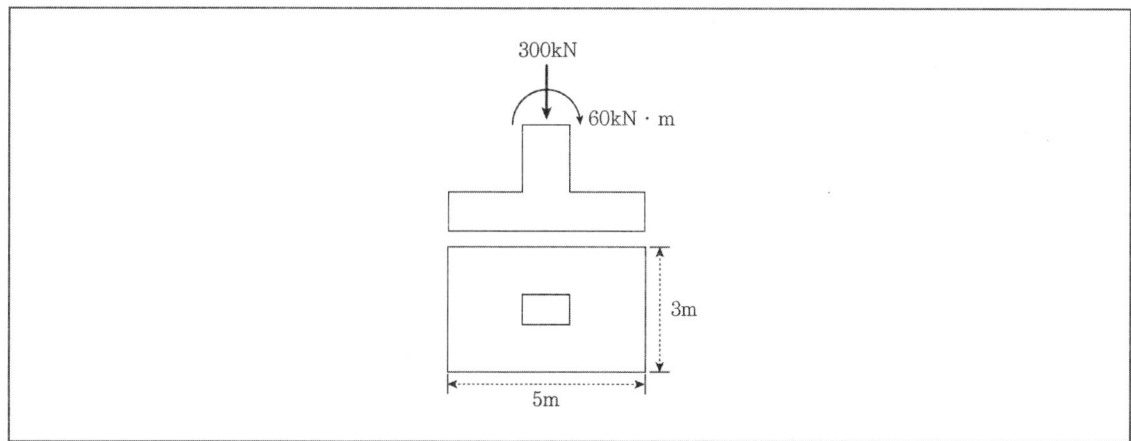

① 24.8
② 29.2
③ 34.4
④ 39.2

TIP $q_{max} = \dfrac{P}{A} + \dfrac{M}{Z} = \dfrac{1}{A}\left(P + \dfrac{6M}{B}\right) = \dfrac{1}{5 \times 3} \times \left(300 + \dfrac{6 \times 60}{5}\right) = 24.8 [\text{kN/m}^2]$

13 12mm 두께의 강판과 10mm 두께의 강판을 필릿용접할 때 요구되는 최소 용접치수[mm]는? (단, KDS(2016) 설계기준을 적용한다)

① 4
② 6
③ 10
④ 12

TIP 필릿용접의 용접치수

접합부의 두꺼운 쪽 소재 두께(mm)	필릿용접의 최소 치수(mm)
$t < 6$	3
$6 \leq t < 12$	5
$12 \leq t < 20$	6
$20 \leq t$	8

Answer 10.① 11.③ 12.① 13.②

14 다음 그림과 같은 중력식 옹벽의 전도에 대한 안전율은? (단, 콘크리트의 단위중량 γ_c =25kN/m³, 흙의 내부마찰각 ϕ =30°, 점착력 c =0, 흙의 단위중량 γ_s =20[kN/m³], 옹벽 전면에 작용하는 수동토압은 무시하며, KDS(2016) 설계기준을 적용한다)

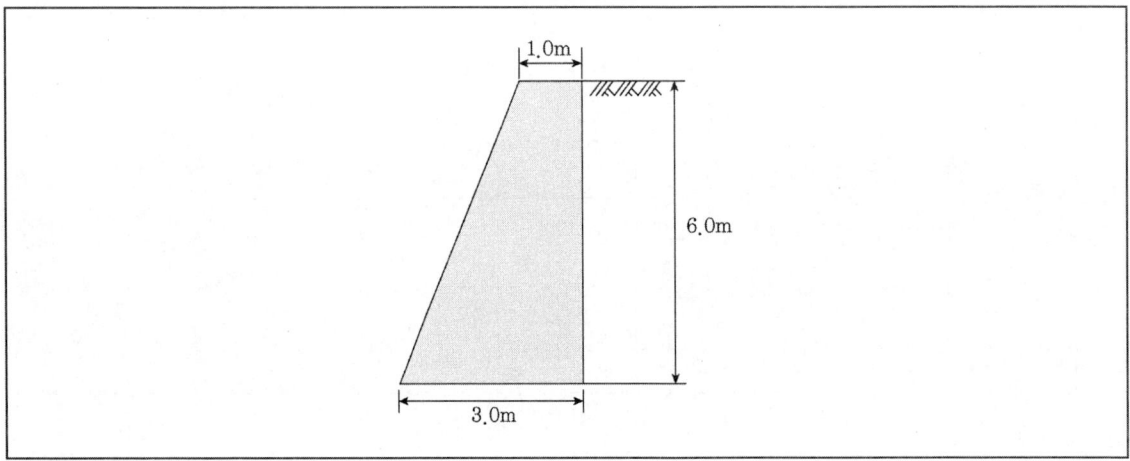

① 1.52 ② 2.08
③ 2.40 ④ 3.50

○**TIP** 옹벽에 작용하는 힘을 표시하면 다음과 같다.

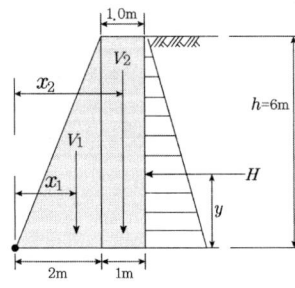

토압계수 $K_A = \dfrac{1-\sin\phi}{1+\sin\phi} = \dfrac{1-\sin30°}{1+\sin30°} = \dfrac{1}{3}$

수평하중 $H = \dfrac{1}{2}K_A\gamma_s h^2 = \dfrac{1}{2} \times \dfrac{1}{3} \times 20 \times 6^2 = 120[\text{kN/m}]$

수평하중의 작용점 $y = 6 \times \dfrac{1}{3} = 2[\text{m}]$

$x_1 = 2 \times \dfrac{2}{3} = \dfrac{4}{3}[\text{m}], \quad x_2 = 2 + \dfrac{1}{2} = \dfrac{5}{2}[\text{m}]$

따라서 전도에 대한 안전율은

$\dfrac{V \times x}{H \times y} = \dfrac{\left[25 \times \left(\dfrac{1}{2} \times 2 \times 6\right)\left(\dfrac{4}{3}\right) + (1 \times 6)\left(\dfrac{5}{2}\right)\right]}{120 \times 2} = 2.40$

15 다음 그림과 같이 자중을 포함한 등분포하중 $w=20$[kN/m]가 재하된 프리스트레스트콘크리트 단순보에 긴장력 $P=2,000$[kN]이 작용할 때 보에 작용하는 순하향 하중[kN/m]은? (단, 프리스트레스의 손실은 무시한다)

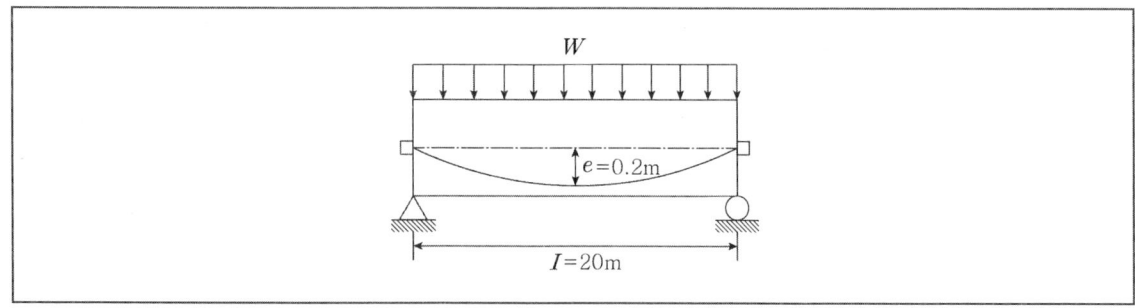

① 4 ② 8
③ 12 ④ 16

○**TIP** $u = \dfrac{8Ps}{l^2} = \dfrac{8 \times 2,000 \times 0.2}{20^2} = 8$[kN/m]

$w' = w - u = 20 - 8 = 12$[kN/m]

16 길이 10m의 포스트텐셔닝 콘크리트 보의 긴장재에 1,500MPa의 프리스트레스를 도입하여 일단 정착하였더니 정착부 활동이 6mm 발생하였다. 이때 프리스트레스의 손실률[%]은? (단, 긴장재는 직선으로 배치되어 긴장재와 쉬스의 마찰은 없으며, 탄성계수 $E_p=200$GPa이다)

① 8 ② 10
③ 12 ④ 14

○**TIP** $\triangle f_{pa} = E_{ps} \times \varepsilon_p = E_{ps} \times \dfrac{\triangle l}{l} = (200 \times 10^3) \times \dfrac{6}{10 \times 10^3} = 120$[MPa]

$\dfrac{\triangle f_{pa}}{f_\pi} \times 100 = \dfrac{120}{1,500} \times 100 = 8$[%]

Answer 14.③ 15.③ 16.①

17 그림과 같은 단철근 직사각형 콘크리트 보에 사용 가능한 최대 인장철근비 $\rho_{\max}$는? (단, 콘크리트의 설계기준 압축강도 f_{ck} =35MPa, 인장철근의 설계기준 항복강도 f_y =255MPa, β_1 =0.8로 하며, KDS(2016) 설계기준을 적용한다)

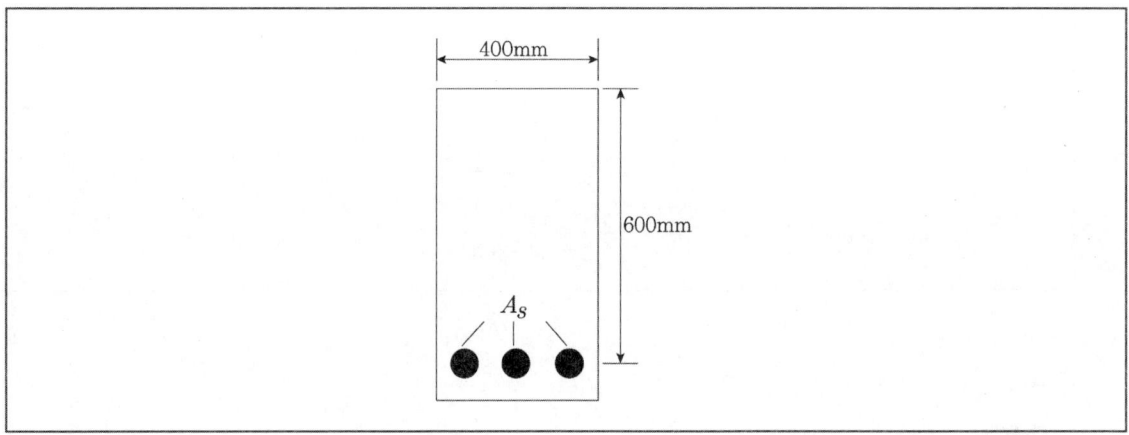

① 0.01　　　　　　　　　　　　② 0.02
③ 0.03　　　　　　　　　　　　④ 0.04

◉TIP $\beta_1 = 0.85 - 0.007(f_{ck} - 28) = 0.801$ (28[MPa]< $f_{ck} \leq$ 56[MPa]이므로)
$\varepsilon_{\min} = 0.004$ ($f_y \leq 400$[MPa]이므로)
$\rho_{\max} = 0.85\beta_1 \times \dfrac{f_{ck}}{f_y} \times \dfrac{0.003}{0.003+\varepsilon_{\min}} = 0.85 \times 0.80 \times \dfrac{35}{255} \times \dfrac{0.003}{0.003+0.004} = 0.04$
(해설을 살펴보면 복잡해 보이는 문제이나 핵심은 매우 단순하고, 유형이 정해진 문제이며 출제빈도가 높으므로 풀이과정을 필히 암기할 것을 권한다.)

18 500mm×500mm 정사각형 단면을 가진 비횡구속 띠철근 기둥의 장주효과를 무시할 수 있는 최대 비지지길이[m]는? (단, 기둥의 양단은 힌지로 지지되어 있으며, KDS(2016) 설계기준을 적용한다)

① 3.3　　　　　　　　　　　　② 4.3
③ 6.8　　　　　　　　　　　　④ 7.9

◉TIP 비횡구속 골조에서 기둥의 장주효과를 무시할 수 있는 최대비지지길이는
$l_u = \dfrac{22r}{k} = \dfrac{22 \times (0.3b)}{k} = \dfrac{22 \times (0.3 \times 500)}{1.0} = 3,300$[mm]
(단면 2차 반경은 정사각형 단면이므로 $r = 0.3b$이며 양단 힌지이므로 좌굴계수는 $k = 1.0$이 된다.)

19 T형 프리스트레스트콘크리트 단순보에 설계하중이 작용할 때 보의 처짐은 0이었으며, 프리스트레스 도입단계부터 보의 상연에 부착된 변형률 게이지로 측정된 콘크리트 탄성변형률 $\epsilon_c = 4.0 \times 10^{-4}$이었다. 이 경우 초기긴장력 P_i[kN]는? (단, 콘크리트의 탄성계수 $E_c = 25$GPa, T형보의 총단면적 $A_g = 170,000$mm², 프리스트레스의 유효율 $R = 0.85$이다)

① 1,400 ② 1,600
③ 1,800 ④ 2,000

◯TIP $P_e = E_c \varepsilon \times A = (25 \times 10^3)(4.0 \times 10^{-4}) \times 170,000 = 1,700$[kN]

$P_e = RP_i$ 이므로 $P_i = \dfrac{P_e}{R} = \dfrac{1,700}{0.85} = 2,000$[kN]

20 KDS(2016) 설계기준에서 제시된 교량 내진설계에 관한 내용 중에서 옳지 않은 것은?

① 위험도계수 I는 평균재현주기가 1,000년인 지진의 유효수평 지반가속도 S를 기준으로 평균재현주기가 다른 지진의 유효 수평지반가속도의 상대적 비율을 의미한다.
② 교량의 지진하중을 결정하는데 사용되는 지반계수는 지반상태가 탄성지진응답계수에 미치는 영향을 반영하기 위한 보정계수이다.
③ 교량의 내진등급은 중요도에 따라 내진특등급, 내진 I 등급, 내진 II 등급으로 분류하며 지방도의 교량은 내진 I 등급이다.
④ 교량이 위치할 부지에 대한 지진지반운동의 유효수평지반가속도 S는 지진구역계수 Z에 각 평균재현주기의 위험도계수 I를 곱하여 결정한다.

◯TIP 위험도계수 I는 평균재현주기가 500년인 지진의 유효수평 지반가속도 S를 기준으로 평균재현주기가 다른 지진의 유효 수평지반가속도의 상대적 비율을 의미한다.

Answer 17.④ 18.① 19.④ 20.①

토목설계 | 2019. 6. 15. 제2회 서울특별시 시행

1 단면이 300×500mm의 직사각형인 철근콘크리트 부재가 있다. 철근은 단면 도심에 대칭으로 배치되었으며, 철근 단면적 A_s=5,000mm²이다. 콘크리트의 건조수축으로 인해 철근에 발생하는 압축응력이 60MPa일 때, 건조 수축에 의해 콘크리트에 발생하는 응력은? (단, 이 부재의 지점 변형은 구속되어 있지 않다.)

① 1MPa
② 2MPa
③ 3MPa
④ 4MPa

> **TIP** 건조수축에 의해 콘크리트에 발생하는 응력은
> $$f_{ct} = \frac{A_s}{A_c} f_{sc} = \frac{5,000}{300 \times 500} \times 60 = 2[\text{MPa}]$$

2 휨을 받는 띠철근으로 보강된 직사각형 단면에서 $\frac{(d-c)}{c} = \frac{0.0035}{0.003}$일 때, 강도감소계수의 값은? (단, 인장철근은 1열로 배치되어 있으며 d는 유효깊이, c는 중립축깊이, 철근의 항복강도 $f_y = 400\,\text{MPa}$이고, 「콘크리트구조기준(2012)」을 적용한다.)

① 0.65
② 0.70
③ 0.75
④ 0.85

> **TIP** $\varepsilon_y = \frac{f_y}{E_s} = \frac{400}{(2 \times 10^5)} = 0.0020$
> $\varepsilon_t = \frac{d_t - c}{c} \times 0.003 = \frac{0.0035}{0.003} \times 0.003 = 0.0035$
> $\phi = 0.65 + (\varepsilon_t - \varepsilon_y) \times \frac{200}{3} = 0.65 + (0.0035 - 0.0020) \times \frac{200}{3} = 0.75$
> (논란의 여지가 있는 문제이다. 보의 최외단인장철근 변형률이 최소허용변형률 이상이어야 하나 문제에서 주어진 조건이 이를 만족하지 못한다.)

3 그림과 같은 정(+)의 휨모멘트가 작용하는 T형보를 설계할 때, 유효폭 b_e를 폭으로 하는 직사각형보로 해석할 수 있는 유효폭 b_e의 최솟값은? (단, f_{ck}=20MPa, f_y=400MPa이고, 「콘크리트구조기준(2012)」을 적용한다.)

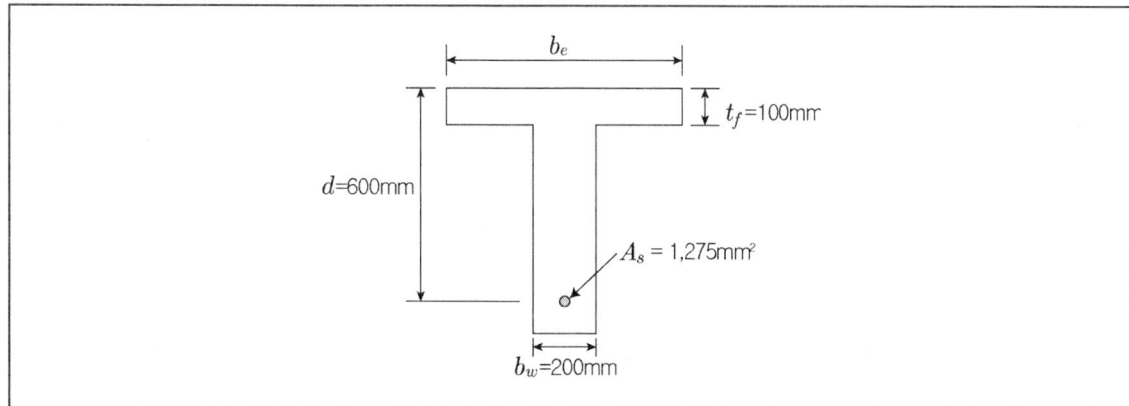

① 250mm
② 300mm
③ 350mm
④ 400mm

TIP T형보 설계 시 직사각형보로 취급할 수 있는 경우는 $a = \dfrac{A_s f_y}{0.85 f_{ck} b} \leq t_f$ 이므로

이를 만족하는 b의 최솟값은 $b_{min} = \dfrac{A_s f_y}{0.85 f_{ck} \times t_f} = \dfrac{1,275 \times 400}{0.85 \times 20 \times 100} = 300 [\text{mm}]$

Answer 1.② 2.③ 3.②

4 철근콘크리트 압축부재의 장주설계에 대한 설명으로 가장 옳지 않은 것은? (단, 「콘크리트구조기준(2012)」을 적용한다.)

① 비횡구속 골조의 압축부재의 경우, $\dfrac{kl_u}{r} \leq 22$이면 장주효과를 무시할 수 있다.

② 횡구속 골조의 압축부재의 경우, $\dfrac{kl_u}{r} \leq 34-12(M_1/M_2)$이면 장주효과를 무시할 수 있다.

③ 압축부재의 비지지길이 l_u는 바닥슬래브, 보, 기타 고려하는 방향으로 횡지지할 수 있는 부재들 사이의 순길이로 한다.

④ 기둥머리나 헌치가 있는 경우의 비지지길이는 검토하고자 하는 면이 있는 기둥머리나 헌치의 최상단까지 측정된 거리로 한다.

> **TIP** 압축부재의 비지지길이는 다음에 따라 구할 수 있다.
> - 압축부재의 비지지길이는 바닥슬래브, 보, 기타 고려하는 방향으로 횡지지할 수 있는 부재들 사이의 순길이로 취하여야 한다.
> - 기둥머리나 헌치가 있는 경우의 비지지길이는 검토하고자 하는 면에 있는 기둥머리나 헌치의 최하단까지 측정된 거리로 하여야 한다.

5 RC복철근 직사각형 단면의 보에서 인장철근의 단면적은 그대로인 상태로 압축철근의 단면적만 2배로 증가시켰을 때, 단면의 응력 및 변형률 분포에 대한 설명으로 옳지 않은 것은? (단, 두 경우 모두 인장 및 압축철근은 항복한 것으로 가정한다.)

① 콘크리트의 등가 압축응력 블록 깊이가 감소한다.
② 콘크리트와 압축철근에 의한 압축 내력의 합이 증가한다.
③ 휨모멘트의 팔길이가 증가한다.
④ 압축철근의 변형률이 감소한다.

> **TIP** 압축철근의 단면적을 증가시킨다고 할 지라도 콘크리트와 압축철근에 의한 압축 내력의 합은 변함이 없다.

6 큰 처짐에 의해 손상되기 쉬운 칸막이벽이나 기타 구조물을 지지하지 않는 지간 5m의 1방향 슬래브가 단순 지지되어 있다. 처짐을 계산하지 않는 경우, 슬래브의 최소 두께는? (단, 부재는 보통중량 콘크리트와 설계기준항복강도 300MPa 철근을 사용한 리브가 없는 1방향 슬래브이고, 「콘크리트구조기준(2012)」을 적용한다.)

① 200mm
② 215mm
③ 250mm
④ 300mm

◎ TIP

문제에서 주어진 f_y가 400MPa 이외인 경우이므로 처짐을 계산하지 않는 경우의 최소두께에 h_{min}값에 $\left(0.43+\dfrac{f_y}{700}\right)$를 곱해야 한다.

단순지지이므로 $h_{min} = \dfrac{5,000}{20} = 250[mm]$이 산정되며 여기에 $0.43 + \dfrac{f_y}{700}$을 곱하면 $250\left(0.43+\dfrac{300}{700}\right) = 214.6[mm]$

※ 부재의 처짐과 최소두께 … 처짐을 계산하지 않는 경우의 보 또는 1방향 슬래브의 최소두께는 다음과 같다. (L은 경간의 길이)

부재	최소 두께 또는 높이			
	단순지지	일단연속	양단연속	캔틸레버
1방향 슬래브	L/20	L/24	L/28	L/10
보	L/16	L/18.5	L/21	L/8

위의 표의 값은 보통콘크리트($m_c = 2,300kg/m^3$)와 설계기준항복강도 400MPa철근을 사용한 부재에 대한 값이며 다른 조건에 대해서는 그 값을 다음과 같이 수정해야 한다.

$1,500 \sim 2,000kg/m^3$범위의 단위질량을 갖는 구조용 경량콘크리트에 대해서는 계산된 h_{min}값에 $(1.65-0.00031 \cdot m_c)$를 곱해야 하나 1.09보다 작지 않아야 한다.

f_y가 400MPa 이외인 경우에는 계산된 h_{min}값에 $\left(0.43+\dfrac{f_y}{700}\right)$를 곱해야 한다.

※ 장기처짐 효과를 고려한 전체 처짐의 한계는 다음값 이하가 되도록 해야 한다.

부재의 종류	고려해야 할 처짐	처짐한계
과도한 처짐에 의해 손상되기 쉬운 비구조 요소를 지지 또는 부착하지 않은 평지붕구조(외부환경)	활하중 L에 의한 순간처짐	$L/180$
과도한 처짐에 의해 손상되기 쉬운 비구조 요소를 지지 또는 부착하지 않은 바닥구조(내부환경)	활하중 L에 의한 순간처짐	$L/360$
과도한 처짐에 의해 손상되기 쉬운 비구조 요소를 지지 또는 부착한 지붕 또는 바닥구조	전체 처짐 중에서 비구조 요소가 부착된 후에 발생하는 처짐부분(모든 지속하중에 의한 장기처짐과 추가적인 활하중에 의한 순간처짐의 합)	$L/480$
과도한 처짐에 의해 손상될 우려가 없는 비구조 요소를 지지 또는 부착한 지붕 또는 바닥구조		$L/240$

Answer 4.④ 5.② 6.②

7 프리텐션 부재에 프리스트레스를 도입하였을 때, 도입 직후 긴장재 도심 위치에서의 콘크리트 응력(f_{cs})이 7MPa로 산정되었다. 크리프 계수 C_u=2.0, 탄성계수 비 $n = E_p/E_c = 6$, 콘크리트 건조수축변형률 $\varepsilon_{sh} = 20 \times 10^{-5}$, 긴장재의 탄성계수 $E_p = 2.0 \times 10^5$ MPa일 때, 콘크리트의 크리프와 건조수축으로 인한 프리스트레스 손실량의 합은?

① 96MPa
② 112MPa
③ 124MPa
④ 138MPa

○**TIP** $\triangle f_{pc} = C_u n f_{cs} = 2 \times 6 \times 7 = 84 [\text{MPa}]$
$\triangle f_{ps} = E_p \varepsilon_{sh} = (2.0 \times 10^5) \times (20 \times 10^{-5}) = 40 [\text{MPa}]$
$\triangle f_{pc} + \triangle f_{ps} = 84 + 40 = 124 [\text{MPa}]$

8 그림과 같은 철근콘크리트 내민보에 자중을 포함한 계수등분포하중(w_u)이 100kN/m로 작용할 때, 위험단면에서 전단보강철근이 부담해야 할 최소의 전단력(V_s)을 부담한다면 전단보강철근의 최대간격은 얼마 이하여야 하는가? (단, 보통중량 콘크리트를 사용하였으며, f_{ck}=36MPa, 전단철근의 단면적 A_v=400mm², f_{yt}=300MPa이며, 「콘크리트구조기준(2012)」을 적용한다.)

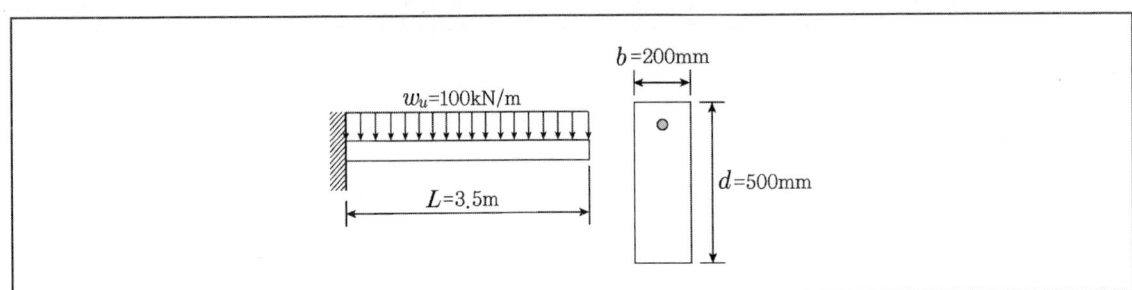

① 125mm
② 200mm
③ 250mm
④ 300mm

○**TIP** $V_u = w_u(L-d) = 100 \times (3.5 - 0.5) = 300 [\text{kN}]$
$V_c = \frac{1}{6}\lambda\sqrt{f_{ck}}b_w d = \frac{1}{6} \times 1.0 \times \sqrt{36} \times 200 \times 500 = 100,000[\text{N}] = 100[\text{kN}]$
$V_s = \frac{V_u - \phi V_c}{\phi} = \frac{300 - 0.75 \times 100}{0.75} = 300[\text{kN}]$
$s = \frac{A_v f_{yt} d}{V_s} = \frac{400 \times 300 \times 500}{(300 \times 10^3)} = 200[\text{mm}]$
($s_{\max} = \frac{d}{4} \leq 300[\text{mm}]$인 조건을 만족한다.)
$\therefore S_{\max} = [200, 125, 300]_{\min} = 125[\text{mm}]$

9 2방향 슬래브 구조를 해석하기 위한 근사적 방법인 직접설계법을 적용하기 위한 제한사항으로 옳지 않은 것은? (단, 「콘크리트구조기준(2012)」을 적용한다.)

① 연속한 기둥 중심선을 기준으로 기둥의 어긋남은 그 방향 경간의 10% 이하이어야 한다.
② 모든 하중은 슬래브 판 전체에 걸쳐 등분포된 연직 하중이어야 하며, 활하중은 고정하중의 2배 이하이어야 한다.
③ 각 방향으로 연속한 받침부 중심간 경간 길이의 차이는 긴 경간의 1/3 이하이어야 한다.
④ 슬래브 판들은 단변 경간에 대한 장변 경간의 비가 2 이상인 직사각형이어야 한다.

> **TIP** 슬래브 판들은 단변 경간에 대한 장변 경간의 비가 2 이하인 직사각형이어야 한다.
> ※ 2방향 슬래브의 직접설계법
> ㉠ 정의 : 직사각형 평면형상의 슬래브에 등분포하중이 작용시 이 등분포하중에 의해 발생하는 절대휨모멘트값인 전체 정적계수모멘트를 구한 후 이를 각 슬래브의 지지조건을 고려하여 정계수모멘트와 부계수모멘트로 분배하는 방법이다.
> ㉡ 직접설계법의 적용조건
> • 변장비가 2 이하여야 한다.
> • 각 방향으로 3경간 이상 연속되어야 한다.
> • 각 방향으로 연속한 경간 길이의 차가 긴 경간의 1/3 이내이어야 한다.
> • 등분포 하중이 작용하고 활하중이 고정하중의 2배 이내이어야 한다.
> • 기둥 중심축의 오차는 연속되는 기둥 중심축에서 경간길이의 1/10 이내이어야 한다.
> • 보가 모든 변에서 슬래브를 지지할 경우 직교하는 두 방향에서 $\frac{a_1 \times L_2^2}{a_2 \times L_1^2}$ 에 해당하는 보의 상대강성은 0.2 이상 0.5 이하여야 한다.
> ㉢ 직접설계법의 적용 순서
> • 슬래브 두께 산정
> • 정적계수모멘트 산정
> • 경간에 따른 계수모멘트 분배
> • 보와 슬래브의 휨강성비, 비틀림 강성비 산정
> • 주열대와 중간대의 모멘트 분배
> • 기둥과 벽체의 모멘트 산정

Answer 7.③ 8.① 9.④

10 그림과 같이 하중을 받은 무근콘크리트 내민보의 단면에서 휨균열이 발생하는 보의 최대 높이 h는?
(단, 콘크리트는 보통중량 콘크리트, 설계기준강도 f_{ck}=36MPa, 「콘크리트구조기준(2012)」을 적용한다.)

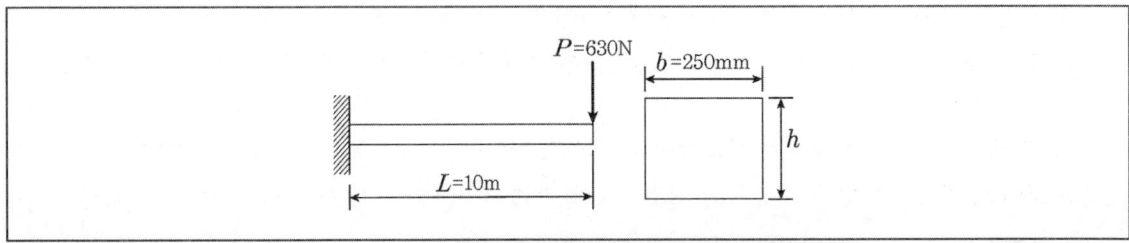

① 100mm

② 200mm

③ 300mm

④ 400mm

> **TIP** $f_t = \dfrac{M_{\max}}{Z} = \dfrac{PL}{\dfrac{bh^2}{6}} = \dfrac{6PL}{bh^2}$
>
> $f_r = 0.63\lambda\sqrt{f_{ck}}$ 이며 $f_t \geq f_r$ 이므로
>
> $h^2 \leq \dfrac{6PL}{bf_r} = \dfrac{6 \times 630 \times (10 \times 10^3)}{250 \times 0.63 \times 1 \times \sqrt{36}} = 40,000[\text{mm}^2]$
>
> $\therefore h = 200[\text{mm}]$

11 인장 이형철근 및 이형철선의 정착길이 l_d는 기본정착길이 l_{db}에 보정계수를 고려하는 방법이 적용될 수 있다. 〈보기〉는 기본정착길이 l_{db}를 구하기 위한 식이다. 이 식에 적용되는 보정계수 α, β, λ에 대한 설명 중 옳지 않은 것은?

〈보기〉
$$l_{db} = \frac{0.6 d_b f_y}{\lambda \sqrt{f_{ck}}}$$

① 철근배치 위치계수인 α는 정착길이 또는 겹침이음부 아래 300mm를 초과되게 굳지 않은 콘크리트를 친 수평철근일 경우 1.3이다.
② 철근 도막계수인 β는 피복두께가 $3d_b$ 미만 또는 순간격이 $6d_b$ 미만인 에폭시 도막철근 또는 철선일 경우 1.5이다.
③ 에폭시 도막철근이 상부철근인 경우에 상부철근의 위치계수 α와 철근 도막계수 β의 곱, $\alpha\beta$가 1.8보다 클 필요는 없다.
④ 경량콘크리트계수인 λ는 경량콘크리트 사용에 따른 영향을 반영하기 위하여 사용하는 보정계수이며 전경량 콘크리트의 경량콘크리트계수는 0.75이다.

TIP 에폭시 도막철근이 상부철근인 경우에 상부철근의 위치계수 α와 철근 도막계수 β의 곱, $\alpha\beta$가 1.7보다 클 필요는 없다.

12 그림과 같은 정사각형 띠철근 기둥(단주)에 편심을 갖는 공칭 축하중 P_n이 작용하여 압축응력블록의 깊이 a가 255mm이라면 인장철근력 T의 크기는? (단, $f_{ck} = \dfrac{20}{0.85}$MPa, $a = 0.85 \times 300$mm, $A_s = A'_s = 1{,}000$mm^2, $f_y = 40$MPa, $E_s = 2 \times 10^5$MPa이다.)

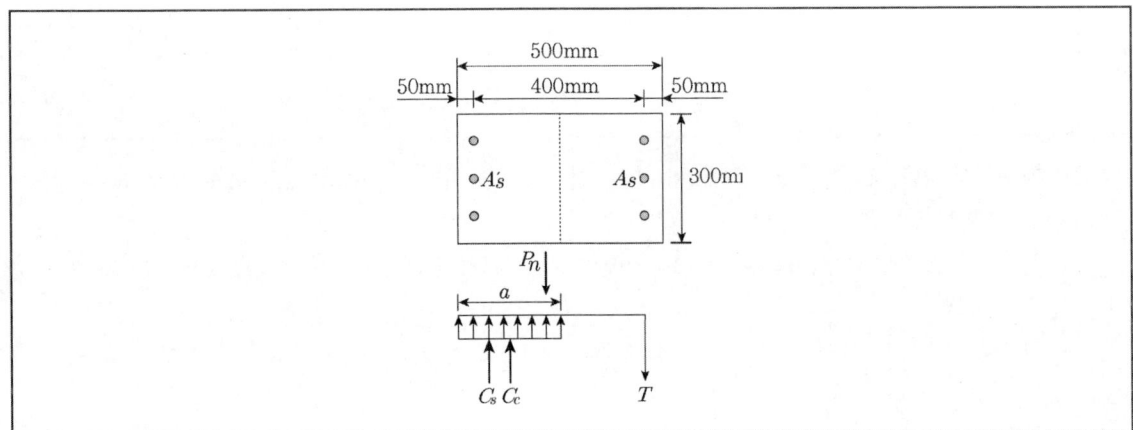

① 200kN ② 250kN
③ 300kN ④ 400kN

○TIP
$c = \dfrac{a}{\beta_1} = \dfrac{0.85 \times 300}{0.85} = 300[\text{mm}]$

$d = 50 + 400 = 450[\text{mm}]$

$\varepsilon_y = \dfrac{f_y}{E_s} = \dfrac{400}{(2 \times 10^5)} = 0.002$

$\varepsilon_s = \dfrac{d-c}{c} \times 0.003 = \dfrac{450 - 300}{300} \times 0.003 = 0.0015 < \varepsilon_y (=0.002)$

$f_s = E_s \varepsilon_s = (2 \times 10^5) \times 0.0015 = 300[\text{MPa}]$

$T = A_s f_s = 1{,}000 \times 300 = 300{,}000[\text{N}] = 300[\text{kN}]$

13 그림과 같은 긴장재를 절곡 배치한 프리스트레스트 콘크리트 부재의 A-A 단면에서 프리스트레스 힘에 의해 작용하는 단면력이 옳은 것은?

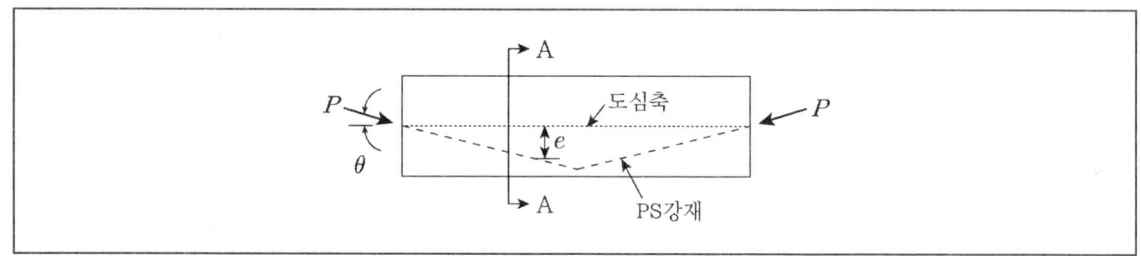

① 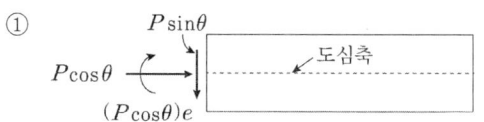   ②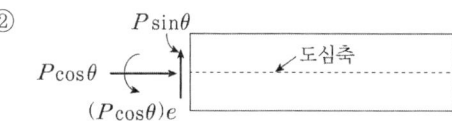

③ 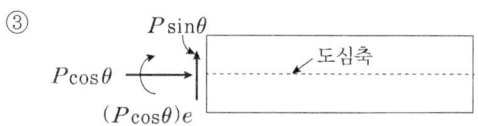   ④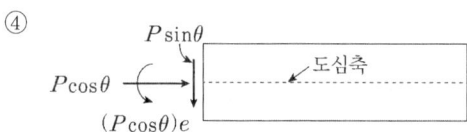

○TIP 강재를 절곡배치한 경우의 작용력은 다음과 같다.

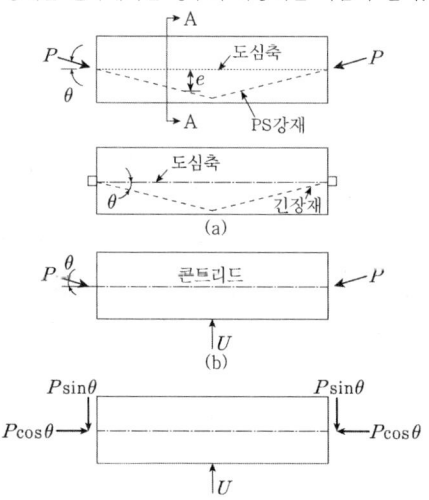

이 때 A-A단면의 작용력을 그려보면 다음과 같이 된다.

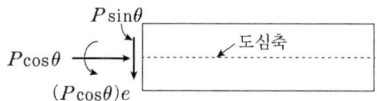

14 그림과 같은 철근콘크리트 확대기초에서 긴변 방향의 위험단면에서 휨모멘트는? (단, 하중은 계수하중이다.)

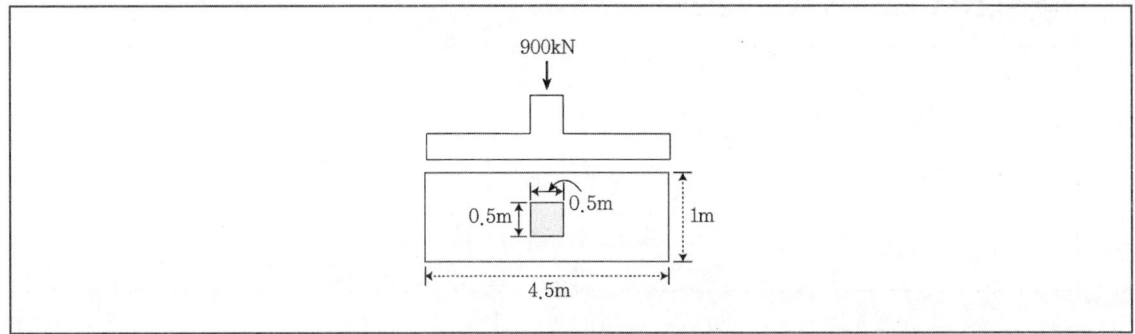

① 28kN · m
② 100kN · m
③ 400kN · m
④ 800kN · m

OTIP 위험단면에 작용하는 휨모멘트는 다음 식에 따라 산정한다.

$$M_a = q_u \times \frac{1}{2}(L-t) \times S \times \frac{1}{4}(L-t) = \frac{1}{8}q_u \times S(L-t)^2$$

$$q_u = \frac{P}{A} = \frac{P}{S \times L} = \frac{900[\text{kN}]}{1 \times 4.5[\text{m}^2]} = 200[\text{kN/m}^2]$$

$$M_a = \frac{1}{8}q_u \times S(L-t)^2 = \frac{1}{8} \times 200[\text{kN/m}^2] \times 1 \times (4.5-0.5)^2 = 400[\text{kN} \cdot \text{m}]$$

※ 휨모멘트에 대한 위험단면
- 최대 계수휨모멘트를 계산하기 위한 위험단면
- 철근 콘크리트 기둥, 받침대 또는 벽체를 지지하는 확대기초는 기둥, 받침대 또는 벽체의 전면을 휨모멘트에 대한 위험단면으로 본다. 직사각형이 아닌 경우는 같은 면적을 가진 정사각형으로 고쳐 그 전면으로 한다.
- 석공벽을 지지하는 확대기초는 벽의 중심선과 전면과의 중간선을 위험단면으로 본다.
- 강철 저판을 갖는 기둥을 지지하는 확대기초는 강철 저판의 연단과 기둥 또는 받침대 전면의 중간선을 위험단면으로 본다.

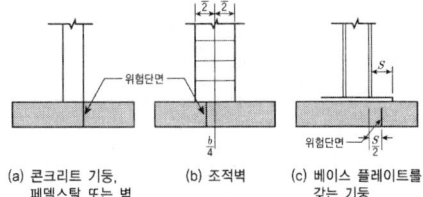

(a) 콘크리트 기둥, 페데스탈 또는 벽
(b) 조적벽
(c) 베이스 플레이트를 갖는 기둥

※ 기초판의 휨모멘트 산정

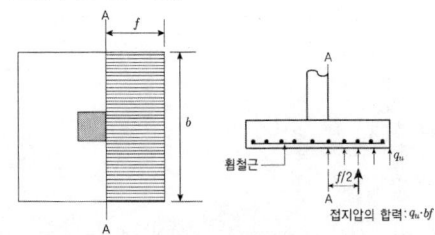

(a) 모멘트 계산을 위한 분담면적
(b) 단면 A-A에 대한 모멘트

기초판의 휨모멘트 산정

A-A 단면에 대한 휨모멘트=힘×거리=응력×단면적×도심까지의 거리

$$M_a = q_u \times \frac{1}{2}(L-t) \times S \times \frac{1}{4}(L-t) = \frac{1}{8}q_u \times S(L-t)^2$$

15 옹벽 설계에 대한 설명으로 옳지 않은 것은? (단, 「콘크리트구조기준(2012)」을 적용한다.)

① 옹벽은 외력에 대하여 활동, 전도 및 지반침하에 대한 안정성을 가져야 하며, 이들 안정은 계수하중에 의하여 검토한다.
② 활동에 대한 저항력은 옹벽에 작용하는 수평력의 1.5배 이상이어야 한다.
③ 전도에 대한 저항 휨모멘트는 횡토압에 의한 전도 모멘트의 2.0배 이상이어야 한다.
④ 지반 침하에 대한 안정성 검토 시에 최대지반반력은 지반의 허용지지력 이하가 되도록 한다. 지반의 내부마찰, 점착력 등과 같은 특성으로부터 지반의 극한지지력을 구할 수 있다. 다만, 이 경우에 허용지지력 q_a는 $q_u/3$이어야 한다.

> **TIP** • 옹벽은 외력에 대하여 활동, 전도 및 지반침하에 대한 안정성을 가져야 하며, 이들 안정은 사용하중에 의하여 검토하여야 한다.
> • 옹벽에 작용하는 외력은 옹벽 자체 및 뒷채움 흙의 사하중, 토압 및 지표면상에 작용하는 적재하중 등이 있으며 설계 시 이들 하중에 의한 활동, 전도 및 침하에 대한 안정이 검토가 되어야 한다.
> • 옹벽의 안전성 검사는 먼저 옹벽의 뒷채움 흙 및 기초지반을 포함한 전체에 대해 실시하고 옹벽의 활동, 전도 및 침하에 대한 소요의 안전도를 갖는지 조사한다.

16 프리스트레스트콘크리트 설계에 관한 설명으로 옳지 않은 것은? (단, 「콘크리트구조기준(2012)」을 적용한다.)

① 프리스트레스를 도입할 때, 사용하중이 작용할 때, 그리고 균열하중이 작용할 때의 응력계산은 선형탄성 이론을 따른다.
② 프리스트레스트콘크리트 휨부재는 미리 압축을 가한 인장구역에서 사용하중에 의한 인장연단응력 f_t에 따라 비균열등급, 부분균열등급, 완전균열등급으로 구분된다.
③ 2방향 프리스트레스트콘크리트 슬래브는 $f_t \leq 0.63\sqrt{f_{ck}}$를 만족하는 비균열등급 부재로 설계되어야 한다. (단, f_{ck}=콘크리트의 설계기준압축강도)
④ 휨부재의 설계휨강도 계산은 강도설계법에 따라야 하며, 이때 긴장재의 응력은 f_y 대신 f_{ps}를 사용한다. (단, f_y=철근의 설계기준항복강도, f_{ps}=긴장재의 인장응력)

> **TIP** 2방향 프리스트레스트콘크리트 슬래브는 $f_t \leq 0.5\sqrt{f_{ck}}$를 만족하는 비균열등급 부재로 설계되어야 한다. (단, f_{ck}=콘크리트의 설계기준압축강도)

Answer 14.③ 15.① 16.③

17 철근콘크리트 부재나 프리스트레스트 부재의 경우 〈보기〉의 식에 따라 최소 전단철근량을 산정하여야 한다. 최소 전단철근에 관한 설명 중 옳지 않은 것은?

$$A_{v,\min} = 0.0625 \frac{b_w s}{f_{yt}}$$

① 계수전단력 V_u가 콘크리트에 의한 공칭전단강도 V_c의 1/2을 초과하는 모든 철근콘크리트 및 프리스트레스트콘크리트 휨부재에 최소 전단철근을 배치하여야 한다.
② 전체 깊이가 250mm 이하이거나 I형보, T형보에서 그 깊이가 플랜지 두께의 2.5배 또는 복부폭의 1/2 중 큰 값 이하인 보는 최소 전단철근을 배치하지 않아도 된다.
③ 교대 벽체 및 날개벽, 옹벽의 벽체, 암거 등과 같이 휨이 주거동인 판부재는 최소 전단철근을 배치하지 않아도 된다.
④ 최소 전단철근량은 $0.35b_w s/f_{yt}$보다 작지 않아야 한다. 여기서, b_w와 s의 단위는 mm이다.

◎TIP 계수전단력 V_u가 콘크리트에 의한 설계전단강도 ϕV_c의 1/2을 초과하는 모든 철근콘크리트 및 프리스트레스트콘크리트 휨부재에는 다음의 경우를 제외하고 최소 전단철근을 배치하여야 한다.
• 슬래브와 기초판
• 콘크리트 장선구조
• 전체 깊이가 250mm 이하이거나 I형보, T형보에서 그 깊이가 플랜지 두께의 2.5배 또는 복부폭의 중 큰 값 이하인 보
• 교대 벽체 및 날개벽, 옹벽의 벽체, 암거 등과 같이 휨이 주거동인 판부재
• 순단면의 깊이가 315mm를 초과하지 않는 속빈 부재에 작용하는 계수전단력이 $0.5\phi V_c$를 초과하지 않는 경우

18 단철근 직사각형보의 압축연단 콘크리트가 가정된 극한변형률인 0.003에 도달할 때 최외단 인장철근의 순인장변형률 ϵ_t가 인장지배한계변형률 한계 이상인 단면을 유지할 수 있는 최대철근비 ρ_t는 균형철근비 ρ_b의 몇 배인가? (단, f_y=600MPa, f_{ck}=25MPa, 「콘크리트구조기준(2012)」을 적용한다.)

① $\frac{3}{4}$ ② $\frac{4}{7}$
③ $\frac{5}{9}$ ④ $\frac{5}{7}$

◎TIP
$$\varepsilon_y = \frac{f_y}{E_s} = \frac{600}{(2\times 10^5)} = 0.003$$
$$\varepsilon_{t,tcl} = 2.5\varepsilon_y = 2.5\times 0.003 = 0.0075$$
$$\frac{\rho_t}{\rho_b} = \frac{0.003+\varepsilon_y}{0.003+\varepsilon_{t,tcl}} = \frac{0.003+0.003}{0.003+0.0075} = \frac{60}{105} = \frac{4}{7}$$

19 그림과 같은 보에서 4개의 종방향 인장철근 중 2개를 절단할 수 있는 이론적인 절단점의 길이 x는?
(단, 인장철근이 2개인 단면의 설계휨모멘트 ϕM_n=100kN·m)

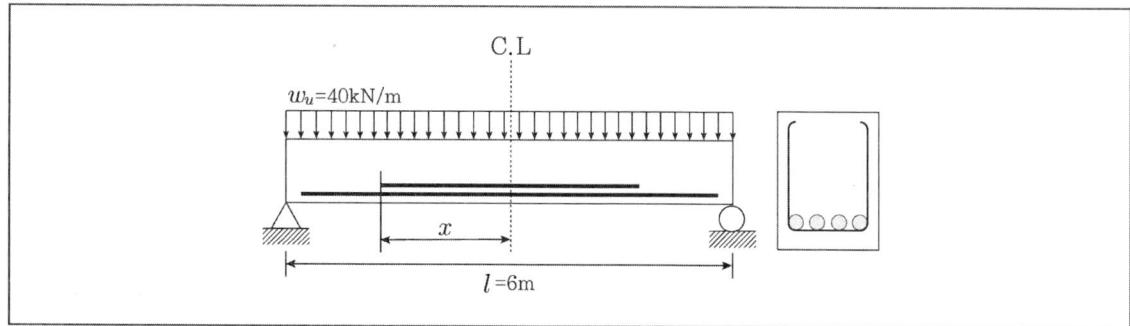

① 1,000mm
② 1,200mm
③ 1,600mm
④ 2,000mm

> **TIP** $M = \dfrac{wab}{2} = \dfrac{wa(l-a)}{2} = \dfrac{40a(6-a)}{2} = 120a - 20a^2$
> $M = \phi M_n$ 이므로 $120a - 20a^2 = 100$이 된다.
> $a^2 - 6a - 5 = 0$ 이므로 $(a-1)(a-5) = 0$
> 이를 만족하는 $a = 1[m]$가 되므로 $x = \dfrac{l}{2} - a = \dfrac{6}{2} - 1 = 2[m]$

20 「도로교 설계기준(2015)」에 제시된 콘크리트 교량구조의 한계상태에 대한 설명으로 가장 옳지 않은 것은?

① 사용한계상태는 사용자의 안전을 위험하게 하는 구조적 손상 또는 파괴에 관련된 것이다.
② 극한한계상태를 부재의 정역학적 평형 손실 한계상태 등에 대하여 검토한다.
③ 한계상태는 설계에서 요구하는 성능을 더 이상 발휘할 수 없는 한계이다.
④ 피로한계상태는 교량의 사용 수명 동안 작용하는 활하중에 의한 교번응력에 대하여 검토한다.

> **TIP** 사용한계상태는 정상적 사용 중에 구조적 기능과 사용자의 안녕, 그리고 구조물의 외관에 관련된 특정한 사용성 요구 성능을 더 이상 만족시키지 않는 한계상태이다. 사용자의 안전을 위험하게 하는 구조적 손상이나 파괴는 극한한계상태로 볼 수 있다.

Answer 17.① 18.② 19.④ 20.①

토목설계 | 2020. 7. 11. 인사혁신처 시행

1 철근콘크리트 휨부재의 강도설계법에 대한 기본적인 요구사항을 옳게 표시한 것은? (단, M_n은 공칭휨강도, M_d는 설계휨강도, M_u는 계수휨모멘트, ϕ는 강도감소계수이며, KDS 14 20 10 및 KDS 14 20 20을 따른다)

① $M_d \leq M_u (= \phi M_n)$
② $M_d \leq M_n (= \phi M_u)$
③ $M_u \leq M_n (= \phi M_d)$
④ $M_u \leq M_d (= \phi M_n)$

O**TIP** 강도설계법의 조건은 설계휨강도가 계수하중보다 더 커야 한다는 것이며 이를 식으로 나타내면 $M_u \leq M_d (= \phi M_n)$가 된다.

2 그림과 같은 단철근 철근콘크리트 직사각형 보가 균형변형률 상태에 있을 때, 압축연단에서 중립축까지 거리 c [mm]는? (단, 콘크리트 압축연단의 극한변형률 $\varepsilon_{cu}=0.003$, 철근의 설계기준항복강도 $f_y=400$ MPa, 철근의 탄성계수 $E_s=200,000$ MPa, A_s는 인장철근 단면적이며, KDS 14 20 20을 따른다)

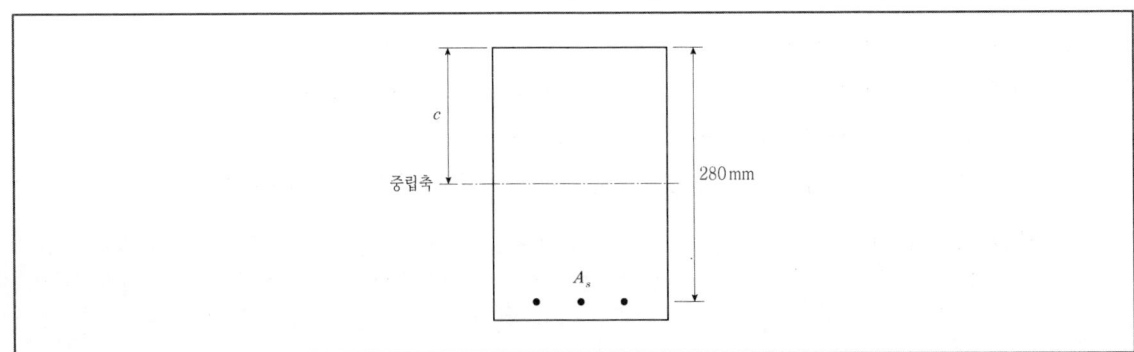

① 168
② 180
③ 192
④ 204

O**TIP** $c_b = \dfrac{600}{600+f_y} d = \dfrac{600}{600+400} \times 280 = 168 [\text{mm}]$

3 그림과 같은 볼트구멍이 있는 강판에 인장력 T가 작용할 때, 순단면적[mm²]은? (단, 볼트구멍의 직경 $d=25$mm, 강판의 두께 $t=10$mm이며, KDS 14 31 10을 따른다)

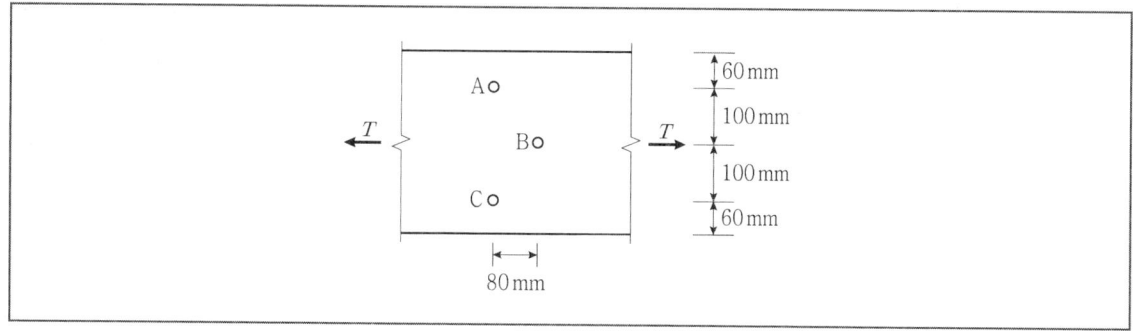

① 2,450
② 2,700
③ 2,770
④ 3,075

TIP $b_g = 60+100+100+60 = 320[\text{mm}]$
$b_{n2} = b_g - 2d_h = 320 - 2 \times 25 = 270[\text{mm}]$
$b_{n3} = b_g - 3d_h + \dfrac{p^2}{4g} \times 2 = 320 - 3 \times 25 + \dfrac{80^2}{4 \times 100} \times 2 = 277[\text{mm}]$
$b_n = [b_{n2},\ b_{n3}]_{\min} = 270[\text{mm}]$
$A_n = b_n \times t = 270 \times 10 = 2,700[\text{mm}^2]$

※ 엇모배치의 경우 다음의 식으로 순단면적을 산정한다.

$$A_n = A_g - n \times d \times t + \sum \dfrac{s^2}{4g} \times t$$

볼트가 다음의 그림과 같이 엇모배치로 되어 있는 경우에는 4가지 파단선을 생각해볼 수 있다. 이들 각 경우에 대한 순단면적을 구하면 다음과 같다.

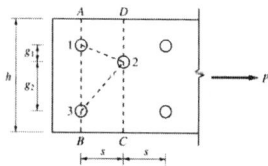

파단선 A-1-3-B : $A_g = (h-2d) \times t$

파단선 A-1-2-3-B : $A_g = \left(h - 3d + \dfrac{s^2}{4g_1} + \dfrac{s^2}{4g_s}\right) \times t$

파단선 A-1-2-C : $A_n = \left(h - 2d + \dfrac{s^2}{4g_1}\right) \times t$

파단선 D-2-3-B : $A_n = \left(h - 2d + \dfrac{s^2}{4g_2}\right) \times t$

이 중 순단면적의 크기가 가장 작은 경우가 실제로 파괴가 일어나게 되는 파단선이며 인장재의 순단면적이 된다. 위의 4가지 파단선 중 A-1-2-C와 D-2-3-B의 순단면적은 파단선 A-1-3-B의 경우보다 항상 크게 되므로 파단선 A-1-2-C와 D-2-3-B의 경우는 처음부터 고려할 필요가 없음을 알 수 있다.

Answer 1.④ 2.① 3.②

4 그림과 같은 자중을 포함한 등분포하중 w가 작용하는 단순 지지된 프리스트레스트 콘크리트 보의 경간 중앙에서 단면 하단의 콘크리트 응력을 0이 되게 하는 프리스트레스 힘 P [kN]는? (단, 긴장재는 콘크리트 보의 단면도심에 배치되어 있으며, 콘크리트 보의 단면적은 긴장재를 무시한 총단면적을 사용한다)

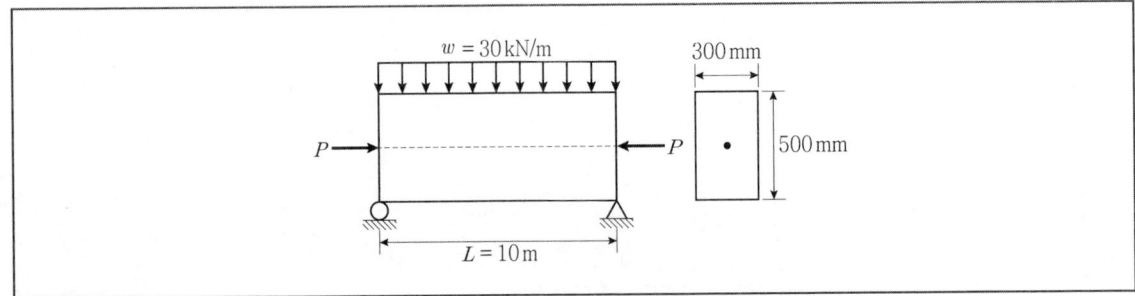

① 3,000
② 3,500
③ 4,500
④ 6,000

○TIP 강도개념을 적용하면 손쉽게 풀 수 있는 문제이다.

단면 하단의 콘크리트 응력이 0이 되려면 $z = e_p + \dfrac{h}{6} = 0 + \dfrac{0.5}{6} = \dfrac{1}{12}$[m]이어야 한다.

응력이 0이 되려면 작용모멘트와 저항모멘트가 서로 같아야 하므로 $\dfrac{wl^2}{8} = P \times z$를 만족해야 하므로 $P = \dfrac{wl^2}{8z}$이다.

따라서 $P = \dfrac{30 \times 10^2}{8 \times \dfrac{1}{12}} = 4,500$[kN]

5 필릿용접에 대한 설명으로 옳지 않은 것은? (단, KDS 14 31 25를 따른다)

① 유효면적은 유효길이에 유효목두께를 곱한 것으로 한다.
② 유효길이는 필릿용접의 총길이에서 용접치수의 3배를 공제한 값으로 한다.
③ 유효목두께는 용접치수의 0.7배로 한다.
④ 단속 필릿용접의 한 세그먼트 길이는 용접치수의 4배 이상이며 최소 40mm이어야 한다.

○TIP 유효길이는 필릿용접의 총길이에서 용접치수의 2배를 공제한 값으로 한다.

6 옹벽의 설계에 대한 설명으로 옳지 않은 것은? (단, KDS 14 20 72 및 KDS 14 20 74를 따른다)

① 부벽식 옹벽의 전면벽은 3변 지지된 2방향 슬래브로 설계할 수 있다.
② 저판의 뒷굽판은 뒷굽판 상부에 재하되는 모든 하중을 지지하도록 설계한다.
③ 캔틸레버식 옹벽의 전면벽은 저판에 지지된 캔틸레버로 설계할 수 있다.
④ 벽체에 배근되는 수직 및 수평철근의 간격은 벽두께의 4배와 500mm 중 큰 값으로 한다.

> **TIP** 벽체에 배근되는 수직 및 수평철근의 간격은 벽두께의 3배와 450mm 중 작은 값으로 한다.

7 철근콘크리트 기초판 설계에 대한 설명으로 옳지 않은 것은? (단, KDS 14 20 70을 따른다)

① 기초판은 계수하중과 그에 의해 발생되는 반력에 견디도록 설계하여야 한다.
② 기초판의 밑면적은 기초판에 의해 지반에 전달되는 계수하중과 지반의 극한지지력을 사용하여 산정하여야 한다.
③ 기초판에서 휨모멘트, 전단력에 대한 위험단면의 위치를 정할 경우, 원형 또는 정다각형인 콘크리트 기둥은 같은 면적의 정사각형 부재로 취급할 수 있다.
④ 말뚝기초의 기초판 설계에서 말뚝의 반력은 각 말뚝의 중심에 집중된다고 가정하여 휨모멘트와 전단력을 계산할 수 있다.

> **TIP** 기초판의 밑면적은 기초판에 의해 지반에 전달되는 사용하중과 지반의 허용지지력을 사용하여 산정하여야 한다.

Answer 4.③ 5.② 6.④ 7.②

8 1방향 철근콘크리트 슬래브의 수축·온도철근에 대한 설명으로 옳지 않은 것은? (단, KDS 14 20 50을 따른다)

① 수축·온도철근으로 배치되는 이형철근의 철근비는 어떠한 경우에도 0.0014 이상이어야 한다.
② 수축·온도철근의 간격은 슬래브 두께의 5배 이하, 또한 450mm 이하로 하여야 한다.
③ 설계기준항복강도 f_y가 400MPa 이하인 이형철근을 사용한 슬래브의 수축·온도철근의 철근비는 0.002 $\times \dfrac{200}{f_y}$ 이상이어야 한다.
④ 수축·온도철근은 설계기준항복강도 f_y를 발휘할 수 있도록 정착되어야 한다.

○TIP 설계기준항복강도 f_y가 400MPa 이하인 이형철근을 사용한 슬래브의 수축·온도철근의 철근비는 0.002 이상이어야 한다.

9 단순 지지된 철근콘크리트 직사각형 보에 자중을 포함한 계수등분포하중 w_u=40kN/m가 작용한다. 콘크리트가 부담하는 공칭전단강도 V_c=160kN일 때, 전단에 대한 위험단면에서 전단설계에 대한 설명으로 옳은 것은? (단, 보의 유효깊이 d=500mm, 보의 받침부 내면 사이의 경간 길이는 8m이며, KDS 14 20 22를 따른다)

① 전단철근을 배치할 필요가 없다.
② 최소 전단철근을 배치해야 한다.
③ 계수전단력 V_u = 160kN이다.
④ 계수전단력 V_u는 콘크리트의 설계전단강도를 초과한다.

○TIP $V_u = w_w\left(\dfrac{l}{2}-d\right) = 40 \times \left(\dfrac{8}{2}-0.5\right) = 140[\text{kN}]$
$\phi V_c = 0.75 \times 160 = 120[\text{kN}]$
따라서 $V_u = 140[\text{kN}] > \phi V_c = 120[\text{kN}]$이므로 전단철근을 배치해야만 한다.

10 그림과 같은 KS F 2408에 규정된 콘크리트의 휨강도시험에서, 재하하중 $P=22.5\text{kN}$일 때 콘크리트 공시체가 BC 구간에서 파괴될 경우, 공시체의 휨강도[MPa]는?

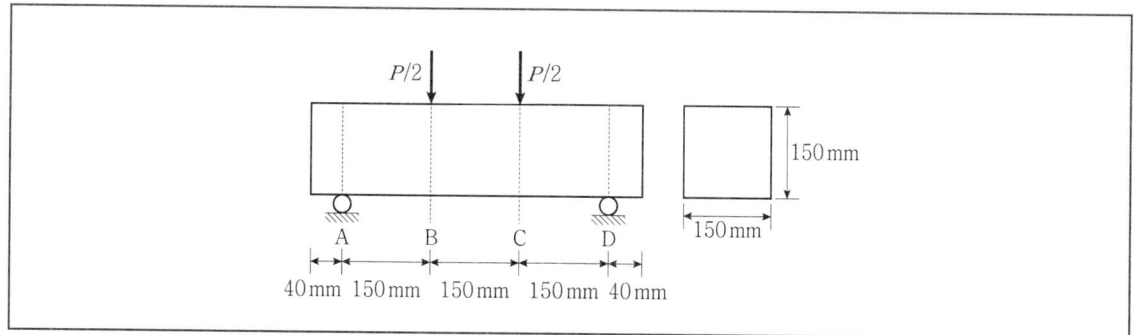

① 2
② 3
③ 4
④ 5

○TIP $f_r = \dfrac{M}{I}y = \dfrac{\dfrac{P}{2} \times \dfrac{L}{3}}{\dfrac{bd^3}{12}} \times \dfrac{d}{2} = \dfrac{PL}{bd^2}$ 이므로

$f_r = \dfrac{PL}{bd^2} = \dfrac{(22.5 \times 10^3) \times 450}{150 \times 150^2} = 3[\text{MPa}]$

11 그림과 같은 단철근 철근콘크리트 직사각형 보에서 인장철근의 응력 f_s [MPa]는? (단, 콘크리트의 설계기준압축강도 f_{ck} =21MPa, 철근의 설계기준항복강도 f_y =400MPa, 철근의 탄성계수 E_s = 200,000MPa, ε_{cu} 는 콘크리트 압축연단의 극한변형률, ε_s 는 인장철근의 변형률이며, KDS 14 20 20을 따른다)

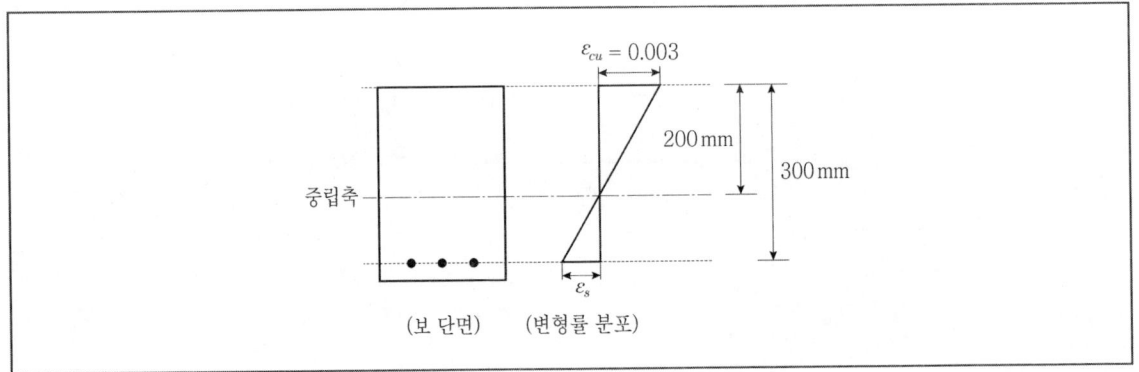

① 300
② 350
③ 400
④ 450

◎TIP $\varepsilon_y = \dfrac{f_y}{E_s} = \dfrac{400}{200,000} = 0.002$

$\varepsilon_s = \dfrac{d-c}{c} \times 0.003 = \dfrac{300-200}{200} \times 0.003 = 0.0015$

$\varepsilon_s = 0.0015 < \varepsilon_y = 0.002$이므로 $f_s = E_s \varepsilon_s = 200,000 \times 0.0015 = 300 [\text{MPa}]$

12 보통중량콘크리트를 사용한 철근콘크리트 직사각형 보에서 상세한 계산을 하지 않는 경우 콘크리트의 공칭전단강도 V_c [kN]는? (단, 보의 폭 b =400mm, 유효깊이 d =600mm, 콘크리트의 설계기준압축강도 f_{ck} =36MPa이며, KDS 14 20 22를 따른다)

① 120
② 240
③ 360
④ 480

◎TIP $V_c = \dfrac{1}{6} \lambda \sqrt{f_{ck}} \, b_w d = \dfrac{1}{6} \times 1 \times \sqrt{36} \times 400 \times 600 = 240 [\text{kN}]$

13 철근콘크리트 비횡구속 골조의 압축부재에서 장주효과를 무시할 수 있는 회전반지름 r의 최솟값[mm]은? (단, 압축부재의 유효좌굴길이 kl_u =3.3m이며, KDS 14 20 20을 따른다)

① 50
② 100
③ 150
④ 200

TIP 비횡구속 골조인 경우 장주효과를 무시할 수 있는 경우는 $\lambda = \dfrac{k \times l_u}{r} \leq 22$인 경우이다.

따라서 $r \geq \dfrac{kl_u}{22} = \dfrac{3.3 \times 10^3}{22} = 150[mm]$

※ 단주와 장주의 구분

세장비 $\lambda = \dfrac{k \times l_u}{r}$ 가 다음 값보다 작으면 장주로 인한 영향을 무시해서 단주로 해석할 수 있다.

• 비횡구속 골조 : $\lambda = \dfrac{k \times l_u}{r} \leq 22$

• 횡구속 골조 : $\lambda = \dfrac{k \times l_u}{r} \leq 34 - 12 \times \left(\dfrac{M_1}{M_2}\right) \leq 40$

M_1 : 1차 탄성해석에 의해 구한 단모멘트 중 작은 값
M_2 : 1차 탄성해석에 의해 구한 단모멘트 중 큰 값
M_1/M_2 : 단곡률(-), 복곡률(+)이며 -0.5 이상의 값이어야 한다.

• 비횡구속 골조란 횡방향 상대변위가 방지되어 있지 않은 압축부재이다.

14 단철근 철근콘크리트 직사각형 보의 단면이 인장지배단면이고, 극한상태에서 단면에 발생하는 압축력이 1,190kN일 때, 보의 공칭휨강도 M_n[kN·m]은? (단, 보의 폭 b =400mm, 유효깊이 d =550mm, 콘크리트의 설계기준압축강도 f_{ck} =35MPa이며, KDS 14 20 20을 따른다)

① 595
② 645
③ 695
④ 745

TIP $C = 0.85 f_{ck} ab = T = A_s f_y$를 충족시켜야 하므로

$a = \dfrac{A_s f_y}{0.85 f_{ck} b} = \dfrac{C}{0.85 f_{ck} b} = \dfrac{1,190 \times 10^3}{0.85 \times 35 \times 400} = 100[mm]$

$M_n = C \times z = C \times \left(d - \dfrac{a}{2}\right) = 1,190 \times \left(550 - \dfrac{100}{2}\right) = 595[kN \cdot m]$

Answer 11.① 12.② 13.③ 14.①

15 단철근 철근콘크리트 직사각형 보의 폭 b =400mm, 유효깊이 d =400mm, 콘크리트의 설계기준압축강도 f_{ck} =24MPa, 철근의 설계기준항복강도 f_y =400MPa, 인장철근 단면적 A_s =2,040mm²일 때, 보의 공칭휨강도 M_n[kN·m]은? (단, KDS 14 20 20을 따른다)

① 240.6
② 264.2
③ 285.6
④ 359.4

OTIP
$$a = \frac{A_s f_y}{0.85 f_{ck} b} = \frac{2,040 \times 400}{0.85 \times 24 \times 400} = 100[\text{mm}]$$
$$M_n = A_s f_y \left(d - \frac{a}{2}\right) = 2,040 \times 400 \times \left(400 - \frac{100}{2}\right) = 285.6[\text{kN} \cdot \text{m}]$$

16 단순 지지된 철근콘크리트 직사각형 보에서 자중을 포함한 계수등분포하중 w_u =48kN/m가 작용할 때, 전단에 대한 위험단면에서 계수전단력 V_u[kN]는? (단, 보의 유효깊이 d =500mm, 보의 받침부 내면 사이의 경간 길이는 6m이며, KDS 14 20 22를 따른다)

① 108
② 120
③ 132
④ 144

OTIP
$$V_u = w_u \left(\frac{l}{2} - d\right) = 48 \times \left(\frac{6}{2} - 0.5\right) = 120[\text{kN}]$$

17 처짐량을 계산해 보지 않아도 되는 경우에 해당하는 단순 지지된 철근콘크리트 보의 최소 두께[mm]는? (단, 보의 길이 $l = 3.2$m, 보통중량콘크리트와 설계기준항복강도 $f_y = 350$MPa인 철근을 사용하며, 보는 큰 처짐에 의하여 손상되기 쉬운 칸막이벽이나 기타 구조물을 지지하지 않는 부재이며, KDS 14 20 30 을 따른다)

① 149
② 160
③ 186
④ 200

TIP f_y가 400MPa 이외인 경우에는 계산된 h_{min}값에 $\left(0.43 + \dfrac{f_y}{700}\right)$를 곱해야 한다.

따라서 $h_{min} = \dfrac{l}{16}\left(0.43 + \dfrac{f_y}{700}\right) = \dfrac{3,200}{16}\left(0.43 + \dfrac{350}{700}\right) = 200 \times 0.93 = 186[\text{mm}]$

※ 처짐의 제한

㉠ 부재의 처짐과 최소두께 : 처짐을 계산하지 않는 경우의 보 또는 1방향 슬래브의 최소두께는 다음과 같다. (L은 경간의 길이)

부재	최소 두께 또는 높이			
	단순지지	일단연속	양단연속	캔틸레버
1방향 슬래브	$L/20$	$L/24$	$L/28$	$L/10$
보	$L/16$	$L/18.5$	$L/21$	$L/8$

㉡ 위의 표의 값은 보통콘크리트($m_c = 2,300$kg/m³)와 설계기준항복강도 400MPa철근을 사용한 부재에 대한 값이며 다른 조건에 대해서는 그 값을 다음과 같이 수정해야 한다.

1,500~2,000kg/m³범위의 단위질량을 갖는 구조용 경량콘크리트에 대해서는 계산된 h_{min}값에 $(1.65 - 0.00031 \times m_c)$를 곱해야 하나 1.09보다 작지 않아야 한다.

Answer 15.③ 16.② 17.③

18 그림과 같은 복철근 철근콘크리트 직사각형 보가 극한상태에서 인장철근과 압축철근이 모두 항복할 때, 압축연단에서 중립축까지 거리 c[mm]는? (단, 철근의 설계기준항복강도 f_y =400MPa, 콘크리트의 설계기준압축강도 f_{ck} =20MPa, A_s는 인장철근 단면적, $A_s{'}$은 압축철근 단면적이며, KDS 14 20 20을 따른다)

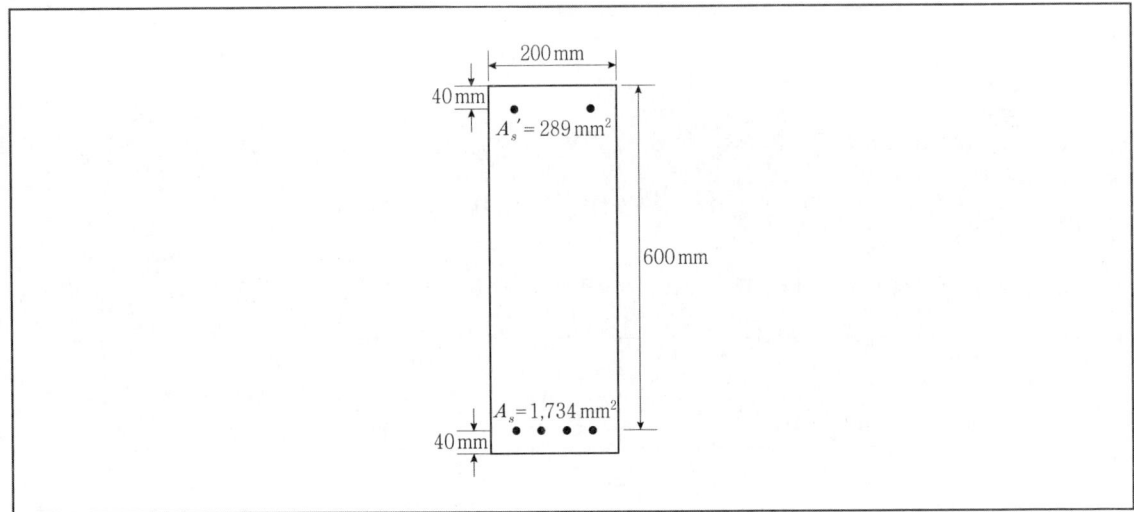

① 140 ② 160
③ 180 ④ 200

○**TIP** $a = \dfrac{(A_s - A_s{'})f_y}{0.85 f_{ck} b} = \dfrac{(1,734 - 289) \times 400}{0.85 \times 20 \times 200} = 170 [\text{mm}]$

$f_{ck} \leq 28 [\text{MPa}]$인 경우 $\beta_1 = 0.85$이므로

$c = \dfrac{a}{\beta_1} = \dfrac{170}{0.85} = 200 [\text{mm}]$

19 연속보 형식의 프리스트레스트 콘크리트 교량의 공법에 대한 설명으로 옳지 않은 것은?

① 캔틸레버 공법(FCM)에는 현장타설 콘크리트 공법과 프리캐스트 세그멘탈 공법을 적용할 수 있다.
② 이동식 비계공법(MSS)은 가설 중의 상부구조 중량을 이동식 비계를 통해서 지반에 직접 전달하는 공법이다.
③ 경간단위 공법(SSM)은 프리캐스트 콘크리트 세그먼트를 한 경간 단위로 가설을 진행하여 연속보를 완공하는 공법이다.
④ 연속압출공법(ILM)은 부재를 압출하는 방법으로 부재를 당기는 형식, 또는 들고 미는 형식을 사용한다.

○**TIP** 이동식 비계공법(MSS)은 가설 중의 상부구조 중량을 이동식 비계를 통해서 교각으로 전달하는 공법이다.

20 그림과 같은 긴장재를 편심 배치한 프리스트레스트 콘크리트 보에 자중을 포함한 등분포하중 w가 작용한다. 내력개념에 기초하여 해석할 때, 경간 중앙 위치에서 보 단면의 도심과 단면 내 압축력 C의 작용점 사이의 거리 e'[mm] 및 하단 수직응력 f_{bot}[MPa]는? (단, 프리스트레스 힘 P = 1,000kN이고, 콘크리트 보의 단면적은 긴장재를 무시한 총단면적을 사용한다)

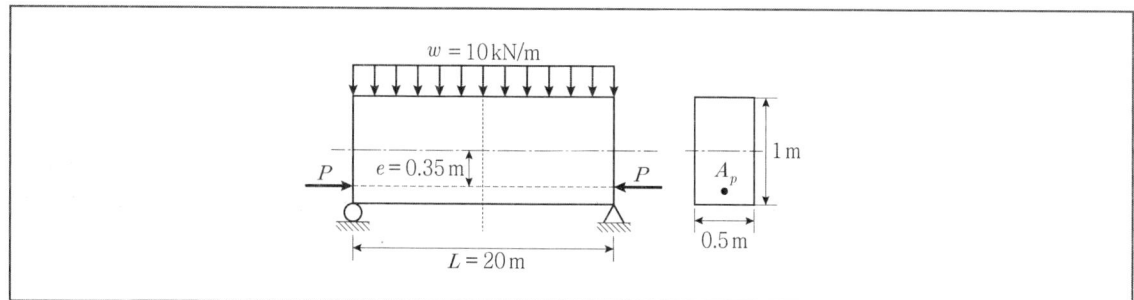

	e'	f_{bot}
①	150	0.2(압축)
②	150	3.8(압축)
③	350	−0.2(인장)
④	350	−3.8(인장)

○TIP
$$M = \frac{wL^2}{8} = \frac{10 \times 20^2}{8} = 500[\text{kN}]$$

$$z = \frac{M}{P} = \frac{500}{1,000} = 0.5[\text{m}] = 500[\text{mm}]$$

$$e' = z - e_p = 500 - 350 = 150[\text{mm}]$$

$$f_{하연} = \frac{C}{A} - \frac{Ce'}{I}y = \frac{C}{A}\left(1 - \frac{6e'}{h}\right) = \frac{1,000 \times 10^3}{500 \times 1,000}\left(1 - \frac{6 \times 150}{1,000}\right) = 0.2[\text{MPa}]$$

※ 강도개념(내력모멘트개념)
프리스트레스트 콘크리트 해석 시 압축력은 콘크리트가 받고 인장력은 긴장재가 받도록 하여 두 힘에 의한 우력이 외력모멘트에 저항한다는 개념이다.

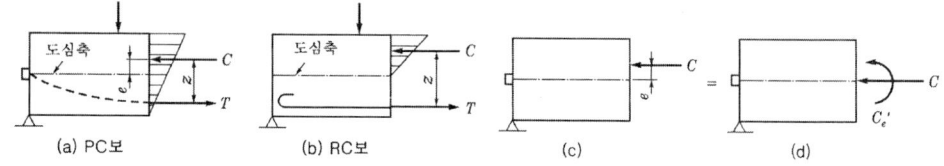

휨모멘트 $M = Cz = Tz$
강재에 작용하는 인장력을 P라고 하면 $f_c = \frac{C}{A} \pm \frac{C \times e'}{A}y = \frac{P}{A} \pm \frac{P \times e'}{I}y$

Answer 18.④ 19.② 20.①

2020. 6. 13. 제1회 지방직 시행

1 그림과 같이 높이(h)가 800mm이고, 길이(L)가 20m인 PSC 단순보에서, 긴장력(P) 8,000kN을 작용시켰을 때, 긴장력에 의한 등가등분포 상향력 U[kN/m]는? (단, 중앙부 편심(e) 300mm, 양 단부 편심(e) 0mm로 2차 포물선으로 긴장재가 배치되어 있으며, 자중 및 긴장력 손실은 무시한다)

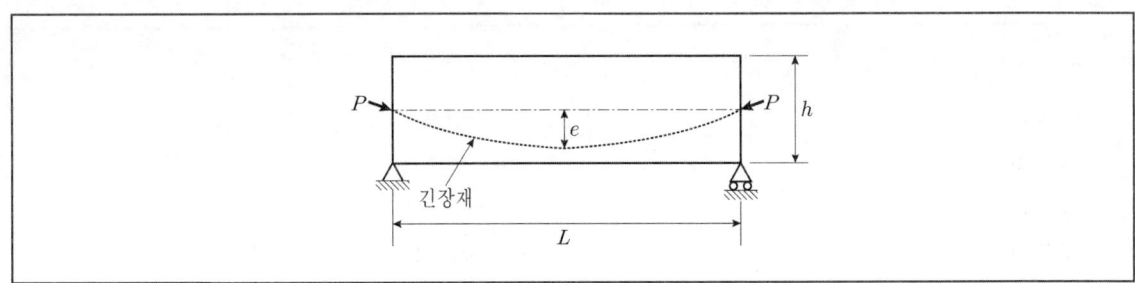

① 48　　　　　　　　　　　② 34
③ 20　　　　　　　　　　　④ 16

TIP $U = \dfrac{8Ps}{L^2} = \dfrac{8 \times 8,000 \times 0.3}{20^2} = 48 [\text{kN/m}]$

2 그림과 같이 기둥의 단부 조건이 양단 힌지이며, 비지지길이가 l_u인 기둥의 좌굴하중은? (단, E는 탄성계수, I는 단면 2차 모멘트이며, 탄성 좌굴로 거동한다)

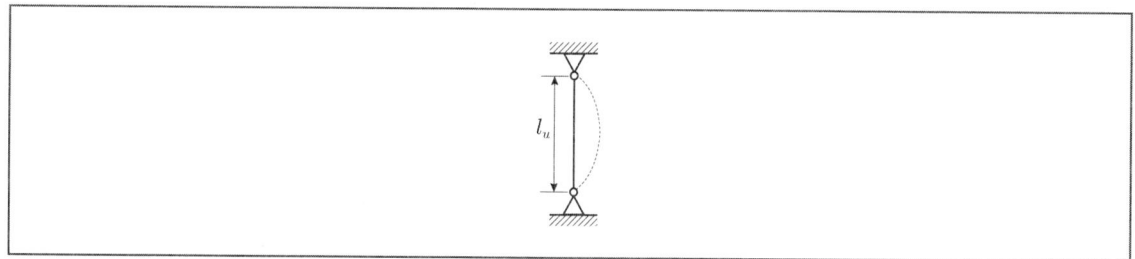

① $\dfrac{0.25\pi^2 EI}{(l_u)^2}$

② $\dfrac{\pi^2 EI}{(l_u)^2}$

③ $\dfrac{2.04\pi^2 EI}{(l_u)^2}$

④ $\dfrac{4\pi^2 EI}{(l_u)^2}$

OTIP 기둥의 단부 조건이 양단 힌지이며, 비지지길이가 l_u인 기둥의 좌굴하중은 $\dfrac{\pi^2 EI}{(l_u)^2}$이 된다.

(양단이 힌지로 되어 있으므로 유효길이계수값(K)은 1.0이 되므로 $l_k = Kl_u = l_u$가 된다.)

탄성좌굴하중 $P_{cr} = \dfrac{\pi^2 EI_{\min}}{(KL)^2} = \dfrac{n \cdot \pi^2 EI_{\min}}{L^2} = \dfrac{\pi^2 EA}{\lambda^2}$

좌굴응력 $f_{cr} = \dfrac{P_{cr}}{A} = \dfrac{\pi^2 EI_{\min}}{(KL)^2 \cdot A} = \dfrac{\pi^2 E \cdot r_{\min}^2}{(KL)^2} = \dfrac{\pi^2 E}{\lambda^2}$

유효좌굴길이 $L_k = K \cdot L$ (K: 좌굴계수, L: 부재길이)

단부구속조건	양단 고정단	1단 힌지단 타단 고정단	양단 힌지단	1단 자유단 타단 고정단
좌굴계수	0.50	0.70	1.0	2.0

Answer 1.① 2.②

3 그림과 같은 복철근 직사각형보의 공칭휨강도 M_n 및 등가직사각형 응력블록의 깊이 a를 구하는 식은? (단, 인장철근 및 압축철근은 항복하였고, 콘크리트 설계기준압축강도는 f_{ck}, 철근의 설계기준항복강도는 f_y 이며, 콘크리트구조 휨 및 압축 설계기준(KDS 14 20 20: 2016)을 따른다)

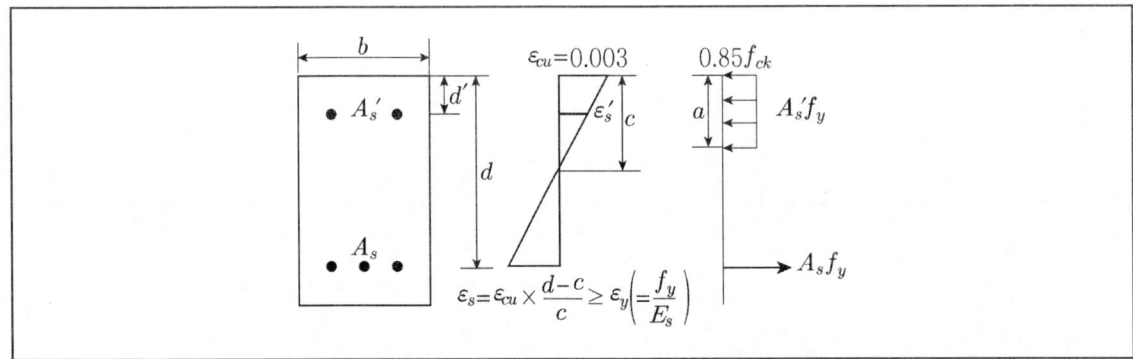

	M_n	a
①	$A_s'f_y(d-d')+(A_s-A_s')f_y\left(d-\dfrac{a}{2}\right)$	$\dfrac{(A_s-A_s')f_y}{0.85f_{ck}}$
②	$A_s'f_y(d-d')+(A_s-A_s')f_y\left(d-\dfrac{a}{2}\right)$	$\dfrac{(A_s-A_s')f_{ck}}{0.85f_yb}$
③	$A_sf_y(d-c)+(A_s-A_s')f_y\left(d-\dfrac{a}{2}\right)$	$\dfrac{(A_s-A_s')f_y}{0.85f_{ck}b}$
④	$A_s'f_y(d-d')+(A_s-A_s')f_y\left(d-\dfrac{a}{2}\right)$	$\dfrac{(A_s-A_s')f_y}{0.85f_{ck}b}$

O TIP 복철근보의 휨모멘트 산정식

$$M_n = A_s'f_y(d-d')+(A_s-A_s')f_y\left(d-\dfrac{a}{2}\right)$$

$$a = \dfrac{(A_s-A_s')f_y}{0.85f_{ck}b}$$

[복잡해 보이는 식이지만 필히 암기하고 있어야 한다. 이를 묻는 문제가 최근 몇 년 사이 빈번히 출제되고 있다.]

4 포스트텐션에 의한 프리스트레스를 도입할 때 발생 가능한 즉시 손실의 원인만을 모두 고르면?

> ㉠ 정착장치의 활동
> ㉡ 콘크리트 크리프
> ㉢ 콘크리트 탄성변형
> ㉣ 콘크리트 건조수축
> ㉤ PS강재의 릴렉세이션
> ㉥ PS강재와 쉬스 사이의 마찰

① ㉠, ㉡, ㉤
② ㉠, ㉢, ㉥
③ ㉡, ㉢, ㉣
④ ㉡, ㉢, ㉥

> **TIP** 프리스트레스의 손실 원인
> ㉠ 도입 시 발생하는 손실 : PS강재의 마찰, 콘크리트 탄성변형, 정착장치의 활동
> ㉡ 도입 후 손실 : 콘크리트의 건조수축, PS강재의 릴렉세이션, 콘크리트의 크리프

5 편심이 없는 중심 축하중만을 받는 I형 단면을 가진 강재 기둥 설계에 대한 설명으로 옳지 않은 것은? (단, 자중 및 국부좌굴은 고려하지 않는다)

① 하중이 임계좌굴하중에 도달하면 기둥은 세장비가 가장 작은 주축에 대해 좌굴이 발생한다.
② 지점조건, 비지지길이, 단면적이 모두 일정할 때 단면의 회전반경이 증가하면 좌굴하중은 증가한다.
③ 탄성좌굴을 유발하는 평균압축응력은 세장비의 제곱에 반비례한다.
④ 좌굴응력이 비례한계보다 작은 경우, 탄성상태에서 좌굴이 발생한다.

> **TIP** 하중이 임계좌굴하중에 도달하면 기둥은 세장비가 가장 큰 축에 대해 좌굴이 발생한다.

Answer 3.④ 4.② 5.①

6 그림과 같이 슬래브와 보를 일체로 타설한 경간이 20m인 단순지지된 철근콘크리트 보가 있다. 빗금친 T형 단면에 대한 내용으로 옳은 것은? (단, 콘크리트구조 해석과 설계 원칙(KDS 14 20 10: 2016)을 따른다)

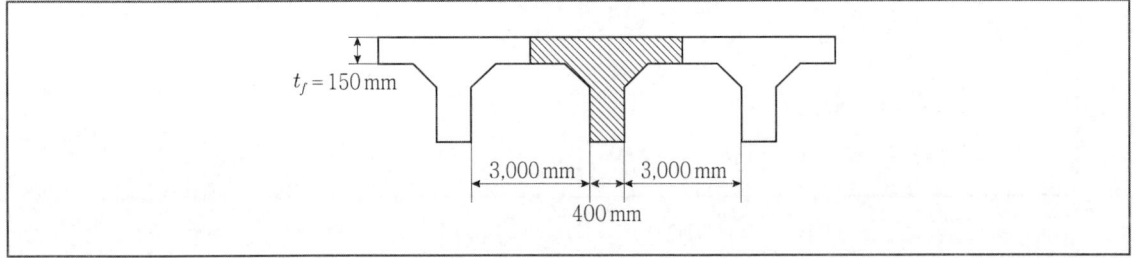

① t_f를 180mm로 증가시키면 빗금친 T형 단면의 유효폭(b)은 증가한다.
② 경간 중앙의 T형 단면에서 종방향 휨모멘트에 의해 슬래브 콘크리트 전체 단면이 종방향 인장응력을 받는다.
③ 등가직사각형 응력블록 깊이(a)가 t_f보다 크면 직사각형 단면으로 간주하여 해석한다.
④ 빗금친 T형 단면의 유효폭(b)은 3,000mm이다.

◎TIP ② 경간 중앙의 T형 단면에서 종방향 휨모멘트에 의해 중립축 위쪽은 압축력을 받고 중립축 아래쪽은 인장력을 받게 된다.
③ 정(+)의 모멘트를 받고 있으며 등가직사각형 응력블록 깊이(a)가 t_f보다 크면(즉, 중립축이 플랜지 외부에 위치한 경우) T형보로 설계해야 한다.
 ※ T형보 해석의 기본원칙

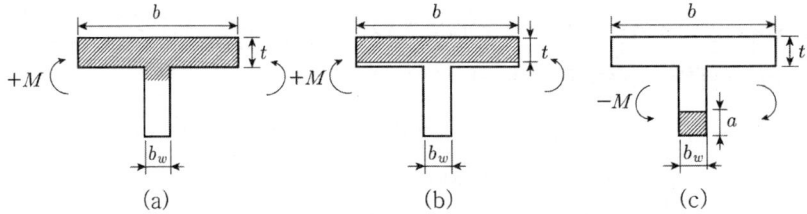

(a) : 정(+)의 모멘트를 받고 있으며 중립축이 플랜지 외부에 위치한 경우 T형보로 설계한다.
(b) : 정(+)의 모멘트를 받고 있으며 중립축이 플랜지 내부에 위치한 경우 폭을 b로 하는 직사각형보로 설계한다.
(c) : 부(−)의 모멘트를 받고 있으며 중립축이 플랜지 외부에 위치한 경우 폭을 b_w로 하는 직사각형보로 설계한다.
④ 빗금친 T형 단면의 유효폭(b)은 2,800mm이다.
 ※ T형보의 유효폭(다음 중 최솟값으로 한다.)
  • 슬래브 두께의 16배+복부폭 : $16 \times 150 + 400 = 2,800$
  • 양쪽 슬래브의 중심거리 : $3,000 + 400 = 3,400$
  • 보의 경간의 1/4 : $20,000/4 = 5,000$

7 단면이 두꺼운 매스콘크리트 교량 확대기초 시공 시 온도균열의 방지나 제어를 위해 고려하는 방안으로 적절하지 않은 것은?

① 프리쿨링 또는 파이프쿨링을 적절히 적용한다.
② 1종 시멘트를 조강 시멘트로 대체하여 사용한다.
③ 1회당 콘크리트 타설 높이를 적절하게 나누어 시공한다.
④ 1종 시멘트 대신 중용열 시멘트 또는 저발열 시멘트를 사용한다.

> **TIP** 조강 시멘트는 급결이 되어 매스콘크리트 내부의 온도차가 많이 난 상태에서 굳어진 부분과 그렇지 않은 부분들이 서로 응력 차이가 발생하게 되어 온도에 의한 균열을 유발시키므로 매스콘크리트 등의 대형 콘크리트 구조물에는 적합하지 않다. 일반적으로 매스콘크리트는 중용열 시멘트로 제작된 콘크리트로 시공한다.

8 암거와 라멘 구조물의 설계에 대한 설명으로 옳은 것은?

① 토압이 작용하는 경우 측벽에 작용하는 토압은 깊이에 따라 일정한 직사각형 분포로 고려한다.
② 상자암거 설계에서 활하중을 고려하지 않는다.
③ 매설된 경우에 매설깊이는 고려할 필요가 없다.
④ 라멘 구조물의 경우 일반적으로 수평부재와 연직부재가 만나는 절점부에서 모멘트에 대한 수평부재의 위험단면은 연직부재의 전면으로 볼 수 있다.

> **TIP** ① 토압이 작용하는 경우 측벽에 작용하는 토압은 사다리꼴로 분포하고 수압은 깊이에 따라 직선적으로 증가하는 직각삼각형 분포로 고려한다.
> ② 상자암거 설계에서 활하중을 필히 고려해야 한다.
> ③ 매설된 경우에 매설깊이를 필히 고려해야 한다.

Answer 6.① 7.② 8.④

9 휨모멘트와 축력을 받는 철근콘크리트 부재의 설계를 위한 일반 가정으로 옳지 않은 것은? (단, 콘크리트구조 휨 및 압축 설계기준(KDS 14 20 20 : 2016)을 따른다)

① 인장철근이 설계기준항복강도 f_y에 대응하는 변형률에 도달하고 동시에 압축연단 콘크리트가 가정된 극한변형률인 0.003에 도달할 때, 그 단면이 균형변형률 상태에 있다고 본다.
② 압축연단 콘크리트가 가정된 극한변형률인 0.003에 도달할 때 최외단 인장철근의 순인장변형률 ϵ_t가 압축지배변형률 한계 이하인 단면을 압축지배단면이라고 한다.
③ 휨부재의 강도를 증가시키기 위하여 추가 인장철근과 이에 대응하는 압축철근을 사용할 수 있다.
④ 압축연단 콘크리트가 가정된 극한변형률인 0.003에 도달할 때 최외단 인장철근의 순인장변형률 ϵ_t가 0.003인 단면은 인장지배단면으로 분류된다.

> **TIP** 압축연단 콘크리트가 가정된 극한변형률인 0.003에 도달할 때 최외단 인장철근의 순인장변형률이 0.005의 인장지배변형률 한계 이상인 단면을 인장지배단면이라고 한다.

10 그림과 같은 단면을 가진 T형보에 정모멘트가 작용할 때 극한상태에서의 등가직사각형 응력블록의 깊이 a가 200mm라면 콘크리트에 작용하는 압축력의 크기[kN]는? (단, f_{ck} =24MPa, f_y =400MPa이며, 콘크리트구조 휨 및 압축 설계기준(KDS 14 20 20 : 2016)을 따른다)

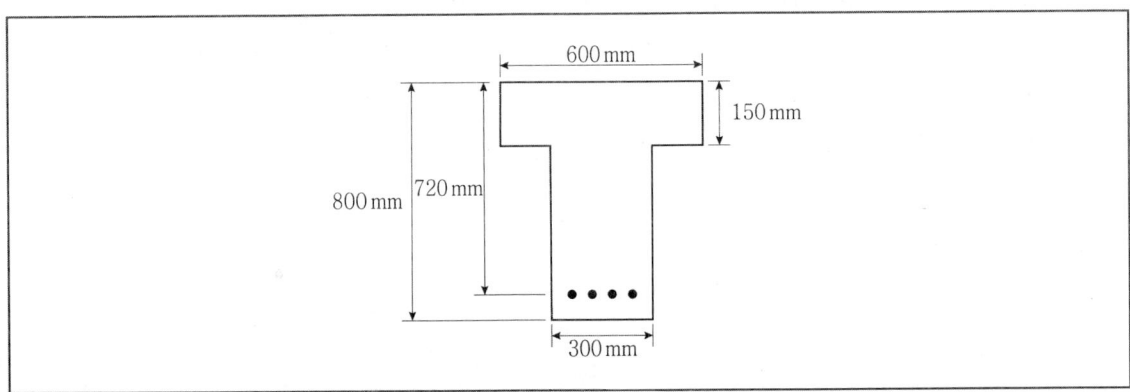

① 2,142
② 2,448
③ 2,520
④ 2,880

> **TIP** T형보이므로 중립축 위쪽은 압축, 아래쪽은 인장을 받게 된다. 따라서 압축력은 웨브에 가해지는 압축력과 플랜지에 가해지는 압축력의 합이 된다.
> $C_w = 0.85 f_{ck} a b_w = 0.85 \times 24 \times 200 \times 300 = 1,224$
> $C_f = 0.85 f_{ck} \times t_f (b - b_w) = 0.85 \times 24 \times 150 (600 - 300) = 918$
> 이 둘의 합은 2,142[kN]이 된다.

11 전단철근이 부담해야 할 전단력 V_s =500kN일 때, 전단철근(수직스터럽)의 간격 s를 240mm로 하면 직사각형 단면에서 필요한 최소 유효깊이 d[mm]는? (단, 보통중량콘크리트이며 f_{ck} =36MPa, f_y =400MPa, b =400mm, 전단철근의 면적 A_v =500mm²이고, 콘크리트구조 전단 및 비틀림 설계기준(KDS 14 20 22 : 2016)을 따른다. 또한, 전단철근 최대간격 기준을 만족한다)

① 550   ② 600
③ 650   ④ 700

> **TIP** 전단철근의 설계 시 전단철근이 감당할 수 있는 힘은 전단철근이 부담해야 하는 전단력 이상이어야 한다.
> $V_s = \dfrac{A_s f_{yt} \times d}{s}$ 식에서 $d = \dfrac{V_s \times s}{A_v f_{yt}}$ 이 도출되며
> 유효깊이 d가 최솟값을 갖는 경우 유효깊이는
> $d_{min} = \dfrac{V_s \times s}{A_v f_{yt}} = \dfrac{(500 \times 10^3) \times 240}{500 \times 400} = 600\text{mm}$ 이 된다.

Answer 9.④ 10.① 11.②

12 그림과 같이 기초에 편심하중이 작용할 때 기초 저면에 생기는 응력 분포 형상은? (단, 단위폭으로 고려하고, e =100mm, 지반 조건은 균일하며, 자중은 무시한다)

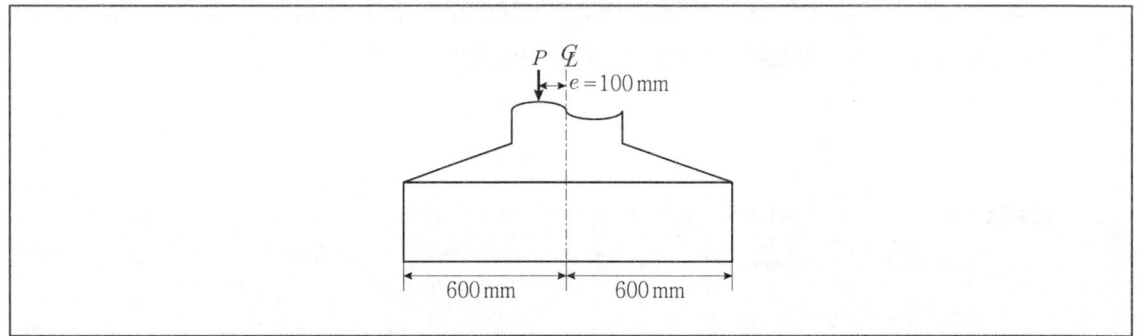

①
q_{max} ↑↑↑↑↑↑↑↑↑↑↑↑↑↑↑↑↑↑↑↑↑↑↑↑↑↑

②
q_{max} ↑↑↑↑↑↑↑↑↑↑↑↑↑↑↑↑↑↑↑↑↑↑ q_{min}

③
q_{max} ↑↑↑↑↑↑↑↑↑↑↑↑↑↑↑↑↑ $q_{min}=0$

④
q_{max} ↑↑↑↑↑↑↑↑↑↑↑↓↓↓↓↓

TIP 직관적으로 ②와 같은 응력분포를 이루고 있음을 알 수 있다.
우선 하중이 핵거리 이내에 위치하고 있으므로 인장응력이 발생하지는 않는다.
③과 같은 형상이 만들어지려면 $\frac{M}{P}=\frac{B}{6}$ 을 만족시켜야 하나 $\frac{M}{P}=e=100$이고, $\frac{B}{6}=\frac{1,200}{6}=200$이므로 이를 만족시키지 못한다. 그러므로 ②가 정답이 된다.

13 그림과 같이 중립축으로부터 편심거리 e 만큼 떨어진 지점에 긴장력 P를 작용시킨 프리스트레스트 콘크리트(PSC) 보의 중앙 단면에서의 응력 분포로 적절한 것은? (단, PSC 보의 프리스트레스만을 고려하고 자중은 무시하며, (+)는 압축응력, (−)는 인장응력으로 정의한다. 단면은 직사각형이며, 이외 다른 조건은 고려하지 않는다)

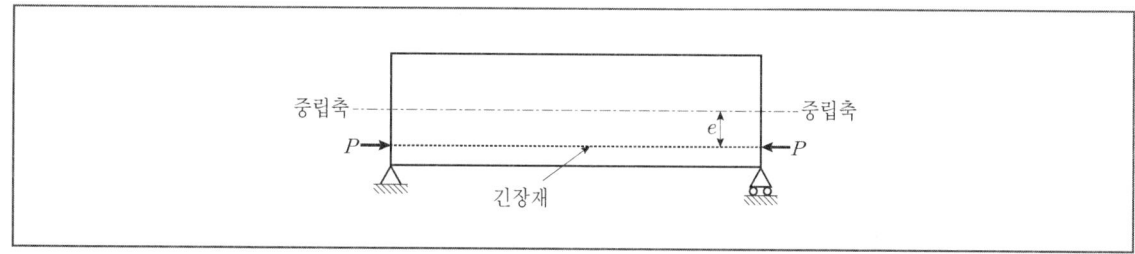

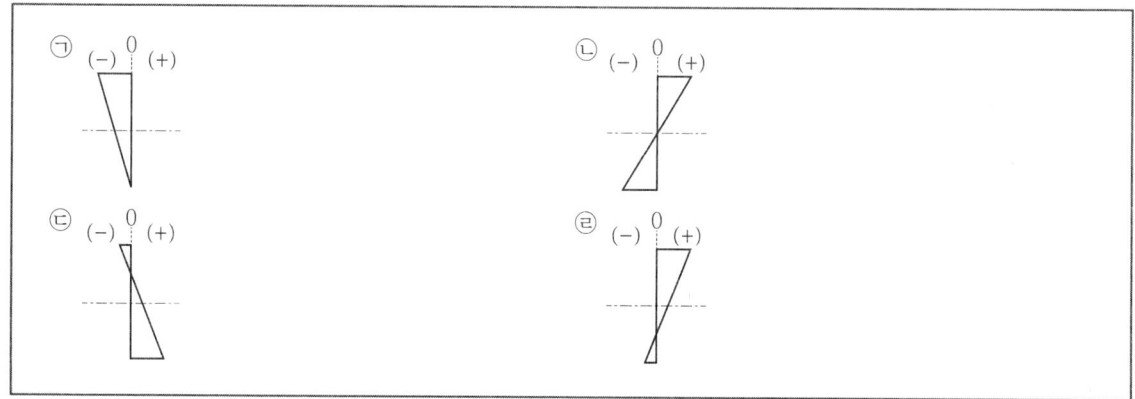

① ㉠
② ㉡
③ ㉢
④ ㉣

> **TIP** 이는 직관적으로 바로 정답을 맞출 수 있는 문제이다.
> 프리스트레스에 의해 보부재 하부에는 압축력이 가해지게 되며 보의 자중을 무시하였으므로 ㉢과 같은 응력분포가 이루어지게 된다.

Answer 12.② 13.③

14 그림과 같이 1방향 슬래브 단면에 주철근으로 D13 철근을 200mm 간격으로 보강하여 휨설계를 하고자 할 때, 등가직사각형 응력블록의 깊이 a[mm]는? (단, D13 철근 하나의 공칭단면적은 126mm²로 하고, 유효깊이 d =170mm, f_{ck} =21MPa, f_y =340MPa이며, 콘크리트구조 휨 및 압축 설계기준(KDS 14 20 20 : 2016)을 따른다)

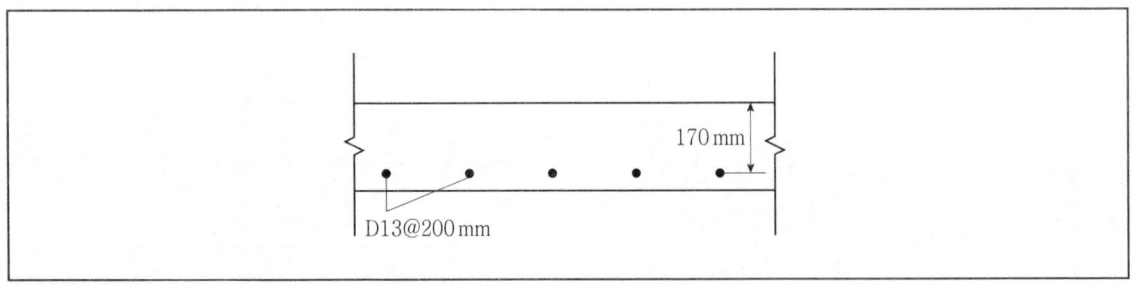

① 9.0
② 10.5
③ 12.0
④ 12.6

O TIP $a = \dfrac{A_s f_y}{0.85 f_{ck} b} = \dfrac{630 \times 340}{0.85 \times 21 \times 1,000} = 12.0$

15 철근콘크리트 구조물에서 부착 철근의 중심 간격이 $5(c_c + d_b/2)$ 이하인 경우, 설계 균열폭을 감소시킬 수 있는 방법으로 옳지 않은 것은? (단, c_c는 최외단 인장철근의 최소피복두께, d_b는 철근 공칭지름을 의미하며, 콘크리트구조 사용성 설계기준(KDS 14 20 30 : 2016)을 따른다)

① 원형철근 대신 이형철근을 사용한다.
② 철근의 순피복 두께를 크게 한다.
③ 동일한 철근비에 대해 지름이 작은 철근을 사용한다.
④ 동일한 철근 지름에 대해 철근비를 크게 한다.

O TIP 철근의 순피복 두께를 크게 하면 설계 균열폭이 오히려 증가하게 될 수 있다.

16 휨부재에서 f_{ck} =25MPa, f_y =500MPa일 때 인장이형철근(D25)의 겹침이음 길이[mm]는? (단, 콘크리트구조 정착 및 이음 설계기준(KDS 14 20 52 : 2016)을 따르며, λ =1.0, d_b =25mm, (배근철근량/소요철근량) =1.5로 한다)

① 1,500
② 1,650
③ 1,800
④ 1,950

○TIP 인장이형철근의 정착길이를 계산을 하면
$$l_d = \frac{0.6 d_b f_y}{\lambda \sqrt{f_{ck}}} = \frac{0.6 \times 25 \times 500}{1.0\sqrt{25}} = 1,500$$
문제에서 주어진 겹침이음의 경우 (배근 철근량/소요 철근량) = 1.5로서 2.0보다 작은 값이므로 B급 철근이음이며 이러한 B급 철근이음일 때는 정착길이의 1.3배값이 겹침이음길이가 되므로 $1,500 \times 1.3 = 1,950$[mm]가 된다.
A급 이음의 이음길이는 $1.0l_d$, B급 이음의 이음길이는 $1.3l_d$이다.

배치된 철근량을 소요철근량으로 나눈 값	소요 겹침이음 길이 내의 이음된 철근의 단면적의 최대(%)	
	50 이하	50 초과
2 이상	A급	B급
2 미만	B급	B급

17 폭이 400mm, 높이가 400mm인 철근콘크리트 보에 대해 비틀림의 영향을 무시할 수 없는 계수 비틀림모멘트의 최솟값[kN·m]은? (단, f_{ck} =36MPa인 보통중량콘크리트 보이며, 콘크리트구조 전단 및 비틀림 설계기준(KDS 14 20 22 : 2016)을 따르고, 비틀림모멘트만을 고려한다)

① 4
② 6
③ 8
④ 10

○TIP $T_{cr} = \frac{1}{3}\lambda\sqrt{f_{ck}} \times \frac{A_{cp}^2}{P_{cp}} = \frac{1}{3} \times 1.0 \times \sqrt{36} \times \frac{(400^2)^2}{1,600} = 32[\text{kN} \cdot \text{m}]$

$\phi T_{cr} = 0.75 \times 32 = 24[\text{kN} \cdot \text{m}]$

$T_u < \frac{\phi T_{cr}}{4} = \frac{24}{4} = 6[\text{kN} \cdot \text{m}]$

T_u : 계수 비틀림 모멘트
T_{cr} : 균열 비틀림 모멘트
p_{cp} : 단면의 외부둘레길이
A_{cp} : 콘크리트 단면의 바깥 둘레로 둘러싸인 단면적으로서 뚫린 단면의 경우 뚫린 면적을 포함한다.

Answer 14.③ 15.② 16.④ 17.②

18 그림은 철근콘크리트 단순보에서 철근 배근을 표현한 것이다. 자중의 영향만을 고려할 때 전단철근과 지간 중앙에서의 압축철근을 바르게 연결한 것은? (단, 왼쪽 하단에 지점으로 지지되어 있다)

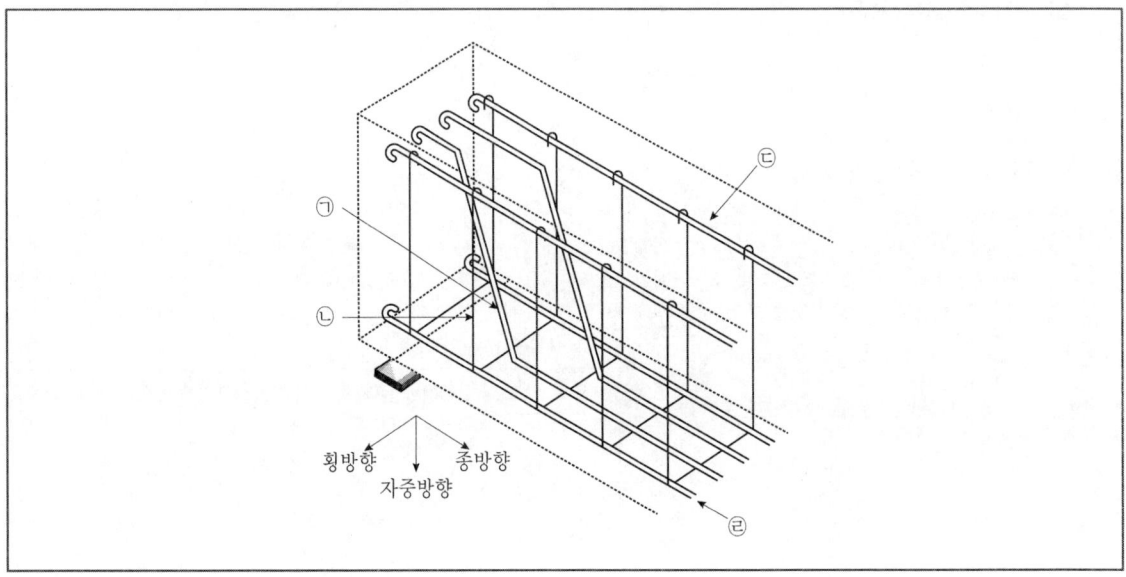

	전단철근	압축철근
①	㉠, ㉡	㉢
②	㉠, ㉡	㉣
③	㉡, ㉣	㉠
④	㉡, ㉣	㉢

O**TIP**

㉠은 굽힘철근으로서 전단철근의 역할을 한다.
㉡은 스터럽으로서 전단철근의 역할을 한다.
㉢은 압축철근이며 ㉣은 인장철근이다.

19 그림과 같은 동일 재질의 강재로 만들어진 직사각형 단면에 대해 $x-x$ 축에 대한 소성단면계수[$\times 10^6$ mm³]는? (단, 좌굴은 고려하지 않는다)

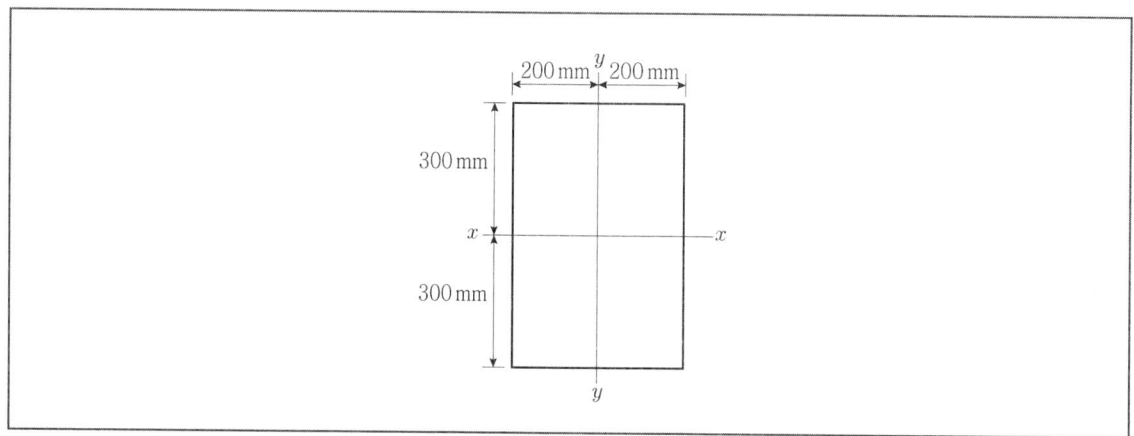

① 6
② 12
③ 24
④ 36

> **TIP** 직사각형 단면의 탄성단면계수 : $\dfrac{bh^2}{6}$
>
> 직사각형 단면의 소성단면계수 : $\dfrac{bh^2}{4}$
>
> 따라서 위의 식에 문제에서 주어진 조건을 대입하면
> $\dfrac{bh^2}{4} = \dfrac{400 \times 600^2}{4} = 36 \times 10^6 [\text{mm}^3]$

20 토목 철근콘크리트 구조물의 설계 방법에 대한 설명으로 옳지 않은 것은?

① 허용응력설계법은 구조물을 안전하게 설계하기 위해 하중에 의해 부재에 유발된 응력이 허용응력을 초과하였는지를 검증한다.
② 한계상태설계법은 하중과 재료에 대하여 각각 하중계수와 재료계수를 사용하여 이들의 특성을 설계에 합리적으로 반영한다.
③ 설계법은 이론, 재료, 설계 및 시공 기술 등의 발전과 더불어 강도설계법→허용응력설계법→한계상태설계법 순서로 발전되었다.
④ 강도설계법은 기본적으로 부재의 파괴상태 또는 파괴에 가까운 상태에 기초를 둔 설계법이다.

> **TIP** 설계법은 이론, 재료, 설계 및 시공 기술 등의 발전과 더불어 허용응력설계법→강도설계법→한계상태설계법 순서로 발전되었다.

Answer 18.① 19.④ 20.③

토목설계 | 2021. 4. 17. 인사혁신처 시행

1 보 또는 슬래브에서 부(−)모멘트에 의해 생긴 인장응력에 대하여 배치하는 철근은?

① 정철근
② 부철근
③ 전단철근
④ 옵셋굽힘철근

○**TIP** ① 정철근 : 보 또는 슬래브에서 정(+)모멘트에 의해 생긴 인장응력에 대하여 배치하는 철근
② 부철근 : 보 또는 슬래브에서 부(−)모멘트에 의해 생긴 인장응력에 대하여 배치하는 철근
④ 옵셋굽힘철근 : 상하 기둥 연결부에서 단면치수가 변하는 경우에 배치되는 구부린 주철근

2 철근콘크리트 휨부재를 설계할 경우, 인장철근에 대한 최소 허용변형률 규정을 두는 이유는? (단, KDS 14 20 20 : 2021을 따른다)

① 균열발생을 억제하여 내구성을 증대하기 위함이다.
② 처짐감소를 통해 구조물의 사용성을 증대하기 위함이다.
③ 연성파괴를 유도하여 구조물의 안전성을 증대하기 위함이다.
④ 콘크리트 압축변형률을 증가시켜 보의 휨강도를 증대하기 위함이다.

○**TIP** 철근콘크리트 휨부재를 설계할 경우, 인장철근에 대한 최소 허용변형률 규정을 두는 이유는 휨부재의 연성을 확보하여 연성파괴를 유도함으로써 구조물의 안전성을 증대하기 위함이다.

3 구조부재의 단면에 작용하는 부재 내력과 응력에 관한 사항으로 옳지 않은 것은?

① 도심축에 작용하는 인장력은 단면 전체에 균일한 인장응력을 발생시킨다.
② 도심축에 작용하는 압축력은 단면 전체에 균일한 압축응력을 발생시킨다.
③ 보에 작용하는 휨모멘트는 단면의 상하에서 압축력과 인장력을 발생시킨다.
④ 단면에 평행하게 작용하는 전단력은 단면 전체에 균일한 전단응력을 발생시킨다.

○**TIP** 단면에 평행하게 작용하는 전단력은 중앙부에서 최댓값이 되며 양 끝단에서 0이 된다.

4 철근의 부착에 영향을 주는 요인에 대한 설명으로 옳지 않은 것은?

① 콘크리트의 강도가 클수록 부착에 유리하다.
② 콘크리트의 다지기가 불충분하면 부착강도가 저하된다.
③ 동일한 철근량을 사용할 경우 지름이 큰 철근을 사용하는 것이 부착에 유리하다.
④ 철근의 피복두께가 충분히 확보되어야 부착강도가 제대로 발휘될 수 있으며, 피복두께가 부족하면 콘크리트의 할렬로 부착 파괴가 유발될 수 있다.

○**TIP** 동일한 철근량을 사용할 경우 지름이 작은 철근 여러 개를 사용하는 것이 부착에 유리하다.

5 그림과 같은 복철근 단순보의 지간 중앙 단면에서 발생한 지속하중에 의한 순간처짐이 15mm로 측정되었다. 6년 후 지속하중에 의한 추가 장기처짐량[mm]은? (단, A_s = 1,800 mm², A_s' = 600mm², KDS 14 20 30 : 2021을 따른다)

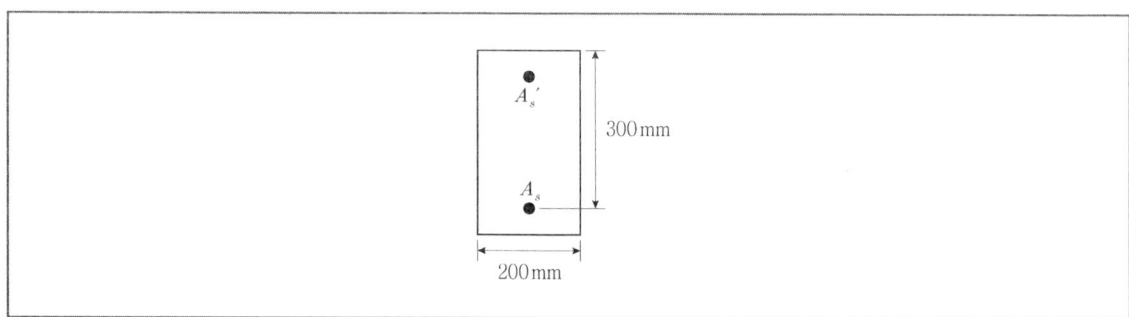

① 14
② 15
③ 20
④ 25

○**TIP** 압축철근비 $\sigma' = \dfrac{600}{200 \times 300} = 0.01$

$\lambda = \dfrac{\xi}{1+50\rho'} = \dfrac{2.0}{1+50 \times 0.01} = \dfrac{4}{3}$

장기처짐 산정식 : 장기처짐 = 지속하중에 의한 탄성처짐 × λ이므로 $15 \times \dfrac{4}{3} = 20$

추가 장기처짐량은 20[mm]

$\lambda = \dfrac{\xi}{1+50\rho'}$ (ξ : 시간경과계수, $\rho' = \dfrac{A_s'}{bd}$: 압축철근비)

시간 경과	3개월	6개월	12개월	2년 이상
시간경과계수 ξ	1.0	1.2	1.4	2.0

Answer 1.② 2.③ 3.④ 4.③ 5.③

6 합력의 연직성분 ΣW = 300kN이 편심거리가 $\dfrac{B}{6}$인 위치에 작용할 때 B = 3m인 기초 저판에 발생되는 지지력분포는 그림과 같다. 최대 지반 지지력($p_{\max}$)의 크기[kN/m²]는? (단, 단위폭으로 고려하고, 지반조건은 균일하며, 자중은 무시한다)

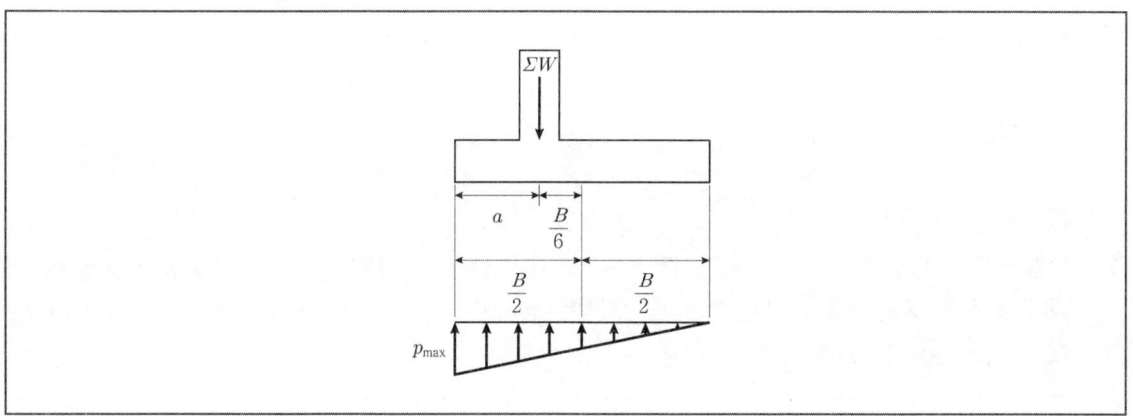

① 185
② 190
③ 195
④ 200

TIP 삼각형 면적의 합이 300[kN]이 되어야 한다는 조건을 통해서 풀 수 있다.

삼각형의 면적 $\dfrac{1}{2} \times B \times p_{\max} = 300$이어야 하므로

$\dfrac{1}{2} \times 3 \times p_{\max} = 300$을 만족하는 $p_{\max} = 200$

7 프리텐션 방식의 프리스트레스트 콘크리트(PSC)보 제작과정에서 측정한 손실값이 표와 같다. 초기 프리스트레스 힘 P_i = 720kN인 경우의 유효율 R[%]은?

〈프리스트레스의 손실값 측정치〉

감소 원인		손실값(kN)
도입 중	콘크리트의 탄성수축 손실	27.0
도입 후	콘크리트의 건조수축 손실	34.0
	콘크리트의 크리프 손실	49.0
	강재의 릴랙세이션 손실	25.0

① 81.3
② 85.0
③ 86.0
④ 88.1

○**TIP** P_i는 초기 프리스트레싱, $\triangle P$는 시간손실이며 유효율은

$$\frac{P_i - \triangle P}{P_i} \times 100\% = \frac{720 - (34 + 49 + 25)}{720} \times 100\% = \frac{17}{20} \times 100 = 85[\%]$$

8 그림과 같은 단철근 직사각형 단순보에서 전단철근의 배근이 필요 없는 구간 a의 길이[m]는? (단, 보의 단면에서 콘크리트가 부담하는 공칭 전단강도 V_c = 120kN, 자중을 포함한 계수등분포하중 w_u = 45 kN/m, L = 6m, KDS 14 20 22 : 2021을 따른다)

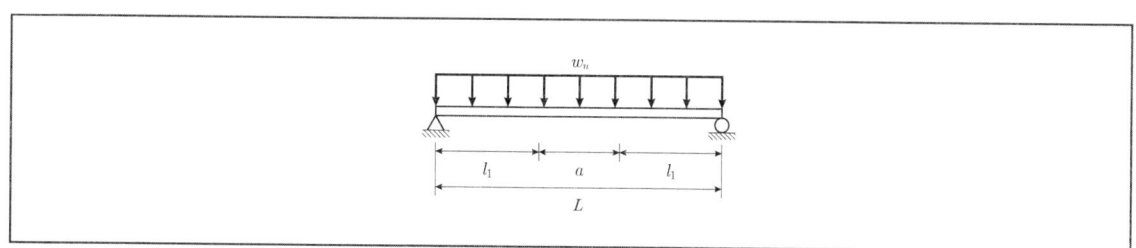

① 2.0
② 2.2
③ 2.4
④ 2.6

○**TIP** 전단보강철근을 배치할 필요가 없는 구간은 $V_u \leq \frac{1}{2}\phi V_c$인 구간이다.

좌측지점부터 x만큼 떨어진 곳의 전단응력과 휨모멘트는

$$V_x = \frac{w_u 6}{2} - w_u x = w_u(3-x), \quad M_x = \int_0^x V_x dx = \int_0^x \left(\frac{w_u L}{2} - wx\right)dx = \frac{w_u L}{2}x - \frac{w}{2}x^2$$

$V_x \leq \frac{1}{2}\phi V_c = \frac{1}{2} \times 0.75 \times 120 = 45[\text{kN}]$인 구간에서 철근을 배치할 필요가 없다.

$V_x = w_u(3-x) = 45(3-x) = 45$를 만족하는 위치에서부터 전단철근을 배치하지 않아도 되므로 $x = 2[\text{m}]$가 된다. 따라서 좌측으로부터 2[m] 떨어진 곳에서 우측으로부터 2[m] 떨어진 곳까지가 전단철근을 배치하지 않아도 되는 영역이므로 전단철근을 배치할 필요가 없는 구간은 2[m]가 된다.

※ 콘크리트구조 전단 및 비틀림 설계기준 중 전단강도

소요전단강도	$V_u \leq \frac{1}{2}\phi V_c$	$\frac{1}{2} < V_u \leq \phi V_c$	$\phi V_c < V_u$	$V_s > \frac{2}{3}\sqrt{f_{ck}}b_w d$
전단보강 철근 배치	콘크리트가 모두 부담할 수 있는 범위로서 계산이 필요 없음		계산상 필요량 배치	전단보강철근의 배치만으로는 부족하며 단면을 늘려야 한다.
	안전상 필요 없음	안전상 최소 철근량 배치	V_s	
전단보강 철근 간격	수직 스터럽 사용	$d/2$ 이하 600mm 이하	$V_s > \frac{1}{3}\sqrt{f_{ck}}b_w d$ $d/4$ 이하 400mm 이하	
		일반부재설계 시	내진부재설계 시	

Answer 6.④ 7.② 8.①

9 축방향 철근량이 50,000mm²이고, 정사각형 500mm × 500mm 단면을 가지는 띠철근 기둥에서, 편심이 없는 순수 축하중을 받는 압축재의 설계축강도 P_d의 최대 크기[kN]는? (단, 콘크리트 설계기준강도 f_{ck} = 30MPa, 철근의 항복강도 f_y = 400MPa이고, KDS 14 20 20 : 2021을 따른다)

① 12,048

② 13,052

③ 13,868

④ 14,056

◎ TIP $P_{d\max} = \phi P_{n(\max)} = \alpha\phi P_o = 0.80 \times 0.65 \times [0.85 f_{ck}(A_g - A_{st}) + f_y A_{st}]$
$= 0.80 \times 0.65 \times [0.85 \times 30 \times (500^2 - 50,000) + 400 \times 50,000] = 13,052 [kN]$

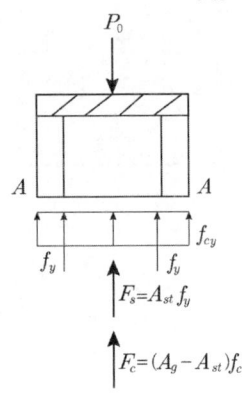

10 한계상태설계법에 의한 교각 기둥부 내진설계의 심부구속 횡방향철근상세 기준으로 옳지 않은 것은? (단, KDS 24 17 11 : 2018을 따른다)

① 소성힌지구간에서 나선철근의 연결은 완전용접이음이나 기계적 연결이 허용되지 않는다.

② 기둥과 기초 사이에 설치되는 첫 번째 심부구속 횡방향철근은 경계면에서 띠철근 간격의 $\frac{1}{2}$ 위치에 배근한다.

③ 사각형 연속띠철근 형태는 양단에 띠철근 지름의 6배와 80mm 중 큰 값 이상의 연장길이를 갖는 135° 갈고리를 가져야 하며, 이 갈고리는 축방향철근에 걸리게 하여야 한다.

④ 사각형 심부구속 횡방향철근으로는 하나의 사각형 후프띠철근 또는 중복된 사각형 폐합띠철근을 사용할 수 있으며, 보강띠철근은 후프띠철근과 유사한 크기를 사용하여야 한다.

◎ TIP 소성힌지구간에서 나선철근의 연결은 완전용접이음이나 기계적 연결이 허용된다.

11 표준트럭하중이 강합성 거더 교량에 작용할 때, 하중이 전달되는 순서로 옳은 것은?

① 바닥판 → 거더 → 전단연결재 → 받침
② 받침 → 거더 → 전단연결재 → 바닥판
③ 거더 → 받침 → 전단연결재 → 바닥판
④ 바닥판 → 전단연결재 → 거더 → 받침

> **TIP** 표준트럭하중이 강합성 거더 교량에 작용할 때, 하중이 전달되는 순서 … 바닥판 → 전단연결재 → 거더 → 받침

12 복철근 직사각형보에서 압축철근을 배근하는 이유로 옳지 않은 것은?

① 사용하중 하에서 강성을 감소시킨다.
② 지속하중으로 인한 처짐을 감소시킨다.
③ 콘크리트 압축파괴 시 연성을 증가시킨다.
④ 전단철근의 배근 시 지지하는 역할을 하여 시공성을 향상시킨다.

> **TIP** 압축철근을 사용하면 사용된 압축철근이 지지하는 압축력만큼 인장철근이 지지하는 인장력과 평형을 이루므로 콘크리트의 압축측과 평형을 이루는 인장철근의 철근비를 낮출수 있고, 따라서 인장철근비를 최대철근비 이하로 유지하면서 설계강도를 높일 수 있다.
> ※ 압축철근의 배근으로 인한 구조적 장점
> ㉠ 장기처짐의 감소 : 압축철근이 압축측 콘크리트의 건조수축 및 크리프 등이 일어나는 것을 제약하므로 결과적으로 지속하중에 의한 장기처짐이 감소한다.
> ㉡ 연성의 증진 : 콘크리트의 압축응력블럭깊이가 줄어들고 인장철근의 변형도가 증가하여 보의 연성이 증가하게 된다. 이러한 연성이 증가는 내진구조나 모멘트의 재분배가 일어나는 경우 구조체의 안전성을 높이는데 매우 중요한 기능을 한다.
> ㉢ 철근조립의 편리 : 전단철근, 압축철근, 인장철근 배근 시 철근을 지지해주는 역할을 하여 철근조립이 간편해진다.

Answer 9.② 10.① 11.④ 12.①

13 그림과 같이 맞대기용접연결된 강판에 전단력 P = 360kN이 작용할 때, 용접 이음부의 전단응력 크기 [MPa]는?

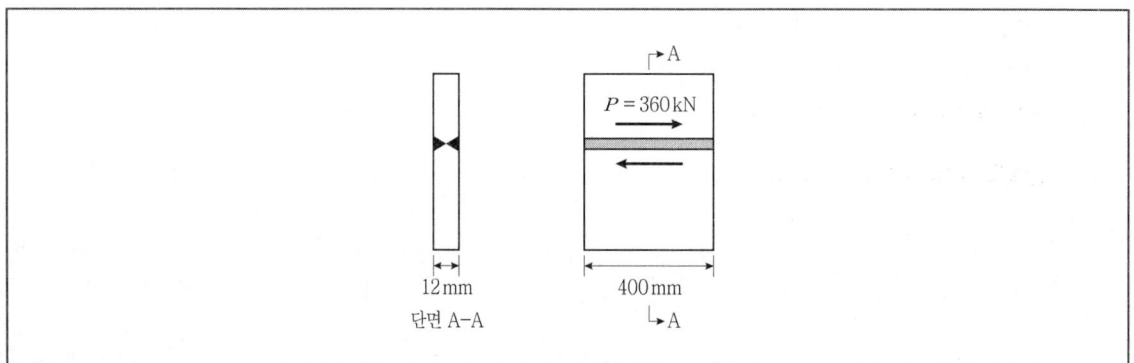

① $\dfrac{37.5}{\sqrt{2}}$ ② $\dfrac{75}{\sqrt{2}}$

③ 37.5 ④ 75

> **TIP** 용접이음부의 전단응력은
> $\tau = \dfrac{V}{A} = \dfrac{360 \times 10^3}{12 \times 400} = 75[\text{MPa}]$

14 그림과 같은 깊은 보의 스트럿-타이모델에서 F가 200kN인 경우, 경사 스트럿 AB의 부재력(㉠)과 수평 타이 BC의 부재력(㉡)을 바르게 연결한 것은? (단, 자중은 무시한다)

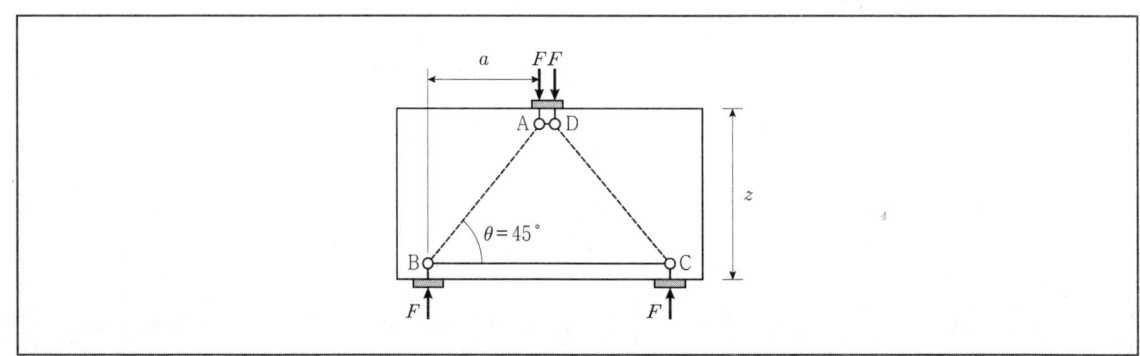

	㉠	㉡
①	200kN(압축)	200kN(인장)
②	200kN(인장)	$200\sqrt{2}$ kN(인장)
③	$200\sqrt{2}$ kN(압축)	200kN(인장)
④	$200\sqrt{2}$ kN(인장)	$200\sqrt{2}$ kN(인장)

○**TIP** 직관적으로 바로 맞출 수 있는 문제이다. 힘의 평형법칙을 적용하면 AB부재는 F의 $\sqrt{2}$배가 되며 BC부재에 가해지는 힘은 AB부재에 가해지는 힘의 $\frac{1}{\sqrt{2}}$배가 되므로 200[kN]이 된다. 따라서 AB부재에는 $200\sqrt{2}$ kN(압축)이 작용하고 BC부재에는 200kN(인장)이 작용한다.

15 그림과 같이 곡선 배치 된 PSC 단순보에 프리스트레스 힘 P = 2,500kN이 작용할 때, 부재에 작용하는 하중 w와 평형을 이루는 지간 중앙에서의 최대편심($e_{\max}$) 거리[m]는? (단, 자중과 프리스트레스 손실은 무시한다)

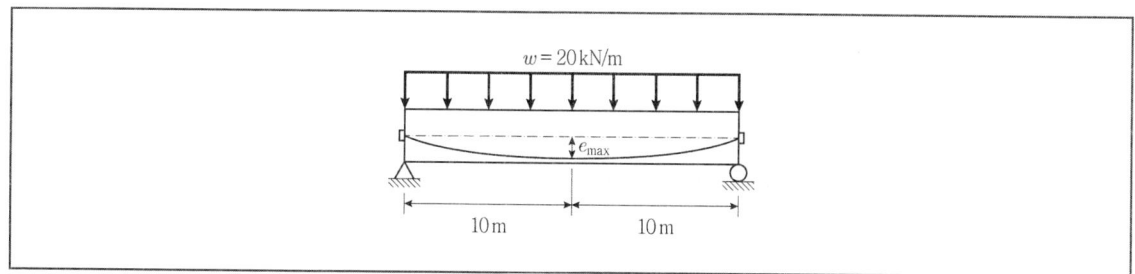

① 0.40
② 0.45
③ 0.55
④ 0.60

○**TIP** $P \cdot e_{\max} = \dfrac{wL^2}{8}$ 가 성립해야 한다. 따라서

$2,500 \cdot e_{\max} = \dfrac{20 \times 20^2}{8}$ 를 만족하는 $e_{\max} = 0.40$

Answer 13.④ 14.③ 15.①

16 프리스트레스트 콘크리트 부재의 설계에 대한 설명으로 옳지 않은 것은? (단, KDS 14 20 60 : 2021과 KDS 24 14 20 : 2016을 따른다)

① 설계에서는 프리스트레스에 의하여 발생하는 응력집중을 고려하여야 한다.
② 완전균열단면 휨부재의 사용하중에 의한 응력은 균열환산단면을 사용하여 계산하여야 한다.
③ 긴장재가 그라우팅으로 부착된 후의 단면 특성을 계산할 경우 덕트로 인한 단면적의 손실을 고려하여야 한다.
④ 프리스트레스트 콘크리트 부재의 설계는 프리스트레스를 도입할 때부터 구조물의 수명기간 동안에 모든 재하단계의 강도 및 사용조건에 따른 거동에 근거하여야 한다.

> **TIP** 긴장재가 그라우팅으로 부착된 후의 단면 특성을 계산할 경우 일체화가 되었으므로 덕트로 인한 단면적의 손실을 고려하지 않는다.

17 고장력볼트 마찰접합의 설계미끄럼강도에 영향을 미치는 요인으로 옳지 않은 것은? (단, KDS 14 31 25 : 2021을 따른다)

① 설계볼트장력
② 볼트구멍의 종류
③ 마찰면 미끄럼 계수
④ 피접합재의 공칭인장강도

> **TIP** 고장력볼트 마찰접합의 설계미끄럼강도 산정 시 피접합재의 공칭인장강도는 고려하지 않는다.

18 그림과 같은 직사각형 균질단면에서 x축에 대한 회전반경(r_x), 탄성단면계수(S_x), 소성단면계수(Z_x), 형상계수(f)를 각각 계산한 결과로 옳은 것은?

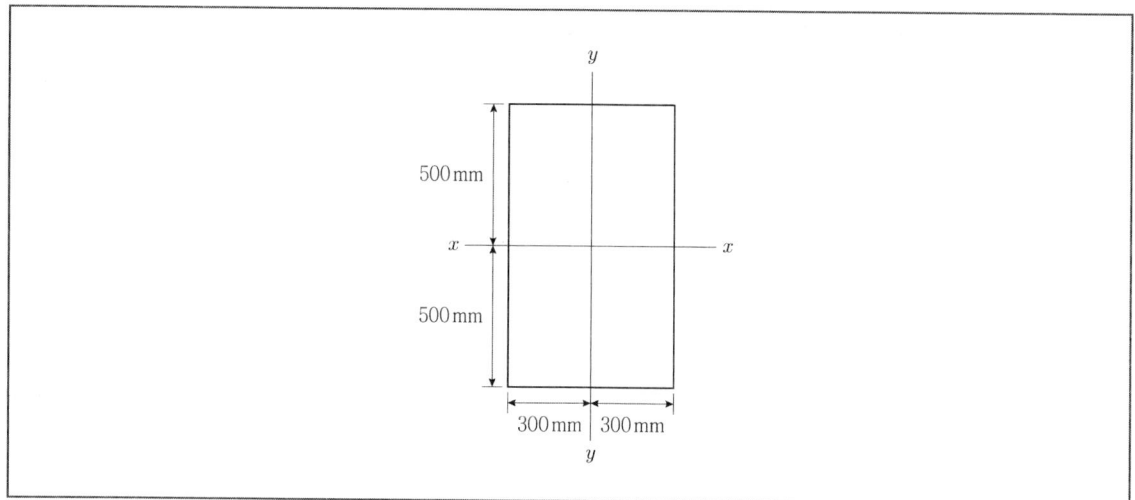

① 회전반경(r_x) = $500\sqrt{3}$ mm

② 탄성단면계수(S_x) = 10^9 mm^3

③ 소성단면계수(Z_x) = 1.5×10^8 mm^3

④ 형상계수(f) = 0.85

    TIP 단면적 $A = 1,000 \times 600 = 600,000 [\text{mm}^2]$

        단면 2차 모멘트 $I = \dfrac{600 \times 1,000^3}{12} = 5 \times 10^{10} [\text{mm}^4]$

        탄성단면계수 $\dfrac{bh^2}{6} = \dfrac{600 \times 1,000^2}{6} = 1 \times 10^8 [\text{mm}^3]$

        직사각형 단면의 소성단면계수는 탄성단면계수의 1.5배이므로 1.5×10^8 mm^3
        형상계수는 소성단면계수를 탄성단면계수로 나눈 값이므로 1.5가 된다.

        회전반경은 $r_x = \sqrt{\dfrac{I}{A}} = \sqrt{\dfrac{5 \times 10^{10}}{600,000}} = 288.67 [\text{mm}]$

Answer 16.③ 17.④ 18.③

19 그림과 같이 높이 6m인 중력식 옹벽의 상부에 상재하중 q = 10kN/m²이 작용할 때, 옹벽의 외적 안정 검토를 위한 옹벽의 전면 하부(O점)에 작용하는 전도모멘트의 크기[kN · m/m]는? (단, 주동토압계수 $k_a = \dfrac{1}{3}$, 흙의 단위중량 γ_s = 18kN/m³이고, 지하수위 영향은 무시하며, KDS 11 80 05 : 2020을 따른다)

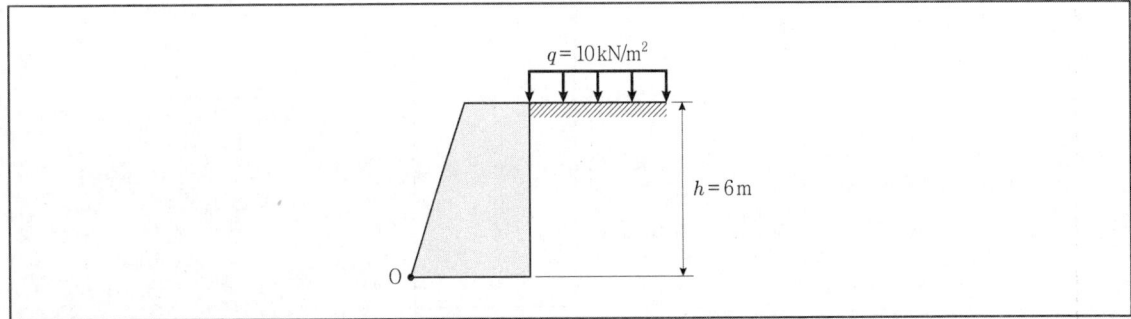

① 216
② 276
③ 316
④ 356

○TIP $P_1 = qK_Ah$이며 $h_1 = \dfrac{h}{2}$, $M_1 = P_1 \cdot h_1 = \dfrac{qK_Ah^2}{2}$

$M_1 = \dfrac{10 \times \dfrac{1}{3} \times 6^2}{2} = 60[\text{kN/m}]$

$P_2 = \dfrac{1}{2}K_A\gamma_s h^2$이며 $h_2 = \dfrac{h}{3}$, $M_2 = P_2 \times h_2 = \dfrac{K_A\gamma_s h^2}{6}$

$M_2 = \dfrac{18 \times \dfrac{1}{3} \times 6^3}{6} = 216[\text{kN/m}]$

$M_o = M_1 + M_2 = 60 + 216 = 276[\text{kN} \cdot \text{m/m}]$

20 그림과 같은 기둥의 축력과 휨모멘트의 상관곡선($P-M$ 상관도)에 대한 설명으로 옳지 않은 것은? (단, P_o는 축방향 압축강도, e_b는 균형편심, e는 휨모멘트와 축력의 비, $e_{\min}$은 최소편심거리, P_d는 설계압축강도, M_d는 설계휨강도이고, KDS 14 20 10 및 KDS 14 20 20 : 2021을 따른다)

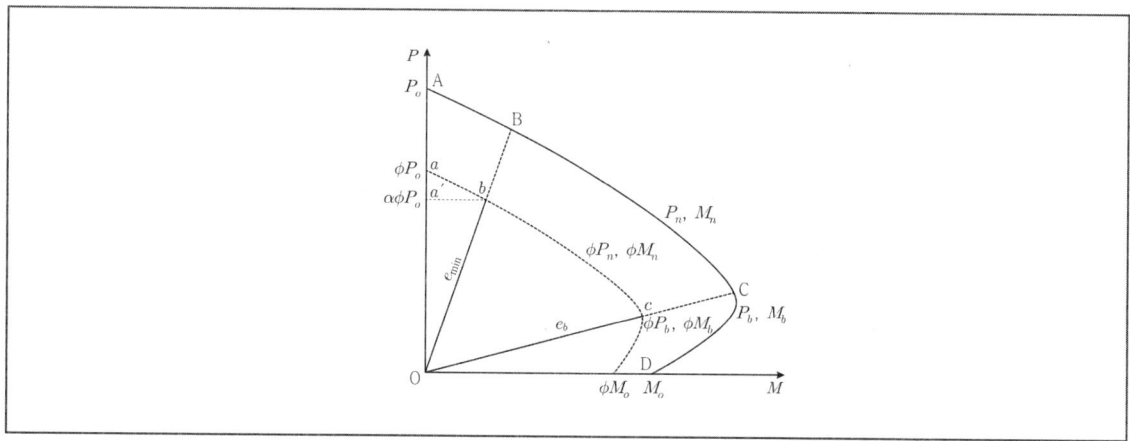

① $e < e_{\min}$ 구간에서의 띠철근 기둥의 설계축하중강도는 $0.80 \times 0.7 \times P_o$이다.
② $e < e_{\min}$ 구간에서의 나선철근 기둥의 설계축하중강도는 $0.85 \times 0.7 \times P_o$이다.
③ $e > e_b$이면, P_d와 M_d 조합하중에 대해 설계해야 되지만, 이때의 부재강도는 철근의 강도(인장)로 지배된다.
④ 편심거리 e가 $e_{\min} < e < e_b$인 경우, 기둥에 작용하는 P_d과 M_d의 조합하중으로 설계해야 하며, 부재의 강도는 콘크리트의 강도(압축)로 지배된다.

   ◉**TIP** $e < e_{\min}$구간에서의 띠철근 기둥의 설계축하중강도는 $0.80 \times 0.65 \times P_o$이다.

토목설계 | 2021. 6. 5. 제1회 지방직 시행

1 철근콘크리트 구조와 비교할 때 프리스트레스트 콘크리트 구조의 장점으로 옳지 않은 것은?

① 내구성 및 수밀성이 좋다.
② 내화성이 우수하고 날씬한 구조가 가능하다.
③ 긴장재를 절곡해서 배치할 경우, 단면의 전단력이 감소된다.
④ 탄성적이고 복원성이 우수하다.

> **TIP** 프리스트레스트 콘크리트는 화재에 약하므로 이에 대한 대책이 요구된다.
> ※ 프리스트레스트 콘크리트의 특징
> ㉠ 장스팬의 구조가 가능하고 균열발생이 거의 없다.
> ㉡ 균열이 거의 발생되지 않기에 강재의 부식위험이 적고 내구성이 좋다.
> ㉢ 과다한 하중으로 일시적인 균열이 발생해도 하중을 제거하면 다시 복원이 되므로 탄력성과 복원성이 우수하다.
> ㉣ 콘크리트의 전단면을 유효하게 이용할 수 있다.
> ㉤ 구조물의 자중이 경감되며 부재단면을 줄일 수 있다.
> ㉥ 고강도 강재를 사용한다.
> ㉦ 프리캐스트 공법을 적용할 경우 시공성이 좋다.
> ㉧ 내수성, 복원성이 크고 공기단축이 가능하다.
> ㉨ 항복점 이상에서 진동, 충격에 약하다.
> ㉩ 화재에 약하여 5cm 이상의 내화피복이 요구된다.
> ㉪ 공정이 복잡하며 고도의 품질관리가 요구된다.
> ㉫ 단가가 비싸고 보조재료가 많이 사용되므로 공사비가 많이 든다.

2 철근콘크리트 보의 휨파괴 유형에 대한 설명으로 옳지 않은 것은?

① 연성파괴는 과소철근보로 설계되어 인장철근이 먼저 항복하여 파괴되는 유형이다.
② 취성파괴는 과다철근보로 설계되어 압축연단 콘크리트의 변형률이 극한변형률에 먼저 도달하여 파괴되는 유형이다.
③ 균형파괴는 인장철근이 항복함과 동시에 콘크리트가 압축파괴되는 유형이다.
④ 취성파괴는 철근콘크리트 보의 바람직한 파괴 유형이다.

> **TIP** 취성파괴는 철근콘크리트 보에서 피해야 할 유형이며 연성파괴가 일어나도록 해야 한다.

3 프리텐션 방식의 PSC보에서 발생되는 손실의 요인으로 옳지 않은 것은?

① 콘크리트의 탄성수축
② 콘크리트의 크리프
③ 콘크리트의 건조수축
④ 긴장재와 덕트 사이의 마찰

> **TIP** 덕트는 포스트텐션방식에서 사용되며 프리텐션 방식에서는 사용되지 않는다.
> ※ 프리스트레스의 손실 분류
>   ㉠ 프리스트레스를 도입할 때 일어나는 손실원인(즉시손실)
>   • 콘크리트의 탄성변형
>   • 강재와 시스의 마찰
>   • 정착단의 활동
>   ㉡ 프리스트레스를 도입한 후의 손실원인(시간적 손실)
>   • 콘크리트의 건조수축
>   • 콘크리트의 크리프
>   • 강재의 릴렉세이션

4 철근콘크리트 보의 휨 거동단계 순서로 옳은 것은?

① 탄성거동 단계 → 파괴상태 단계 → 균열발생 단계
② 균열발생 단계 → 파괴상태 단계 → 탄성거동 단계
③ 탄성거동 단계 → 균열발생 단계 → 파괴상태 단계
④ 균열발생 단계 → 탄성거동 단계 → 파괴상태 단계

> **TIP** 철근콘크리트 보의 휨 거동단계는 탄성거동 단계 → 균열발생 단계 → 파괴상태 단계 순으로 이루어진다.

Answer 1.② 2.④ 3.④ 4.③

5 단변 : 장변 경간의 비가 2 : 3인 4변 단순지지 2방향 슬래브의 중앙점에 연직집중하중 P가 작용할 때, 단경간이 부담하는 하중은?

① $\dfrac{3}{5}P$ ② $\dfrac{9}{13}P$

③ $\dfrac{27}{35}P$ ④ $\dfrac{81}{97}P$

◎TIP $P_S = \dfrac{L^3}{L^3+S^3}P = \dfrac{3^3}{3^3+2^3}P = \dfrac{27}{35}P$

2방향 슬래브의 하중분담은 다음과 같다.

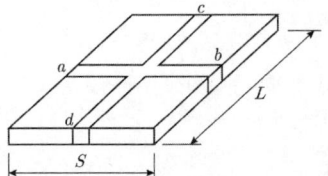

	단변 분담	장변 분담
집중하중(P)의 작용	$P_S = \dfrac{L^3}{L^3+S^3}P$	$P_L = \dfrac{S^3}{L^3+S^3}P$
등분포하중(w)의 작용	$w_S = \dfrac{L^4}{L^4+S^4}w$	$w_L = \dfrac{S^4}{L^4+S^4}w$

6 그림과 같은 단면을 갖는 나선철근 기둥의 최소 나선철근비[%]는? (단, 나선철근의 설계기준항복강도 f_{yt} = 500MPa, 콘크리트의 설계기준압축강도 f_{ck} = 25MPa, KDS 14 20 20 : 2021을 따른다)

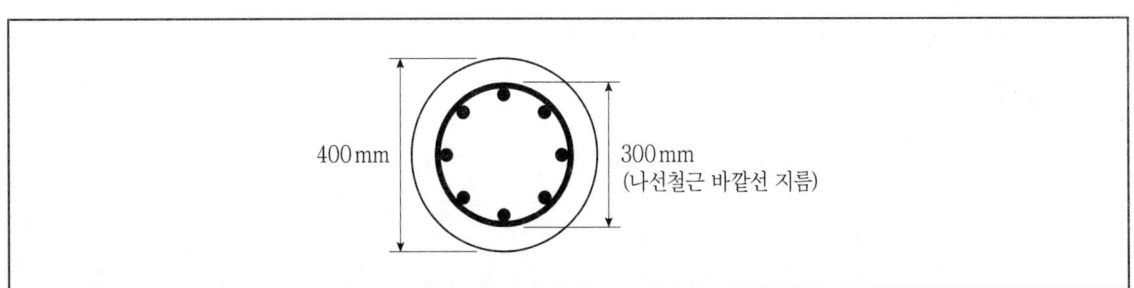

① 1.65
② 1.75
③ 1.85
④ 1.95

◎TIP

$$0.45\left(\frac{A_g}{A_{ch}}-1\right)\frac{f_{ck}}{f_{yt}} = 0.45\left(\frac{\frac{\pi \times 400^2}{4}}{\frac{\pi \times 300^2}{4}}-1\right) \times \frac{25}{500} \times 100\% = 1.75$$

(A_{ch}는 나선철근으로 둘러싼 면적)

※ 띠(나선)철근의 구조제한

구분	띠철근 기둥	나선철근 기둥
지름	주철근 ≤ D32일 때 : D10 이상 주철근 ≥ D35일 때 : D13 이상	10mm 이상
간격	주철근의 16배 이하 띠철근 지름의 48배 이하 기둥 단면의 최소치수 이하 (위의 값 중 최솟값)	25mm~75mm
철근비	—	$0.45\left(\dfrac{A_g}{A_{ch}}-1\right)\dfrac{f_{ck}}{f_{yt}}$ 이상

7 기둥으로부터 전달되는 사용 고정하중 1,100kN과 사용 활하중 700kN을 지지할 수 있는 정사각형 독립 확대기초를 설계할 때, 정사각형 기초판의 한 변 길이의 최솟값[m]은? (단, 지반의 허용지지력 q_a = 0.2 MPa이고 기초판의 자중은 무시하며, KDS 14 20 70 : 2021을 따른다)

① 2.0
② 2.5
③ 3.0
④ 3.5

◎TIP 기초설계 시에는 사용하중을 적용하여 기초판의 크기를 결정한다. 따라서 정사각형 독립확대 기초의 최소 필요면적은
$A = \dfrac{(1,100+700)[\text{kN}]}{0.2[\text{MPa}]} = 9,000[\text{kN/MPa}] = 9.0[\text{m}^2]$이므로 정사각형 기초판의 한 변 길이의 최솟값은 3.0[m]가 된다.

Answer 5.③ 6.② 7.③

8 그림과 같은 철근콘크리트 보에 정모멘트가 작용할 때, 등가 직사각형 압축응력블록을 사용하여 계산한 단면의 설계휨강도 M_d[kN·m]는? (단, 콘크리트의 설계기준압축강도 f_{ck} = 20MPa, 철근의 설계기준 항복강도 f_y = 400MPa, 인장철근 단면적 A_s = 1,275mm², KDS 14 20 10 : 2021 및 KDS 14 20 20 : 2021을 따른다)

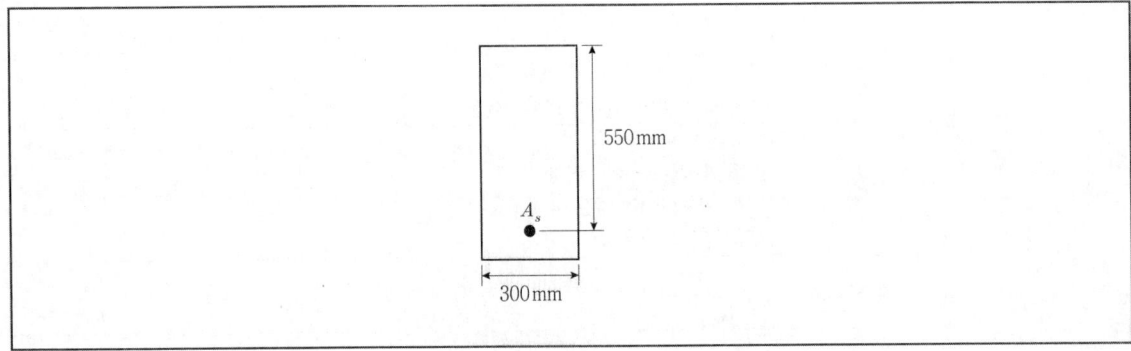

① 216.75
② 310.75
③ 375.75
④ 391.75

◎ TIP 설계휨강도(M_d): 공칭휨강도에 강도감소계수를 곱한 값이다.

공칭휨강도를 구하면 다음과 같다.

$M_n = A_s f_y \left(d - \dfrac{a}{2}\right) = 1{,}275 \times 400 \times \left(550 - \dfrac{100}{2}\right) = 255$[kN·m]

$a = \dfrac{A_s f_y}{0.85 f_{ck} b} = -- = 100$[mm]이며 $c = \dfrac{a}{\beta} = \dfrac{100}{0.8} = 125$

$\varepsilon_t = \dfrac{d_t - c}{c} \times 0.0033 ≒ 0.011$이며 인장지배한계 0.005보다 큰 값이다.

공칭휨강도에 강도감소계수 0.85를 곱한 값이 설계휨강도이므로 216.75[kN·m]이 된다.

9 그림과 같이 긴장재를 절곡하여 배치한 PSC보에서 프리스트레스 힘만에 의한 중앙단면의 솟음값은? (단, $\sin\theta \cong \tan\theta$이고, EI는 단면의 휨강성이다)

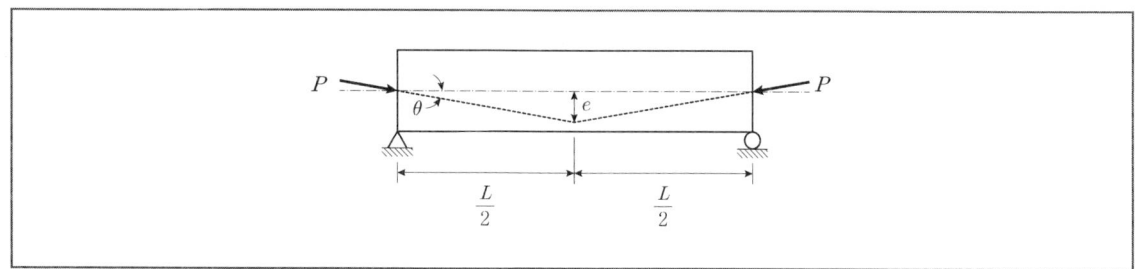

① $\dfrac{1}{8}\dfrac{PeL^2}{EI}$

② $\dfrac{1}{12}\dfrac{PeL^2}{EI}$

③ $\dfrac{1}{48}\dfrac{PeL^2}{EI}$

④ $\dfrac{1}{53}\dfrac{PeL^2}{EI}$

> **TIP** $U = 2P\sin\theta = 2P\tan\theta = 2P \cdot \dfrac{e}{\frac{L}{2}} = \dfrac{4Pe}{L}$ 이므로
>
> $\delta = \dfrac{\left(\dfrac{4Pe}{L}\right)L^3}{48EI} = \dfrac{1}{12}\dfrac{PeL^2}{EI}$

10 강구조연결설계기준(하중저항계수설계법)에서 제시된 이음부의 설계세칙으로 옳지 않은 것은? (단, KDS 14 31 25 : 2017을 따른다)

① 응력을 전달하는 필릿용접의 최소유효길이는 공칭용접치수의 10배 이상 또한 30mm 이상을 원칙으로 한다.

② 응력을 전달하는 겹침이음은 2열 이상의 필릿용접을 원칙으로 하고, 겹침길이는 얇은쪽 판 두께의 5배 이상 또한 20mm 이상으로 한다.

③ 고장력볼트의 구멍중심 간의 거리는 공칭직경의 2.5배를 최소거리로 하고 3배를 표준거리로 한다.

④ 고장력볼트의 구멍중심에서 볼트머리 또는 너트가 접하는 부재의 연단까지의 최대거리는 판 두께의 16배 이하 또한 200mm 이하로 한다.

> **TIP** 고장력볼트의 구멍중심에서 볼트머리 또는 너트가 접하는 부재의 연단까지의 최대거리는 판 두께의 12배 이하 또한 150mm 이하로 한다.

Answer 8.① 9.② 10.④

11 강도설계법에서 P-M 상관도를 이용한 기둥설계에 대한 설명으로 옳지 않은 것은? (단, e_{min}은 최소편심이고, e_b는 균형편심이다)

① $e_{min} < e < e_b$인 경우, 부재의 강도는 철근의 압축으로 지배된다.
② $e > e_b$인 경우, 부재의 강도는 철근의 인장으로 지배된다.
③ 균형편심 e_b는 부재의 압축지배와 인장지배를 구분하는 기준이 된다.
④ $e < e_{min}$인 경우, 중심 축하중을 받는 기둥으로 설계한다.

> **TIP** $e_{min} < e < e_b$인 경우, 부재의 강도는 콘크리트의 압축으로 지배된다.
> ※ $P-M$ 상관도 … 기둥이 받을 수 있는 최대 축력과 모멘트를 표시한 그래프이다. 이 선도 안쪽은 안전하나 밖은 파괴가 일어난다.

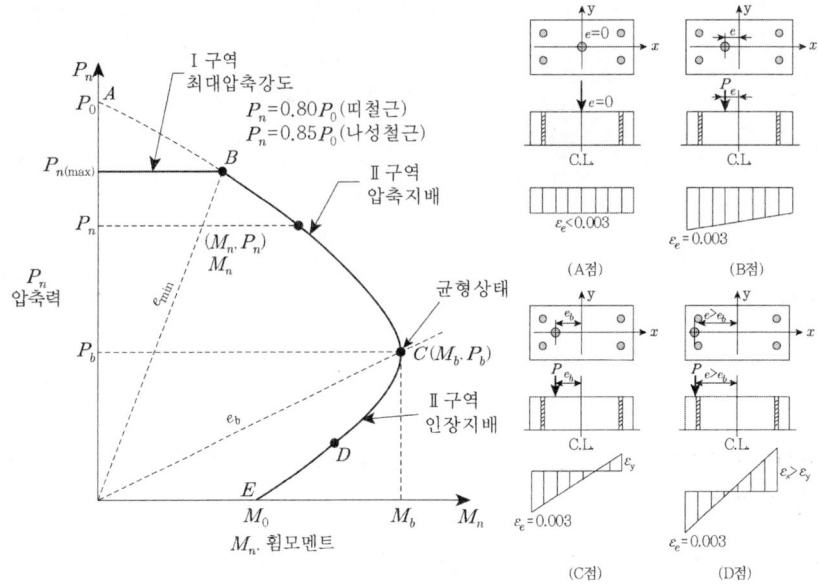

㉠ A점 : 최대압축강도 발휘지점. 축하중이 기둥단면 도심에 작용하는 경우로 PM상관도에서 최대압축강도를 발휘하는 영역이다.
㉡ B점 : 압축지배구역. 축하중이 기둥단면 도심을 벗어나 편심이 작용하는 경우로 압축측 콘크리트가 파괴변형률 0.003에 도달하는 경우이다. 그러나 여전히 전체 단면은 압축응력이 작용하고 있다.
㉢ C점 : 균형상태. 하중이 편심을 계속 증가시키면 인장측 철근이 항복변형률(f_y = 400MPa인 경우 0.002)에 도달할 때 압축측 콘크리트가 파괴변형률 0.003에 도달하는 경우로 균형파괴를 유발하는 하중재하위치의 지점이다.
㉣ D점 : 인장파괴. 균형파괴를 유발하는 하중작용점을 지나 계속 편심을 증가시키면 인장측 철근은 항복변형률보다 큰 극한변형률에 도달하여 인장측 철근이 파괴되는 형태를 보이는 구간이다. 기둥에 인장이 지배하는 구역이다.
㉤ E점 : 순수휨파괴. 축하중은 0이 되고 모든 하중은 휨모멘트에 의해 작용하므로 파괴는 보가 휨만을 받을 때와 동일하게 된다.

12 콘크리트구조 설계(강도설계법)에서 고려되는 강도감소계수(ϕ)에 대한 설명으로 옳지 않은 것은? (단, KDS 14 20 10 : 2021을 따른다)

① 휨모멘트와 축력을 받는 부재에 대하여 인장지배단면의 강도감소계수는 0.85이다.
② 포스트텐션 정착구역의 강도감소계수는 0.65이다.
③ 전단력과 비틀림모멘트를 받는 부재의 강도감소계수는 0.75이다.
④ 휨모멘트와 축력을 받는 부재에 대하여 나선철근으로 보강된 압축지배단면의 강도감소계수는 0.70이다.

> **TIP** 포스트텐션 정착구역의 강도감소계수는 0.85이다.
> ※ 강도감소 계수

부재 또는 하중의 종류	강도감소계수
인장지배단면	0.85
압축지배단면-나선철근부재	0.70
압축지배단면-스터럽 또는 띠철근부재	0.65
전단력과 비틀림모멘트	0.75
콘크리트의 지압력	0.65
포스트텐션 정착구역	0.85
스트럿타이-스트럿, 절점부 및 지압부	0.75
스트럿타이-타이	0.85
무근콘크리트의 휨모멘트, 압축력, 전단력, 지압력	0.55

13 옹벽의 안정에 대한 설명으로 옳지 않은 것은? (단, KDS 14 20 74 : 2021을 따른다)

① 전도에 대한 저항 휨모멘트는 횡토압에 의한 전도모멘트의 1.5배 이상이어야 한다.
② 지반에 유발되는 최대 지반반력은 지반의 허용지지력을 초과할 수 없다.
③ 활동에 대한 저항력은 옹벽에 작용하는 수평력의 1.5배 이상이어야 한다.
④ 지반반력의 분포경사가 비교적 작은 경우에는 최대 지반반력이 지반의 허용지지력 이하가 되도록 하여야 한다.

> **TIP** 전도에 대한 저항 휨모멘트는 횡토압에 의한 전도모멘트의 2.0배 이상이어야 한다.

Answer 11.① 12.② 13.①

14 휨모멘트와 축력을 받는 철근콘크리트 부재의 강도설계에 포함된 기본 가정으로 옳지 않은 것은? (단, KDS 14 20 20 : 2021을 따른다)

① 콘크리트의 인장강도는 철근콘크리트 부재 단면의 축강도와 휨강도 계산에서 무시할 수 있다.
② 콘크리트 압축응력의 분포와 콘크리트 변형률 사이의 관계는 직사각형, 사다리꼴, 포물선형 또는 강도의 예측에서 광범위한 실험의 결과와 실질적으로 일치하는 어떤 형상으로도 가정할 수 있다.
③ 철근과 콘크리트의 변형률은 중립축으로부터 거리에 비례하는 것으로 가정할 수 있으며, 깊은 보는 비선형 변형률 분포를 고려하여야 한다.
④ 철근의 응력이 설계기준항복강도를 초과할 때 철근의 응력은 그 변형률에 탄성계수를 곱한 값으로 한다.

O TIP 철근의 응력이 설계기준항복강도를 초과할 때 철근의 응력은 설계기준항복강도로 한다.

15 휨모멘트와 전단력을 받는 직사각형 철근콘크리트 보에서 폭 b = 400mm이고 유효깊이 d = 600mm인 경우, 콘크리트에 의한 공칭전단강도 V_c [kN]는? (단, 보통중량콘크리트의 설계기준압축강도 f_{ck} = 25MPa, KDS 14 20 22 : 2021을 따른다)

① 100
② 150
③ 167
④ 200

O TIP 콘크리트에 의한 공칭전단강도는
$$V_c = \frac{1}{6}\sqrt{f_{ck}}\,b_w d = \frac{1}{6}\sqrt{25} \times 400 \times 600 = 200{,}000 = 200[\text{kN}]$$

16 폭 b = 200mm, 높이 h = 300mm인 직사각형 철근콘크리트 보 단면에서 휨균열을 일으키는 휨모멘트 M_{cr}[kN·m]은? (단, 보통중량콘크리트의 설계기준압축강도 f_{ck} = 25MPa, KDS 14 20 30 : 2021을 따른다)

① 8.50
② 8.75
③ 9.00
④ 9.45

O TIP 균열모멘트 $M_{cr} = \dfrac{f_r \cdot I_g}{y_t}$ (f_r : 파괴계수($0.63\sqrt{f_{ck}}$, y_t : 도심에서 인장측 외단까지의 거리, I_g : 보의 전체 단면에 대한 단면2차 모멘트)

$$M_{cr} = 0.63\lambda\sqrt{f_{ck}} \times \frac{bh^2}{6} = 0.63 \times \sqrt{25} \times \frac{200 \times 300^2}{6} = 9{,}450{,}000[\text{N}\cdot\text{mm}] = 9.45[\text{kN}\cdot\text{m}]$$

17 그림과 같은 리벳 접합의 허용전단력[kN]은? (단, 리벳의 허용전단응력은 120MPa, 허용지압응력은 170MPa 이다)

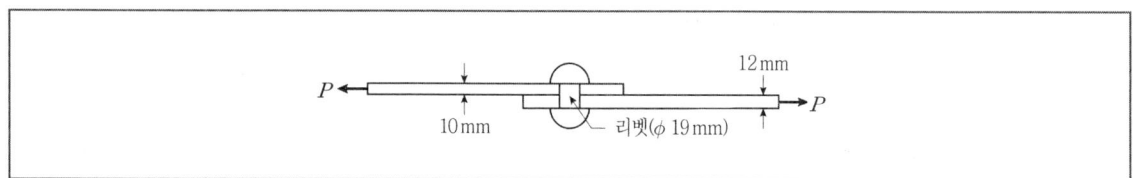

① 32.3　　　　　　　　　　　　② 34.0
③ 38.7　　　　　　　　　　　　④ 40.0

TIP 리벳의 전단강도 $V = v_a \times A_{단면} = 120 \times \dfrac{\pi \times 19^2}{4} ≒ 34[kN]$

리벳의 지압강도 $P_b = f_a \cdot A_{단면} = 170 \times (19 \times 10) = 32.3[kN]$

리벳의 강도는 리벳의 전단강도와 지압강도 중 작은 값으로 하므로 32.3[kN]이 된다.

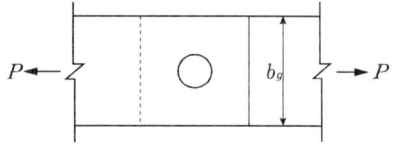 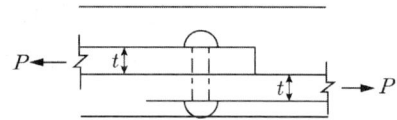 1면 전단의 경우 전단응력 $v = \dfrac{P}{A_1} = \dfrac{4P}{\pi d^2}$ 지압응력 $f_b = \dfrac{P}{A_2} = \dfrac{P}{dt}$	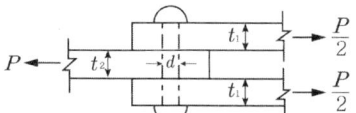 2면 전단의 경우 전단응력 $v = \dfrac{P}{2A_1} = \dfrac{2P}{\pi d^2}$ 지압응력 $f_{b1} = \dfrac{P}{A_2} = \dfrac{P}{dt_1}$, $f_{b2} = \dfrac{P}{A_2} = \dfrac{P}{dt_2}$

Answer　14.④　15.④　16.④　17.①

18 휨모멘트와 전단력을 받는 직사각형 철근콘크리트 보에서 전단철근을 사용하지 않고 보통중량콘크리트만으로 계수전단력 V_u를 지지하고자 할 때, 필요한 보의 최소단면적(bd)은? (단, f_{ck}는 콘크리트의 설계기준압축강도, b는 보의 폭, d는 유효깊이, KDS 14 20 22 : 2021을 따른다)

① $\dfrac{10 V_u}{\sqrt{f_{ck}}}$ ② $\dfrac{12 V_u}{\sqrt{f_{ck}}}$

③ $\dfrac{16 V_u}{\sqrt{f_{ck}}}$ ④ $\dfrac{20 V_u}{\sqrt{f_{ck}}}$

TIP 휨모멘트와 전단력을 받는 직사각형 철근콘크리트 보에서 전단철근을 사용하지 않고 보통중량콘크리트만으로 계수전단력 V_u를 지지하는 경우는 $V_u \leq \dfrac{1}{2}\phi V_C = \dfrac{1}{2} \times \dfrac{3}{4} \times \dfrac{1}{6} \times 1 \times \sqrt{f_{ck}}\,bd = \dfrac{\sqrt{f_{ck}}\,bd}{16}$이 성립해야 한다.

따라서 이 때 필요한 보의 최소단면적(bd)은 $\dfrac{16 V_u}{\sqrt{f_{ck}}}$가 된다.

19 인장 이형철근 D32(직경 d_b = 31.8mm)의 기본정착길이 l_{db}[mm]는? (단, 보통중량콘크리트의 설계기준압축강도 f_{ck} = 25MPa, 철근의 설계기준항복강도 f_y = 400MPa, KDS 14 20 52 : 2021을 따른다)

① 1,276.4   ② 1,336.4

③ 1,456.4   ④ 1,526.4

TIP 인장이형철근의 기본정착길이(약산식)는 $l_{db} = \dfrac{0.6 d_b f_y}{\lambda \sqrt{f_{ck}}}$이며, λ은 경량콘크리트 계수(보통중량콘크리트인 경우 1.0)이며, 주어진 조건을 식에 대입하면

$l_{db} = \dfrac{0.6\ d_b f_y}{\lambda \sqrt{f_{ck}}} = \dfrac{0.6 \times 31.8[\text{mm}] \times 400[\text{MPa}]}{1.0\sqrt{25}} = 1,526.4[\text{mm}]$

20 그림과 같은 T형 보에 정모멘트가 작용할 때, 등가 직사각형 압축응력블록을 사용하여 계산한 단면의 공칭휨강도 M_n[kN·m]은? (단, 콘크리트의 설계기준압축강도 f_{ck} = 20MPa, 철근의 설계기준항복강도 f_y = 400MPa, 인장철근 단면적 A_s = 3,400mm², KDS 14 20 20 : 2021을 따른다)

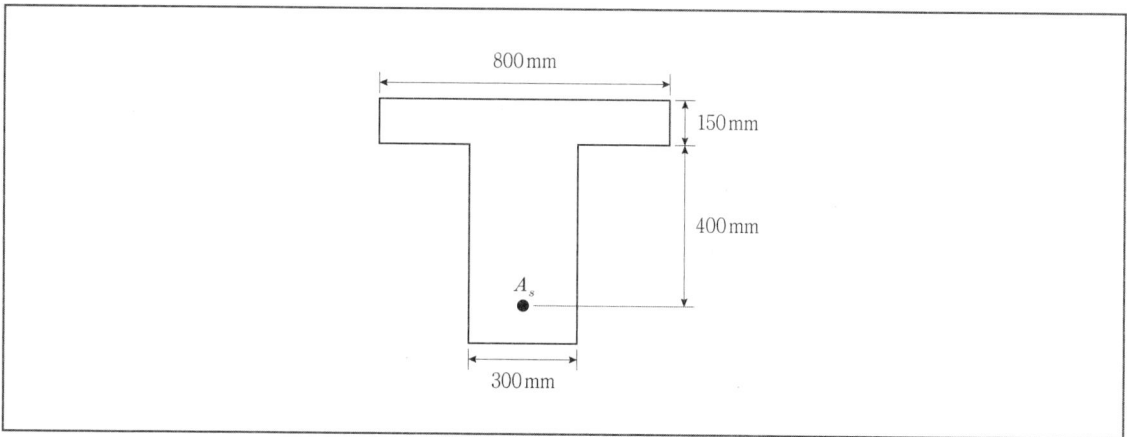

① 620 ② 680
③ 720 ④ 780

OTIP T형보 판별을 우선 해야 하므로 $a = \dfrac{A_s f_y}{0.85 f_{ck} b} = \dfrac{3,400 \times 400}{0.85 \times 20 \times 800} = 100$[mm]

a는 플랜지의 두께 150mm보다 작은 값이므로 폭이 b인 직사각형 보로 설계해야 한다.

따라서 $M_n = A_s f_y \left(d - \dfrac{a}{2}\right) = 3,400 \times 400 \times \left(550 - \dfrac{100}{2}\right) = 680$[kN·m]

Answer 18.③ 19.④ 20.②

토목설계 | 2022. 4. 2. 인사혁신처 시행

1 콘크리트의 건조수축에 대한 설명으로 옳은 것은?

① 습윤양생하에서 건조수축량은 증가한다.
② 물-시멘트비가 클수록 건조수축량은 감소한다.
③ 대기 중의 습도가 증가하면 건조수축량은 감소한다.
④ 콘크리트 타설 시 다짐을 잘하면 건조수축량은 증가한다.

> **TIP** ① 습윤양생하에서 건조수축량은 감소한다.
> ② 물-시멘트비가 클수록 건조수축량은 증가한다.
> ④ 콘크리트 타설 시 다짐을 잘하면 건조수축량은 감소한다.

2 콘크리트의 압축강도에 대한 설명으로 옳지 않은 것은?

① 골재의 강도가 커질수록 콘크리트의 압축강도는 증가한다.
② 물-시멘트비가 작을수록 콘크리트의 압축강도는 증가한다.
③ 콘크리트를 건조양생하면 습윤양생에 비해 압축강도가 더 증가한다.
④ 콘크리트의 압축강도는 전이영역(transition zone)의 강도와 밀접한 관련이 있다.

> **TIP** 콘크리트를 습윤양생하면 건조양생에 비해 압축강도가 더 증가한다.

3 그림과 같은 직사각형 철근콘크리트 단면의 공칭휨강도 M_n[kN·m]은? (단, 콘크리트의 설계기준압축강도 f_{ck} = 20MPa, 철근의 항복강도 f_y = 300MPa, A_s = 1,700mm²이고, KDS 14 20 20 : 2022를 따른다)

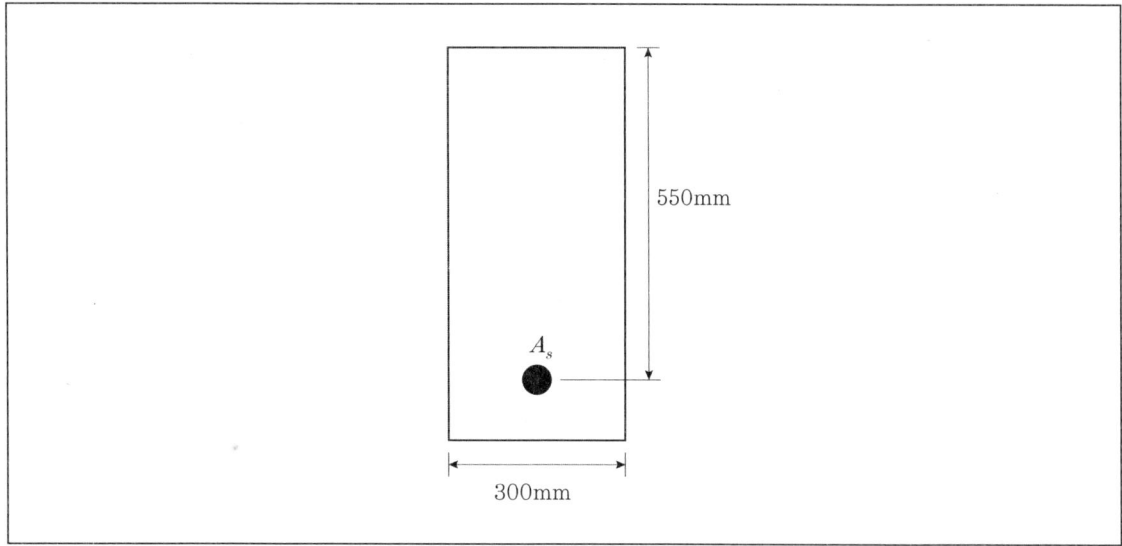

① 200
② 255
③ 295
④ 315

> **TIP**
> $$a = \frac{A_s f_y}{\eta(0.85 f_{ck})b} = \frac{1,700 \cdot 300}{1 \cdot (0.85 \cdot 20) \cdot 300} = 100 [\text{mm}]$$
> $$M_n = A_s f_y \left(d - \frac{a}{2}\right) = 1,700 \cdot 300 \cdot \left(550 - \frac{100}{2}\right) = 255 \cdot 10^6 [\text{N} \cdot \text{mm}] = 255 [\text{kNm}]$$

Answer 1.③ 2.③ 3.②

4 슬래브와 보를 일체로 친 대칭 T형보의 플랜지 유효폭을 결정하는 기준에 해당하지 않는 것은? (단, t_f = 플랜지의 두께, b_w = 복부의 폭, KDS 14 20 10 : 2021을 따른다)

① $8b_w$
② $16t_f + b_w$
③ 보의 경간의 $\dfrac{1}{4}$
④ 양쪽 슬래브의 중심 간 거리

◉TIP 슬래브와 보를 일체로 친 대칭 T형보의 플랜지 유효폭은 다음의 값 중 최소인 값으로 한다. (단, t_f = 플랜지의 두께, b_w = 복부의 폭)
- $16t_f + b_w$
- 보의 경간의 $\dfrac{1}{4}$
- 양쪽 슬래브의 중심 간 거리

5 복철근 직사각형보에서 압축철근을 배근하는 이유로 옳지 않은 것은?

① 전단철근 등 철근의 조립이 편리하다.
② 파괴 시 중립축의 깊이가 감소하며 부재의 연성이 증가한다.
③ 인장철근의 변형률 증가를 억제함으로써 탄성처짐을 감소시킨다.
④ 지진하중과 같이 하중의 작용 방향이 달라질 경우에 압축철근이 인장철근의 역할을 할 수 있다.

◉TIP 복철근보의 압축철근은 인장철근의 변형률 증가를 억제하지 않는다.

6 철근콘크리트 휨부재에서 철근의 항복강도 f_y = 500MPa일 때, 인장지배변형률의 한계값(㉠)과 최소허용인장변형률의 값(㉡)을 바르게 연결한 것은? (단, KDS 14 20 20 : 2022를 따른다)

	㉠	㉡
①	0.005	0.004
②	0.00625	0.004
③	0.005	0.005
④	0.00625	0.005

◉TIP 철근이 SD500이므로 인장지배변형률 한계와 최소허용인장변형률은

$\varepsilon_y = \dfrac{f_y}{E_s} = \dfrac{500}{2 \cdot 10^5} = 0.0025$

$\varepsilon_{t,tcl} = 2.5\varepsilon_y = 2.5 \cdot 0.0025 = 0.00625$

$\varepsilon_{\min} = 2.0\varepsilon_y = 2.0 \cdot 0.0025 = 0.005$

	압축지배변형률 한계	최소허용변형률	인장지배변형률 한계
SD400이하	ε_y	0.004	0.005
SD400초과	ε_y	$2.0\varepsilon_y$	$2.5\varepsilon_y$

7 그림과 같이 휨모멘트를 받는 복철근 직사각형보의 콘크리트 압축연단이 극한변형률에 도달할 때, 압축철근의 변형률 $\epsilon_s{'}$에 대한 인장철근의 변형률 ϵ_s의 비$[\epsilon_s/\epsilon_s{'}]$는? (단, 콘크리트의 설계기준압축강도 f_{ck} = 30MPa, 철근의 항복강도 f_y = 400MPa, $A_s{'}$ = 420mm², A_s = 4,500mm²이고, KDS 14 20 20 : 2022를 따른다)

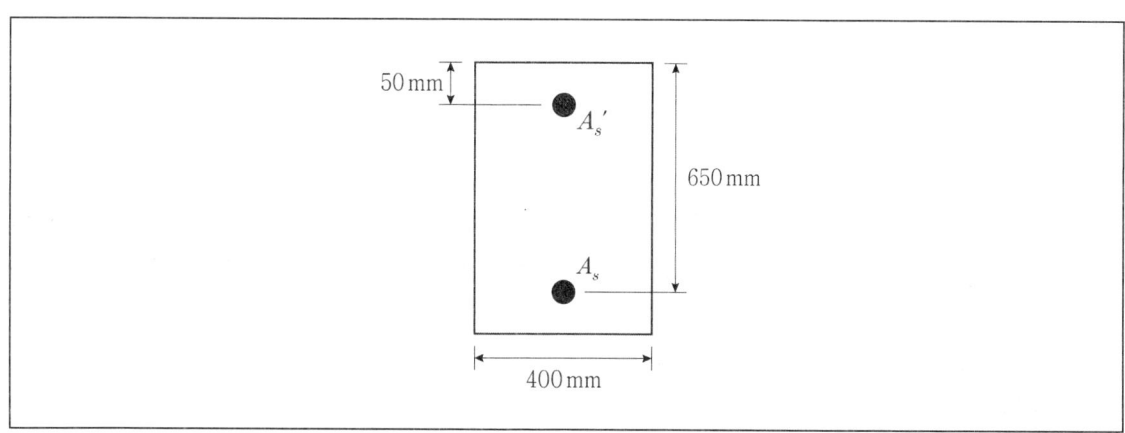

① 1.5　　　　　　　　　　　② 2.0
③ 2.5　　　　　　　　　　　④ 3.0

> **TIP** 접근하기가 어렵고 시간이 많이 소요되는 문제로서 과감히 넘어갈 것을 권한다.
> $\varepsilon_{cu} = 0.0033$, $\beta_1 = 0.80$, $\eta = 1.00$
> $a = \dfrac{(A_s - A_s{'})f_y}{\eta(0.85f_{ck})b} = \dfrac{(4,500-420)400}{1(0.85 \cdot 30)400} = 160[\text{mm}]$
> $c = \dfrac{a}{\beta_1} = \dfrac{160}{0.80} = 200[\text{mm}]$
> $\dfrac{\varepsilon_s}{\varepsilon_s{'}} = \dfrac{\dfrac{d-c}{c} \cdot \varepsilon_{cu}}{\dfrac{c-d'}{c} \cdot \varepsilon_{cu}} = \dfrac{d-c}{c-d'} = \dfrac{650-200}{200-50} = \dfrac{450}{150} = 3.0$

Answer 4.① 5.③ 6.④ 7.④

8 철근의 정착에 대한 설명으로 옳지 않은 것은? (단, KDS 14 20 52 : 2022를 따른다)

① 확대머리 이형철근은 경량콘크리트에 적용할 수 없다.
② 인장 이형철근의 정착길이는 공칭지름이 클수록 길어진다.
③ 인장 이형철근의 표준 갈고리는 압축을 받는 경우 철근 정착에 유효하지 않은 것으로 본다.
④ 동일한 철근과 콘크리트에 대해, 압축 이형철근이 인장 이형철근보다 더 큰 기본정착길이를 가진다.

○TIP 동일한 철근과 콘크리트에 대해, 압축 이형철근이 인장 이형철근보다 짧은 기본정착길이를 가진다.

9 직사각형 철근콘크리트 단면의 계수전단력 V_u = 350kN일 때, 수직 배근된 전단철근의 최대간격 s [mm]는? (단, 단면폭 b = 400mm, 유효깊이 d = 600mm, 보통중량 콘크리트를 사용하였고, 콘크리트의 설계기준압축강도 f_{ck} = 25MPa, 전단철근의 항복강도 f_y = 400MPa, 전단철근의 단면적 A_v = 200mm₂이며, KDS 14 20 22 : 2022를 따른다)

① 120
② 180
③ 240
④ 300

○TIP $V_C = \frac{1}{6}\lambda\sqrt{f_{ck}}b_w d = \frac{1}{6} \cdot 1 \cdot \sqrt{25} \cdot 400 \cdot 600 = 200,000[N] = 200[kN]$

$V_S = \frac{V_u - \phi V_C}{V_S} = \frac{200 \cdot 400 \cdot 600}{\frac{800}{3} \cdot 10^3} = 180[mm]$

$V_s = \frac{800}{3} \leq 2V_C = 400[kN]$ 이므로 전단철근의 최대간격 $s = \frac{d}{2} \leq 600[mm]$

따라서 $s_{max} = \left[180, \frac{600}{2}, 600\right]_{min} = 180[mm]$

10 그림과 같이 사질토로 뒷채움된 철근콘크리트 옹벽의 A점에서의 전도 안전율은? (단, 흙의 내부마찰각 $\phi = 30°$, 흙의 단위중량 $\gamma = 18 \text{ kN/m}^3$, 철근콘크리트의 단위중량 $m_c = 25 \text{ kN/m}^3$이다)

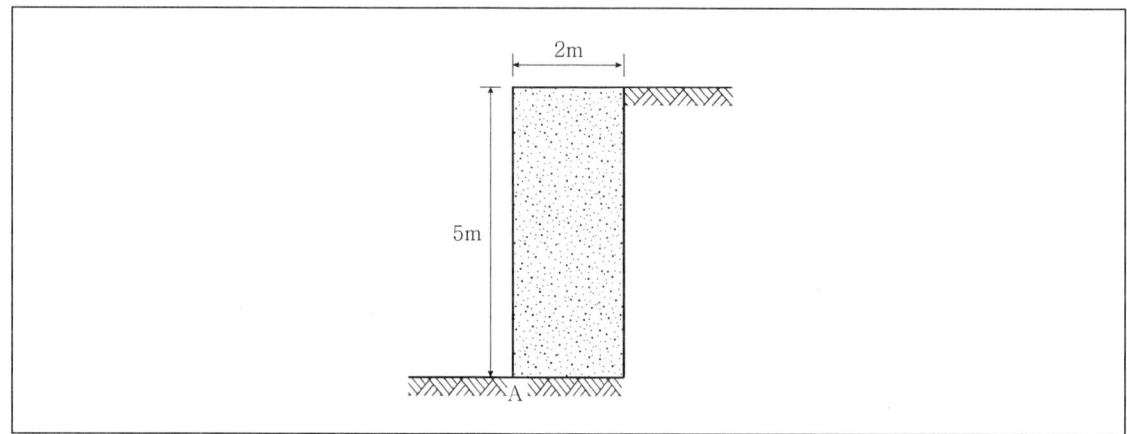

① 2.0
② 2.5
③ 3.0
④ 3.5

TIP

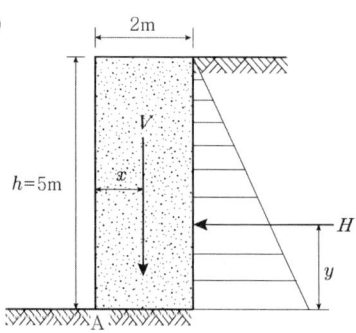

$K_a = \dfrac{1-\sin\phi}{1+\sin\phi} = \dfrac{1-\sin 30°}{1+\sin 30°} = \dfrac{1}{3}$

$H = \dfrac{1}{2} K_a \gamma h^2 = \dfrac{1}{2} \cdot \dfrac{1}{3} \cdot 18 \cdot 5^2 = 75 [\text{kN/m}]$

$y = \dfrac{h}{3} = \dfrac{5}{3} [m]$

$V = m_c A = 25 \cdot 2 \cdot 5 = 250 [\text{kN/m}]$

$x = \dfrac{b}{2} = \dfrac{2}{2} = 1 [m]$

전도에 대한 안전율은 복원모멘트를 전도모멘트로 나눈 값이므로

$\dfrac{\text{복원모멘트}}{\text{전도모멘트}} = \dfrac{V \cdot x}{H \cdot y} = \dfrac{250 \cdot 1}{75 \cdot \dfrac{5}{3}} = 2.0$

Answer 8.④ 9.② 10.①

11 프리스트레스를 가하지 않은 나선철근 기둥의 최대 설계축강도 $\phi P_{n(\max)} = \phi_o \times \phi [0.85 f_{ck}(A_g - A_{st}) + f_y A_{st}]$ 에서 최소 편심에 대한 계수 ϕ_o의 값은? (단, A_{st} = 축방향 철근량, A_g = 기둥의 전체 단면적, f_{ck} = 콘크리트의 설계기준압축강도, f_y = 철근의 항복강도, ϕ = 강도감소계수이고, KDS 14 20 20 : 2022를 따른다)

① 0.75
② 0.80
③ 0.85
④ 0.90

○**TIP** 나선철근의 최소 편심에 대한 계수는 0.85이며 띠철근의 최소 편심에 대한 계수는 0.80이다.

12 구조용 강재의 장점으로 옳지 않은 것은?

① 내화성이 우수하다.
② 급속시공이 가능하다.
③ 에너지 흡수능력이나 연성이 우수하다.
④ 단위체적당 비강성 및 비강도가 매우 크기 때문에 대규모 구조물에 적합하다.

○**TIP** 강재는 내화성이 약하므로 이에 대하여 주의를 기울여야 한다.

13 프리스트레스의 시간적 손실 원인으로 옳지 않은 것은?

① 콘크리트의 크리프
② 콘크리트의 건조수축
③ 긴장재 응력의 릴랙세이션
④ 포스트텐션 긴장재와 덕트 사이의 마찰

○**TIP** 포스트텐션 긴장재와 덕트 사이의 마찰은 프리스트레스 도입 직후 발생하는 손실이다.

14 처짐을 계산하지 않는 경우, 단순지지된 리브가 없는 1방향 슬래브의 최소두께[mm]는? (단, 큰 처짐에 의해 손상되기 쉬운 칸막이벽이나 기타 구조물을 지지 또는 부착하지 않고, 부재의 길이 l = 8m, 보통중량 콘크리트와 설계기준항복강도 f_y = 400MPa 철근을 사용하며, KDS 14 20 30 : 2021을 따른다)

① 286
② 333
③ 400
④ 500

○**TIP** 단순지지된 리브가 없는 1방향 슬래브의 두께가 L/20 이상인 경우 처짐을 계산하지 않아도 된다. L=8m이므로 처짐을 계산하지 않으려면 두께는 최소 400mm 이상이어야 한다.

15 그림과 같이 맞댐용접을 한 두께 12mm의 강재판에 축방향 인장력 P = 300kN이 작용할 때, 용접부에 발생하는 인장응력[MPa]은? (단, 용접 시점 및 종점부의 크레이터 영향은 무시하고, KDS 14 30 25 : 2019를 따른다)

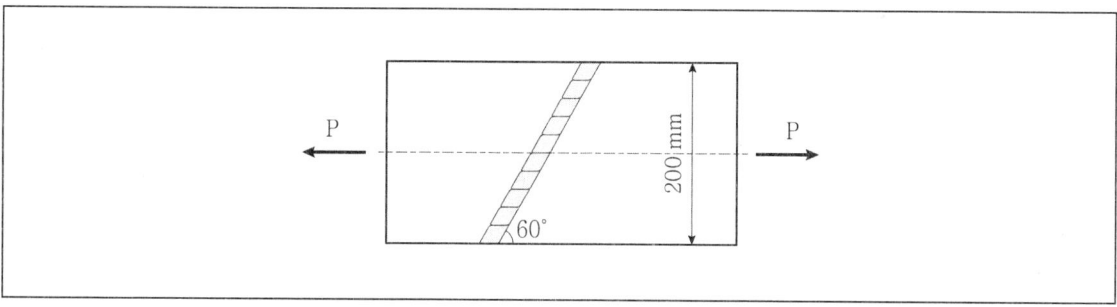

① 110
② 115
③ 120
④ 125

TIP $\sigma_t = \dfrac{P}{\Sigma aL} = \dfrac{300[\text{kN}]}{12[\text{mm}] \cdot 200[\text{mm}]} = 125[\text{MPa}]$

16 프리스트레스트 콘크리트용 그라우트에 대한 설명으로 옳지 않은 것은? (단, KCS 14 20 53 : 2022를 따른다)

① 그라우트의 물-결합재비는 45% 이하로 한다.
② 사용 혼화제는 블리딩 발생이 없는 타입을 표준으로 한다.
③ 부재 콘크리트와 긴장재를 일체화시키는 부착강도는 재령 28일 인장강도로 설정할 수 있다.
④ 부식성 물질의 함유로 인한 강재 부식이 구조물의 소요 성능에 손상을 일으키지 않도록 하여야 한다.

TIP 부재 콘크리트와 긴장재를 일체화시키는 부착강도는 재령 28일의 압축강도로 대신하여 설정할 수 있다. 압축강도는 KS F 2426에 준하여 구한 시험값에 의해 설정하며, 비팽창성 그라우트의 경우는 30MPa 이상, 팽창성 그라우트의 경우는 20MPa 이상을 표준으로 한다.

Answer 11.③ 12.① 13.④ 14.③ 15.④ 16.③

17 그림과 같은 프리스트레스트 콘크리트 단순보의 지간 중앙에서 프리스트레스 힘 P = 500kN에 의한 상향력과 평형을 이루는 등분포하중 w[kN/m]는? (단, 자중과 프리스트레스 손실은 무시한다)

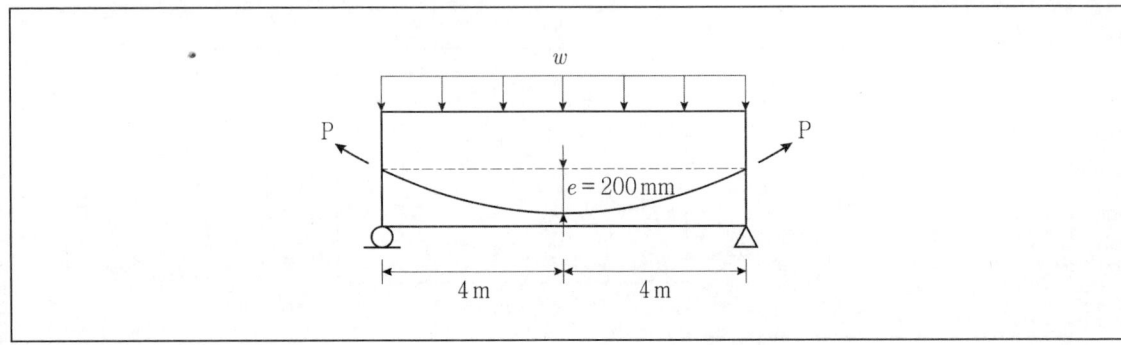

① 12.5
② 13.0
③ 13.5
④ 14.0

O TIP $\frac{wl^2}{8} = P \cdot s$ 이어야 하므로 $\frac{wl^2}{8} = \frac{w(8[\text{m}])^2}{8} = P \cdot s = 500[\text{kN}] \cdot 0.2[\text{m}]$
이를 만족하는 w의 값은 12.5[kN/m]이 된다.

18 계수전단력 V_u = 50kN이 작용하는 직사각형 단면의 철근콘크리트 휨부재에서 전단철근을 배근하지 않아도 되는 단면의 최소폭[mm]은? (단, 보통중량 콘크리트를 사용하였고, 콘크리트의 설계기준압축강도 f_{ck} = 25MPa, 단면의 유효깊이 d = 500mm이며, KDS 14 20 22 : 2022를 따른다)

① 160
② 320
③ 380
④ 480

O TIP 전단철근을 배근하지 않아도 되는 조건 : $V_u \leq \frac{1}{2}\phi V_C$

$\frac{1}{2}\phi V_C = \frac{1}{2} \cdot \frac{3}{4}\left(\frac{1}{6} \cdot 1.0 \cdot \sqrt{25} \cdot b \cdot 500\right) = \frac{625b}{4}$

$V_u = 50,000[N] \leq \frac{1}{2}\phi V_C = \frac{625b}{4}$ 이므로

$b \geq \frac{50,000 \cdot 4}{625} = 320[\text{mm}]$

19 정사각형 독립기초의 상부기둥에 축방향으로 고정하중 D = 1,000kN, 활하중 L = 500kN이 작용하고 있으며, 기초의 자중이 300kN일 때, 독립기초 한 변의 최소길이[m]는? (단, 기초 밑면의 허용지지력 q_a = 200kN/m²이다)

① 2.4
② 3.0
③ 3.4
④ 4.0

O TIP 고정하중+활하중+기초의 자중을 독립기초의 면적으로 나눈 값이 200 이하여야 하므로 (1,000+500+300)/A의 값이 200 이하여야 한다. 이를 만족하는 A의 최대값은 9m³이므로 독립기초 한 변의 최소길이는 3m가 된다.

20 중심 축하중만을 받는 철근콘크리트 단주의 역학적 거동에 대한 설명으로 옳지 않은 것은?

① 띠철근 기둥은 나선철근 기둥에 비해 횡구속이 크지 않다.
② 나선철근 기둥은 지진구역과 같이 연성의 증가가 필요한 곳에 주로 사용된다.
③ 나선철근 기둥의 나선철근량이 작고, 간격이 크면 취성파괴가 일어날 수도 있다.
④ 띠철근 기둥은 심부(core)콘크리트 파괴, 피복 콘크리트 탈락, 주철근 좌굴 순으로 파괴된다.

O TIP 수직균열 파괴가 콘크리트 기둥의 외각에서 발생하고 이 콘크리트가 깨어진다. 띠철근 기둥에서 이러한 현상이 발생하면 콘크리트 기둥심부의 여유강도는 하중보다 적게 되어 콘크리트 기둥 심부(core)는 부스러지며, 축방향 철근은 띠철근 사이의 외부로 나오면서 좌굴된다. 여기서 갑작스럽게 경고 없이 취성파괴(brittle failure)가 발생한다.
• 띠철근 기둥의 파괴형태 : 콘크리트는 쪼개지고, 축방향 철근은 띠철근 사이에서 좌굴하며, 갑자기 파괴가 일어난다.
• 나선철근 기둥의 파괴형태 : 항복하면서 완전히 파괴될 때까지 변형이 길게 일어나고, 그 다음에 바깥의 콘크리트 덮개가 깨어진다. 갑작스런 파괴는 일어나지 않는다.

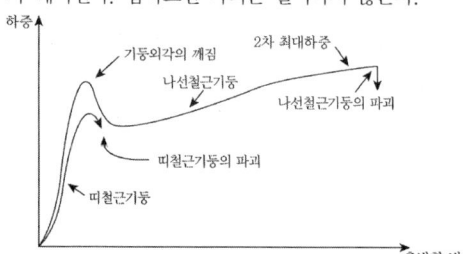

축하중을 받는 기둥의 역학적 거동은 초기에는 띠철근 기둥과 나선철근기둥이 유사한 거동을 보인다. 그러나 최대 하중에 도달하면, 띠철근기둥은 수직균열 파괴가 콘크리트 기둥의 외각에서 발생하고 이 콘크리트가 깨어진다. 띠철근 기둥에서 이러한 현상이 발생하면 콘크리트 기둥심부의 여유강도는 하중보다 적게 되어 콘크리트 기둥 심부(core)는 부스러지며, 축방향 철근은 띠철근 사이의 외부로 나오면서 좌굴된다. 여기서 갑작스럽게 경고 없이 취성파괴(brittle failure)가 발생한다.
그러나 나선철근기둥에서는 외각 콘크리트가 떨어져 나갈 때 콘크리트 기둥 심부가 나선철근의 효과로 3축응력 상태에 놓이므로 큰 변형이 기둥에서 생기고 점진적으로 두 번째 최대 하중에 도달하고 나선철근이 항복하여 기둥이 붕괴된다. 이와 같은 나선철근의 파괴는 띠철근 기둥에 비해 보다 많은 연성을 주며, 다른 부재로의 하중 재분배와 함께 파괴에 대하여 서서히 경고를 주게 된다.

토목설계

2022. 6. 18. 제1회 지방직 시행

※ 건설기준코드-구조설계기준 : KDS 14 00 00, 교량설계기준 : KDS 24 00 00, 지반설계기준 : 11 00 00 – 기준

1 철근콘크리트 옹벽의 안정해석에서 평상시 전도에 대한 기준 안전율은?

① 3.5
② 3.0
③ 2.5
④ 2.0

> **TIP** 옹벽의 안전율 … 전도에 대한 안전율(저항모멘트를 전도모멘트로 나눈 값)은 2.0 이상, 활동에 대한 안전율(수평저항력을 수평력으로 나눈 값)은 1.5 이상, 지반의 지지력에 대한 안전율(지반의 허용지지력을 지반에 작용하는 최대하중으로 나눈 값)은 1.0 이상이어야 한다.

2 단순 지지된 철근콘크리트 슬래브 구조에 대한 설명으로 옳지 않은 것은?

① 2방향 슬래브는 두 방향의 주철근으로 하중에 저항하는 바닥판이다.
② 1방향 슬래브에서 응력을 분포시킬 목적으로 주철근과 직각 방향으로 배력철근을 배치한다.
③ 4변에 의해 지지되는 1방향 슬래브는 장변 방향으로만 주철근을 배근한다.
④ 슬래브는 단변에 대한 장변의 비에 따라 1방향 슬래브와 2방향 슬래브로 나뉜다.

> **TIP** 1방향 슬래브의 주철근은 단변방향으로 배근한다.

3 철근콘크리트 보에 전단철근을 배근하여 얻을 수 있는 효과로 옳지 않은 것은?

① 전단철근의 인장응력에 의해 전단강도를 증가시킨다.
② 경사균열을 가로질러 배치된 전단철근은 전단강도 증가에 기여한다.
③ 폐합 스터럽으로 측면을 구속하기 때문에 콘크리트의 압축강도와 연성을 감소시킨다.
④ 전단철근은 전단파괴를 연성적으로 일어나도록 해준다.

> **TIP** 스터럽은 콘크리트의 압축강도에 영향을 주지 않으며 적정한 양의 스터럽은 구조물의 연성을 증가시킨다.

4 프리스트레스트 콘크리트 부재에서 프리스트레스 도입 후에 발생하는 시간적 손실의 원인에 해당하는 것은?

① 콘크리트의 크리프
② 정착장치의 활동
③ 콘크리트의 탄성수축
④ 포스트텐션 긴장재와 덕트 사이의 마찰

> **TIP** 프리스트레스의 손실 분류
> ㉠ 프리스트레스를 도입할 때 일어나는 손실원인(즉시손실)
>   • 콘크리트의 탄성변형
>   • 강재와 시스의 마찰
>   • 정착단의 활동
> ㉡ 프리스트레스를 도입한 후의 손실원인(시간적 손실)
>   • 콘크리트의 건조수축
>   • 콘크리트의 크리프
>   • 강재의 릴렉세이션

5 프리스트레스트 콘크리트를 해석하기 위한 기본 개념이 아닌 것은?

① 균등질보의 개념
② 공액보의 개념
③ 내력모멘트의 개념
④ 하중평형의 개념

> **TIP** PSC 구조물의 해석개념
> ㉠ 응력개념(균등질보개념): 콘크리트에 프리스트레스가 도입되면 콘크리트가 탄성체로 전환되어 탄성이론에 의한 해석이 가능하다는 개념이다.
> ㉡ 강도개념(내력모멘트개념): RC보와 같이 압축력은 콘크리트가 받고 인장력은 긴장재가 받도록 하여 두 힘에 의한 우력이 외력모멘트에 저항한다는 개념이다.
> ㉢ 하중평형개념(등가하중개념): 프리스트레싱에 의하여 부재에 작용하는 힘과 부재에 작용하는 외력이 평형되게 한다는 개념이다.

6 하중저항계수법으로 강구조 압축부재를 설계할 경우, 비세장판 단면을 가진 부재의 공칭압축강도가 Pn = 100kN일 때 설계압축강도[kN]는? (단, 강도저항계수 ϕ_c = 0.90이다)

① 65
② 70
③ 90
④ 100

> **TIP** $P_d = \phi_c P_n = 0.9 \cdot 100 = 90[kN]$

Answer 1.④ 2.③ 3.③ 4.① 5.② 6.③

7 단철근 직사각형 보에서 지속하중에 의한 탄성처짐이 15mm 발생하였을 때, 7년 후 지속하중에 의한 추가 장기처짐[mm]은? (단, 5년 후의 장기처짐 계수는 2.0이다)

① 15
② 30
③ 40
④ 45

O TIP 문제에서 압축철근에 대한 조건이 제시되지 않았으므로
$\lambda = \dfrac{\xi}{1+50\rho'} = \dfrac{2}{1+50 \cdot 0} = 2$ 이며 추가장기처짐은 $\delta\lambda = 15 \cdot 2 = 30[mm]$

※ 장기처짐 산정식 : 장기처짐 = 지속하중에 의한 탄성처짐 $\times \lambda$

$\lambda = \dfrac{\xi}{1+50\rho'}$ (ξ : 시간경과계수, $\rho' = \dfrac{A_s'}{bd}$: 압축철근비)

8 보의 경간이 1m이고, 양쪽 슬래브의 중심 간 거리가 2m인 대칭 T형보에서 유효폭[mm]은? (단, 플랜지 두께 t_f = 100mm, 복부폭 b_w = 600mm이다)

① 1,800
② 2,000
③ 2,200
④ 3,000

O TIP 다음의 값 중 최소값을 유효폭으로 한다.
슬래브 중심간 거리 2,000[mm]
보 경간의 1/4길이 3,000[mm]
$16t_f + b_w = 16 \cdot 100 + 500 = 2,100[mm]$

※ T형보 플랜지의 유효폭

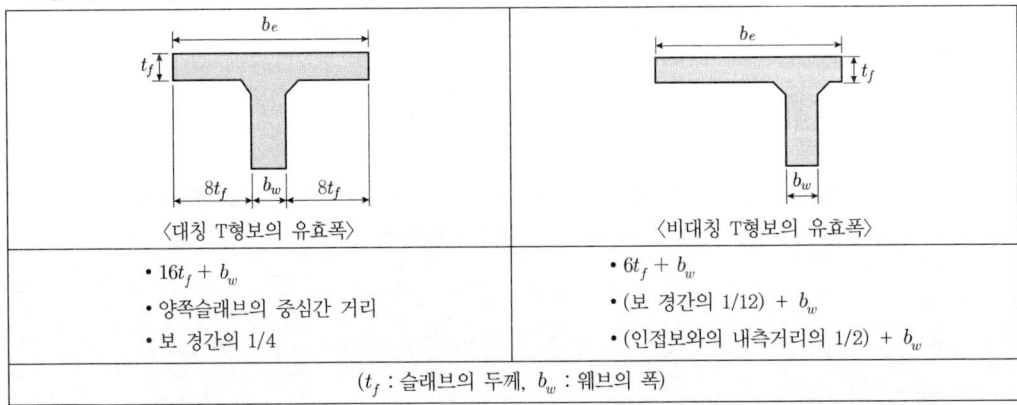

〈대칭 T형보의 유효폭〉	〈비대칭 T형보의 유효폭〉
• $16t_f + b_w$ • 양쪽슬래브의 중심간 거리 • 보 경간의 1/4	• $6t_f + b_w$ • (보 경간의 1/12) + b_w • (인접보와의 내측거리의 1/2) + b_w
(t_f : 슬래브의 두께, b_w : 웨브의 폭)	

9 단철근 직사각형 보에서 저보강보의 중립축 위치에 대한 설명으로 옳은 것은?

① 균형보의 중립축 위치보다 압축 연단 쪽에 위치한다.
② 균형보의 중립축 위치보다 인장 연단 쪽에 위치한다.
③ 균형보의 중립축 위치와 일치한다.
④ 과보강보의 중립축 위치보다 인장 연단 쪽에 위치한다.

> **TIP** 단철근 직사각형 보에서 저보강보는 과소철근으로 되어 있으며 저보강보의 중립축은 균형보의 중립축 위치보다 압축 연단 쪽에 위치한다.

10 철근콘크리트 보의 휨파괴 유형 중 취성파괴에 대한 설명으로 옳지 않은 것은?

① 취성파괴는 인장철근량이 최소 철근량보다 적으면 일어나지 않는다.
② 취성파괴는 균형철근비보다 많은 철근비를 사용한 과보강보의 파괴유형이다.
③ 취성파괴는 인장철근이 항복하기 전에 콘크리트의 압축변형률이 극한변형률에 먼저 도달하여 일어난다.
④ 취성파괴는 콘크리트의 압축파괴가 먼저 시작되어 갑자기 파괴된다.

> **TIP** 인장철근량이 최소 철근량보다 적으면 취성파괴가 발생한다.

11 콘크리트 구조물에 발생하는 균열에 대한 설명으로 옳지 않은 것은?

① 균열의 발생 요인으로는 사용재료에 의한 요인, 시공상의 문제에 의한 요인, 설계상의 문제에 의한 요인, 사용환경에 의한 요인 등이 있다.
② 철근의 피복두께 부족, 정착길이 부족 등으로 인해 균열이 발생하기도 한다.
③ 구조물의 내구성을 위해서는 균열의 폭은 문제가 되지 않고, 균열의 수가 문제가 된다.
④ 구조적 균열에는 휨균열, 전단균열 등이 있다.

> **TIP** 구조물의 내구성은 균열의 폭과 밀접한 관련이 있다. 균열의 폭이 클수록 내구성은 급격히 저하된다.

Answer 7.② 8.② 9.① 10.① 11.③

12 철근콘크리트 부재에 압축력 P가 편심 없이 작용할 때, 콘크리트에 작용하는 응력 f_c는? (단, 부재는 탄성거동 범위 내에 있으며, 압축력은 장기하중이 아닌 단기하중으로 작용하고 있고, A_g는 전체 단면적, A_c는 콘크리트의 단면적, A_s는 축방향 철근의 단면적, n은 철근과 콘크리트의 탄성계수비 (E_s/E_c)이다)

① $\dfrac{P}{A_g + (2n-1)A_s}$

② $\dfrac{P}{A_g + (n-1)A_c}$

③ $\dfrac{P}{A_g + (n-1)A_s}$

④ $\dfrac{P}{A_g + nA_s}$

> **TIP** 콘크리트의 강성은 $k_c = E_c A_c$
> 철근의 강성은 $E_s A_s$
> 콘크리트가 분담하는 하중은 $P_c = \dfrac{E_c A_c}{E_s A_s + E_c A_c} \cdot P$
> 분모와 분자에 E_c를 나누어 정리하면 $P_c = \dfrac{A_c P}{nA_s + A_c}$ 이므로
> $f_c = \dfrac{P_c}{A_c} = \dfrac{P}{nA_s + A_c} = \dfrac{P}{nA_s + A_g - A_s}$

13 단철근 직사각형단면을 가지는 지간길이 6m인 단순보의 지간중앙에 계수집중하중 80kN과 보의 자중을 포함한 계수등분포하중 30kN/m이 작용할 때, 보의 지간중앙에서 계수모멘트[kN·m]는?

① 120

② 135

③ 155

④ 255

> **TIP** $M_{\max} = \dfrac{PL}{4} + \dfrac{wL^2}{8} = \dfrac{80 \cdot 6}{4} + \dfrac{30 \cdot 6^2}{8} = 255[\text{kNm}]$

14 유효깊이 d = 540mm, 압축연단에서 중립축까지의 거리 c = 180mm인 단철근 직사각형보에서 인장철근의 변형률은? (단, 인장철근은 1단 배근되어 있고, 콘크리트의 극한 변형률은 0.003이다)

① 0.003
② 0.004
③ 0.005
④ 0.006

> **TIP** $\dfrac{0.003}{180} = \dfrac{\varepsilon_t}{540-180}$ 이므로 $\varepsilon_t = 0.006$

15 철근의 부착성능에 영향을 주는 요인에 대한 설명으로 옳지 않은 것은?

① 콘크리트의 압축강도가 커지면 부착강도가 커진다.
② 피복두께가 두꺼우면 부착강도가 작아진다.
③ 블리딩의 영향으로 수평철근이 수직철근보다 부착강도가 작다.
④ 이형철근이 원형철근보다 부착강도가 크다.

> **TIP** 철근의 피복두께가 두꺼워져도 부착강도가 낮아지지는 않는다.

16 정사각형 확대기초의 한 변의 길이가 3m이고, 기초 지반의 허용지지력(q_a)이 250kN/m²일 때, 확대기초 중앙에 허용할 수 있는 최대 압축력[kN]은?

① 250
② 750
③ 1,250
④ 2,250

> **TIP** $Q_a = q_a \cdot A = 250 \cdot 3^2 = 2,250 [\text{kN}]$

Answer 12.③ 13.④ 14.④ 15.② 16.④

17 그림과 같이 강재를 사용한 인장부재(두께 t)의 볼트 연결부(구멍직경 d)가 있다. 예상되는 파단선이 A-B일 때 순단면적(A_n)은? (단, A_g는 총단면적이다)

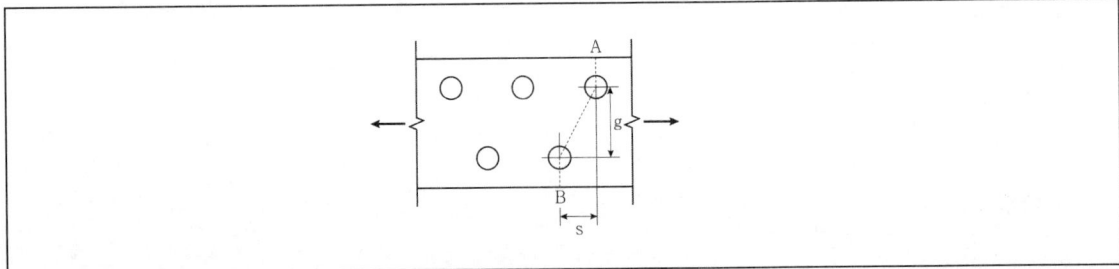

① $A_g - 2 \cdot d \cdot t$

② $A_g - 2 \cdot d \cdot t + \dfrac{s^2}{4g} \cdot t$

③ $A_g - d \cdot t + \dfrac{g^2}{4s} \cdot t$

④ $A_g - d \cdot t$

○**TIP** 순폭 $b_n = b_g - d - (d - \dfrac{s^2}{4g}) = b_g - 2d + \dfrac{s^2}{4g}$

순단면적 $A_n = b_n t = A_g - 2dt + \dfrac{s^2}{4g} t$

18 그림과 같이 연직하중 Q가 편심을 갖고 점 A에 작용하는 철근콘크리트 확대기초가 있다. 지반의 허용지지력(q_a)이 50 kN/m²일 때, 허용할 수 있는 최대 하중(Q_{max})[kN]은?

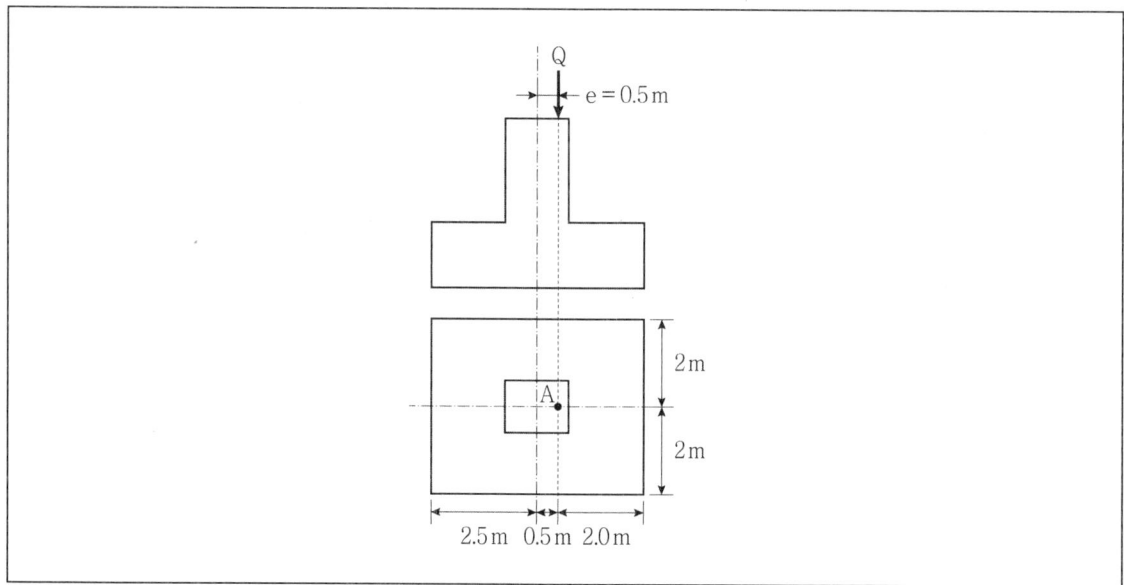

① 625
② 525
③ 571
④ 671

> **TIP** $q_{max} = \dfrac{Q}{A}(1+\dfrac{e}{e_{max}}) = \dfrac{Q}{4 \cdot 5}\left(1+\dfrac{0.5}{\dfrac{5}{6}}\right) < q_a = 50$이므로 Q=625[kN]

19 구조재료로서 콘크리트에 비해 강재가 갖는 장점으로 옳지 않은 것은?

① 내화성이 좋다.
② 단위 면적당 강도가 크다.
③ 고강도 재료이다.
④ 공사기간이 빠르다.

> **TIP** 강재는 내화성이 좋지 않고 열에 의한 변형이 쉽게 되므로 이에 대한 주의가 요구된다.

Answer 17.② 18.① 19.①

20 그림과 같은 프리스트레스트 콘크리트 보에서 긴장재를 포물선으로 배치하고 프리스트레스 힘 P = 2,000kN일 때, 프리스트레스에 의한 등가 등분포 상향력 u[kN/m]는? (단, e = 200mm이며, 프리스트레스 힘 P와 단면 도심과의 각 θ는 미소하므로 $\cos\theta \approx 1$로 가정한다)

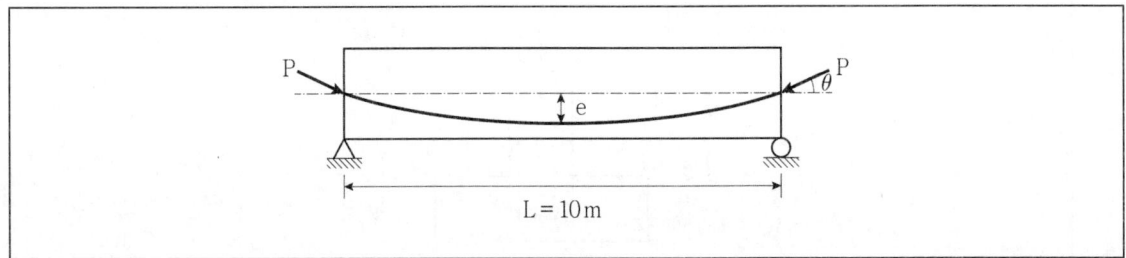

① 32
② 42
③ 52
④ 62

TIP $\dfrac{ul^2}{8} = Pe$ 이므로 $\dfrac{u \cdot 10^2}{8} = 2000 \cdot 0.2$, ∴ $u = 32[\text{kN/m}]$

토목설계 | 2023. 4. 8. 인사혁신처 시행

1 콘크리트를 만들 때 사용하는 혼화재료(admixture)에 대한 설명으로 옳지 않은 것은?

① 콘크리트 등에 특별한 성질을 주기 위해 반죽 혼합 전 또는 반죽 혼합 중에 가해지는 시멘트, 물, 골재 이외의 재료로서 혼화재와 혼화제로 분류한다.
② 감수제(water-reducing admixture)는 콘크리트 등의 단위수량을 증가시키지 않고 워커빌리티를 좋게 하거나 워커빌리티를 변화시키지 않고 단위수량을 감소하기 위해 사용하는 혼화제이다.
③ 급결제(quick setting admixture)는 시멘트의 수화 반응을 촉진시키고 응결 시간을 현저하게 단축하기 위해 사용하는 혼화제이다.
④ AE제(air-entraining admixture)는 콘크리트 속에 많은 미소한 기포를 일정하게 분포시켜 콘크리트 배합 시 물을 넣지 않아도 되게 하는 혼화제이다.

> **TIP** AE제(air-entraining admixture)를 사용할 경우라도 최소한의 단위수량은 충족시켜야 한다. 따라서 콘크리트 배합 시 물은 반드시 첨가되어야 한다.

2 복철근 직사각형보에서 압축철근을 배근하는 경우에 해당하는 것만을 모두 고르면?

> ㉠ 지속하중으로 인한 처짐을 줄여야 하는 경우
> ㉡ 인장파괴를 압축파괴로 전환해야 하는 경우
> ㉢ 보의 단면의 크기가 제한되는 경우
> ㉣ 보의 연성거동을 감소시키기 위한 경우

① ㉠, ㉡
② ㉠, ㉢
③ ㉡, ㉣
④ ㉢, ㉣

> **TIP** 철근콘크리트구조는 압축파괴가 아닌 인장파괴가 이루어지도록 설계되어야 하며 연성거동이 일어나도록 해야 한다. 이를 위해 복철근보 설계 시 압축철근을 배근한다. 또한 압축철근을 사용하면 크리프와 처짐이 감소하게 되고 단면의 크기를 어느 정도는 줄일 수 있다.

Answer 20.① / 1.④ 2.②

3 한계상태설계법을 적용한 교량설계의 한계상태에 대한 설명으로 옳지 않은 것은? (단, KDS 24 10 11 : 2021을 따른다)

① 사용한계상태는 균열, 처짐 등의 사용성에 관한 한계상태로서, 풍하중은 항상 고려하지 않는다.
② 피로한계상태는 기대응력범위의 반복 횟수에서 발생하는 단일 피로설계트럭에 의한 응력 범위를 제한하는 것으로 규정한다.
③ 극한한계상태는 교량의 설계수명 이내에 발생할 것으로 기대되는, 통계적으로 중요하다고 긴장재의 절곡배치로 인한 상향력 $U = 2P \cdot \sin\theta = 2 \cdot 3{,}000 \times \dfrac{0.3}{10} = 180[\text{kN}]$ 규정한 하중조합에 대하여 국부적/전체적 강도와 안정성을 확보하는 것으로 규정한다.
④ 극단상황한계상태는 교량의 설계수명을 초과하는 재현주기를 갖는 지진, 유빙하중, 차량과 선박의 충돌 등과 같은 사건과 관련한 한계상태를 말한다.

> **TIP** 사용한계상태는 균열, 처짐 등의 사용성에 관한 한계상태로서 풍하중은 한계상태의 하중조합에 따라 다르다. 사용한계상태의 하중조합 I 과 하중조합 IV에서는 풍하중을 고려한다.

4 받침부 내면과 위험단면 사이에 집중하중이 작용하지 않을 경우, 철근콘크리트 부재의 전단설계를 수행할 때, 받침부의 최대 계수전단력을 산정하는 위치는? (단, d = 단면의 유효깊이이고, KDS 14 20 22 : 2022를 따른다)

① 받침부 내면에서 d만큼 떨어진 단면
② 받침부 중심에서 $2d$만큼 떨어진 단면
③ 받침부 내면에서 $3d$만큼 떨어진 단면
④ 받침부 중심에서 $4d$만큼 떨어진 단면

> **TIP** 받침부 내면과 위험단면 사이에 집중하중이 작용하지 않을 경우, 철근콘크리트 부재의 전단설계를 수행할 때, 받침부의 최대 계수전단력을 산정하는 위치는 받침부 내면에서 d만큼 떨어진 단면이다.

5 1방향 철근콘크리트 슬래브의 단면적은 500,000mm², 사용한 이형 철근의 설계기준항복강도가 500MPa일 때, 수축 및 온도 철근량[mm²]은? (단, KDS 14 20 50 : 2022를 따른다)

① 600
② 700
③ 800
④ 900

> **TIP** 수축온도철근량 : $0.002 \times \dfrac{400}{f_y} \cdot A_g = 0.0020 \times \dfrac{400}{500} \cdot 500,000 = 800 [\text{mm}^2]$

6 그림과 같이 휨모멘트를 받는 직사각형 단면의 철근콘크리트 보에서 콘크리트 압축연단이 극한변형률에 도달할 때, 인장철근의 변형률은? (단, 응력-변형률 관계를 등가직사각형 블록으로 구하며, 콘크리트의 설계기준압축강도 f_{ck} =20MPa, 철근의 설계기준항복강도 f_y =300MPa, 철근의 단면적 A_s =1,700mm² 이고, KDS 14 20 20 : 2022를 따른다)

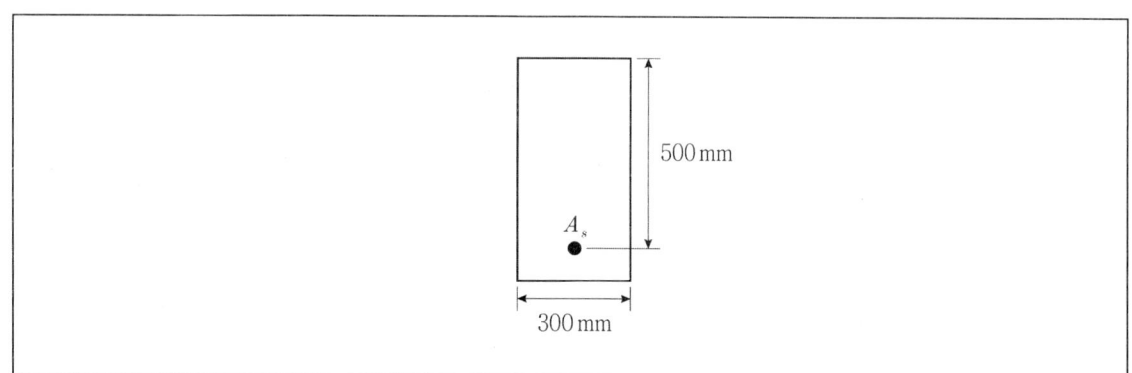

① 0.005
② 0.0066
③ 0.0099
④ 0.012

> **TIP** 중립축의 위치
> $f_{ck} = 20 [\text{MPa}] \leq 40 [\text{MPa}]$ 이므로 $\beta_1 = 0.80$, $\eta = 1.0$, $\epsilon_{cu} = 0.0033$
> $c = \dfrac{1}{\beta_1} \cdot a = \dfrac{1}{\beta_1} \cdot \dfrac{A_s f_y}{\eta \cdot 0.85 f_{ck} b} = \dfrac{1}{0.80} \cdot \dfrac{1,700 \cdot 300}{1.0 \cdot 0.85 \cdot 20 \cdot 300} = \dfrac{1}{0.80} \cdot 100 = 125 [\text{mm}]$
> 인장철근의 변형률 $\epsilon_s = \epsilon_{cu} \cdot \dfrac{d-c}{c} = 0.0033 \cdot \dfrac{500-125}{125} = 0.0099$

7 그림과 같이 순수 축하중을 받아 균등한 극한변형률이 발생한 콘크리트 기둥 단면에서 소성중심까지의 거리 e[mm]는? (단, 철근면적 A_{s1}에서의 압축력 C_{s1}=500kN, 철근면적 A_{s2}에서의 압축력 C_{s2}=500kN, 콘크리트의 압축력 C_c=4,000kN, d_1=150mm, d_2=50mm, 철근으로 인한 콘크리트의 단면 손실은 무시한다)

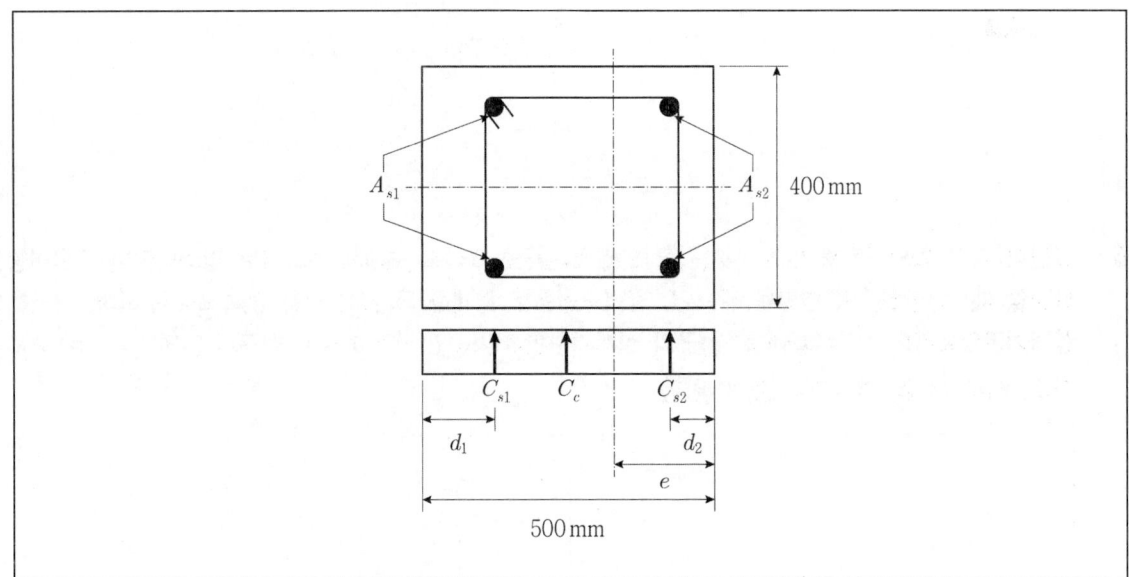

① 220
② 230
③ 240
④ 250

> **TIP** 소성중심 : 콘크리트의 전단년이 균등하게 $0.85f_{ck}$의 응력을 받고 철근도 균등하게 항복점 응력 f_y를 받는다고 가정했을 때의 전응력의 합력의 작용점을 단면의 소성중심이라고 한다.
> 합력 $R = C_c + C_{s1} + C_{s2} = 4,000 + 500 + 500 = 5,000$[kN]
>
> 소성중심 $R \cdot e = C_{s1} \cdot (h - d_1) + C_c \cdot \dfrac{h}{2} + C_{s2} \cdot d_2$
>
> $5,000 \cdot e = 500(500 - 150) + 4,000 \cdot \dfrac{500}{2} + 500 \cdot 50$이므로 $e = 240$[mm]

8 직접설계법을 사용하여 2방향 이상으로 휨 보강되는 슬래브 시스템을 설계하기 위한 규정으로 옳지 않은 것은? (단, KDS 14 20 70 : 2021을 따른다)

① 각 방향으로 2경간 이내이어야 한다.

② 각 방향으로 연속한 받침부 중심간 경간의 차이는 긴 경간의 $\frac{1}{3}$ 이하이어야 한다.

③ 연속한 기둥 중심선을 기준으로 기둥의 어긋남은 그 방향 경간의 10% 이하이어야 한다.

④ 모든 하중은 슬래브 판 전체에 걸쳐 등분포된 연직하중이어야 하며, 활하중은 고정하중의 2배 이하이어야 한다.

OTIP 각 방향으로 3경간 이내이어야 한다.

9 옹벽 구조물의 안정조건에 대한 설명으로 옳지 않은 것은? (단, KDS 14 20 74 : 2021을 따른다)

① 활동에 대한 저항력은 옹벽에 작용하는 수평력의 1.2배를 초과할 수 없다.

② 전도에 대한 저항휨모멘트는 횡토압에 의한 전도모멘트의 2.0배 이상이어야 한다.

③ 지반에 유발되는 최대 지반반력은 지반의 허용지지력을 초과할 수 없다.

④ 전도 및 지반지지력에 대한 안정조건은 만족하지만, 활동에 대한 안정조건만을 만족하지 못할 경우에는 활동방지벽 혹은 횡방향 앵커 등을 설치하여 활동저항력을 증대시킬 수 있다.

OTIP 옹벽구조물의 활동에 대한 저항력은 옹벽에 작용하는 수평력의 1.5배 이상이어야 한다.

Answer 7.③ 8.① 9.①

10 직사각형 단철근 콘크리트 보에 정(+) 모멘트가 작용하고 전 단면이 탄성범위에 있을 때, 철근을 포함한 비균열 환산단면의 압축연단에서 중립축까지의 거리는? (단, b = 단면폭, h = 단면높이, A_s = 철근면적, d = 유효깊이, n = 철근과 콘크리트의 탄성계수 비이다)

① $\dfrac{\dfrac{bh^2}{2} + nA_s d}{bh + nA_s}$

② $\dfrac{\dfrac{bh^2}{2} + nA_s d}{bh + (n-1)A_s}$

③ $\dfrac{\dfrac{bh^2}{2} + (n-1)A_s d}{bh + nA_s}$

④ $\dfrac{\dfrac{bh^2}{2} + (n-1)A_s d}{bh + (n-1)A_s}$

◎TIP 직사각형 단철근 콘크리트 보에 정(+) 모멘트가 작용하고 전 단면이 탄성범위에 있을 때, 철근을 포함한 비균열 환산단면의 압축연단에서 중립축까지의 거리를 식으로 나타내면 $\dfrac{\dfrac{bh^2}{2} + (n-1)A_s d}{bh + (n-1)A_s}$

(단, b = 단면폭, h = 단면높이, A_s = 철근면적, d = 유효깊이, n = 철근과 콘크리트의 탄성계수 비이다)

비균열단면의 중립축의 위치 산정 공식을 도출하는 과정이 매우 복잡하며 이에 대한 출제빈도도 매우 낮으므로 공식만 암기할 것을 권한다.

11 철근콘크리트 휨부재에 대한 설명으로 옳지 않은 것은?

① 부재가 힘을 받을 때 휨인장응력을 받는 부분에 인장철근을 배치한다.
② 휨압축응력을 받는 부분에 철근을 배치할 수도 있다.
③ 하향 수직하중을 받는 캔틸레버보의 경우 인장철근은 단면 상부에 배치한다.
④ 압축철근을 배치하면 크리프와 건조수축 변형이 증가한다.

◎TIP 압축철근을 배치하면 크리프와 건조수축변형이 감소하게 된다.

12 그림과 같은 프리스트레스트 콘크리트 단순보의 지간 중앙에서 프리스트레스 힘 $P=3,000$ kN에 의한 상향력의 크기[kN]는? (단, $\sin\theta \cong \tan\theta$ 이고, 자중과 프리스트레스 손실은 무시한다)

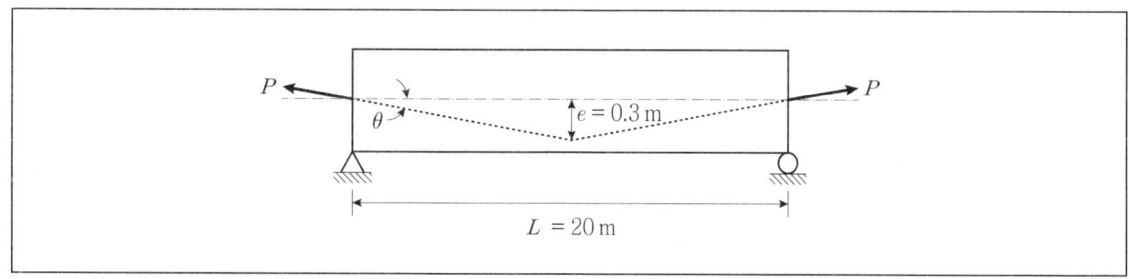

① 18
② 45
③ 90
④ 180

TIP 긴장재의 절곡배치로 인한 상향력 $U = 2P \cdot \sin\theta = 2 \cdot 3,000 \times \dfrac{0.3}{10} = 180 [\text{kN}]$

13 보통중량콘크리트에 설치된 인장력을 받는 직경이 25mm인 이형 철근의 기본정착길이[mm]는? (단, 콘크리트의 설계기준압축강도 $f_{ck} = 36$MPa, 철근의 설계기준항복강도 $f_y = 400$MPa, KDS 14 20 52 : 2021을 따른다)

① 1,000
② 1,200
③ 1,400
④ 1,600

TIP 인장이형철근의 기본정착길이 $l_{db} = \dfrac{0.6 d_b f_y}{\lambda \sqrt{f_{ck}}} = \dfrac{0.6 \cdot 25 \cdot 400}{1.0 \sqrt{36}} = 1,000 [\text{mm}]$

14 프리스트레스트 콘크리트 보의 양단 정착부에서 각각 4.5mm의 활동이 발생하였을 경우, 프리스트레스 손실량[MPa]은? (단, 보의 길이 = 18m, 강선의 탄성계수 = 200GPa, 초기 프리스트레스 = 1,500MPa이고, 강재와 쉬스관의 마찰은 고려하지 않는다)

① 50
② 100
③ 150
④ 200

TIP 양단 정착 시 정착단의 활동에 의한 손실
$\triangle f = \dfrac{\triangle L}{L} E_{ps} \cdot 2 = \dfrac{4.5}{18 \cdot 10^3} \cdot 2 \cdot 10^5 \cdot 2 = 100 [\text{MPa}]$

Answer 10.④ 11.④ 12.④ 13.① 14.②

15 프리스트레스하지 않는 부재의 현장치기 철근콘크리트 부재의 최소 피복두께에 대한 설명으로 옳지 않은 것은? (단, KDS 14 20 50 : 2022를 따른다)

① 피복두께는 콘크리트 표면으로부터 철근 중심까지의 최단거리이다.
② 흙에 접하여 콘크리트를 친 후 영구히 흙에 묻혀 있는 콘크리트의 피복두께는 75mm 이상 확보하여야 한다.
③ 흙에 접하거나 옥외의 공기에 직접 노출되는 콘크리트의 피복두께는 D19 이상의 철근에서 50mm, D16 이하의 철근에서는 40mm 이상 확보하여야 한다.
④ 옥외의 공기나 흙에 직접 접하지 않는 콘크리트(슬래브, 벽체, 장선)는 D35 초과하는 철근에서 40mm, D35 이하의 철근에서는 20mm 이상 확보하여야 한다.

 TIP 피복두께는 최외각 위치의 철근 외면에서 부터 콘크리트 표면까지 최단거리를 의미한다.

16 그림과 같이 콘크리트 직사각형 보 단면의 도심에 프리스트레스 강재를 배치하여 긴장력 750kN을 도입하였다. 하향 수직하중에 의해 콘크리트 단면 하단에 인장응력이 발생하지 않는 최대휨모멘트 크기[kN · m]는? (단, 폭 300mm, 높이 500mm, 총 프리스트레스 손실은 20%이고, 자중은 무시한다)

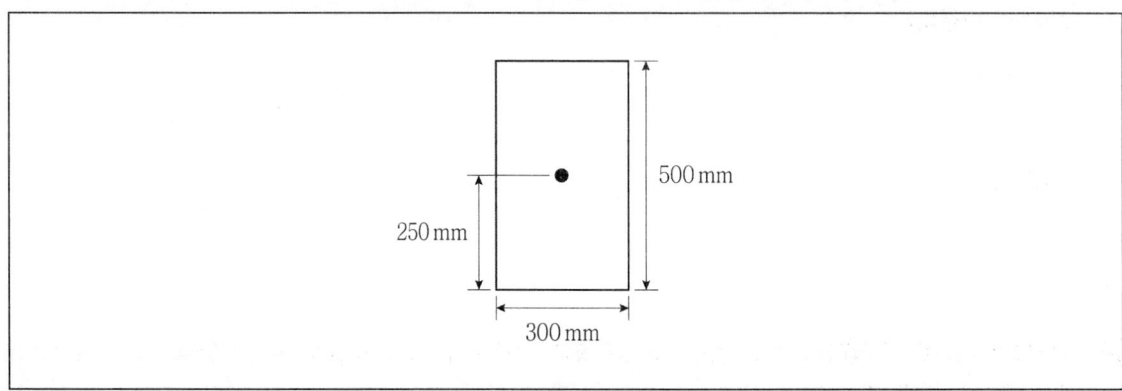

① 50
② 60
③ 70
④ 80

 TIP 긴장재를 도심배치하였을 때 인장하연에서 인장응력이 발생하기 않기 위한 조건은
$P_e \geq \dfrac{6M}{h}$ 이므로 $750 \cdot 0.8 \geq \dfrac{6M}{0.5}$ 이므로 $M \leq 50[kN \cdot m]$

17 계수전단력 V_u =75kN이 작용하는 직사각형 단면의 철근콘크리트 휨부재에서 전단철근을 배근하지 않아도 되는 단면의 최소 유효깊이[mm]는? (단, 보통중량 콘크리트를 사용하였고, 단면폭 b =400mm, 콘크리트의 설계기준압축강도 f_{ck} =25MPa이며, KDS 14 20 22 : 2022를 따른다)

① 400
② 500
③ 600
④ 700

> **TIP** 전단철근을 배치하지 않아도 되는 유효깊이
> $$d \geq \frac{12 V_u}{\phi \sqrt{f_{kb}} b_w} = \frac{12 \cdot 75 \cdot 10^3}{0.75 \times \sqrt{25} \times 400} = 600[\text{mm}]$$

18 직사각형 단면의 철근콘크리트 휨부재에서 부재축에 직각인 U형 전단철근을 간격 200mm로 배치하였다. 전단력과 휨모멘트만 받고 있는 경우, 직사각형보의 공칭전단강도 크기[kN]는? (단, 보통중량 콘크리트를 사용하였고, 단면폭 400mm, 단면 유효깊이 600mm, 콘크리트의 설계기준압축강도 f_{ck} = 36MPa, 전단철근의 설계기준항복강도 f_{yt} =400MPa, 전단철근 한가닥의 공칭단면적=100mm²이며, KDS 14 20 22 : 2022를 따른다)

① 240
② 360
③ 480
④ 600

> **TIP** 전단철근이 배치된 단면의 공칭전단강도는 콘크리트가 부담하는 공칭전단강도와 전단철근이 부담하는 공칭전단강도의 합이다.
> 콘크리트가 부담하는 공칭전단강도
> $$V_c = \frac{1}{6}\sqrt{f_{ck}}\,b_w d = \frac{1}{6}\sqrt{36} \cdot 400 \cdot 600 = 240,000[\text{N}] = 240[\text{kN}]$$
> $$V_s = \frac{A_v f_{yt} d}{s} = \frac{200 \cdot 400 \cdot 600}{200} = 240,000[\text{N}] = 240[\text{kN}]$$ (여기서 A_v 값이 100이 아니라 200인 이유는 U형스터럽으로서 전단철근 두 가닥으로 구성되기 때문이다.)

Answer 15.① 16.① 17.③ 18.③

19 조밀단면 2축대칭 H형강 보가 강축에 대해 휨하중을 받고 있다. 보의 비지지길이가 2.5m일 때, 공칭휨강도 크기[kN·m]는? (단, 강재는 SM275가 사용되었으며, 항복강도 F_y=275MPa, 인장강도 F_u=410MPa, 소성한계 비지지길이=3m, 탄성단면계수=900cm³, 소성단면계수=1,000cm³, KDS 14 31 10 : 2017을 따른다)

① 247
② 275
③ 369
④ 410

　TIP 강축에 대한 휨을 받는 2축대칭 H형강 또는 ㄷ형강 부재의 웨브와 플랜지가 모두 조밀단면인 경우 공칭휨강도는 소성 모멘트와 같다.
$M_n = M_p = F_y Z_x = 275 \cdot 1,000 \cdot 10^3 = 275 \cdot 10^6 [\text{N} \cdot \text{mm}] = 275 [\text{kNm}]$
F_y는 강재의 항복강도, Z_x는 x축에 대한 소성단면계수이다.

20 비틀림에 대한 비지지길이가 횡좌굴에 대한 비지지길이보다 짧은 경우, 균일압축을 받는 비세장판 강구조 압축부재의 휨좌굴에 대한 공칭압축강도 P_n 산정방법에 대한 설명으로 옳지 않은 것은? (단, F_{cr} =좌굴응력, A_g =부재의 총단면적, F_e =탄성좌굴응력, F_y =강재의 항복강도, E =강재의 탄성계수, K =유효좌굴길이계수, L =부재의 횡좌굴에 대한 비지지길이, r =좌굴축에 대한 단면2차반경이고, KDS 14 31 10 : 2017을 따른다)

① 공칭압축강도 P_n 은 휨좌굴에 대한 한계상태에 기초하여 $P_n = F_{cr} A_g$ 를 이용하여 산정한다.
② 탄성 압축부재의 좌굴응력 $F_{cr} = 0.877 F_e$ 를 이용하여 산정한다.
③ 비탄성 압축부재의 좌굴응력 $F_{cr} = 0.658 F_e$ 를 이용하여 산정한다.
④ 탄성좌굴응력 $F_e = \dfrac{\pi^2 E}{\left(\dfrac{KL}{r}\right)^2}$ 는 탄성좌굴해석을 통하여 구한다.

　TIP 오일러 좌굴응력식은 부재가 탄성거동을 할 때에만 적용된다. 반면 비탄성좌굴에서는 선형 미분방정식을 이용해서 계산한 오일러 좌굴 응력의 적응이 불가능하므로, 다른 식이 필요해진다.
비탄성 압축부재의 좌굴응력 $F_{cr} = \left[0.658^{\frac{F_y}{F_e}}\right] F_y$ 를 이용하여 산정한다.

토목설계 | 2023. 6. 10. 제1회 지방직 시행

※ 본 문제는 국토교통부에서 고시한 건설기준코드(구조설계기준 : KDS 14 00 00)에 부합하도록 출제하였으며, 이외 기준은 해당 문항에 별도 표기함

1 보통중량골재를 사용한 콘크리트에서 설계기준압축강도 $f_{ck}=35$MPa이고 충분한 시험자료가 없는 경우, 평균 압축강도 f_{cm} [MPa]은? (단, f_{cm}은 재령 28일에서 콘크리트의 평균 압축강도이다)

① 37
② 38
③ 39
④ 40

> **TIP** $f_{cm}=f_{ck}+\triangle$ 5이며 $f_{ck}\leq40$이면 $\triangle f=4$, $f_{ck}\geq60$이면 $\triangle f=6$
> 따라서 $f_{cm}=f_{ck}+\triangle f=35+4=39$

2 그림과 같이 재료, 단면, 길이는 모두 같으나 서로 다른 단부 조건을 가지고 있는 3개의 압축부재에 대하여 좌굴하중(임계하중)이 큰 것부터 순서대로 바르게 나열한 것은?

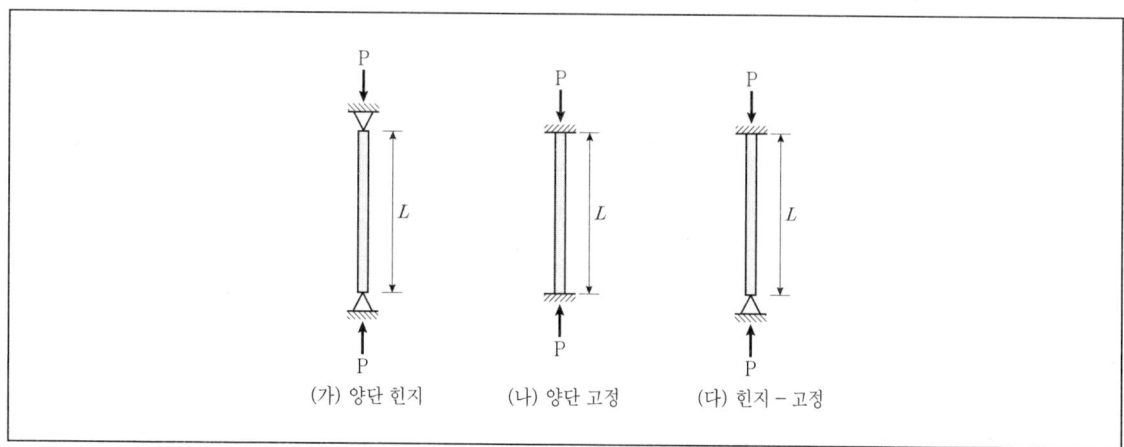

① (가), (나), (다)
② (가), (다), (나)
③ (나), (가), (다)
④ (나), (다), (가)

> **TIP** 길이와 단면적이 동일한 경우 좌굴하중(임계하중)을 비교하면 양단고정 > 힌지-고정 > 양단힌지이다.

Answer 19.② 20.③ / 1.③ 2.④

3 설계기준압축강도(f_{ck})가 30MPa이고, 콘크리트 압축강도의 시험 횟수가 14회 이하의 조건인 경우, 콘크리트 배합강도 f_{cr}[MPa]은?

① 37.0

② 38.5

③ 40.0

④ 41.5

> **TIP** 계기준압축강도(f_{ck})가 21MPa이상이고 35MPa이하이며 시험횟수가 14회 이하인 경우 배합강도 산정식은
> $f_{cr} = f_{ck} + 8.5 = 30 + 8.5 = 38.5[\text{MPa}]$

4 단순지지된 일반 철근콘크리트 보에서 지속하중에 의한 순간처짐이 발생하였다. 5년 후 휨부재의 크리프와 건조수축에 의한 추가 장기처짐은 순간(탄성)처짐의 몇 배인가? (단, 콘크리트 보 중앙부에서 측정된 압축철근비 $\rho' = 0.005$이다)

① 1.2
② 1.4
③ 1.6
④ 1.8

> **TIP** 추가장기처짐은 순간(탄성)처짐의 λ배 이므로,
> $\lambda = \dfrac{\xi}{1+50\rho'} = \dfrac{2}{1+50(0.005)} = 1.6$

5 하중저항계수설계법에 의하여 강구조물의 연결부를 설계할 때, 볼트구멍 지압강도 계산에 사용되는 저항계수 ϕ는?

① 0.70

② 0.75

③ 0.80

④ 0.85

> **TIP** 하중저항계수설계법에 의하여 강구조물의 연결부를 설계할 때, 볼트구멍 지압강도 계산에 사용되는 저항계수 ϕ는 0.75이다.

6 다음 (가)와 (나)의 값이 바르게 연결된 것은?

> 설계기준항복강도 f_y = 400MPa의 철근에 인장력을 가하여 인장 변형률이 0.001에 도달했을 때 철근에 작용하는 인장응력 값이 ▢(가)▢ [MPa]이고, 인장 변형률이 0.004에 도달했을 때 철근에 작용하는 인장응력 값은 ▢(나)▢ [MPa]이다. (단, 철근의 탄성계수(E_s)는 2.0×10^5 MPa이고, 철근의 응력-변형률 관계는 아래 그림과 같다)
>
>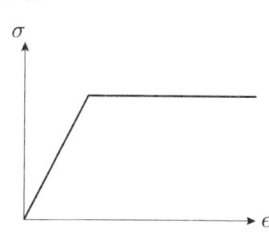

	(가)	(나)
①	200	400
②	200	800
③	50	400
④	250	800

TIP 철근의 탄성계수(E_s)는 2.0×10^5 MPa이고, 철근의 응력-변형률 관계선도가 위와 같다면 설계기준항복강도 f_y = 400 MPa의 철근에 인장력을 가하여 인장 변형률이 0.001에 도달했을 때 철근에 작용하는 인장응력 값이 200[MPa]이고, 인장 변형률이 0.004에 도달했을 때 철근에 작용하는 인장응력 값은 400[MPa]이다.

Answer 3.② 4.③ 5.② 6.①

7 보통중량콘크리트에 설치된 부재에서 압축력을 받는 D16 이형철근의 기본정착길이 l_{db}[mm]는? (단, 콘크리트의 설계기준압축강도 f_{ck} =25MPa, 철근의 설계기준항복강도 f_y =300MPa, D16 철근의 공칭지름은 16mm로 가정한다)

① 240
② 320
③ 576
④ 768

> **TIP** $l_{db} = \dfrac{0.25 f_y}{\lambda \sqrt{f_{ck}}} d_b \geq 0.043 f_y d_b$ 이므로
>
> $\dfrac{0.25 \cdot 300[\text{MPa}]}{1 \cdot \sqrt{25}[\text{MPa}]} \cdot 16[\text{mm}] \geq (0.043)(300[\text{MPa}])(16[\text{mm}])$ 이므로
>
> 240[mm] ≥ 206.4[mm] 이다.

8 옹벽의 설계에 대한 설명으로 옳지 않은 것은?

① 캔틸레버식 옹벽의 저판은 전면벽과의 접합부를 고정단으로 간주한 캔틸레버로 가정하여 단면을 설계할 수 있다.
② 캔틸레버식 옹벽의 전면벽은 저판에 지지된 캔틸레버로 설계할 수 있다.
③ 부벽식 옹벽의 전면벽은 3변 지지된 2방향 슬래브로 설계할 수 있다.
④ 부벽식 옹벽의 저판은 부벽 사이의 거리를 경간으로 가정한 직사각형보 또는 T형보로 설계할 수 있다.

> **TIP** 부벽식 옹벽의 저판은 정밀한 해석이 사용되지 않는 한, 부벽 사이의 거리를 경간으로 가정한 고정보 또는 연속보로 설계할 수 있다.

9 1방향 슬래브에 대한 설명으로 옳지 않은 것은?

① 4변에 의해 지지되는 2방향 슬래브 중에서 단변에 대한 장변의 비가 2배를 넘으면 1방향 슬래브로 해석한다.
② 1방향 슬래브의 두께는 최소 100mm 이상으로 하여야 한다.
③ 슬래브의 정모멘트 철근 및 부모멘트 철근의 중심 간격은 위험단면에서는 슬래브 두께의 2배 이하여야 하고, 또한 300mm 이하로 하여야 한다.
④ 슬래브의 정모멘트 철근 및 부모멘트 철근의 중심 간격은 위험단면을 제외한 단면에서는 슬래브 두께의 2배 이하여야 하고, 또한 600mm 이하로 하여야 한다.

> **TIP** 슬래브의 정모멘트 철근 및 부모멘트 철근의 중심 간격은 위험단면을 제외한 단면에서는 슬래브 두께의 2배 이하여야 하고, 또한 300mm 이하로 하여야 한다.

10 그림과 같은 철근콘크리트 보를 설계할 때, 부재축에 직각으로 배치된 전단철근의 최대간격[mm]은? (단, 전단철근에 의한 단면의 공칭전단강도(V_s) 크기는 $V_s < \lambda\left(\dfrac{\sqrt{f_{ck}}}{3}\right)b_w d$ 이다)

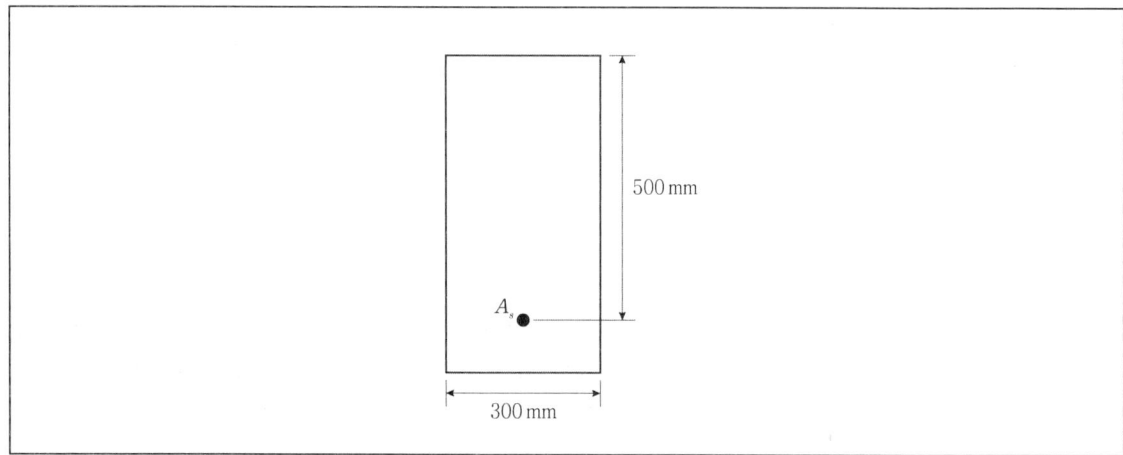

① 250
② 300
③ 400
④ 500

◉TIP $s_{\max} = \left(\dfrac{d}{2},\ 600[\text{mm}]\right) = \left(\dfrac{500}{2},\ 600[\text{mm}]\right) = 250[\text{mm}]$

11 설계기준항복강도 f_y =350MPa인 이형철근을 사용하는 철근콘크리트 보에서 피로를 고려하지 않아도 되는 철근의 응력 범위[MPa]는?

① 130
② 140
③ 150
④ 160

◉TIP 피로에 대해 고려를 하지 않아도 되는 철근의 응력범위는 SD350의 경우 140[MPa]이다.

Answer 7.① 8.④ 9.④ 10.① 11.②

12 교량 설계하중조합(한계상태설계법)에 따라 도로교 설계 시, 교량은 경간 8m의 단순지지 구조이고 자중을 포함한 구조부재의 등분포 고정하중 20kN/m, 등분포 차량활하중 10kN/m가 작용할 때, 극한한계상태 하중조합 I에 대한 계수휨모멘트 M_u[kN·m]는? (단, KDS 24 12 11 : 2021에 따른다)

① 312 ② 344
③ 388 ④ 432

TIP $w_u = 1.8w_l + 1.25w_d = 1.8 \cdot 10 + 1.25 \cdot 20 = 43[\text{kN/m}]$

$M_u = \dfrac{w_u L^2}{8} = \dfrac{43 \cdot 8^2}{8} = 344[\text{kN} \cdot \text{m}]$

13 보통중량콘크리트를 사용하고, 캔틸레버로 지지된 리브가 없는 1방향 슬래브의 처짐을 계산하지 않아도 되는 슬래브의 최소두께[mm]는? (단, 큰 처짐에 의해 손상되기 쉬운 칸막이벽이나 기타 구조물을 지지 또는 부착하지 않고, 경간의 길이는 6m, 철근의 설계기준항복강도 f_y = 350MPa이다)

① 232 ② 279
③ 558 ④ 697

TIP 주어진 조건에 따르면 슬래브의 처짐을 계산하지 않아도 되는 슬래브의 최소두께[mm] 산정 시 철근의 항복강도가 400[MPa]가 아니므로 다음과 같이 구해야 한다.

$\dfrac{L}{10}\left(0.43 + \dfrac{f_y}{700}\right)$ 이므로 $\dfrac{6[\text{m}]}{10}\left(0.43 + \dfrac{350}{700}\right) = 558[\text{mm}]$

14 철근콘크리트 부재 내 사용되는 전단철근의 형태로 옳지 않은 것은?

① 원형 띠철근 또는 후프철근
② 주인장 철근에 45° 이상의 각도로 설치되는 스터럽
③ 설계기준항복강도(f_y)가 600MPa을 초과한 나선철근
④ 주인장 철근에 30° 이상의 각도로 구부린 굽힘철근

TIP 휨철근의 설계기준항복강도는 600MPa이하여야 하며 전단철근의 설계기준항복강도는 500MPa이하여야 한다.
• 철근콘크리트 부재 내 사용되는 전단철근의 형태
• 부재축에 직각인 스터럽
• 부재축에 직각으로 배치한 용접철망
• 나선철근, 원형 띠철근, 또는 후프철근
• 주인장철근에 45도 이상의 각도로 설치되는 스터럽(경사스터럽)
• 주인장철근에 30도 이상의 각도로 구부린 굽힘철근
• 스터럽과 굽힘철근의 조합

15 기둥 부재에 다음과 같은 하중이 작용하고 있을 때, 콘크리트구조 설계(강도설계법) 하중조합에 의한 기둥의 최대 소요강도[kN]는?

> • 고정하중 = 100kN
> • 활하중 = 100kN
> • 지진하중 = 100kN

① 140
② 190
③ 280
④ 320

TIP 다음의 3가지 경우를 고려하여 이 중 가장 큰 것을 최대 소요강도로 정한다.
$U = 1.4(D+F) = 1.4(1000+0) = 140[kN]$
$U = 1.2(D+F+T) + 1.6(L+\alpha_H H_v + H_h) + 0.5(L_r \text{ or } S \text{ or } R)$
$\quad = 1.2(100+0+0) + 1.6(100+0+0) + 0 = 280[kN]$
$U = 1.2(D+H_v) + 1.0E + 1.0L + 0.2S + (1.0H_h \text{ or } 0.5H_h)$
$\quad = 1.2(100+0) + 1.0(100) + 1.0(100) + 0 = 320$

16 슬래브의 직접설계법에 의한 정 및 부계수휨모멘트의 분배율로 옳지 않은 것은? (단, M_o는 전체 정적 계수휨모멘트이다)

① 내부 경간에서 부계수휨모멘트는 $0.65M_o$이다.
② 내부 경간에서 정계수휨모멘트는 $0.35M_o$이다.
③ 단부 경간에서 완전 구속된 외부 받침부의 부계수휨모멘트는 $0.65M_o$이다.
④ 단부 경간에서 완전 구속된 외부 받침부의 정계수휨모멘트는 $0.70M_o$이다.

TIP 단부 경간에서 완전 구속된 외부 받침부의 정계수휨모멘트는 $0.35M_o$이다.

17 그림과 같이 경간 10m의 대칭 T형보에서 등가직사각형 응력블록의 깊이 a[mm]는? (단, 콘크리트의 설계기준압축강도 f_{ck}=30MPa, 철근의 설계기준항복강도 f_y=400MPa, 철근의 단면적 A_s=7,650mm²이다)

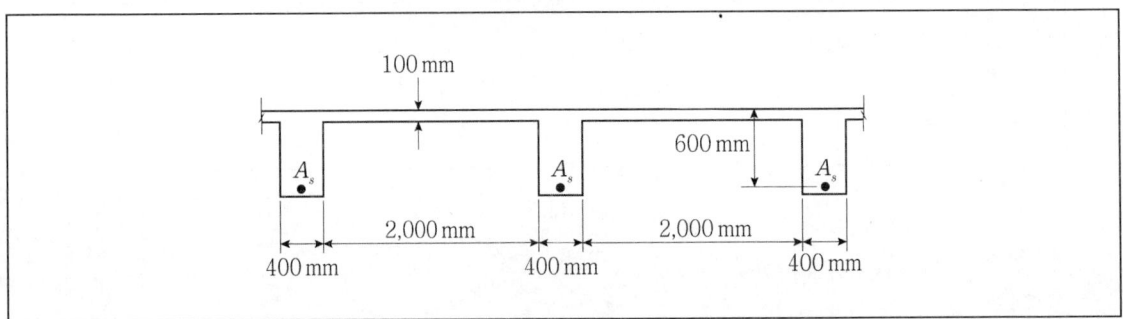

① 60
② 80
③ 100
④ 110

TIP $16t_f + b_w = 16 \cdot 100 + 400 = 2000$[mm]
양쪽슬래브의 중심간 거리는 2000+400=2400[mm]
보 경간의 1/4은 10[m]/4=2.5[m]=2500[mm]
이 중 가장 작은 값을 유효폭으로 정해야 하므로 유효폭은 2000[mm]가 된다.
$f_{ck} \leq 40$[MPa]인 경우 $\eta = 1$, $\beta_1 = 0.8$, $\varepsilon = 0.0033$

$$a = \frac{A_s f_y}{\eta(0.85 f_{ck} b_e)} = \frac{7650[\text{mm}^2] \cdot 400[\text{MPa}]}{0.85 \cdot 30[\text{MPa}] \cdot 2000[\text{mm}]} = 60[\text{mm}] < t_f$$

※ T형보의 유효폭

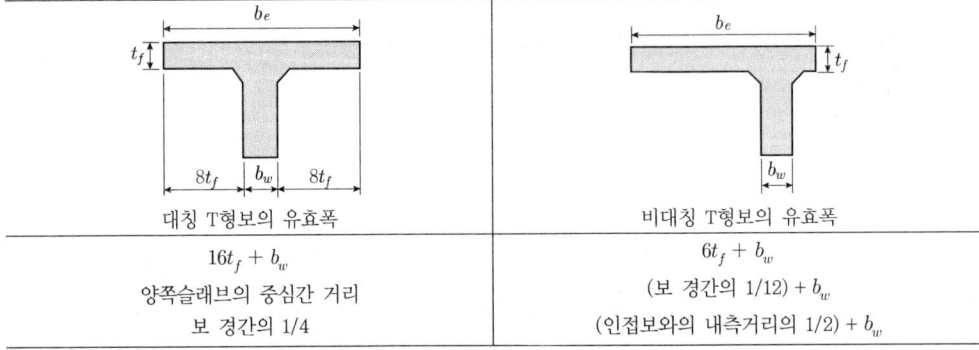

대칭 T형보의 유효폭	비대칭 T형보의 유효폭
$16t_f + b_w$	$6t_f + b_w$
양쪽슬래브의 중심간 거리	(보 경간의 1/12) + b_w
보 경간의 1/4	(인접보와의 내측거리의 1/2) + b_w

t_f : 슬래브의 두께, b_w : 웨브의 폭

18 그림과 같은 압축부재에 사용되는 띠철근기둥에서 띠철근의 최대 수직간격[mm]은? (단, D10 철근의 공칭지름은 10mm, D32 철근의 공칭지름은 32mm로 가정한다)

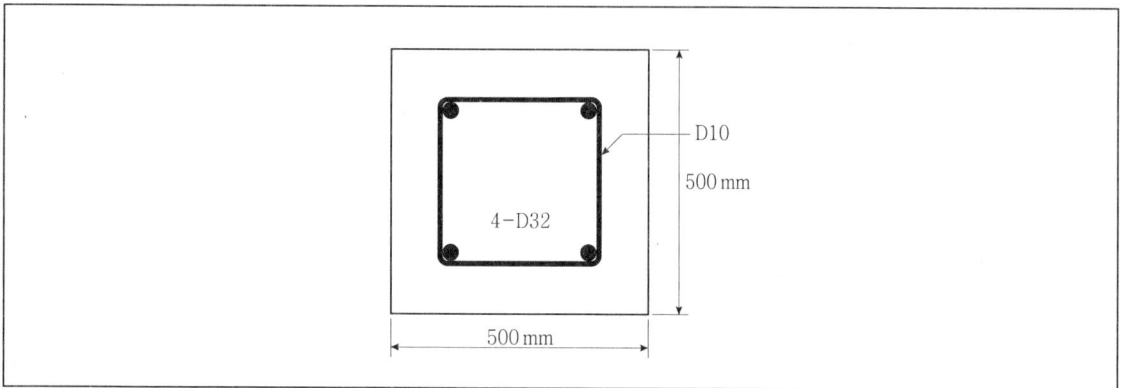

① 480
② 500
③ 512
④ 550

    TIP 다음 중 최소값을 띠철근의 최대 수직간격으로 한다.
        주철근의 16배 이하 : 16×32= 512mm
        띠철근 지름의 48배 이하 : 10×48=480mm
        기둥 단면의 최소치수 이하 : 500mm

19 프리스트레스트 콘크리트구조의 긴장재 허용응력 기준에서 프리스트레스 도입 직후에 긴장재의 인장응력[MPa]은? (단, 긴장재의 설계기준인장강도 f_{pu} =2,400MPa, 긴장재의 설계기준항복강도 f_{py} =2,000MPa이다)

① 1,480
② 1,640
③ 2,000
④ 2,400

    TIP 프리스트레스 도입 직후 긴장재의 인장응력은 $0.74f_{pu}$와 $0.82f_{py}$ 중 작은 값으로 한다.
        따라서 0.74 × 2400 = 1776, 0.82 × 2000 = 1640 중 작은 값인 1640으로 한다.

Answer 17.① 18.① 19.②

20 프리스트레스트 콘크리트 휨부재는 미리 압축을 가한 인장구역에서 사용하중에 의한 인장연단응력 f_t에 따라 균열등급이 구분된다. 콘크리트의 설계기준압축강도가 $f_{ck}=36$ MPa이라면 비균열등급의 한계 [MPa]는?

① 3.78
② 4.80
③ 5.10
④ 6.00

○**TIP** 비균열등급은 $f_t < 0.63\sqrt{f_{ck}}$ 인 경우이므로 $0.63\sqrt{36} = 3.78$

토목설계 | 2024. 3. 23. 인사혁신처 시행

※ 본 문제는 국토교통부에서 고시한 건설기준코드(구조설계기준 : KDS 14 00 00)에 부합하도록 출제하였으며, 이외 기준은 해당 문항에 별도 표기함

1 철근콘크리트보를 인장지배단면으로 설계했을 때 보의 파괴 형태로 옳은 것은?

① 압축콘크리트의 파괴로부터 시작되는 취성파괴
② 압축콘크리트의 파괴로부터 시작되는 연성파괴
③ 인장철근의 항복으로부터 시작되는 취성파괴
④ 인장철근의 항복으로부터 시작되는 연성파괴

O TIP 철근콘크리트보를 인장지배단면으로 설계했을 때는 인장철근의 항복으로부터 시작되는 연성파괴가 일어난다.

2 양단이 힌지로 지지된 정사각형 단면 기둥의 좌굴 임계하중이 20kN일 때, 일단 고정 타단 자유인 동일한 단면을 가진 기둥의 좌굴 임계하중[kN]은? (단, 두 기둥의 길이는 같고, 동일한 재료로 균질하게 제작되었으며, 탄성거동 한다.)

① 5
② 10
③ 40
④ 80

O TIP 탄성좌굴하중 $P_{cr} = \dfrac{\pi^2 EI_{min}}{(KL)^2} = \dfrac{n \cdot \pi^2 EI_{min}}{L^2} = \dfrac{\pi^2 EA}{\lambda^2}$

E : 탄성계수 (MPa, N/mm²)
I_{min} : 최소단면2차 모멘트(mm⁴)
K : 지지단의 상태에 따른 유효좌굴길이계수
KL : 유효좌굴길이(mm)
λ : 세장비
f_{cr} : 임계좌굴응력

양단이 힌지인 경우의 유효좌굴길이계수는 1.0이고 일단고정 타단자유이므로 유효좌굴길이계수는 2.0이다. 좌굴하중식에 이 조건들을 대입하면 양단힌지인 경우 좌굴임계하중이 20kN이면 일단고정 타단자유인 경우 좌굴임계하중은 5kN이 된다.

Answer 20.① / 1.④ 2.①

3 그림과 같은 강구조 인장부재 볼트 연결부의 예상 파단선이 a - b - e - f - g일 때 순폭[mm]은? (단, 볼트구멍의 직경은 22mm이다)

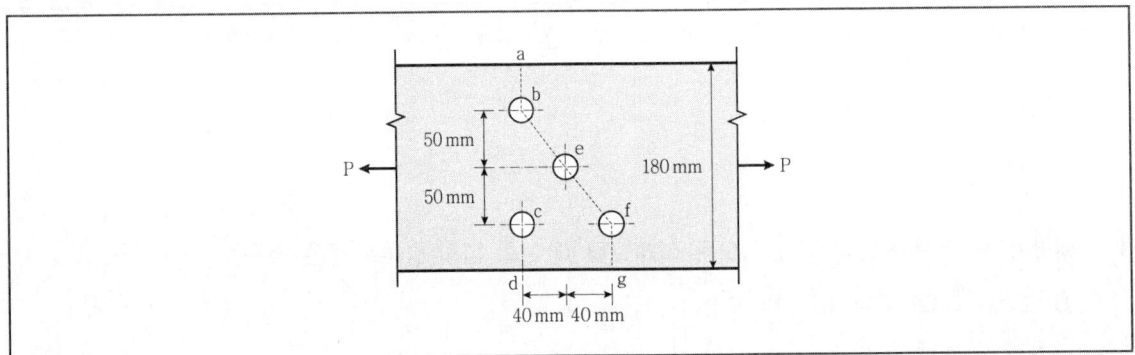

① 120
② 130
③ 140
④ 150

TIP 엇모배치의 경우 다음의 식으로 순단면적을 산정한다.

직선배치의 경우: $b_1 = b_g - 2d = 180 - 2 \cdot 22 = 136[mm]$

지그재그배치의 경우:

$b_2 = b_g - 3d + \sum \dfrac{p^2}{4g} = 180 - 3(22) + 2 \cdot \dfrac{(40)^2}{4(50)} = 130[mm]$

참고) 엇모배치(지그재그배치)인 경우 순단면적 산정

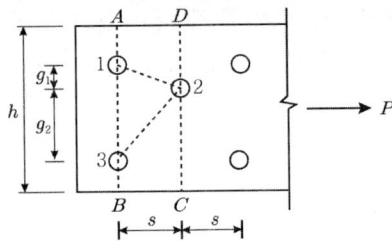

$A_n = A_g - n \cdot d \cdot t + \sum \dfrac{s^2}{4g} \cdot t$

파단선 A-1-3-B : $A_g = (h - 2d) \cdot t$

파단선 A-1-2-3-B : $A_g = \left(h - 3d + \dfrac{s^2}{4g_1} + \dfrac{s^2}{4g_s}\right) \cdot t$

파단선 A-1-2-C; $A_n = \left(h - 2d + \dfrac{s^2}{4g_1}\right) \cdot t$

파단선 D-2-3-B: $A_n = \left(h - 2d + \dfrac{s^2}{4g_2}\right) \cdot t$

이 중 순단면적의 크기가 가장 작은 경우가 실제로 파괴가 일어나게 되는 파단선이며 인장재의 순단면적이 된다. 위의 4가지 파단선 중 A-1-2-C와 D-2-3-B의 순단면적은 파단선 A-1-3-B의 경우보다 항상 크게 되므로 파단선 A-1-2-C와 D-2-3-B의 경우는 처음부터 고려할 필요가 없음을 알 수 있다.

4 철근콘크리트 압축부재의 설계에서 사각형이나 원형 띠철근으로 둘러싸인 압축부재의 축방향 주철근의 최소 배치 개수는?

① 3
② 4
③ 5
④ 6

> **TIP** 철근콘크리트 압축부재의 설계에서 사각형이나 원형 띠철근으로 둘러싸인 압축부재의 축방향 주철근의 최소 배치 개수는 4개이다.

5 철근콘크리트보의 휨설계에 대한 설명으로 옳지 않은 것은?

① 강도감소계수를 고려한 설계강도는 소요강도 이상이 되도록 설계하여야 한다.
② 콘크리트 압축파괴 이전에 철근의 항복이 먼저 일어나는 연성파괴가 되도록 설계하여야 한다.
③ 압축측 콘크리트의 갑작스런 취성파괴 방지를 위하여 압축지배 단면으로 설계한다.
④ 인장지배단면의 강도감소계수 ϕ의 값은 0.85이다.

> **TIP** 압축측 콘크리트의 갑작스런 취성파괴 방지를 위하여 인장지배 단면으로 설계해야 한다.

6 동일한 크기의 두 단부 모멘트가 단일 곡률을 일으키는 횡구속된 압축부재의 모멘트확대계수는? (단, 압축부재의 좌굴하중 P_c는 20,000kN이고, 계수축하중 P_u는 3,000kN이다)

① 1.20
② 1.25
③ 1.30
④ 1.35

> **TIP** 모멘트확대계수 : 압축력 P에 의해 1차모멘트가 증가하는 것을 나타내는 계수
>
> 보정계수 $C_m = 0.6 + 0.4\dfrac{M_1}{M_2} = 0.6 + 0.4 = 1$
>
> 모멘트 확대계수 $\delta = \dfrac{C_m}{1 - \dfrac{P_u}{0.75 P_{cr}}} = \dfrac{1}{1 - \dfrac{3000}{0.75 \cdot 20000}} = 1.25$

Answer 3.② 4.② 5.③ 6.②

7 그림과 같이 중심축하중이 작용하는 확대기초의 1방향 전단에 대한 위험 단면에서의 전단력의 크기[kN]는? (단, 중심축하중의 크기 P_u는 2,700kN이고, 기초판의 유효높이 d는 500mm이다)

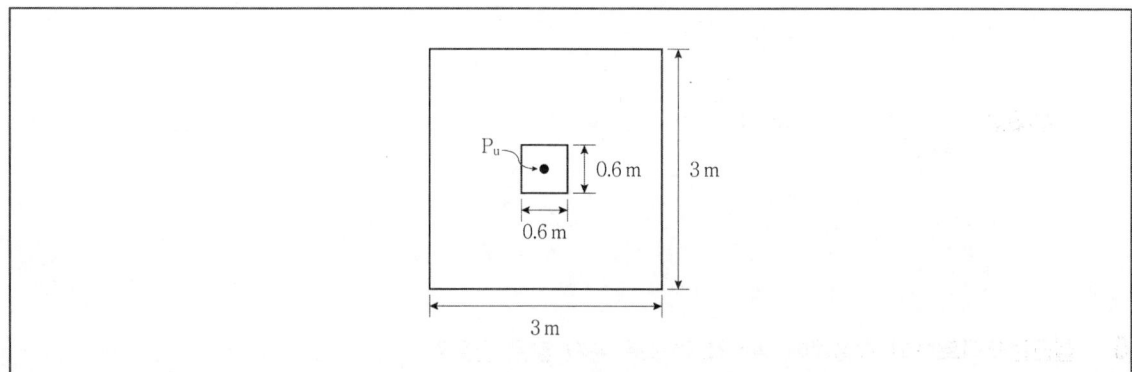

① 540　　　　　　　　　　　　② 570
③ 600　　　　　　　　　　　　④ 630

O TIP 확대기초 저면에 작용하는 등분포하중 $q_u = \dfrac{P_u}{A} = \dfrac{2700[kN]}{(3m)^2} = 300[kN/m^2]$

위험구역 면적 : $S\left(\dfrac{L-x}{2} - d\right) = 3\left(\dfrac{3-0.6}{2} - 0.5\right) = 2.1[m^2]$

$V = q_u \cdot$ 위험구역면적 $= 300 \cdot 2.1 = 630[kN]$

8 고장력볼트 마찰연결에서 공칭마찰강도 계산에 고려하지 않는 것은?

① 마찰면 상태
② 전단면의 수
③ 연결부재의 두께
④ 설계볼트의 장력

O TIP 고력볼트의 설계미끄럼강도(마찰강도)
$\phi R_n = \phi \cdot \mu \cdot h_{sc} \cdot T_o \cdot N_s$ (μ : 미끄럼계수, h_{sc} : 구멍계수, N_s : 전단면의 수, T_o : 설계볼트장력)
ⓐ 사용성한계상태에서 미끄럼방지를 위한 마찰접합의 경우 강도감소계수는 1.0
ⓑ 하중조합에 따른 소요강도에 대하여 미끄럼이 일어나지 않도록 해야 하는 마찰접합의 경우 강도감소계수는 0.85

9 콘크리트의 크리프와 건조수축에 대한 설명으로 옳지 않은 것은?

① 부재의 변형이 구속된 부정정 구조에서는 건조수축에 의한 응력이 발생한다.
② 물-시멘트비가 증가할수록 크리프와 건조수축은 증가한다.
③ 상대습도가 높을수록 건조수축은 증가한다.
④ 콘크리트 건조 초기에는 콘크리트 부재의 표면에는 인장응력이, 내부에는 압축응력이 발생한다.

TIP 상대습도가 높을수록 건조수축은 감소한다.

10 그림과 같은 프리스트레스트 콘크리트 단순보의 지간 중앙에서 프리스트레스 힘 P에 의한 솟음의 크기가 $C_1 \dfrac{PL^2 e_c}{EI}$ 일 때, C_1은? (단, 보의 휨강성 EI는 일정하다)

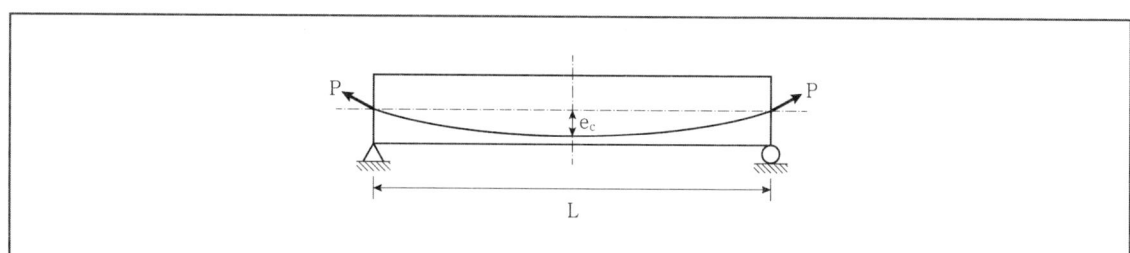

① $\dfrac{5}{48}$ ② $\dfrac{5}{64}$

③ $\dfrac{5}{128}$ ④ $\dfrac{5}{384}$

TIP $M_e = Pe = \dfrac{w_e L^2}{8}$, $\delta = \dfrac{5w_e L^4}{384EI} = \dfrac{5\left(\dfrac{8Pe_c}{L^2}\right)L^4}{384EI} = \dfrac{5PL^2 e_c}{48EI}$

Answer 7.④ 8.③ 9.③ 10.①

11 그림과 같이 철근콘크리트보 단면의 등가직사각형 응력블록과 철근 인장력의 크기가 주어졌을 때, 깊이 y[mm]는?

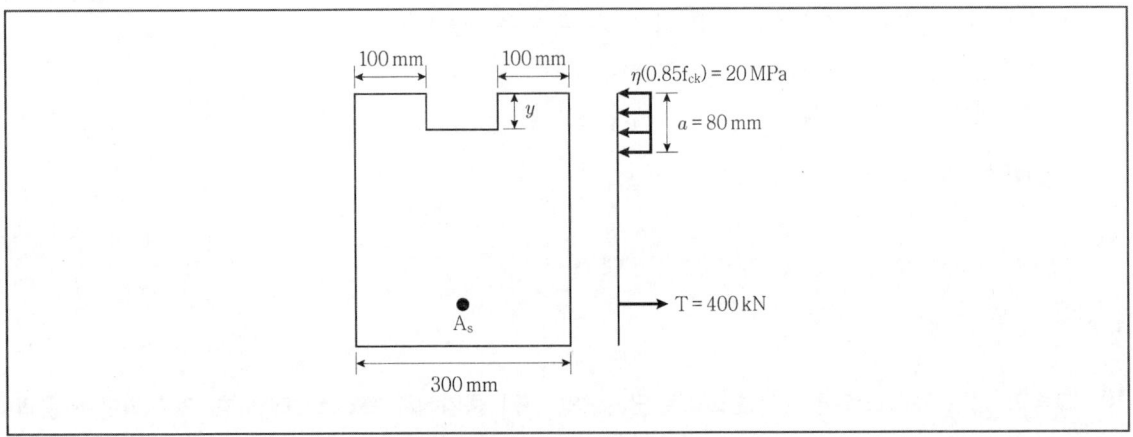

① 20
② 40
③ 60
④ 80

🔵**TIP** $C = T$: $\eta(0.85 f_{ck})A = T = 20(300 \cdot 80 - 100 \cdot y) = 400[kN]$
따라서 $y = 40[mm]$

12 프리스트레스트 콘크리트 휨부재는 미리 압축을 가한 인장구역에서 사용하중에 의한 인장연단응력 f_t에 따라 비균열등급, 부분균열등급, 완전균열등급으로 구분된다. 부분균열등급에 해당하는 인장연단응력 범위[MPa]는? (단, f_{ck}[MPa]는 콘크리트 설계기준압축강도이다)

① $f_t \leq 0.63\sqrt{f_{ck}}$

② $0.63\sqrt{f_{ck}} < f_t \leq 1.0\sqrt{f_{ck}}$

③ $1.0\sqrt{f_{ck}} < f_t \leq 1.2\sqrt{f_{ck}}$

④ $f_t > 1.2\sqrt{f_{ck}}$

🔵**TIP** 부분균열등급 : 프리스트레스된 휨부재의 균열 발생 가능성을 나타내는 등급의 하나로서 사용하중에 의한 인장측 연단 응력 f_t가 $0.63\sqrt{f_{ck}}$ 보다 크고 $1.0\sqrt{f_{ck}}$ 이하로서 비균열단면과 균열단면의 중간수준으로 거동하는 단면에 해당하는 등급

13 프리스트레스트 콘크리트 교량 구조물에 대한 설명으로 옳지 않은 것은? (단, KDS 24 14 20 : 2018에 따른다)

① PS강재의 릴랙세이션이 작아야 한다.
② PS강재의 연신율이 커서 충분한 연성을 가지고 있어야 한다.
③ 프리텐션 부재의 콘크리트 설계기준압축강도는 25MPa 이상이어야 한다.
④ 포스트텐션 부재의 콘크리트 설계기준압축강도는 30MPa 이상이어야 한다.

　　TIP 프리텐션 부재의 콘크리트 설계기준압축강도는 35MPa 이상이어야 한다.

14 그림과 같은 삼각형 철근콘크리트 단면의 철근량 $A_s[mm^2]$는? (단, 압축부 콘크리트의 응력분포는 등가직사각형 응력분포로 고려하며, 인장철근은 항복하였고, a는 등가직사각형 응력블록의 깊이, 콘크리트의 설계기준압축강도 f_{ck}는 20MPa, 철근의 항복강도 f_y는 400MPa이다)

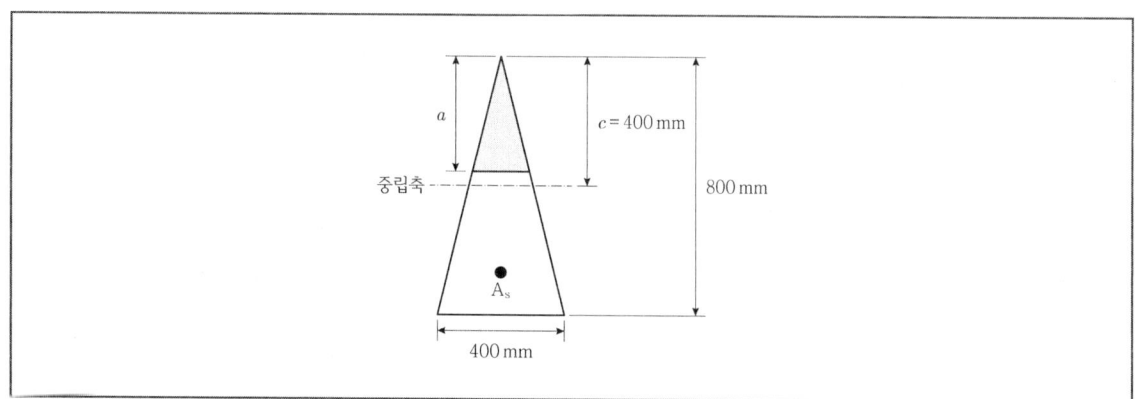

① 1,088　　　　　　　　　　　② 1,148
③ 1,235　　　　　　　　　　　④ 1,324

　　TIP $f_{ck} \leq 40[MPa]$이므로 $\eta = 1$, $\eta = 0.8$, $\varepsilon_c = 0.0033$
　　압축을 받는 콘크리트 면적을 구하면
　　$a = \beta_1 c = 0.8 \cdot 400 = 320[mm]$
　　$A = \dfrac{1}{2} \cdot \left(a \cdot \dfrac{1}{2}\right) \cdot a = \dfrac{1}{2} \cdot \left(320 \cdot \dfrac{1}{2}\right) \cdot 320 = 25,600[mm^2]$
　　$C = T : \eta(0.85 f_{ck})A = A_s f_y$이므로
　　$A_s = \dfrac{\eta(0.85 f_{ck})A}{f_y} = \dfrac{1(0.85 \cdot 20)(25,600)}{400} = 1,088[mm^2]$

Answer 11.② 12.② 13.③ 14.①

15 그림과 같이 치수가 주어진 슬래브와 보를 일체로 친 T형보의 플랜지 유효폭 b[mm]는? (단, 보의 경간은 12m이다)

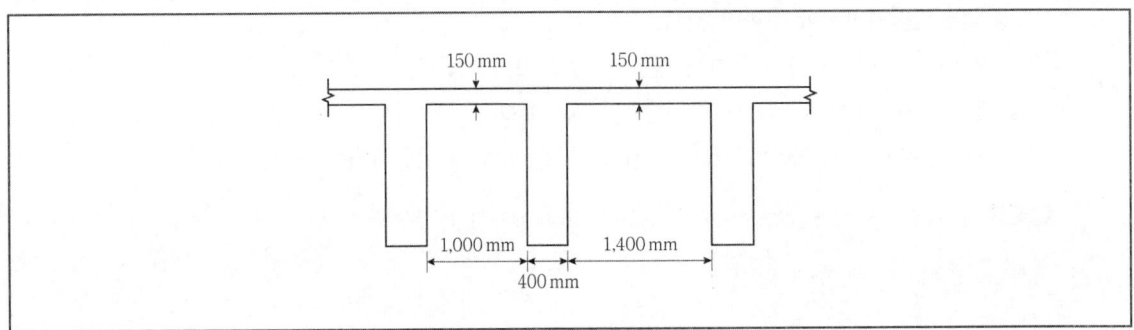

① 1,200　　　　　　　　　　　② 1,600
③ 2,800　　　　　　　　　　　④ 3,000

TIP T형보 플랜지의 유효폭

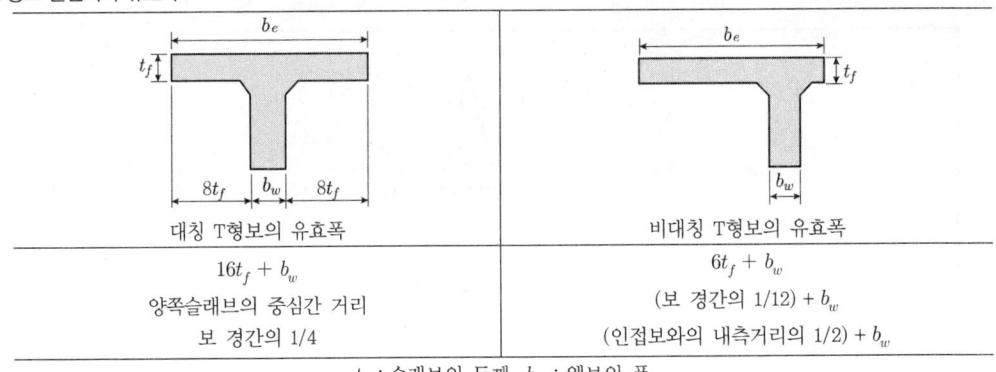

대칭 T형보의 유효폭	비대칭 T형보의 유효폭
$16t_f + b_w$	$6t_f + b_w$
양쪽슬래브의 중심간 거리	(보 경간의 1/12) + b_w
보 경간의 1/4	(인접보와의 내측거리의 1/2) + b_w

t_f : 슬래브의 두께, b_w : 웨브의 폭

$16t_f + b_w$: 16(150)+400=2700
양쪽슬래브의 중심간 거리 : 500+400+700=1,600
보 경간의 1/4 : 12,000/4=3,000

16 계수전단력 V_u가 작용하는 직사각형 단면의 철근콘크리트 휨부재에서 공칭전단강도 V_n의 최솟값[kN]은? (단, 계수전단력 V_u는 75kN이다)

① 85　　　　　　　　　　　② 90
③ 95　　　　　　　　　　　④ 100

TIP 계수전단력은 공칭전단강도에 강도감소계수를 곱한 값이다. 전단력에 대한 강도감소계수는 0.75이므로 계수전단력이 75kN인 경우 공칭전단강도는 100kN이다.

17 콘크리트용 앵커 설계기준에서 연성강재요소의 강도에 의해 지배되는 앵커의 인장력 설계 시 고려되는 강도감소계수 ϕ는?

① 0.75
② 0.65
③ 0.60
④ 0.55

> **TIP** 부재와 하중의 종류별 강도감소계수
>
> | 부재 또는 하중의 종류 | 강도감소계수 |
> |---|---|
> | 인장지배단면 | 0.85 |
> | 압축지배단면-나선철근부재 | 0.70 |
> | 압축지배단면-스터럽 또는 띠철근부재 | 0.65 |
> | 전단력과 비틀림모멘트 | 0.75 |
> | 콘크리트의 지압력 | 0.65 |
> | 포스트텐션 정착구역 | 0.85 |
> | 스트럿타이-스트럿, 절점부 및 지압부 | 0.75 |
> | 스트럿타이-타이 | 0.85 |
> | 무근콘크리트의 휨모멘트, 압축력, 전단력, 지압력 | 0.55 |

18 콘크리트구조의 해석과 설계에 사용하는 탄성계수에 대한 설명으로 옳지 않은 것은? (단, f_{cm}[MPa]은 콘크리트의 평균압축강도이다)

① 콘크리트의 할선탄성계수는 콘크리트의 단위질량 m_c의 값이 1,450~2,500kg/m³인 콘크리트의 경우 $E_c = 0.077 m_c^{1.5} \sqrt[3]{f_{cm}}$ (MPa)이다.
② 보통중량골재를 사용한 콘크리트(단위질량 $m_c = 2,300$ kg/m³)의 경우 $E_c = 8,500 \sqrt[3]{f_{cm}}$ (MPa)이다.
③ 크리프 변형을 계산할 때 사용하는 탄성계수는 콘크리트 할선탄성계수와 동일하게 사용한다.
④ 철근의 탄성계수는 $E_s = 200,000$ (MPa)을 표준으로 하여야 한다.

> **TIP** 크리프 변형을 계산할 때 사용하는 탄성계수는 유효탄성계수(장기하중이 가해졌을 때 크리프 및 수축영향을 고려한 계수)를 사용해야 한다.

19 콘크리트구조 정착 및 이음 설계기준에서 제시하는 철근의 이음에 대한 설명으로 옳지 않은 것은?

① 이음은 가능한 한 최대 인장응력점으로부터 떨어진 곳에 두어야 한다.
② 철근의 굽힘이 시작되는 부위에서 용접이음을 시작할 수 있다.
③ 용접이음은 용접용 철근을 사용해야 한다.
④ 기계적이음은 철근의 설계기준항복강도 f_y의 125% 이상을 발휘할 수 있는 기계적이음이어야 한다.

> **TIP** 철근이 굽혀진 부위에서는 용접이음할 수 없으며, 굽힘이 시작되는 부위에서 철근지름의 2배 이상 떨어진 곳에서부터 용접이음을 시작할 수 있다

20 옹벽의 구조상세에 대한 설명으로 옳지 않은 것은? (단, KDS 11 80 05 : 2020에 따른다)

① 활동에 대한 효과적인 저항을 위하여 저판에 활동방지벽을 적용하는 경우 저판과 일체로 설치해야 한다.
② 신축이음 설치 간격은 중력식 옹벽의 경우는 10m 이하, 캔틸레버식 및 부벽식옹벽에서는 15m~20m 이하의 간격으로 설치하여야 한다.
③ 뒷부벽식 옹벽에서는 전면벽과 기초 슬래브에 의해 부벽에 전달되는 응력을 지지하기 위해 필요한 철근을 부벽에 배근해야 한다. 또 전면벽과 기초슬래브에는 인장철근의 20% 미만의 배력철근을 두어야 한다.
④ 부벽식 옹벽의 경우에는 수평방향의 철근량이 많으므로 수축이음을 설치하지 않아도 좋다.

> **TIP** 뒷부벽식 옹벽에서는 전면벽과 기초 슬래브에 의해 부벽에 전달되는 응력을 지지하기 위해 필요한 철근을 부벽에 배근해야 한다. 또 전면벽과 기초슬래브에는 인장철근의 20% 이상의 배력철근을 두어야 한다.

토목설계

2024. 6. 22. 제1회 지방직 시행

※ 본 문제는 국토교통부에서 고시한 건설기준코드(구조설계기준 : KDS 14 00 00)에 부합하도록 출제하였으며, 이외 기준은 해당 문항에 별도 표기함

1 4변에 의해 지지되는 2방향 슬래브 중에서 1방향 슬래브로 해석할 수 있는 단변에 대한 장변의 비로 적합하지 않은 것은?

① 1.5
② 2.5
③ 3.5
④ 4.5

> **TIP** 마주보는 두 변에 의해서만 지지된 경우이거나 네 변이 지지된 슬래브 중에서 L/S 〉 2인 경우가 1방향 슬래브에 해당된다. 여기서 L은 장변의 길이이고 S는 단변의 길이이다. 마주보는 두 변에만 지지되는 1방향 슬래브는 휨부재(단위폭 1m)로 보고 설계한다.

2 프리스트레스를 가하지 않은 띠철근 단주의 최대 설계축강도 $\phi P_{n(\max)}$는? (단, ϕ = 강도감소계수, f_{ck} = 콘크리트의 설계기준압축강도, f_y = 철근의 설계기준항복강도, A_g = 기둥의 전체단면적, A_{st} = 종방향 철근의 전체단면적이다)

① $\phi[0.85f_{ck}A_g + f_y A_{st}]$
② $\phi[f_{ck}(A_g - A_{st}) + f_y A_{st}]$
③ $0.85\phi[0.85f_{ck}(A_g - A_{st}) + f_y A_{st}]$
④ $0.80\phi[0.85f_{ck}(A_g - A_{st}) + f_y A_{st}]$

> **TIP** 프리스트레스를 가하지 않은 띠철근 단주의 최대 설계축강도
> $\phi P_{n(\max)} = 0.80\phi[0.85f_{ck}(A_g - A_{st}) + f_y A_{st}]$
> (ϕ = 강도감소계수, f_{ck} = 콘크리트의 설계기준압축강도, f_y = 철근의 설계기준항복강도, A_g = 기둥의 전체단면적, A_{st} = 종방향 철근의 전체단면적이다)

Answer 19.② 20.③ / 1.① 2.④

3 철근콘크리트가 효율적인 구조재료로 쓰일 수 있는 이유로 옳지 않은 것은?

① 콘크리트는 강재에 비해 높은 압축강도를 갖는다.
② 콘크리트가 경화된 후, 철근과 콘크리트 사이에 강한 부착력이 유지된다.
③ 콘크리트와 철근의 열팽창 계수가 거의 같다.
④ 콘크리트는 철근을 부식과 화재로부터 보호한다.

　TIP 압축강도는 강재가 콘크리트보다 높다.

4 강도설계법에 의한 콘크리트구조 설계 시 적용해야 할 강도감소계수로 옳지 않은 것은?

① 인장지배단면 : 0.85
② 나선철근으로 보강된 압축지배단면 : 0.65
③ 전단력과 비틀림모멘트 : 0.75
④ 포스트텐션 정착구역 : 0.85

　TIP 나선철근으로 보강된 압축지배단면의 강도감소계수는 0.70이다.

부재 또는 하중의 종류	강도감소계수
인장지배단면	0.85
압축지배단면 - 나선철근부재	0.70
압축지배단면 - 스터럽 또는 띠철근부재	0.65
전단력과 비틀림모멘트	0.75
콘크리트의 지압력	0.65
포스트텐션 정착구역	0.85
스트럿타이 - 스트럿, 절점부 및 지압부	0.75
스트럿타이 - 타이	0.85
무근콘크리트의 휨모멘트, 압축력, 전단력, 지압력	0.55

5 철근의 정착에 대한 설명으로 옳지 않은 것은?

① 인장 이형철근의 정착길이 l_d는 기본정착길이 l_{db}에 보정계수를 고려하는 방법을 적용할 수 있다. 다만, 기본정착길이 l_{db}는 항상 300mm 이상이어야 한다.
② 인장 이형철근의 정착길이에 대한 보정계수는 배근 위치, 철근표면 도막 여부 등의 조건에 따라 정한다.
③ 동일 조건에서 D19 이하의 인장 이형철근에 대한 보정계수는 D22 이상의 인장 이형철근에 대한 보정계수보다 작다.
④ 갈고리는 압축철근의 정착에 유효하지 않은 것으로 본다.

　TIP 장력을 받는 이형철근의 정착길이(l_d)는 기본정착길이(l_{db})에 보정계수를 곱하여 구하며 인장이형철근의 정착길이는 항상 300mm이상이어야 한다.

6 철근콘크리트 부재의 설계 측면에서 균열을 제어하는 방법으로 옳지 않은 것은?

① 특별히 수밀성이 요구되는 구조는 적절한 방법으로 균열에 대한 검토를 하여야 하며 이 경우 소요수밀성을 갖도록 허용균열폭을 설정하여 검토할 수 있다.
② 미관이 중요한 구조는 미관상의 허용균열폭을 설정하여 균열을 검토할 수 있다.
③ 하중에 의한 균열을 제어하기 위해 필요한 철근 외에도 필요에 따라 온도변화, 건조수축 등에 의한 균열을 제어하기 위한 추가 보강철근을 배치해야 한다.
④ 균열제어를 위한 철근은 필요로 하는 부재 단면의 주변에 분산시켜 배치해야 하고, 이 경우 철근의 지름은 가능한 한 작게, 철근의 간격은 가능한 한 넓게 하여야 한다.

　TIP 균열 제어를 위한 철근은 필요로 하는 부재 단면의 주변에 분산시켜 배치하여야 하고, 이 경우 철근의 지름과 간격을 가능한 한 작게 하여야 한다.

7 휨모멘트를 받는 철근콘크리트 부재의 콘크리트 압축연단의 극한변형률은? (단, 콘크리트의 설계기준압축강도 f_{ck} = 40MPa이다)

① 0.0030
② 0.0031
③ 0.0032
④ 0.0033

　TIP 휨모멘트를 받는 철근콘크리트 부재의 콘크리트 압축연단의 극한변형률은 0.0033이다. (건축구조기준 개정 전에는 0.003이었으나 개정 후 0.0033으로 변경됨)

Answer 3.① 4.② 5.① 6.④ 7.④

8 1방향 철근콘크리트 슬래브에 배근되는 수축·온도 철근에 대한 설명으로 옳지 않은 것은?

① 수축·온도철근비는 콘크리트 전체단면적에 대한 수축·온도철근 단면적의 비를 말한다.

② 수축·온도철근은 설계기준항복강도를 발휘할 수 있도록 정착되어야 한다.

③ 수축·온도철근의 간격은 슬래브 두께의 3배 이하, 또한 500mm 이하로 하여야 한다.

④ 설계기준항복강도가 400MPa 이하인 이형철근을 사용한 슬래브의 수축·온도철근비는 0.002 이상이어야 한다.

○**TIP** 수축, 온도철근의 간격은 슬래브 두께의 5배 이하이거나 450mm이하여야 한다.

9 압축철근비 $\rho' = 0.02$인 복철근 직사각형 보에서 지속하중에 의한 탄성처짐이 15mm 발생하였을 때, 5년 후 지속하중에 의한 추가 장기처짐을 더한 최종 처짐[mm]은? (단, 5년 후의 지속하중에 대한 시간경과계수(ξ)는 2.0이다)

① 15
② 22
③ 30
④ 45

○**TIP** $\lambda = \dfrac{\xi}{1+50\rho'} = \dfrac{2.0}{1+50 \cdot 0.02} = 1.0$이다. 지속하중에 의한 탄성처짐과 장기처짐을 합한 값(최종처짐)은 15+(1.0)15=30[mm]이다.

※ 장기처짐
- 장기처짐 산정식 : 장기처짐 = 지속하중에 의한 탄성처짐 × λ
- $\lambda = \dfrac{\xi}{1+50\rho'}$ (ξ : 시간경과계수, $\rho' = \dfrac{A_s'}{bd}$: 압축철근비)

10 철근콘크리트 부재의 전단설계에 대한 설명으로 옳지 않은 것은?

① 전단력이 작용하는 부재의 단면은 설계전단강도 ϕV_n이 계수전단력 V_u 이상이 되도록 설계해야 한다.

② 공칭전단강도 V_n은 콘크리트에 의한 단면의 공칭전단강도 V_c와 전단철근에 의한 단면의 공칭전단강도 V_s의 합이다.

③ 공칭전단강도 V_n을 결정할 때, 부재에 개구부가 있는 경우에는 그 영향을 고려하여야 한다.

④ 계수전단력 V_u가 콘크리트에 의한 설계전단강도 ϕV_c의 1/2 이하인 휨부재에는 최소전단철근을 배치하여야 한다.

○**TIP** 수전단력 V_u가 콘크리트에 의한 설계전단강도 ϕV_c의 1/2 이하인 휨부재에는 전단철근이 불필요하다.

11 포스트텐션 긴장재의 파상마찰과 곡률마찰에 의한 손실을 고려한 임의점 x에서 긴장력 $P_{px} = P_{pj}e^C$일 때, C의 식으로 옳은 것은? (단, P_{pj} = 긴장단에서 긴장재의 긴장력, l_{px} = 정착단부터 임의점 x까지 긴장재의 길이, α_{px} = 긴장단부터 임의점 x까지 긴장재의 전체 회전각 변화량, K = 파상마찰계수, μ_p = 곡률마찰계수이다)

① $-(Kl_{px} + \mu_p \alpha_{px})$
② $-(Kl_{px} - \mu_p \alpha_{px})$
③ $(K\alpha_{px} - \mu_p l_{px})$
④ $(K\alpha_{px} + \mu_p l_{px})$

> **TIP** 포스트텐션 긴장재의 파상마찰과 곡률마찰에 의한 손실을 고려한 임의점 x에서 긴장력 $P_{px} = P_{pj}e^{-(Kl_{px} + \mu_p \alpha_{px})}$이다.

12 유효깊이 d = 500mm인 직사각형 단면의 철근콘크리트 보에 수직스터럽을 간격 s = 100mm로 배치하였다. 수직스터럽에 의한 공칭전단강도 V_s[kN]는? (단, 전단철근의 설계기준항복강도 f_{yt} = 400MPa, 거리 s 내의 전단철근의 전체단면적 A_v = 200 mm^{2}이다)

① 400
② 440
③ 480
④ 520

> **TIP** $V_s = \dfrac{A_s f_y d}{s} = \dfrac{200[mm^2] \cdot 400[MPa] \cdot 500[mm]}{100[mm]} = 400[kN]$

13 SM275 강재(항복강도 F_y = 275MPa, 인장강도 F_u = 410MPa)로 제작된 인장부재의 총단면의 항복한계상태에 대한 공칭인장강도 P_n[N]은? (단, 부재의 총단면적 A_g = 10mm^2, 유효 순단면적 A_n = 8mm^{2}이다)

① 2,200
② 2,460
③ 2,750
④ 4,100

> **TIP** $P_n = F_y \cdot A_g = 275[MPa] \cdot 10[mm^2] = 2,750[N]$

Answer 8.③ 9.③ 10.④ 11.① 12.① 13.③

14 그림과 같이 프리스트레스트 콘크리트 단순보에 자중을 포함한 등분포하중 $w = 80\text{kN/m}$가 작용한다. 긴장재가 편심 $e = 0.3\text{m}$로 직선배치되어 있을 때, 지간 중앙단면의 하연(A점)에서 응력이 0(zero)이 되게 하는 프리스트레스 힘 P의 크기[kN]는? (단, 프리스트레스 손실은 없는 것으로 가정한다)

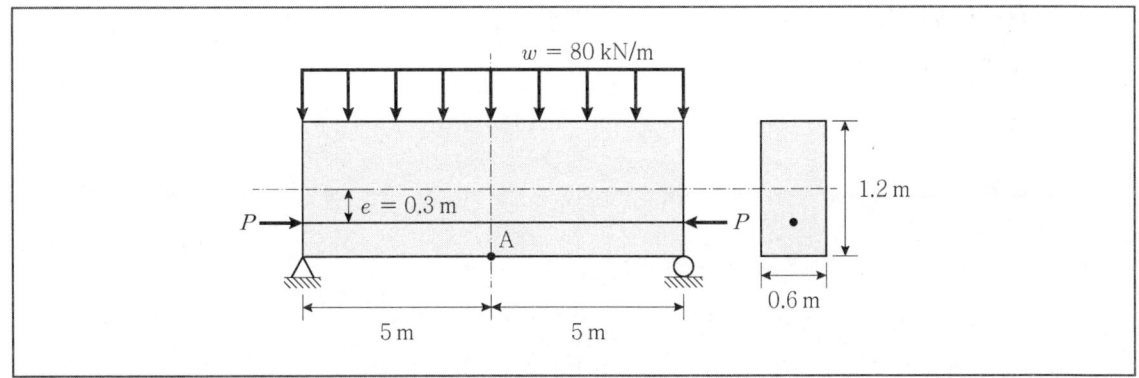

① 1,000　　　　　　　　　　② 2,000
③ 3,000　　　　　　　　　　④ 4,000

○TIP $M_w = \dfrac{wL^2}{8}$, $M_e = P\left(e + \dfrac{h}{6}\right)$, $M_w = M_e$ 이어야 하므로

$$P = \dfrac{wL^2}{8\left(e + \dfrac{h}{6}\right)} = \dfrac{80[kN/m] \cdot (10[m])^2}{8\left(0.3[m] + \dfrac{1.2[m]}{6}\right)} = 2,000[kN]$$

15 옹벽 설계에 대한 설명으로 옳지 않은 것은?

① 앞부벽은 T형보로 설계하여야 하며, 뒷부벽은 직사각형보로 설계하여야 한다.
② 무근콘크리트 옹벽은 자중에 의하여 저항력을 발휘하는 중력식 형태로 설계하여야 한다.
③ 부벽식 옹벽의 전면벽은 3변 지지된 2방향 슬래브로 설계할 수 있다.
④ 지반에 유발되는 최대 지반반력은 지반의 허용지지력을 초과할 수 없다.

○TIP 앞부벽은 직사각형보로 설계하여야 하며, 뒷부벽은 T형보로 설계하여야 한다.

옹벽의 종류	설계위치	설계방법
캔틸레버 옹벽	전면벽 저판	캔틸레버 캔틸레버
뒷부벽식 옹벽	전면벽 저판 뒷부벽	2방향 슬래브 연속보 T형보
앞부벽식 옹벽	전면벽 저판 앞부벽	2방향 슬래브 연속보 직사각형 보

16 기초판 설계에 대한 설명으로 옳지 않은 것은?

① 휨모멘트에 대한 설계 시, 1방향 기초판 또는 2방향 정사각형 기초판에서 철근은 기초판 전체 폭에 걸쳐 균등하게 배치하여야 한다.
② 말뚝기초의 기초판 설계에서 말뚝의 반력은 각 말뚝의 중심에 집중된다고 가정하여 휨모멘트와 전단력을 계산할 수 있다.
③ 기초판 윗면부터 하부철근까지 깊이는 직접기초의 경우는 100mm 이상, 말뚝기초의 경우는 400mm 이상으로 하여야 한다.
④ 기초판 각 단면의 휨모멘트는 기초판을 자른 수직면에서 그 수직면의 한쪽 전체 면적에 작용하는 힘에 대해 계산하여야 한다.

> **TIP** 기초판 윗면부터 하부철근까지 깊이는 직접기초의 경우 150mm 이상, 말뚝기초의 경우는 300mm 이상으로 하여야 한다.

17 철골 압축재의 좌굴하중에 대한 설명으로 옳지 않은 것은?

① 부재의 유효길이가 클수록 좌굴하중이 증가한다.
② 단면2차모멘트가 클수록 좌굴하중이 증가한다.
③ 강재의 탄성계수가 작을수록 좌굴하중이 감소한다.
④ 단면2차반경이 작을수록 좌굴하중이 감소한다.

> **TIP** 부재의 유효길이가 클수록 좌굴하중(좌굴강도)가 저하된다.
>
> 탄성좌굴하중 $P_{cr} = \dfrac{\pi^2 EI_{\min}}{(KL)^2} = \dfrac{n \cdot \pi^2 EI_{\min}}{L^2} = \dfrac{\pi^2 EA}{\lambda^2}$
>
> 좌굴응력 $f_{cr} = \dfrac{P_{cr}}{A} = \dfrac{\pi^2 EI_{\min}}{(KL)^2 \cdot A} = \dfrac{\pi^2 E \cdot r_{\min}^2}{(KL)^2} = \dfrac{\pi^2 E}{\lambda^2}$
>
> - E : 탄성계수 (MPa, N/mm²)
> - $I_{\min}$: 최소단면2차 모멘트(mm⁴)
> - K : 지지단의 상태에 따른 유효좌굴길이계수
> - KL : 유효좌굴길이(mm)
> - λ : 세장비
> - f_{cr} : 임계좌굴응력

Answer 14.② 15.① 16.③ 17.①

18 그림과 같이 단철근 직사각형 보가 공칭휨강도 M_n에 도달할 때 압축측 콘크리트가 부담하는 압축력 C의 크기[kN]는? (단, 철근의 전체단면적 A_s = 1,000mm², 콘크리트의 설계기준압축강도 f_{ck} = 28MPa, 철근의 설계기준항복강도 f_y = 350MPa이다)

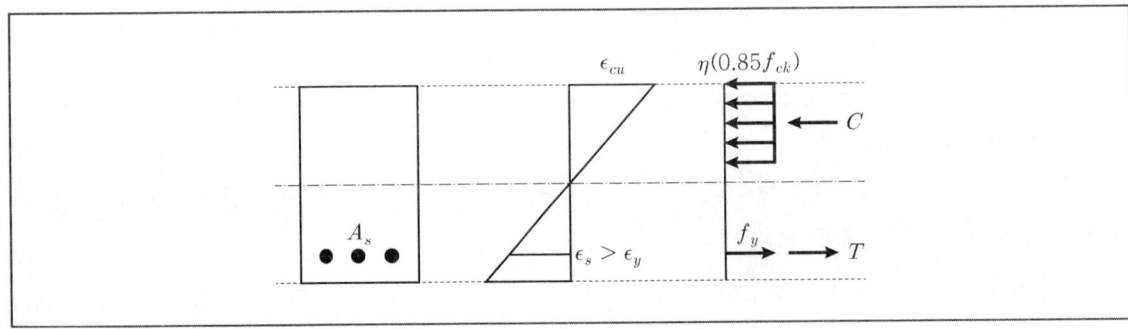

① 28
② 35
③ 280
④ 350

　TIP $C = \eta(0.85f_{ck}ab)$, $T = A_s f_y$ 이므로
　　　　$C = T = A_s f_y = 1,000[mm^2] \cdot 350[MPa] = 350[kN]$

19 그림과 같이 동일한 철근 다섯 가닥이 배근된 철근콘크리트 보의 유효깊이 d[mm]는? (단, 철근 하나의 공칭단면적은 300mm²이고, 콘크리트의 설계기준압축강도 f_{ck} = 20MPa, 철근의 항복강도 f_y = 300MPa이다)

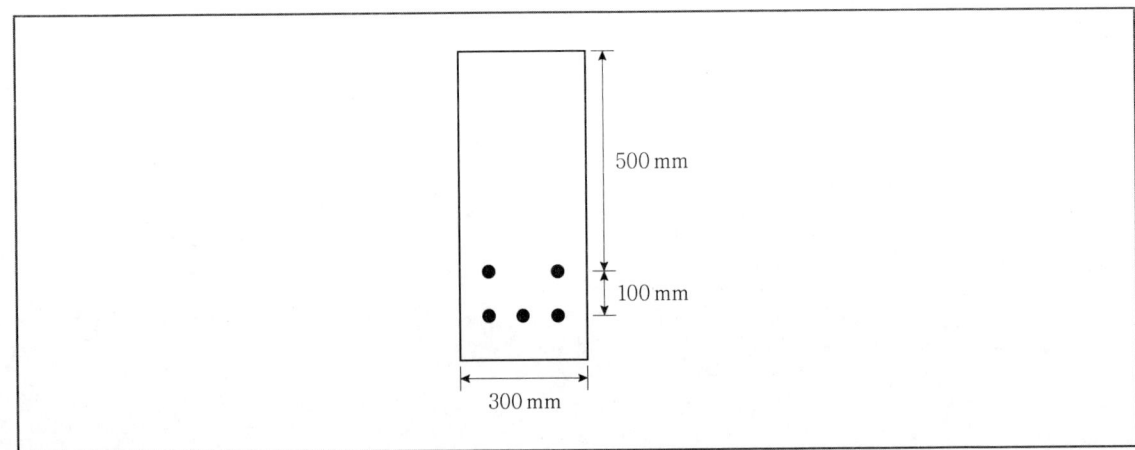

① 520
② 540
③ 560
④ 580

○**TIP** $d_e = \dfrac{\sum A y_c}{\sum A} = \dfrac{2(500)+3(600)}{2+3} = 560[mm]$

20 프리텐션 방식의 프리스트레스트 콘크리트 보를 시공하는 순서대로 바르게 나열한 것은?

> ㉠ 인장대 설치
> ㉡ 긴장재를 잡아 당겨 긴장 후 고정
> ㉢ 긴장재의 인장력을 풀고 긴장재 절단
> ㉣ 콘크리트 타설 및 양생

① ㉠, ㉡, ㉢, ㉣
② ㉠, ㉡, ㉣, ㉢
③ ㉠, ㉣, ㉢, ㉡
④ ㉣, ㉠, ㉡, ㉢

○**TIP** 프리스트레스트 콘크리트 보 시공순서 … 인장대 설치 → 긴장재를 잡아 당겨 긴장 후 고정 → 콘크리트 타설 및 양생 → 긴장재의 인장력을 풀고 긴장재 절단

Answer 18.④ 19.③ 20.②

| 토목설계 | 2025. 4. 5. 국가직 시행 |

※ 본 문제는 국토교통부에서 고시한 건설기준코드(구조설계기준 : KDS 14 00 00)에 부합하도록 출제하였으며, 이외 기준은 해당 문항에 별도 표기함

1 양단이 힌지로 지지된 콘크리트 압축부재의 장주효과를 무시할 수 있는 비지지길이 l_u의 최댓값[mm]은? (단, 압축부재 단면의 최소 회전반경 r은 200mm이고, 비횡구속 골조의 압축부재이다)

① 1,100
② 2,200
③ 3,300
④ 4,400

○**TIP** $\lambda = \dfrac{kl_u}{r} \leq 22$를 충족해야 하므로 $\dfrac{1.0 \cdot l_u}{200[mm]} \leq 22$이므로 l_u의 최댓값은 4,400[mm]이다.

2 기타 콘크리트구조 설계기준에서 제시하는 옹벽설계의 안정조건에 대한 설명으로 옳지 않은 것은?

① 활동에 대한 저항력은 옹벽에 작용하는 수평력의 1.5배 이상이어야 한다.
② 전도에 대한 저항휨모멘트는 횡토압에 의한 전도모멘트의 1.5배 이상이어야 한다.
③ 전도 및 지반지지력에 대한 안정조건은 만족하지만, 활동에 대한 안정조건만을 만족하지 못할 경우에는 활동방지벽 혹은 횡방향 앵커 등을 설치하여 활동저항력을 증대시킬 수 있다.
④ 지반의 지지력은 지반공학적 방법 중 선택하여 적용할 수 있으며, 지반의 내부마찰각, 점착력 등과 같은 특성으로부터 지반의 극한지지력 q_u를 추정할 수 있다. 다만, 이 경우에 허용지지력 q_a는 $\dfrac{q_u}{3}$이어야 한다.

○**TIP** 전도에 대한 저항휨모멘트는 횡토압에 의한 전도모멘트의 2.0배 이상이어야 한다.

3 콘크리트 슬래브와 기초판 설계기준에서 제시하는 기초판의 휨모멘트에 대한 설계 시 고려 사항으로 옳지 않은 것은?

① 최대 계수휨모멘트를 계산할 때, 강재 밑판을 갖는 기둥을 지지하는 기초판은 강재 밑판 단부를 위험단면으로 한다.
② 최대 계수휨모멘트를 계산할 때, 콘크리트 기둥, 주각 또는 벽체를 지지하는 기초판은 기둥, 주각 또는 벽체의 외면을 위험단면으로 한다.
③ 1방향 기초판 또는 2방향 정사각형 기초판에서 철근은 기초판 전체 폭에 걸쳐 균등하게 배치하여야 한다.
④ 기초판 각 단면의 휨모멘트는 기초판을 자른 수직면에서 그 수직면의 한쪽 전체 면적에 작용하는 힘에 대해 계산하여야 한다.

> **TIP** 최대 계수휨모멘트를 계산할 때, 강재 밑판을 가지는 기둥을 지지하는 기초판은 기둥 외측 면과 강재 밑판 단부의 중간으로 한다.

4 프리스트레스트 콘크리트구조 설계기준에서 제시하는 설계 원칙으로 옳지 않은 것은?

① 프리스트레스트콘크리트 부재의 설계는 프리스트레스를 도입할 때부터 구조물의 수명 기간 동안에 모든 재하단계의 강도 및 사용조건에 따른 거동에 근거하여야 한다.
② 프리스트레스에 의해 발생되는 부재의 탄·소성변형, 처짐, 길이변화 및 회전 등에 의해 인접한 구조물에 미치는 영향을 고려하여야 한다. 이때 온도와 수축의 영향도 고려하여야 한다.
③ 설계에서는 프리스트레스에 의하여 발생하는 응력집중을 고려할 필요는 없다.
④ 덕트의 치수가 과대하여 긴장재와 덕트가 부분적으로 접촉하는 경우, 접촉하는 위치 사이에 있어서 부재 좌굴과 얇은 복부 및 플랜지의 좌굴이 발생할 가능성을 검토하여야 한다.

> **TIP** 프리스트레스트 콘크리트구조 설계에서는 프리스트레스에 의하여 발생하는 응력집중을 고려하여야 한다.

5 강구조 설계 일반사항(하중저항계수설계법)에서 제시하는 용어에 대한 설명으로 옳지 않은 것은?

① 커버플레이트 : 트러스의 부재, 스트럿, 또는 가새재(브레이싱)를 보 또는 기둥에 연결하는 판요소
② 유효길이계수 : 유효좌굴길이와 부재의 비지지길이의 비
③ 국부좌굴 : 부재 전체의 파괴를 유발할 수도 있는 압축 판요소의 좌굴
④ 다이아프램 : 지지요소에 힘을 전달하도록 이용된 면내 전단강성과 전단강도를 갖고 있는 플레이트

> **TIP**
> • 거셋플레이트 : 트러스의 부재, 스트럿, 또는 가새재(브레이싱)를 보 또는 기둥에 연결하는 판요소
> • 커버플레이트 : 플레이트 거더의 플랜지 산형강(山形鋼)이나 플랜지플레이트의 아래위의 바깥쪽에 붙이는 강판 또는 트러스의 상현재 등의 단면상에 있는 강판으로 덮개판이라고도 한다.

Answer 1.④ 2.② 3.① 4.③ 5.①

6 그림과 같은 철근콘크리트보 단면의 균열휨모멘트 M_{cr}[kN · m]은? (단, 콘크리트의 파괴계수 f_r은 4 MPa이다)

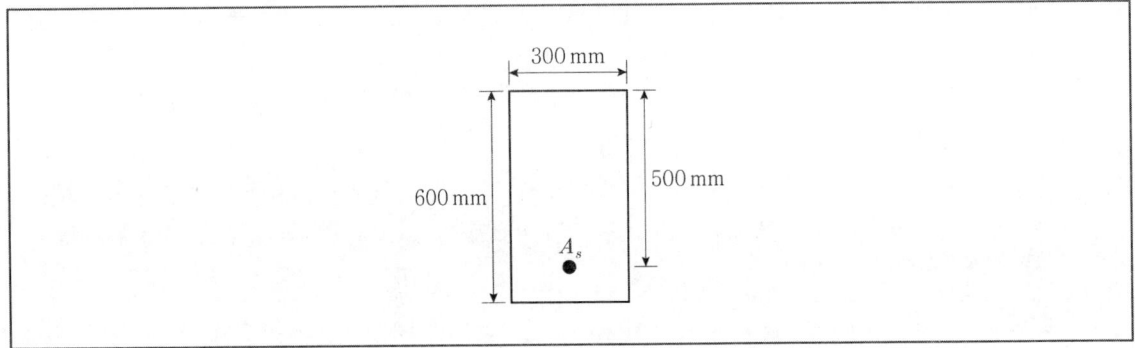

① 36
② 54
③ 72
④ 90

O TIP $M_{cr} = 0.63\lambda\sqrt{f_{ck}} \cdot \dfrac{bh^2}{6} = f_r \cdot Z = 4 \cdot \dfrac{bh^2}{6} = 4 \cdot \dfrac{300[mm] \cdot 600^2[mm^2]}{6} = 72[kN \cdot m]$

7 큰 처짐에 의해 손상되기 쉬운 칸막이벽이나 기타 구조물을 지지하지 않는 1방향 캔틸레버 슬래브에서 처짐을 계산하지 않을 때, 슬래브의 최소 두께[mm]는? (단, 슬래브의 길이 l은 3m, 보통중량 콘크리트이고, 철근의 설계기준항복강도 f_y는 400MPa이다)

① 200
② 250
③ 300
④ 350

O TIP 큰 처짐에 의해 손상되기 쉬운 칸막이벽이나 기타 구조물을 지지하지 않는 1방향 캔틸레버 슬래브에서 처짐을 계산하지 않을 때, 슬래브의 최소 두께[mm]는 $\dfrac{l}{10}$이므로 슬래브의 길이 l은 3m이므로 슬래브의 최소두께는 300[mm]가 된다.

8 그림과 같이 지간 중앙에 집중하중 Q = 50kN이 작용하는 프리스트레스트콘크리트 단순보의 지간 중앙에서 휨모멘트의 크기[kN·m]는? (단, 프리스트레스 힘 P는 100kN이고, $\sin\theta \simeq \tan\theta$이며, 보의 자중과 프리스트레스 손실은 무시한다)

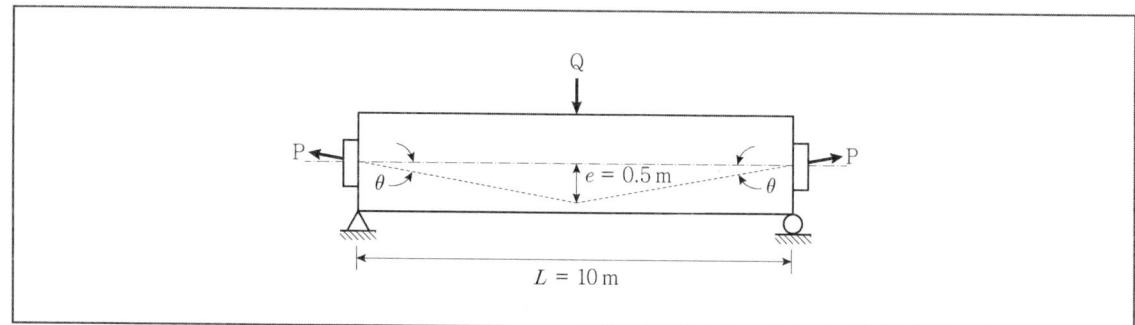

① 50
② 75
③ 100
④ 125

O TIP 중첩의 원리를 적용하여 풀어야 한다.
집중하중 Q에 의해 발생하는 휨모멘트와 프리스트레스에 의해 발생하는 휨모멘트를 합한 값을 구해야 한다.
$M_Q = \dfrac{QL}{4}$, $M_e = Pe$ 이므로

$M = M_Q - M_e = \dfrac{QL}{4} - Pe = \dfrac{50[kN]\cdot 10[m]}{4} - (100[kN])(0.5[m]) = 75[kNm]$

9 콘크리트의 설계기준압축강도 f_{ck}가 20MPa인 단철근 직사각형 보 단면의 균형철근비가 0.03이다. 동일한 보 단면에 대하여 콘크리트의 설계기준압축강도 f_{ck}만 40MPa로 변경되었을 때, 균형철근비는?

① 0.03
② 0.04
③ 0.05
④ 0.06

O TIP $f_{ck} \leq 40[MPa]$일 때 $\eta = 1$, $\beta_1 = 0.8$, $\varepsilon_{cu} = 0.0033$이므로 $\varepsilon_y = \dfrac{f_y}{E_s}$

$\rho_{b_{20}} = \eta(0.85\beta_1 \dfrac{f_{ck}}{f_y} \cdot \dfrac{\varepsilon_{cu}}{\varepsilon_{cu}+\varepsilon_y}) = \eta(0.85\beta_1 \dfrac{20[MPa]}{f_y} \cdot \dfrac{\varepsilon_{cu}}{\varepsilon_{cu}+\varepsilon_y}) = 0.03$이므로 $\rho_{b_{40}} = \eta(0.85\beta_1 \dfrac{40[MPa]}{f_y} \cdot \dfrac{\varepsilon_{cu}}{\varepsilon_{cu}+\varepsilon_y}) = 0.06$

Answer 6.③ 7.③ 8.② 9.④

10 프리스트레스트 콘크리트구조 설계기준에서 제시하는 긴장재의 긴장 시 허용 인장응력의 최댓값은? (단, f_{pu}는 긴장재의 설계기준인장강도, f_{py}는 긴장재의 설계기준항복강도이고, 긴장재나 정착장치 제조자가 제시하는 최댓값은 f_{pu}이다)

① $0.70 f_{pu}$
② $0.90 f_{py}$
③ $0.74 f_{pu}$ 와 $0.82 f_{py}$ 중 작은 값
④ $0.80 f_{pu}$ 와 $0.94 f_{py}$ 중 작은 값

O TIP 프리스트레스트 콘크리트구조 설계기준에서 제시하는 긴장재의 긴장 시 허용 인장응력의 최댓값은 $0.80 f_{pu}$ 와 $0.94 f_{py}$ 중 작은 값으로 한다.

11 콘크리트구조 정착 및 이음 설계기준에서 제시하는 표준갈고리를 갖는 인장 이형철근의 기본정착길이 l_{hb}[mm]는? (단, 콘크리트의 설계기준압축강도 f_{ck}는 36MPa, 철근의 설계기준항복강도 f_y는 300MPa, 철근의 공칭지름 d_b는 25mm이고, 아연도금 또는 도막되지 않은 철근이며, 보통중량 콘크리트이다)

① 275
② 300
③ 325
④ 350

O TIP $l_{db} = \dfrac{0.24 f_y}{\lambda \sqrt{f_{ck}}} d_b \times \beta = \dfrac{0.24(300[MPa])}{(1)(\sqrt{36}[MPa])}(25[mm])(1) = 300[mm]$

12 콘크리트구조 전단 및 비틀림 설계기준에서 제시하는 철근콘크리트 부재의 전단철근에 대한 설명으로 옳지 않은 것은? (단, $V_c = \dfrac{1}{6}\lambda\sqrt{f_{ck}} b_w d$, V_s는 철근의 공칭전단강도, λ는 경량콘크리트 계수, f_{ck}는 콘크리트의 설계기준압축강도, b_w는 부재의 복부 폭, d는 부재 단면의 유효깊이이다)

① $V_s > 2V_c$인 경우 부재축에 직각으로 배치된 전단철근의 간격은 $\dfrac{d}{3}$ 이하로 감소시켜야 한다.

② $V_s \leq 2V_c$인 경우 부재축에 직각으로 배치된 전단철근의 간격은 $\dfrac{d}{2}$ 이하이고, 600mm 이하이어야 한다.

③ 주인장철근에 45° 상의 각도로 설치되는 스터럽을 사용할 수 있다.

④ $V_s \leq 2V_c$인 경우 경사스터럽과 굽힘철근은 부재의 중간 높이인 $0.5d$에서 반력점 방향으로 주인장철근까지 연장된 45°과 한 번 이상 교차되도록 배치하여야 한다.

O TIP $V_s > 2V_c$인 경우 부재축에 직각으로 배치된 전단철근의 간격은 $\dfrac{d}{2}$ 이하로 감소시켜야 한다.

13 그림과 같이 중심축하중 P가 작용하는 철근콘크리트 기둥에서 철근과 콘크리트가 각각 부담하는 축하중의 비는? (단, 콘크리트의 단면적 A_c는 종방향 철근의 전체단면적 A_{st}의 13배, 철근의 탄성계수 E_s는 콘크리트의 탄성계수 E_c의 8배이고, 작용하중은 단면 전체에 균등하게 작용하며, 철근콘크리트 기둥은 철근과 콘크리트가 완전부착되어 선형탄성의 일체거동을 하는 단주이다)

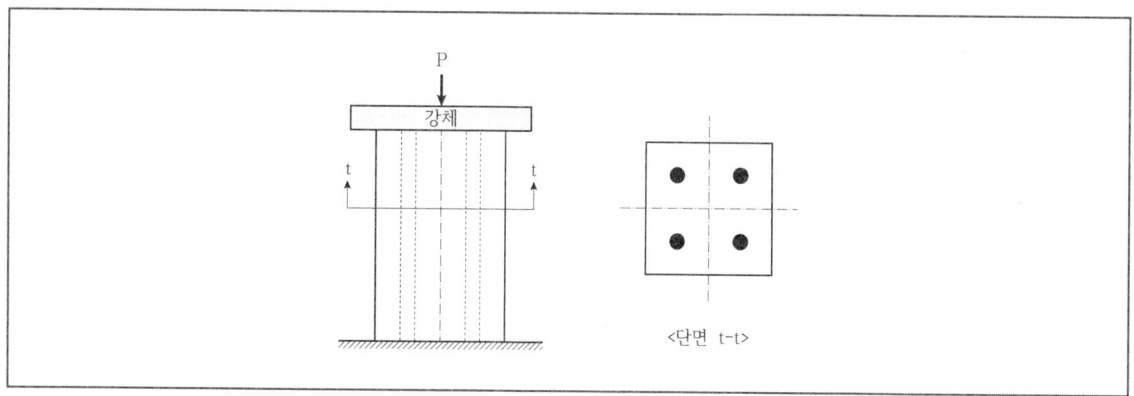

철근	콘크리트
① 0	11
② 8	13
③ 6	15
④ 4	17

○TIP
$$P_s = \frac{K_s}{K_s + K_c} P = \frac{E_s A_s}{E_s A_s + E_c A_c} P$$
$$P_c = \frac{K_c}{K_s + K_c} P = \frac{E_c A_c}{E_s A_s + E_c A_c} P$$
$$P_s : P_c = E_s A_s : E_c A_c = 8 E_c A_s : E_c \cdot 13 A_s = 8 : 13$$

14 콘크리트에 발생하는 크리프에 대한 설명으로 옳지 않은 것은?

① 습도 증가에 따라 크리프는 증가한다.
② 물−시멘트비의 증가에 따라 크리프는 증가한다.
③ 크리프계수는 탄성변형률과 크리프변형률의 비이다.
④ 크리프는 일정하고 지속적인 응력하에서 변형률이 증가하는 현상이다.

○TIP 습도증가에 따라 크리프는 감소한다.

Answer 10.④ 11.② 12.① 13.② 14.①

15 강구조 연결 설계기준(하중저항계수설계법)에서 제시하는 이음부 설계세칙으로 옳지 않은 것은?

① 응력을 전달하는 필릿용접의 최소유효길이는 공칭용접치수의 10배 이상 또한 30mm 이상을 원칙으로 한다.
② 응력을 전달하는 겹침이음은 2열 이상의 필릿용접을 원칙으로 하고, 겹침길이는 얇은 쪽 판 두께의 5배 이상 또한 25mm 이상으로 한다.
③ 고장력볼트의 구멍중심 간 거리는 공칭직경의 2.5배를 최소거리로 하고 3배를 표준거리로 한다.
④ 고장력볼트의 구멍중심에서 볼트머리 또는 너트가 접하는 부재의 연단까지의 최대거리는 판 두께의 15배 이하 또한 300mm 이하로 한다.

> **TIP** 고장력볼트의 구멍중심에서 볼트머리 또는 너트가 접하는 부재의 연단까지의 최대거리는 판 두께의 12배 이하 또한 150mm 이하로 한다.

16 그림과 같은 인장재 ㄱ형강의 블록전단강도 산정 시, 전단파단에 대한 전단저항 순단면적 A_{nv} [mm²]는? (단, 볼트구멍의 직경 d_h는 24mm이고, 부재의 두께 t는 10mm이다)

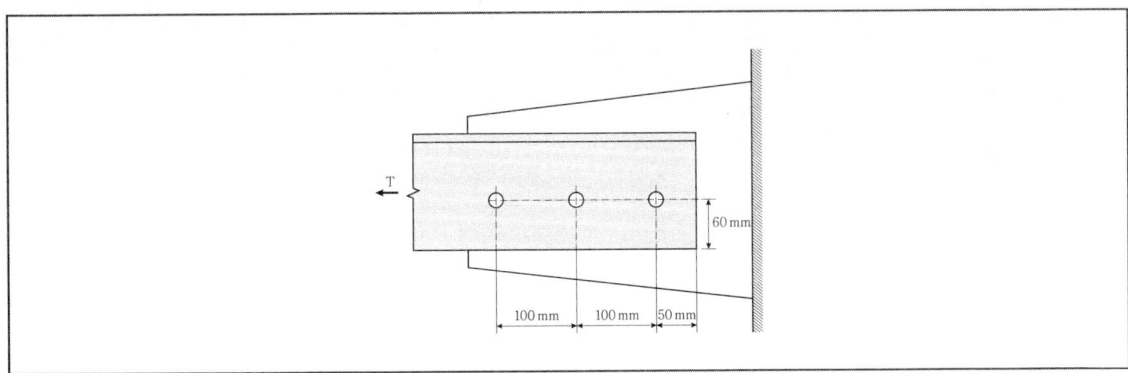

① 1,700
② 1,800
③ 1,900
④ 2,000

> **TIP** $A_{nv} = (100 + 100 + 50 - 24 \cdot 2.5)(10)[mm^2] = 1,900[mm^2]$

17 계수전단력 V_u = 100kN이 작용하는 직사각형 철근콘크리트보 단면에서 최소 전단철근의 배치가 필요 없는 단면의 유효깊이 d의 최솟값[mm]은? (단, 콘크리트 공칭전단강도 $V_c = \frac{1}{6}\lambda\sqrt{f_{ck}}\,bd$이고, 콘크리트의 설계기준압축강도 f_{ck}는 25MPa, 단면의 폭 b는 500mm, 경량콘크리트 계수 λ는 1.0이다)

① 540
② 640
③ 720
④ 800

TIP $V_u < \frac{1}{2}\phi V_c = \frac{1}{2}\phi(\frac{1}{6}\lambda\sqrt{f_{ck}}\,b_w d)$이므로 $\frac{12V_u}{\phi\lambda\sqrt{f_{ck}}\,b_w} < d$

$\frac{12(100[kN])}{0.75 \cdot 1 \cdot (\sqrt{25}[MPa])(500[mm])} = 640[mm] < d$

18 콘크리트구조 휨 및 압축 설계기준에서 제시하는 압축부재의 설계에서 최소 나선철근비 ρ_s가 $C_1\left(\frac{A_g}{A_{ch}} - 1\right)\frac{f_{ck}}{f_{yt}}$일 때, C_1은? (단, A_g는 기둥의 전체 단면적, A_{ch}는 나선철근의 바깥선을 지름으로 하여 측정된 나선철근 기둥의 심부 단면적, f_{ck}는 콘크리트의 설계기준압축강도, f_{yt}는 나선철근의 설계기준항복강도이고 700MPa 이하이다)

① 0.42
② 0.43
③ 0.44
④ 0.45

TIP 콘크리트구조 휨 및 압축 설계기준에서 제시하는 압축부재의 설계에서 최소 나선철근비 $\rho_s = 0.45\left(\frac{A_g}{A_{ch}} - 1\right)\frac{f_{ck}}{f_{yt}}$

Answer 15.④ 16.③ 17.② 18.④

19 콘크리트구조 휨 및 압축 설계기준에서 제시하는 휨부재 설계의 일반 원칙에 대한 설명으로 옳지 않은 것은?

① 인장철근이 설계기준항복강도 f_y에 대응하는 변형률에 도달하고 동시에 압축 콘크리트가 가정된 극한 변형률에 도달할 때, 그 단면이 균형변형률 상태에 있다고 본다.
② 압축연단 콘크리트가 가정된 극한변형률에 도달할 때, 최외단 인장철근의 순인장변형률 ε_t가 압축지배변형률 한계 이하인 단면을 압축지배단면이라고 한다.
③ 압축연단 콘크리트가 가정된 극한변형률에 도달할 때, 최외단 인장철근의 순인장변형률 ε_t가 0.005의 인장지배변형률 한계 미만인 단면을 인장지배단면이라고 한다.
④ 프리스트레스를 가하지 않은 휨부재는 공칭강도 상태에서 순인장변형률 ε_t가 휨부재의 최소 허용변형률 이상이어야 한다.

○**TIP** 압축연단 콘크리트가 가정된 극한변형률에 도달할 때, 최외단 인장철근의 순인장변형률 ε_t가 0.005의 인장지배변형률 한계 이상인 단면을 인장지배단면이라고 한다.

20 콘크리트구조 휨 및 압축 설계기준에서 제시하는 등가 직사각형 압축응력블록의 등가 압축영역에 등분포하는 콘크리트 응력이 $\eta(0.85f_{ck})$일 때, η는? (단, 콘크리트의 설계기준압축강도 f_{ck}는 50MPa이다)

① 0.91
② 0.94
③ 0.97
④ 1.0

○**TIP** $40[MPa] < f_{ck} \leq 90[MPa]$인 경우
50[MPa]일 때 η는 0.97, 60[MPa]일 때 η는 0.95이다.
50[MPa]일 때 β_1는 0.80, 60[MPa]일 때 β_1는 0.76이다.

토목설계

2025. 6. 21. 제1회 지방직 시행

※ 본 문제는 국토교통부에서 고시한 건설기준코드(구조설계기준 : KDS 14 00 00)에 부합하도록 출제하였으며, 이외 기준은 해당 문항에 별도 표기함

1 지간 8m의 단순지지보에 등분포 활하중 5kN/m와 등분포 고정하중 50kN/m가 작용할 때, 보의 지간 중앙에서 하중계수와 하중조합을 고려한 계수휨모멘트[kN · m]는? (단, 계수휨모멘트는 U = 1.4D와 U = 1.2D + 1.6L 두 종류의 하중조합에 대하여 검토한다)

① 440
② 544
③ 560
④ 688

TIP 단순지지보에 등분포하중 w가 작용할 경우의 보의 지간 중앙에서의 휨모멘트값은 $M = \frac{wl^2}{8}$가 된다. 따라서 문제에서 주어진조건을 대입하면

$$U = 1.4D = 1.4 \cdot \frac{w_{고정}l^2}{8} = 1.4 \cdot \frac{50 \cdot 8^2}{8} = 560$$

$$U = 1.2D + 1.6L = 1.2 \cdot \frac{w_{고정}l^2}{8} + 1.6 \cdot \frac{w_{활}l^2}{8} = 1.2 \cdot \frac{50 \cdot 8^2}{8} + 1.6 \cdot \frac{5 \cdot 8^2}{8} = 544$$

2 표준원주형 공시체(직경 150mm, 높이 300mm)가 최대 압축력 1,350kN에서 파괴되었을 때, 콘크리트의 압축강도[MPa]는? (단, $\pi = 3$이다)

① 40
② 80
③ 120
④ 160

TIP $f = \frac{P}{A} = \frac{1,350[kN]}{\frac{\pi d^2}{4}} = \frac{1,350[kN]}{\frac{3 \cdot (150[mm])^2}{4}} = 80[MPa]$

Answer 19.③ 20.③ / 1.③ 2.②

3 슬래브와 보를 일체로 친 T형보의 경간이 12m, 양쪽의 슬래브 중심 간 거리가 2m, 플랜지의 두께가 150mm, 복부의 폭이 400mm일 때, 내측 T형보의 유효폭[mm]은?

① 1,500
② 2,000
③ 2,500
④ 3,000

> **TIP** 문제에서 주어진 T형보의 유효폭은 다음 값 중 최소값을 적용한다.
> - $16t_f + b_w = 16 \cdot 150 + 400 = 2800$
> - 양쪽슬래브의 중심간 거리 = 2000
> - 보 경간의 1/4 = 30000
>
> 따라서 이 문제의 경우 T형보의 유효폭은 2,000[mm]가 된다.

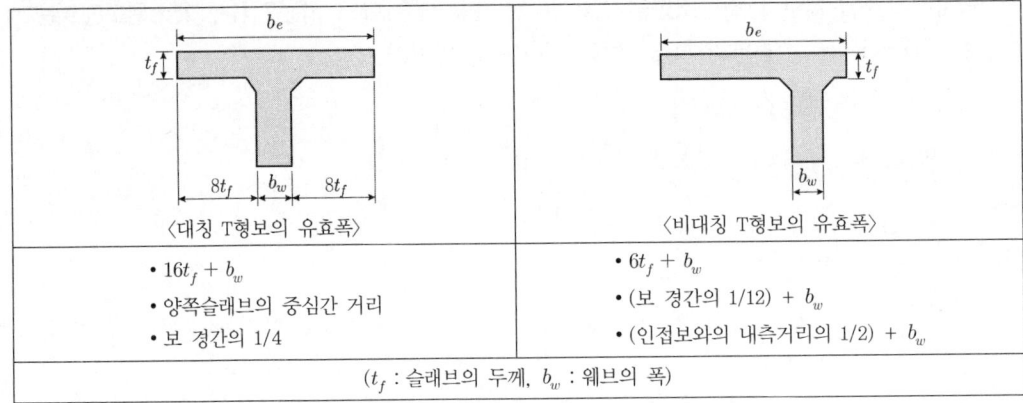

〈대칭 T형보의 유효폭〉	〈비대칭 T형보의 유효폭〉
• $16t_f + b_w$ • 양쪽슬래브의 중심간 거리 • 보 경간의 1/4	• $6t_f + b_w$ • (보 경간의 1/12) + b_w • (인접보와의 내측거리의 1/2) + b_w
(t_f : 슬래브의 두께, b_w : 웨브의 폭)	

4 폭이 300mm, 인장철근량 A_s = 1,000mm², 유효높이가 600mm인 단철근 직사각형보에서 철근의 응력 (f_y)이 300MPa일 때, 콘크리트 총압축력[kN]은?

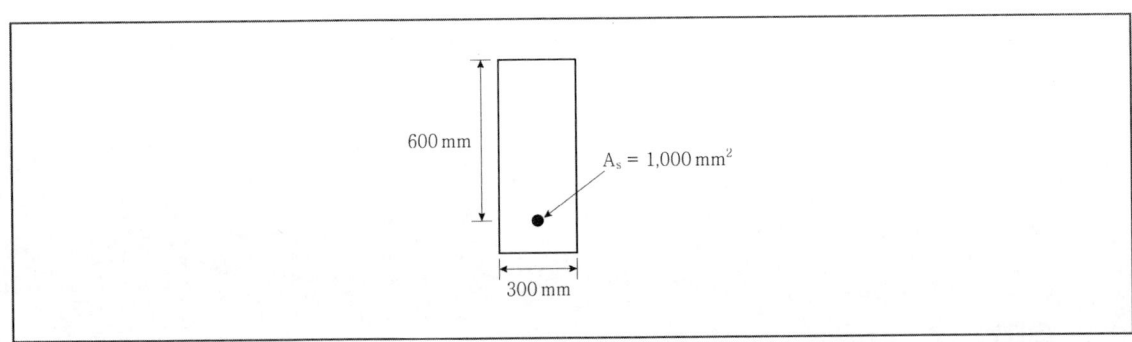

① 210
② 240
③ 270
④ 300

> **TIP** 콘크리트가 받는 압축력과 철근이 받는 인장력이 서로 평형을 이룬다는 조건을 토대로 하면
> $C = T = A_s f_y = 1,000[mm^2] \cdot 300[MPa] = 300[kN]$

5 콘크리트와 비교하였을 때, 강재의 특성으로 옳지 않은 것은?

① 자연 상태에 노출되어도 부식이 발생하기 어렵다.
② 인성이 크고, 소성변형능력이 우수하다.
③ 재료가 균질하다.
④ 단위 면적당 강도가 크다.

○**TIP** 강재는 자연상태에 노출되면 부식이 발생하기 쉬워 이에 대한 조치가 필요하다.

6 PS 강재의 품질에 필요한 성질로 바람직하지 않은 것은?

① 직선성이 좋아야 한다.
② 릴랙세이션(relaxation)이 작아야 한다.
③ 응력 부식에 대한 저항성이 커야 한다.
④ 부착시켜 사용하는 PS 강재는 콘크리트와의 부착강도가 작아야 한다.

○**TIP** 부착시켜 사용하는 PS강재는 콘크리트와의 부착강도가 커야 한다.

7 PS 콘크리트 부재에서 프리스트레스의 감소 원인 중 프리스트레스 도입 후에 발생하는 시간적 손실의 원인에 해당하는 것은?

① 정착장치의 활동
② 콘크리트의 크리프
③ 콘크리트의 탄성수축
④ 긴장재와 덕트의 마찰

○**TIP** ㉠ 프리스트레스를 도입할 때 일어나는 손실원인(즉시손실)
• 콘크리트의 탄성변형
• 강재와 시스의 마찰
• 정착단의 활동
㉡ 프리스트레스를 도입한 후의 손실원인(시간적 손실)
• 콘크리트의 건조수축
• 콘크리트의 크리프
• 강재의 릴렉세이션

Answer 3.② 4.④ 5.① 6.④ 7.②

8 옹벽 설계에 대한 설명으로 옳지 않은 것은?

① 활동에 대한 저항력은 옹벽에 작용하는 수평력의 1.4배 이상이어야 한다.
② 전도에 대한 저항휨모멘트는 횡토압에 의한 전도모멘트의 2.0배 이상이어야 한다.
③ 무근콘크리트 옹벽은 자중에 의하여 저항력을 발휘하는 중력식 형태로 설계하여야 한다.
④ 옹벽은 상재하중, 뒤채움 흙의 중량, 옹벽의 자중 및 옹벽에 작용하는 토압, 필요에 따라서는 수압에 견디도록 설계하여야 한다.

> **TIP** 활동에 대한 저항력은 옹벽에 작용하는 수평력의 1.5배 이상이어야 한다.

9 1방향 슬래브의 구조 상세에 대한 설명으로 옳지 않은 것은?

① 1방향 슬래브의 두께는 최소 100mm 이상이어야 한다.
② 정모멘트 철근 및 부모멘트 철근에 직각방향으로 수축 및 온도 철근을 배치해야 한다.
③ 정모멘트 철근 및 부모멘트 철근의 중심 간격은 위험단면에서는 슬래브 두께의 2배 이하이어야 하고, 또한 400mm 이하이어야 한다.
④ 정모멘트 철근 및 부모멘트 철근의 중심 간격은 위험단면을 제외한 단면에서는 슬래브 두께의 3배 이하이어야 하고, 또한 450mm 이하이어야 한다.

> **TIP** 정모멘트 철근 및 부모멘트 철근의 중심 간격은 위험단면에서는 슬래브 두께의 2배 이하이어야 하고, 또한 300mm 이하이어야 한다.

10 중심축하중을 받는 길이 L = 10m, 단면 크기가 300mm × 200mm인 기둥의 오일러 좌굴하중[kN]은? (단, 기둥의 탄성계수 E = 200,000MPa이고, 기둥은 양단힌지 장주 조건이다)

① 400π
② $400\pi^2$
③ 600π
④ $600\pi^2$

> **TIP** $P_{cr} = \dfrac{\pi^2 EI}{(KL)^2} = \dfrac{\pi^2 (2.0 \times 10^5 [MPa])(\dfrac{300[mm] \cdot (200[mm])^3}{12})}{(1.0 \cdot 10[m])^2} = 400\pi^2 [kN]$

11 철근콘크리트 직사각형 보의 설계에 대한 설명으로 옳지 않은 것은?

① 전단보강을 위하여 수직스터럽을 사용한다.
② 휨부재의 강도를 증가시키기 위하여 추가 인장철근과 이에 대응하는 압축철근을 사용할 수 있다.
③ 인장지배단면에서 압축지배단면으로 변경되면, 강도감소계수는 증가한다.
④ 인장 측 휨균열이 발생함과 동시에 철근이 항복하여 취성적으로 파괴되는 것을 방지하기 위해서 최소 철근량을 규정한다.

> **TIP** 압축지배단면의 강도감소계수(0.65)가 인장지배 단면의 것(0.85)보다 작은 이유는 압축지배단면의 연성이 더 작고 콘크리트강도의 변동에 더 민감하며 더 넓은 영역의 하중을 지지하기 때문이다.

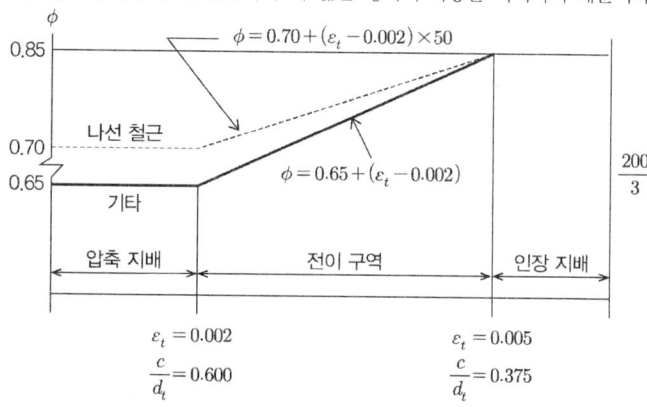

12 정모멘트를 받는 극한 상태(휨파괴 시의 상태)의 단면 변형률이 그림과 같을 때, 철근의 순인장변형률 [ε_t]은?

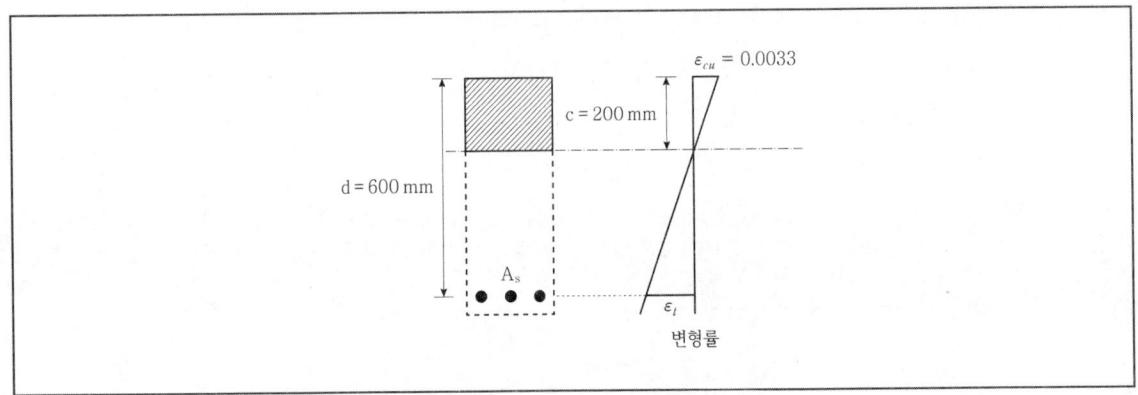

① 0.0022
② 0.0044
③ 0.0066
④ 0.0088

> **TIP** 간단한 도형문제이다. 중립축 위쪽의 삼각형과 아래쪽의 삼각형이 닮은 조건을 이용하면 철근의 순인장변형률은 0.0033×2=0.0066이 된다.

13 내진설계기준의 기본개념에 대한 설명으로 옳지 않은 것은? (단, KDS 24 00 00을 따른다)

① 인명피해를 최소화한다.
② 설계기준은 남한 전역에 적용될 수 있다.
③ 교량의 정상수명 기간 내에 설계지진력이 발생할 가능성은 희박하다.
④ 지진 시 교량 부재들의 부분적인 피해를 허용하지 않는다.

> **TIP** 내진설계 시에는 지진 시 교량 부재들의 어느 정도의 부분적인 피해를 허용한다.

14 이형철근의 정착에 대한 설명으로 옳은 것은? (단, d_b는 철근의 공칭지름이다)

① 표준갈고리를 갖는 압축 이형철근의 정착길이에 대한 보정계수는 0.75이다.
② 인장을 받는 확대머리 이형철근의 정착길이는 항상 $6d_b$ 또한 120mm 이상이어야 한다.
③ 피복두께가 $3d_b$ 미만 또는 순간격이 $6d_b$ 미만인 에폭시 도막철근이 인장 이형철근으로 사용되었을 때, 정착길이는 기본정착길이에 보정계수 1.2를 곱한다.
④ 단순부재에서 정모멘트 철근의 1/3 이상, 연속부재에서 정모멘트 철근의 1/4 이상을 부재의 같은 면을 따라 받침부까지 연장하여야 한다. 보의 경우는 이러한 철근을 받침부 내로 150mm 이상 연장하여야 한다.

○**TIP** ① 압축철근에는 표준갈고리를 사용하더라도 별도의 보정계수 0.75를 적용하지 않는다.
② 인장을 받는 확대머리 이형철근의 정착길이는 항상 $8d_b$ 또한 150mm 이상이어야 한다.
③ 피복두께가 $3d_b$ 미만 또는 순간격이 $6d_b$ 미만인 에폭시 도막철근이 인장 이형철근으로 사용되었을 때, 정착길이는 기본정착길이에 보정계수 1.5를 곱한다.

15 그림과 같은 독립 확대 기초에서 전단에 대한 위험단면의 둘레 길이[mm]는? (단, 2방향 작용에 의하여 펀칭 전단이 발생한다.)

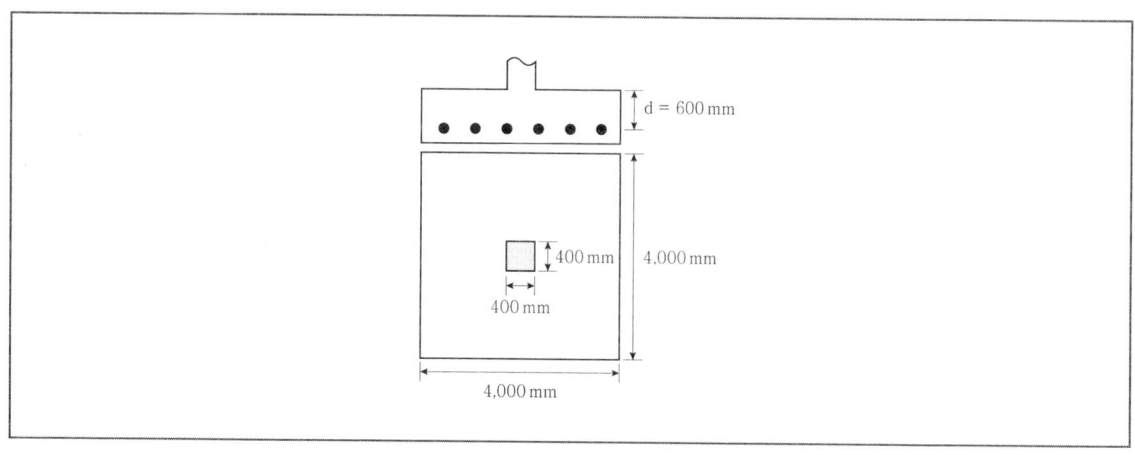

① 3,000
② 4,000
③ 5,000
④ 6,000

○**TIP** 2방향 작용을 고려하는 2방향 슬래브이며 이 경우 위험단면의 위치는 각 단면 끝단으로부터 d/2=600/2=300만큼 떨어진 곳이며 따라서 위험단면의 둘레의 길이는 한 변이 1,000인 직사각형의 둘레길이가 되므로 4,000이 되다.

16 철근콘크리트 기둥에 대한 설명으로 옳지 않은 것은?
① 기둥의 횡방향 철근에는 나선철근과 띠철근이 있다.
② 기둥의 세장비가 클수록 좌굴파괴의 가능성이 커진다.
③ 기둥의 좌굴하중은 기둥 양단의 단부조건과는 관계없다.
④ 축방향철근의 순간격은 40mm 이상, 또한 철근 공칭 지름의 1.5배 이상이어야 한다.

○**TIP** 기둥의 좌굴하중은 동일한 길이와 단면, 강성을 갖는 기둥이라도 기둥 양단의 단부조건에 따라 좌굴하중이 달라지게 된다.

17 철근의 공칭지름 d_b = 20mm일 때, 인장 이형철근의 기본정착길이[mm]는? (단, 콘크리트의 설계기준압

Answer 12.③ 13.④ 14.④ 15.② 16.③

축강도 f_{ck}는 25MPa, 철근의 설계기준항복강도 f_y는 300MPa이고, 도막되지 않은 이형철근이며, 보통중량 콘크리트이다)

① 300
② 360
③ 600
④ 720

OTIP $l_{db} = \dfrac{0.6 d_b f_y}{\sqrt{f_{ck}}} = \dfrac{0.6 \cdot 20 \cdot 300}{\sqrt{25}} = 720 [mm]$

18 그림과 같은 단철근 T형 보가 있다. 이 단면의 공칭휨강도[kN·m]는? (단, 콘크리트의 설계기준압축강도 f_{ck}는 25MPa, 철근의 설계기준항복강도 f_y는 400MPa이다)

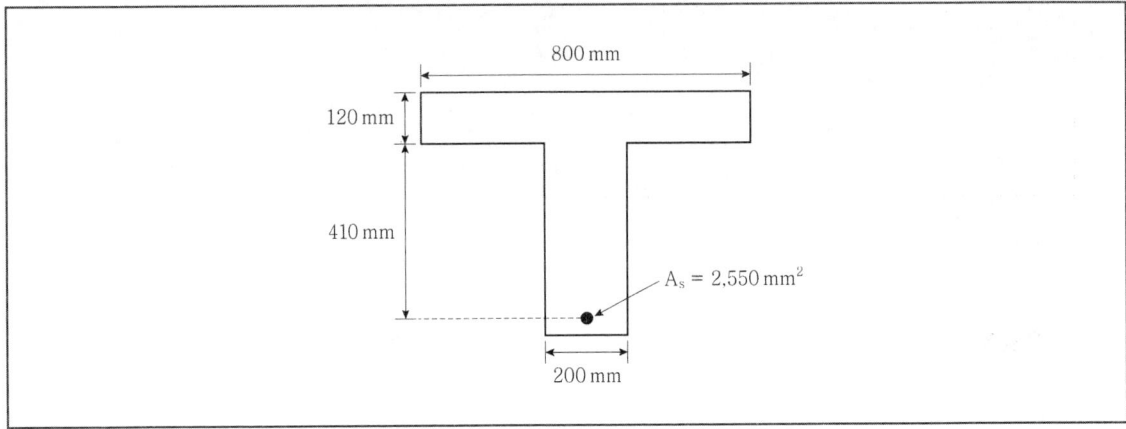

① 500
② 510
③ 520
④ 530

OTIP $a = \dfrac{A_s f_y}{0.85 f_{ck} b} = \dfrac{2550 \cdot 400}{0.85 \cdot 25 \cdot 800} = 60 [mm] \leq t_f = 120 [mm]$

$C = 0.85 \cdot f_{ck} \cdot a \cdot b$, $jd = d - \dfrac{a}{2} = 530 - \dfrac{60}{2} = 500 [mm]$

$T = A_s f_y = 2550 \cdot 400 = 1{,}020{,}000 [N]$

$M_n = 1{,}020{,}000 \cdot 500 = 510{,}000{,}000 [N \cdot mm] = 510 [kN \cdot m]$

19 그림과 같은 프리스트레스 콘크리트 보에서 긴장재를 포물선으로 배치하고 프리스트레스 힘 P = 3,000kN일 때, 프리스트레스에 의한 등가 등분포 상향력 u[kN/m]는? (단, 지간 중앙에서의 편심 e는 200mm이고, 프리스트레스 힘 P와 단면 도심의 각 θ는 미소하므로 $\cos\theta \approx 1$이다)

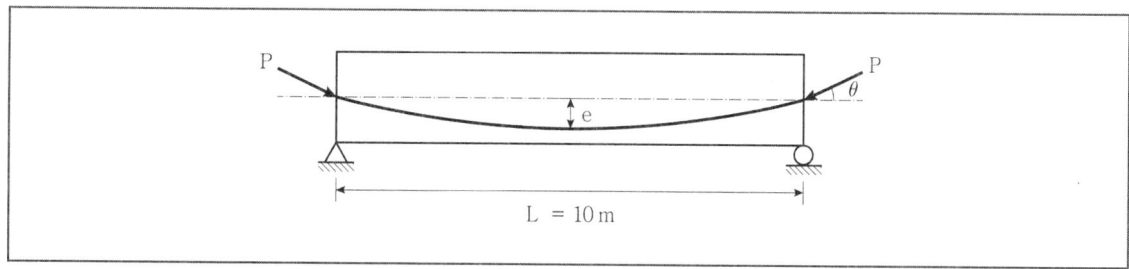

① 48
② 58
③ 68
④ 78

> **TIP** $u = \dfrac{8Pe}{L^2} = \dfrac{8 \cdot 3,000[kN] \cdot 200[mm]}{(10[m])^2} = 48[kN/m]$

20 폭 400mm, 유효깊이 600mm인 직사각형 철근콘크리트 보에 수직으로 전단철근을 배근할 때, 전단철근에 의한 단면의 공칭전단강도 V_s[kN]는? (단, 콘크리트의 설계기준압축강도 f_{ck}는 25MPa, 전단철근의 항복강도 f_y는 400MPa, 전단철근의 단면적 A_v는 400mm², 전단철근의 간격 s는 200mm이고, 보통중량 콘크리트이다)

① 400
② 440
③ 480
④ 520

> **TIP** $V_s = \dfrac{A_s f_y d}{s} = \dfrac{400[mm^2] \cdot 400[MPa] \cdot 600[mm]}{200[mm]} = 480[kN]$

Answer 17.④ 18.② 19.① 20.③